内 容 简 介

本书由八章组成。第一章介绍利息计算的基本概念、工具和方法;然后用四章的篇幅介绍常见的基础金融产品和金融问题的数学模型及计算方法,包括年金、投资收益率分析、固定收益资产和本金利息分离技术;最后,用三章的篇幅讨论金融实务中最基本的应用问题和利率风险分析的基本数学模型及方法。本书着重于提炼和综合金融基本计算分析中的数学模型和方法,力求对常见和基本的金融计算给出一致和内在的数学表达,一方面训练学生的定量分析和计算能力,另一方面尽可能帮助学生了解这些计算的金融背景。本书每章均配有适量的练习题,并在书末附有部分习题答案和提示,便于教师和学生使用。

本书自 2005 年 8 月出版以来,逐年重印,截止 2012 年 8 月已是第 8 次印刷。在此期间我国的金融业发生了很多变化,本教材的使用者提出了很多好的修改建议。本次修订的基本原则是信息和数据的必要更新以及基本概念和计算力求准确。为此,对前面五章和第八章未做大的修改,在第六章更新了按揭贷款分析的相关内容,在第七章增加了一些市场利率、股指期货和融资融券的信息。

本书可作为高等院校金融数学和金融工程方向及精算学方向本科生相关基础课的教材,也可用作金融从业人员在定量金融方法和数理金融方面的培训教材,同时可作为其他相关人员在数理金融方面的入门读物。本书的内容涵盖了精算考试金融数学课程的利息理论部分,也可供参加精算师考试的人员参考。

普通高等教育"十一五"国家级规划教材

北京大学数学教学系列丛书

金融数学引论
（第二版）

吴 岚 黄 海 何洋波 编著

图书在版编目(CIP)数据

金融数学引论/吴岚,黄海,何洋波编著.—2版.—北京:北京大学出版社,2013.7
(北京大学数学教学系列丛书)
ISBN 978-7-301-22827-2

Ⅰ.金… Ⅱ.①吴… ②黄… ③何… Ⅲ.金融－经济数学－高等学校－教材 Ⅳ.F830

中国版本图书馆 CIP 数据核字(2013)第 148469 号

书　　　　名	金融数学引论(第二版)
著作责任者	吴　岚　黄　海　何洋波　编著
责 任 编 辑	曾琬婷
标 准 书 号	ISBN 978-7-301-22827-2/O·0944
出 版 发 行	北京大学出版社
地　　　　址	北京市海淀区成府路 205 号　100871
网　　　　址	http://www.pup.cn　新浪官方微博:@北京大学出版社
电　　　　话	邮购部 62752015　发行部 62750672　编辑部 62767347
	出版部 62754962
电 子 信 箱	zpup@pup.pku.edu.cn
印 刷 者	三河市博文印刷有限公司
经 销 者	新华书店
	880mm×1230mm　A5　12.25 印张　340 千字
	2005 年 8 月第 1 版
	2013 年 7 月第 2 版　2024 年 5 月第10次印刷(总第 18 次印刷)
印　　　　数	59001—61000 册
定　　　　价	45.00 元

未经许可,不得以任何方式复制或抄袭本书之部分或全部内容。
版权所有,侵权必究
举报电话:010-62752024　电子信箱:fd@pup.pku.edu.cn

《北京大学数学教学系列丛书》编委会

名誉主编：姜伯驹
主　　编：张继平
副 主 编：李　忠
编　　委：（按姓氏笔画为序）
　　　　　　王长平　刘张炬　陈大岳　何书元
　　　　　　张平文　郑志明　柳　彬
编委会秘书：方新贵
责任编辑：刘　勇

作者简介

吴　岚　北京大学数学科学学院金融数学系副教授,博士。研究方向为精算学、金融风险管理的统计方法。1993年开始精算方向的教学,承担"风险理论"和"金融统计方法"等课程的课程建设及教学工作。

黄　海　北京大学数学科学学院金融数学系副教授,博士。研究方向为证券投资组合理论、金融风险管理。1999年开始金融数学方向的教学,承担"利息理论与应用"和"证券投资学"等课程的课程建设及教学工作。

何洋波　北京大学数学科学学院金融数学系副教授,博士。研究方向为金融统计、机器学习等。2006年开始金融数学方向的教学,承担"金融数学引论"和"金融时间序列"等课程的建设和教学工作。

序　言

自 1995 年以来,在姜伯驹院士的主持下,北京大学数学科学学院根据国际数学发展的要求和北京大学数学教育的实际,创造性地贯彻教育部"加强基础,淡化专业,因材施教,分流培养"的办学方针,全面发挥我院学科门类齐全和师资力量雄厚的综合优势,在培养模式的转变、教学计划的修订、教学内容与方法的革新,以及教材建设等方面进行了全方位、大力度的改革,取得了显著的成效。2001 年,北京大学数学科学学院的这项改革成果荣获全国教学成果特等奖,在国内外产生很大反响。

在本科教育改革方面,我们按照加强基础、淡化专业的要求,对教学各主要环节进行了调整,使数学科学学院的全体学生在数学分析、高等代数、几何学、计算机等主干基础课程上,接受学时充分、强度足够的严格训练;在对学生分流培养阶段,我们在课程内容上坚决贯彻"少而精"的原则,大力压缩后续课程中多年逐步形成的过窄、过深和过繁的教学内容,为新的培养方向、实践性教学环节,以及为培养学生的创新能力所进行的基础科研训练争取到了必要的学时和空间。这样既使学生打下宽广、坚实的基础,又充分照顾到每个人的不同特长、爱好和发展取向。与上述改革相适应,积极而慎重地进行教学计划的修订,适当压缩常微、复变、偏微、实变、微分几何、抽象代数、泛函分析等后续课程的周学时。并增加了数学模型和计算机的相关课程,使学生有更大的选课余地。

在研究生教育中,在注重专题课程的同时,我们制定了 30 多门研究生普选基础课程(其中数学系 18 门),重点拓宽学生的专业基础和加强学生对数学整体发展及最新进展的了解。

教材建设是教学成果的一个重要体现。与修订的教学计划相配合，我们进行了有组织的教材建设。计划自1999年起用8年的时间修订、编写和出版40余种教材。这就是将陆续呈现在大家面前的《北京大学数学教学系列丛书》。这套丛书凝聚了我们近十年在人才培养方面的思考，记录了我们教学实践的足迹，体现了我们教学改革的成果，反映了我们对新世纪人才培养的理念，代表了我们新时期的数学教学水平。

经过20世纪的空前发展，数学的基本理论更加深入和完善，而计算机技术的发展使得数学的应用更加直接和广泛，而且活跃于生产第一线，促进着技术和经济的发展，所有这些都正在改变着人们对数学的传统认识。同时也促使数学研究的方式发生巨大变化。作为整个科学技术基础的数学，正突破传统的范围而向人类一切知识领域渗透。作为一种文化，数学科学已成为推动人类文明进化、知识创新的重要因素，将更深刻地改变着客观现实的面貌和人们对世界的认识。数学素质已成为今天培养高层次创新人才的重要基础。数学的理论和应用的巨大发展必然引起数学教育的深刻变革。我们现在的改革还是初步的。教学改革无禁区，但要十分稳重和积极；人才培养无止境，既要遵循基本规律，更要不断创新。我们现在推出这套丛书，目的是向大家学习。让我们大家携起手来，为提高中国数学教育水平和建设世界一流数学强国而共同努力。

张 继 平

2002年5月18日

于北京大学蓝旗营

第二版前言

本书第一版自 2005 年 8 月出版以来，承蒙各个方面的厚爱逐年重印，截止 2012 年 8 月已印刷了 8 次。在此过程中，很多学生和读者提出了很好的修改建议。北京大学数学科学学院金融数学系（包括数学学院的其他专业的本科生）从 2003 级本科生开始采用本书作为教材，现在已经有 8 届本科生使用过这本教材。同时，在过去的这 8 年里，全球的金融行业特别是数量金融更是经历了一次危机的洗礼，其造成的社会和经济影响仍然还不确定，但是，可以确定的是数学或其他量化方法在金融中的应用和运用已经越来越多地被关注。无论这种关注是积极的支持还是负面的质疑，这样的业界环境特别需要我们在基本问题和基本方法上建立和夯实金融数学的基础，在学生最初进入这个领域的时候帮助其在基本概念和原理方面进行统一并进行良好的基础训练。这一直是我们开设这门课程和写作这本教材的基本出发点。无论金融创新如何发展，都是要基于收益和风险平衡的基本概念和原理，都要从基本的现金流分析和贴现计算入手，良好的基本素质和训练一定是这个行业健康发展的基石。我们相信数学的严谨和有效的抽象对于如经济金融这类社会现象的研究和应用必将发挥其应有的作用，只是需要更多扎实细致的工作和智慧与创造。

本次修订工作对一些信息和数据进行了必要的更新，作为利息理论计算基础性内容的前面 6 章相对较为成熟，我们主要对少量叙述和数据进行了修订，力求计算准确、论述适当。在过去的 8 年里，我国的利率市场和金融衍生产品市场都有了一定的发展。我们在第六章增加了关于上海股票交易所融资融券业务的介绍和中国金融期货交易所的股指期货交易的介绍；在第七章增加了中央国债登记结算有限责任公司编制的国债收益率曲线的信息和上海银行间同业拆放利率的信息，帮助读者及时了解我国金融环境的变化。

计算机技术的发展对金融实务和金融数学的教育都产生了很大的影响。金融数学引论的很多内容都会涉及具体的计算，目前还是假设采用计算器为基本的计算工具。当然，本书中的很多计算都可以采用电子表格软件（例如 Excel）进行计算，而且这样可以更为准确、有效地进行计算和分析，希望读者自己进行尝试。

本书的修订仍然得到《北京大学数学教学系列丛书》编委会和北京大学出版社的大力支持和帮助，再次表示由衷的感谢。同时，还要感谢这些年为利息理论及其应用和金融数学引论两门课程付出辛勤工作的助教研究生：吴迪、曲文卉、雷辰奥、杨金舟和龙昌伦等。最后，感谢北京大学出版社理科编辑部的曾琬婷老师一直以来对这本教材投入的心血。

虽然我们已经尽力，但是结果很难尽如人意，再次恳请同仁和广大读者一如既往地不吝指正。

编　者
2013 年 5 月

第一版前言

金融是与货币的发行流通和运用过程相关的所有经济活动。金融学是以上述经济活动为研究对象,以发现其中的一些本质规律为研究目的的一门学科。20世纪的金融学本身由于金融实践的迅猛发展和不断创新而逐渐成为一门很有生命力的学科。尤其在20世纪后期的几十年中它越来越多地表现出与数学的交融:一方面运用适当的数学方法分析和解决金融问题;另一方面,金融中不断涌现的现实问题也向相关的数学和统计学提出了理论上有价值的研究方向。这样的一种现实使得逐渐形成了一个新的交叉领域,并逐渐发展成为一门学科——以金融问题为对象,运用数学和统计学等方法进行定量研究和应用的学科。对这门学科的名称有很多,例如:金融数学、数理金融、数量金融和金融工程等。上述不同的名称只是强调了不同的方面,研究的对象和方法皆是相同的。

正如对金融数学还有多种理解一样,人们对于应该从什么角度进入金融数学也有不同的看法。同样是以金融数学基础(或类似)命名的教科书,其内容可能会差异很大,有些完全介绍数学基础(微积分、线性代数和概率统计基础等),有些则直接介绍金融数学领域比较核心的相对已成熟的若干理论(投资组合理论、资产定价模型和期权定价方法等)。而金融领域的许多计算问题具有共同的数学特征和模型,其中大量的计算和分析(例如:银行的资产负债分析和资本充足分析,一般的融资成本和投资收益分析,金融产品的定价、评估以及保险精算技术等)的实践基础是现金流分析和货币时间价值(累积和贴现)计算。我们认为,现金流分析和货币时间价值计算是所有金融定量分析和计算的基石,是学生建立系统的金融数学研究和应用体系的最根本的基础。

我们以北美精算师协会考试的主要参考书[1]为主要线条,将该参考书中的前面基础部分压缩为本书篇幅较短的第一章和第二章,介绍利息的基本计算概念和方法,以及年金计算中的基本工具函数。接着在本书第三章和第四章介绍在金融计算和分析中常用的两大类方法:投资收益率分析和现金流的本金利息分解过程。从实务的角度看,金融学可以分为投资和融资两大部分,其中尤以投资学中的计算问题为多。因此,在第五章我们对主要的金融产品——固定收益产品(债券为主)的计算问题进行了详细的介绍。从这个角度看,本书可作为投资学课程先修课的辅助教材。然后,在第六章介绍了包括抵押贷款分析,固定资产折旧分析等方面的实际应用。最后,我们用两章的篇幅为学生下一步深入的金融数学学习介绍一些准备知识:利率风险分析和随机模型。利率风险的分析和管理是金融领域中很重要的一个主题,已经形成一些规范的工具和算法;随机模型在金融风险分析,特别是衍生工具定价和套期保值技术中已成为基本和必不可少的部分。本教材只是介绍了这方面最基本的工具和方法,希望对读者日后进入这些领域的深入学习有一定的帮助。

  本书的编写与出版得到了《北京大学数学教学系列丛书》编委会和北京大学出版社的大力支持和帮助,在此表示衷心的感谢。同时,感谢我们的同事杨静平老师和系主任王铎教授,他们在百忙之中审阅了全书稿,并提出了许多宝贵的意见。同时,还要感谢曾经为与本教材有关的课程教学付出辛勤工作的金融数学系研究生:关凌、于善辉、李佳慧、吴芹、王证、张会娜、熊江涛、王耀君和张静等。另外,感谢北京大学出版社的编辑刘勇、曾琬婷两位老师,他们为本书的出版付出了辛勤的劳动,没有他们的支持可能很难最终完成这本教材。

  由于我们的专业水平所限,以及对相关资料掌握的程度,本书难免会出现错误和不妥之处,恳请同仁及广大读者不吝指正。

编 者

2005 年 5 月

目 录

第一章　利息基本计算 …………………………………… (1)

　§1.1　利息基本函数 …………………………………… (1)

　　1.1.1　累积函数 …………………………………… (2)

　　1.1.2　单利和复利 ………………………………… (4)

　　1.1.3　贴现函数 …………………………………… (7)

　　1.1.4　名利率和名贴现率 ………………………… (10)

　　1.1.5　连续利息计算 ……………………………… (12)

　§1.2　利息基本计算 …………………………………… (14)

　　1.2.1　时间单位的确定 …………………………… (15)

　　1.2.2　价值方程 …………………………………… (16)

　　1.2.3　等时间法 …………………………………… (18)

　　1.2.4　利率的计算 ………………………………… (19)

　§1.3　实例分析 ………………………………………… (21)

　　1.3.1　现实生活中与利率有关的金融现象 ……… (21)

　　1.3.2　提前支取的处罚 …………………………… (23)

　　1.3.3　其他实例 …………………………………… (25)

　练习题 ……………………………………………………… (26)

第二章　年金 ……………………………………………… (30)

　§2.1　基本年金 ………………………………………… (30)

　　2.1.1　期末年金 …………………………………… (30)

　　2.1.2　期初年金 …………………………………… (34)

　　2.1.3　递延年金 …………………………………… (36)

　　2.1.4　永久年金 …………………………………… (36)

　　2.1.5　剩余付款期不是标准时间单位的计算 …… (38)

§2.2　广义年金 ··· (40)
　　2.2.1　付款周期为利息换算周期整数倍的年金 ············· (41)
　　2.2.2　利息换算周期为付款周期整数倍的年金 ············· (45)
　　2.2.3　连续年金 ··· (48)
§2.3　变化年金 ··· (49)
　　2.3.1　一般变化年金 ·· (49)
　　2.3.2　广义变化年金 ·· (55)
　　2.3.3　连续变化年金 ·· (58)
§2.4　实例分析 ··· (58)
　　2.4.1　固定养老金计划分析 ······································· (58)
　　2.4.2　购房分期付款分析 ·· (60)
　　2.4.3　年金利率的近似计算 ······································· (60)
　　2.4.4　其他实例 ··· (62)
练习题 ··· (65)

第三章　投资收益分析 ··· (73)
§3.1　基本投资分析 ··· (73)
　　3.1.1　常用的三种基本分析方法和工具 ······················· (73)
　　3.1.2　再投资分析 ·· (79)
§3.2　收益率计算 ·· (82)
　　3.2.1　资本加权法 ·· (83)
　　3.2.2　时间加权法 ·· (87)
　　3.2.3　投资额方法和投资年方法 ································· (90)
§3.3　资本预算 ·· (93)
　　3.3.1　收益率方法与净现值方法 ································· (94)
　　3.3.2　回报率与融资率 ·· (97)
§3.4　实例分析 ··· (99)
　　3.4.1　投资基金的收益计算 ······································· (99)
　　3.4.2　一般投资的收益计算 ····································· (100)
　　3.4.3　其他实例 ··· (101)

练习题 …………………………………………………… (103)

第四章 本金利息分离技术 ………………………………… (108)

§4.1 摊还法 ………………………………………………… (108)
 4.1.1 未结贷款余额的计算 ………………………… (109)
 4.1.2 摊还表 ………………………………………… (111)

§4.2 偿债基金法 …………………………………………… (116)
 4.2.1 偿债基金法的基本计算 ……………………… (117)
 4.2.2 偿债基金方式的收益率分析 ………………… (118)
 4.2.3 偿债基金表 …………………………………… (119)

§4.3 偿债基金法与摊还法的比较 ………………………… (121)

§4.4 其他偿还方式分析 …………………………………… (123)
 4.4.1 广义的摊还表和偿债基金表 ………………… (123)
 4.4.2 金额变化的摊还表和偿债基金表 …………… (126)
 4.4.3 连续摊还计算 ………………………………… (129)

§4.5 实例分析 ……………………………………………… (131)
 4.5.1 贷款利率依余额变化的还款额计算 ………… (131)
 4.5.2 确定本金偿还方式的摊还计算 ……………… (133)
 4.5.3 其他实例 ……………………………………… (133)

练习题 …………………………………………………… (136)

第五章 固定收益证券 …………………………………… (145)

§5.1 固定收益证券的类型和特点 ………………………… (145)
 5.1.1 债券 …………………………………………… (146)
 5.1.2 优先股票 ……………………………………… (148)

§5.2 债券基本定价 ………………………………………… (149)
 5.2.1 债券价格计算公式 …………………………… (152)
 5.2.2 债券价值评估 ………………………………… (155)
 5.2.3 两次息票收入之间的账面价值的调整 ……… (163)

§5.3 广义债券定价与收益分析 …………………………… (166)
 5.3.1 广义债券价格 ………………………………… (166)

5.3.2　早赎债券·················(168)
　　5.3.3　系列债券·················(172)
　　5.3.4　债券收益率分析···········(173)
§5.4　实例分析·······················(176)
　　5.4.1　优先股票和永久债券······(176)
　　5.4.2　普通股票·················(177)
　　5.4.3　其他实例·················(179)
练习题································(181)

第六章　实际应用·······················(188)
§6.1　抵押贷款分析···················(188)
　　6.1.1　诚实贷款原则··············(189)
　　6.1.2　不动产抵押贷款···········(194)
　　6.1.3　APR的近似计算············(198)
　　6.1.4　抵押贷款债务的证券化····(203)
§6.2　固定资产折旧分析···············(211)
§6.3　资本化成本计算·················(215)
§6.4　实例分析·······················(218)
　　6.4.1　其他投资产品和套期保值产品···(218)
　　6.4.2　衍生金融产品··············(220)
　　6.4.3　其他实例·················(225)
练习题································(229)

第七章　利率风险分析···················(233)
§7.1　利率风险的一般分析·············(233)
　　7.1.1　通货膨胀率与利率·········(235)
　　7.1.2　风险与利率················(237)
§7.2　利率的期限结构·················(240)
　　7.2.1　利率的期限结构的定义····(240)
　　7.2.2　期限结构的理论···········(249)
　　7.2.3　期限结构的模型···········(251)

  7.2.4 利率风险的度量 ……………………………………（256）
 §7.3 资产负债管理 ………………………………………（264）
  7.3.1 免疫技术 ……………………………………………（266）
  7.3.2 资产负债匹配技术 …………………………………（270）
 练习题 ……………………………………………………（274）

第八章 随机模型 ……………………………………（279）

 §8.1 随机利率基本模型 …………………………………（279）
  8.1.1 随机利率无期限结构的情形 ………………………（280）
  8.1.2 独立条件下的随机利率 ……………………………（281）
  8.1.3 不独立的远期利率模型 ……………………………（286）
  8.1.4 离散时间单因子利率模型 …………………………（288）
  8.1.5 连续时间单因子利率模型 …………………………（290）
 §8.2 资本资产定价模型 …………………………………（292）
 §8.3 期权定价模型 ………………………………………（295）
 练习题 ……………………………………………………（300）

附录 利率函数表 ……………………………………（304）

练习题答案与提示 ………………………………………（338）

名词索引 …………………………………………………（362）

符号索引 …………………………………………………（370）

参考文献 …………………………………………………（374）

第一章 利息基本计算

所有金融活动的基础是投资和融资,因此对不同的投、融资方式所带来的收益的定量刻画就构成了金融定量分析的主要内容. 刻画和衡量投资收益的最直观、最基本的概念是利息.

利息的原始定义很多,主要源于从不同的角度看待利息. 从债权债务关系的角度看,利息是借贷关系中债务人为取得资金使用权而支付给债权人的报酬;从简单的借贷关系的角度看,利息是一种补偿,由借款人支付给贷款人,因为前者在一定时间内占有和使用了后者的部分资金;从投资的角度看,利息是一定量的资本经过一段时间的投资后产生的价值增值. 经过一定时间的发展,金融活动中的利息(收益)计算形成了一些规范的、基本的和约定俗成的概念和方法. 本章将介绍这些基础性的概念和方法,包括利息计算的基本函数、计算过程中常见的基本处理方法和工具,还有一些简单的现实计算实例.

§1.1 利息基本函数

在一般的金融活动中,常见的模式是:某一方投资一定量的货币(称**原始投资**或**本金**)于某个业务,在没有新资本投入和抽取原始本金的假定下,原始投资经过一段时间的运作将有所变化,达到一个新的价值. 如何从根本上描述这种变化过程呢?这里有两个基本要素:原始投资和投资经过的时间. 因此,这个变化过程应该表示为这两个要素的函数.

定义 1.1 设用 $A(t)$ 表示原始投资 $A(0)$ 经过时间 $t(t>0)$(事先给定时间度量单位)后的价值,则当 t 变动时称 $A(t)$ 为**总量函数**.

定义 1.2 总量函数 $A(t)$ 在时间 $[t_1, t_2]$ 内的变化量(增量)称为期初货币量 $A(t_1)$ 在时间 $[t_1, t_2]$ 内的**利息**,记为 I_{t_1, t_2},即

$$I_{t_1, t_2} = A(t_2) - A(t_1). \tag{1.1.1}$$

特别地,当 $t_1 = n-1$, $t_2 = n$ ($n \in \mathbf{N}$)时,记

$$I_n = A(n) - A(n-1) \quad (n \in \mathbf{N}), \tag{1.1.2}$$

并称 I_n 为第 n 个时间段内的利息.

注 利息总是在期末实现的.

1.1.1 累积函数

现实生活中,虽然实际投资的原始货币量千差万别,但是价值变化过程是带有根本性的,其规律往往与本金投入的大小没有直接的关系. 为了更好地揭示这种变化规律,考虑如下的定义:

定义 1.3 设 1 个货币单位的本金在 $t(t>0)$ 时刻的价值为 $a(t)$,则当 t 变动时,称 $a(t)$ 为**累积函数**.

定义 1.3 表明,货币的时间价值可以用一个累积函数来表示. 一般情况下,累积函数 $a(t)$ 具有以下的基本性质:

(1) $a(0) = 1$;

(2) $a(t)$ 为递增函数(如果该函数出现下降的趋势,则说明将产生负的利息. 这一点在数学上并没有什么问题,但在大多数金融问题中它是没有意义的,只有在投资本金不能收回的情形才会出现负的利息. 累积函数为常数表示无利息情形,这种现象有时会发生).

常见的累积函数 $a(t)$ 有如下几类:(1) 常数函数 $a(t) \equiv 1$(图 1-1 中的系列 1);(2) 一般的线性函数(图 1-1 中的系列 2);(3) 二次函数(图 1-1 中的系列 3);(4) 指数函数(图 1-1 中的系列 4). 从这四类函数本身的性质可以发现,四类累积函数的累积上升方式是不同的,它们分别代表了不同的货币价值累积方式.

为了表示货币价值的相对变化幅度,度量利息的常用方法是计算所谓的利率. **利率**是指一定的货币量在一段时间(计息期)内的变化量(利息)与期初货币量的比值. 为了便于理论的推导,下面给出用数学语言描述的利率的定义.

定义 1.4 给定时间区间 $[t_1, t_2]$ 内总量函数 $A(t)$ 的变化量(增量)与期初货币量的比值称为在时间区间 $[t_1, t_2]$ 内的**利率**,记为 i_{t_1, t_2},即

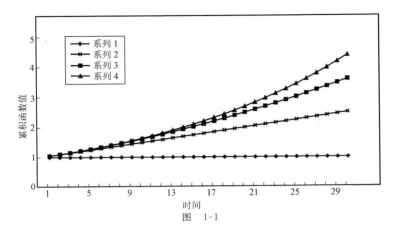

图 1-1

$$i_{t_1,t_2} = \frac{A(t_2) - A(t_1)}{A(t_1)} = \frac{I_{t_1,t_2}}{A(t_1)}. \qquad (1.1.3)$$

特别地,当 $t_1 = n-1$, $t_2 = n$ ($n \in \mathbf{N}$)时,记

$$i_n = \frac{A(n) - A(n-1)}{A(n-1)} = \frac{I_n}{A(n-1)} \quad (n \in \mathbf{N}), \qquad (1.1.4)$$

且此时有

$$A(n) = A(n-1)(1 + i_n).$$

通常称 i_n 为第 n 个时段的利率.

如果计息期为标准的时间单位(如月、季、半年或年等),则所对应的利率常常称为**实利率**.除特别说明外,以下实利率一般皆指年利率.

注 (1)利率表示在一定的时间内的实际利息收入的相对量;

(2)利率通常用百分数表示;

(3)利率的定义要求在计息期内没有其他资本的投入,也没有原始本金的撤出,即计息期内本金保持不变;

(4)利息是在计息期期满时支付的.

由利率的定义可得到如下结论 1.1.

结论 1.1 某个计息期 $[t_1, t_2]$ 内的利率为单位本金在该计息期内产生的利息与期初资本量的比值,即

$$i_{t_1,t_2} = \frac{a(t_2) - a(t_1)}{a(t_1)}. \qquad (1.1.5)$$

证明 假设原始投资为 $A(0)$,则
$$A(t_1) = A(0)a(t_1), \quad A(t_2) = A(0)a(t_2).$$
所以,由式(1.1.3)有
$$i_{t_1,t_2} = \frac{A(t_2) - A(t_1)}{A(t_1)} = \frac{a(t_2) - a(t_1)}{a(t_1)}.$$

1.1.2 单利和复利

由结论 1.1 可以发现,利息或利率的计算实质上是对累积函数进行的计算,因此,按照累积函数的不同形式,有不同的计算方法. 下面介绍两种常见的利息计算方法.

1. 单利

定义 1.5 若有这样一种累积计算方式:1 个货币单位的投资经过任何一个单位的计息期产生的利息为常数,则称对应的利息计算方式为**简单利息计算方式**,简称**单利方式**;对应的利息称为**单利**.

结论 1.2 在单利方式下,有
$$a(t) = 1 + it \quad (t \in \mathbf{N}), \tag{1.1.6}$$
其中 i 为 1 个货币单位本金经过一个单位计息期产生的利息,一般称之为**单利率**.

证明 由定义 1.5 知,在单利方式下,1 个货币单位的本金在第一个计息期末的价值为 $1+i$,在第二个计息期末的价值为 $1+2i$,依此类推,累积函数为
$$a(t) = 1 + it \quad (t \in \mathbf{N}).$$

由结论 1.2 知,在单利方式下,利息与经过的时间成正比.

在连续时间情形下,单利方式意味着 1 个货币单位的投资经过任何相同长度的计息期所产生的利息相同. 这可用更严格的数学方法刻画如下:

在单利方式下,累积函数满足条件
$$a(s+t) = a(s) + a(t) - 1 \quad (s \geqslant 0, t \geqslant 0), \tag{1.1.7}$$
即
$$a(s+t) - a(s) = a(t) - 1 \quad (s \geqslant 0, t \geqslant 0), \tag{1.1.8}$$
其中式(1.1.7)说明,经过时间 $s+t$ 产生的利息等于经过时间 s 产生的利息与经过时间 t 产生的利息之和;式(1.1.8)说明,经过相同长

度 t 的计息期所产生的利息相同.

此外,在累积函数连续的条件下可以证明,满足式(1.1.7)的函数 $a(t)$ 必为形如式(1.1.6)的线性函数.

值得注意的是,单利情形的实利率是随计息期变化的.实际上,如果设 i 为单利率,i_n 为第 n 个计息期的实利率,则有

$$i_n = \frac{a(n)-a(n-1)}{a(n-1)} = \frac{i}{1+i(n-1)} \quad (n \in \mathbf{N}).$$

它是 n 的递减函数,因此,单利计算隐含着实际利息收入比例是递减的,即每个单位时间内的相对货币价值变化量是逐渐下降的.

2. 复利

复利计算模式的基本思想是:利息收入应该自动地被再次记入下一期的本金.它是更为常见的计算利息的一种方法.下面给出它的具体定义.

定义 1.6 若有这样一种累积计算方式:1 个货币单位的投资经过任何一个单位的计息期产生的利率为常数,则称对应的利息计算方式为**复合利息计算方式**,简称**复利方式**;对应的利息称为**复利**.

复合利息计算方式中的"复合"一词意味着将利息经过再投资后再次产生新利息的过程.对复利方式,在投资期间的每个时刻,过去所有的本金与利息的收入之和都将用于下一时刻的再投资,就像通常说的"利滚利".

结论 1.3 在复利方式下,有

$$a(t) = (1+i)^t \quad (t \in \mathbf{N}), \tag{1.1.9}$$

其中 i 为一个单位计息期内的利率,一般称之为**复利率**.

证明 由累积函数的定义有

$$a(t) = \prod_{n=1}^{t}(1+i_n) \quad (t \in \mathbf{N}),$$

再由定义 1.6 知,在复利方式下,各个时间段内的实利率相同,即

$$i_n = i \quad (n = 1, 2, \cdots, t),$$

所以累积函数为

$$a(t) = (1+i)^t \quad (t \in \mathbf{N}).$$

显然上式对 $t=0$ 也成立,故结论 1.3 成立.

在连续时间情形下,复利方式意味着 1 个货币单位的投资经过任何相同长度的计息期所产生的利率相同.这可用更严格的数学方法刻画如下:

在复利方式下,累积函数满足条件
$$a(s+t) = a(s) \cdot a(t) \quad (t \geqslant 0, s \geqslant 0), \qquad (1.1.10)$$
即
$$\frac{a(s+t)-a(s)}{a(s)} = a(t)-1, \qquad (1.1.11)$$
其中式(1.1.11)说明,经过相同长度 t 的计息期所产生的利率相同.

此外,在累积函数连续的条件下可以证明,满足式(1.1.10)的累积函数 $a(t)$ 必为形如式(1.1.9)的指数函数.

注 关于单利方式与复利方式的区别:

(1) 短期内两种方式计算的利息差异不大;

(2) 因单利方式考虑绝对增量的变化,而复利方式考虑相对增量的变化,故当货币量的数额增大时,两种方式计算的利息差异也会增大;

(3) 复利方式几乎用于所有的金融业务,单利方式只是用于短期计算或不足期近似计算.

今后除特别声明,一般考虑复利计算方式.

例 1.1 设年利率为 5%,比较单利方式与复利方式的异同效果.

解 (1) 比较两种方式下的累积值.

在单利方式下,有
$$a(t) = 1 + 0.05t \quad (t \geqslant 0);$$
在复利方式下,有
$$a(t) = (1+0.05)^t \quad (t \geqslant 0).$$
两种方式下的部分具体计算结果如表 1-1 所示.

表 1-1 累积值的部分计算结果

t/年	0.1	0.2	0.3	0.4	0.5	0.6	0.7	0.8
$a(t)$(单利方式)	1.005	1.010	1.015	1.020	1.025	1.030	1.035	1.040
$a(t)$(复利方式)	1.0049	1.0098	1.0147	1.0197	1.0247	1.0297	1.0347	1.0398
t/年	0.9	1	2	3	4	5	6	
$a(t)$(单利方式)	1.045	1.050	1.100	1.150	1.200	1.250	1.300	
$a(t)$(复利方式)	1.0449	1.0500	1.1025	1.1576	1.2155	1.2763	1.3401	

由表 1-1 可知,在第 1 年内,复利方式累积值小于单利方式累积

值;在第 1 年底,两者相同;从第 2 年开始,复利方式累积值超过单利方式累积值,而且复利方式下累积值的上升速度远远超过单利方式下累积值的上升速度.

(2) 比较两种方式的利率水平.

复利方式下每年的实利率水平均为 5%,而单利方式下各年的实利率水平为

$$i_n = \frac{i}{1+i(n-1)} = \frac{5\%}{1+5\%\times(n-1)} \quad (n=1,2,\cdots).$$

单利方式下 i_n 的部分具体计算结果如表 1-2 所示. 由表 1-2 可知,单利方式下实利率逐年下降.

表 1-2 利率水平的部分计算结果

n	1	2	3	4	5	6
$i_n/\%$	5.00	4.76	4.55	4.35	4.17	4.00

1.1.3 贴现函数

利率是为了表示利息或投资货币随时间的相对变化率而引入的概念,承认存在利息也就承认货币具有时间性,即同样数量的货币在不同的时刻有不同的价值. 从最简单的项目看,人们关心的是开始和结束这两个时刻. 前面介绍的累积函数是用于将本金单位化后计算货币在结束时刻价值的,下面将这个过程反过来计算.

定义 1.7 若 $t(t \geqslant 0)$ 时刻的 1 个货币单位在 0 时刻的价值记为 $a^{-1}(t)$,则当 t 变动时,称 $a^{-1}(t)$ 为**贴现函数**.

由定义 1.7 可知,贴现函数为累积函数的倒数函数,因此,在单利方式下,有

$$a^{-1}(t) = (1+it)^{-1} \quad (t \geqslant 0), \tag{1.1.12}$$

其中 i 为单利率;在复利方式下,有

$$a^{-1}(t) = (1+i)^{-t} \quad (t \geqslant 0), \tag{1.1.13}$$

其中 i 为复利率. 这说明,贴现与累积是两种互相对称的计算货币时间价值的方法. 对于贴现计算过程也有对应的贴现变化量的概念描述.

定义 1.8 计息期 $[t_1,t_2]$ 内的利息收入与期末货币量的比值称为在时间区间 $[t_1,t_2]$ 内的**贴现率**，记为 d_{t_1,t_2}，即

$$d_{t_1,t_2} = \frac{A(t_2)-A(t_1)}{A(t_2)} = \frac{I_{t_1,t_2}}{A(t_2)}.$$

在具体计算时，通常考虑长度为 1 的时间段内的贴现率，并记

$$d_n = \frac{A(n)-A(n-1)}{A(n)} = \frac{I_n}{A(n)}$$

$$= \frac{a(n)-a(n-1)}{a(n)} \quad (n \in \mathbf{N}). \tag{1.1.14}$$

与复利方式下的累积过程类似，若每个计息期内的贴现率相同，则称该相同的贴现率为**复贴现率**，并称对应的贴现模式为复贴现模式。除特殊说明，一般用 d 表示复贴现率。

在复贴现模式下，由 $d_n \equiv d$ 及式(1.1.14)有

$$a(n) = a(n-1)(1-d)^{-1} \quad (n \in \mathbf{N}),$$

进而有 $\quad a(n) = (1-d)^{-n} = [(1-d)^{-1}]^n \quad (n \in \mathbf{N}).$

这表明，复利方式下的累积过程与复贴现模式下的贴现过程的作用是相同的。在复贴现模式下，常用的概念还有：

定义 1.9 定义**贴现因子**为

$$v = (1+i)^{-1},$$

其中 i 为实利率。

定义 1.10 称 $(1+i)^t$ 为 1 个货币单位的本金在第 t 个计息期末的**累积值**；称 v^t 为第 t 个计息期末 1 个货币单位在 0 时刻的**贴现值**。

累积值涉及"过去"的资金，它们发生在累积值对应时刻之前。累积值有时也称为**终值**（简记 AV）。而贴现值涉及"未来"的资金，它们发生在贴现值对应时刻之后。贴现值有时也称为**现值**（简记 PV）。累积值（终值）和贴现值（现值）分别对应于两个不同的时间方向，是一个相反的计算过程。

如同单利方式下的累积模式，也可以考虑如下特殊的单贴现模式（在此函数中的参数仍然用 d 表示）的定义：

$$a^{-1}(t) = 1 - dt \quad \left(0 \leqslant t < \frac{1}{d}\right). \tag{1.1.15}$$

除特殊说明外,本书后面的所有讨论都是按复贴现模式计算的. 为了讨论贴现与累积的关系,考虑下面的概念.

定义 1.11 利率和贴现率被称为等价的,若它们满足:相同的原始本金经过相同的计息期,将产生相同的终值.

结论 1.4 在任一个计息期内,利率 i 与贴现率 d 有如下关系:

(1) $i = \dfrac{d}{1-d}$；　　(2) $d = \dfrac{i}{1+i} < i$.

证明 (1) 设期末货币量为 1,由贴现率的定义可知,期初货币量为 $1-d$,利息量为 d,则由利率的定义有

$$i = \frac{d}{1-d}.$$

(2) 设期初货币量为 1,则期末货币量为 $1+i$,利息量为 i. 于是由贴现率定义有

$$d = \frac{i}{1+i} < i.$$

结论 1.5 在任一个计息期内,利率 i,贴现率 d 与贴现因子 v 有如下关系:

(1) 贴现率是同期期末的利率用贴现因子贴现到期初的值,即
$$d = iv;$$

(2) 贴现率与贴现因子互补,即
$$d = 1 - v;$$

(3) 利率与贴现率的差等于利率与贴现率的积,即
$$i - d = id.$$

证明 由结论 1.4 和贴现因子的定义即可得到上述关系.

例 1.2 现有面额为 100 元的债券,在到期前 1 年的时刻其价格为 95 元. 同时,1 年定期储蓄利率为 5.25%. 讨论如何进行投资选择.

解 从贴现率的角度看,债券的贴现率 $d = 5\%$,储蓄的贴现率
$$d = \frac{i}{1+i} = 4.988\%;$$

从年利率的角度看,债券的利率 $i=\dfrac{d}{1-d}=\dfrac{1}{19}=5.26\%$,而储蓄的利率 $i=5.25\%$.

所以债券投资略优于储蓄,即应选择债券进行投资.

1.1.4 名利率和名贴现率

在某些金融业务中,在单位计息期(如 1 年)内要进行多次利息结算,从而常常需要用到这样一些基本术语:月换算、季换算、半年换算和利息换算期. 为此引入了名利率和名贴现率的概念.

定义 1.12 若在单位计息期内利息依利率 $\dfrac{i^{(m)}}{m}$ ($m\in \mathbf{N}$)换算 m 次,则称 $i^{(m)}$ 为 m 换算**名利率**或**挂牌利率**.

名利率 $i^{(m)}$ 意味着每个换算期内的实际利率为 $\dfrac{i^{(m)}}{m}$. 例如: $i^{(4)}=4\%$ 或季换算名利率为 4% 都表示每个季度换算一次利息,且每个季度的实利率为 1%.

由等价性定义和 m 换算名利率的定义容易推出如下结论:

结论 1.6 相同单位计息期内的利率 i 与 m 换算名利率 $i^{(m)}$ 有如下关系:

$$1+i=\left(1+\dfrac{i^{(m)}}{m}\right)^m,$$

即

$$i=\left(1+\dfrac{i^{(m)}}{m}\right)^m-1 \quad \text{或} \quad i^{(m)}=m[(1+i)^{1/m}-1].$$

同样地,可以定义 p 换算**名贴现率** $d^{(p)}$($p\in \mathbf{N}$),而且也有与结论 1.6 类似的结论.

结论 1.7 相同单位计息期内的贴现率 d 与 p 换算名贴现率 $d^{(p)}$ 有如下关系:

$$1-d=\left(1-\dfrac{d^{(p)}}{p}\right)^p,$$

即

$$d=1-\left(1-\dfrac{d^{(p)}}{p}\right)^p \quad \text{或} \quad d^{(p)}=p[1-(1-d)^{\frac{1}{p}}].$$

结论 1.8 相同单位计息期内的 m 换算名利率 $i^{(m)}$ 与 p 换算名贴现率 $d^{(p)}$ 有如下关系：

$$\left(1+\frac{i^{(m)}}{m}\right)^m = \left(1-\frac{d^{(p)}}{p}\right)^{-p}.$$

证明 因为

$$\left(1+\frac{i^{(m)}}{m}\right)^m = 1+i, \quad \left(1-\frac{d^{(p)}}{p}\right)^p = 1-d,$$

又 $1+i=(1-d)^{-1}$，所以

$$\left(1+\frac{i^{(m)}}{m}\right)^m = \left(1-\frac{d^{(p)}}{p}\right)^{-p}.$$

在结论 1.8 中，若 $m=p$，则有如下关系式：

$$1+\frac{i^{(m)}}{m} = \left(1-\frac{d^{(m)}}{m}\right)^{-1}, \tag{1.1.16}$$

$$\frac{1}{d^{(m)}} - \frac{1}{i^{(m)}} = \frac{1}{m}. \tag{1.1.17}$$

式(1.1.16)表明，名利率和名贴现率在每个换算期内是等价的；式(1.1.17)表明，名贴现率的倒数与名利率的倒数之差为常数，且该常数只与换算次数 m 有关，与利率水平无关.

例 1.3 现有以下两种 5 年期的投资方式：

方式 A：年利率为 7%，每半年计息一次；

方式 B：年利率为 7.05%，每年计息一次.

比较两种投资方式的收益进而确定投资选择.

解法 1 比较两种方式等价的年实利率.

已知方式 A 的半年换算名利率为 $i_A^{(2)}=7\%$，于是方式 A 的年实利率为

$$i_A = \left(1+\frac{7\%}{2}\right)^2 - 1 = 7.1225\%.$$

而方式 B 的年实利率 $i_B=7.05\% < i_A$，故应选择方式 A.

解法 2 比较两种方式实际收益.

对方式 A 和方式 B，1 个货币单位的本金经过 5 年投资后其价值分别为

$$a_A(5) = \left(1+\frac{7\%}{2}\right)^{10} = 1.4106,$$

$$a_B(5) = (1+7.05\%)^5 = 1.4058.$$

显然 $a_A(5) > a_B(5)$,故应选择方式 A.

1.1.5 连续利息计算

这里我们考虑一种理想的情形,每个瞬间都可以进行利息的换算. 这种情形下,货币的价值变化就是非常频繁的,随时都在改变. 虽然这只是理想化的描述,但是对此情形的研究将有助于我们对一般离散情形的分析. 这种情况下定义的利率就是瞬间变化率.

定义 1.13 设累积函数 $a(t)$ 为 t $(t \geqslant 0)$ 的连续可微函数,则称函数

$$\delta_t = \frac{a'(t)}{a(t)} \quad (t \geqslant 0) \tag{1.1.18}$$

为累积函数 $a(t)$ 对应的**利息力函数**,并称利息力函数在各个时刻的值为**利息力**.

由定义 1.13 知,累积函数可以用利息力函数表示为

$$a(t) = \exp\left(\int_0^t \delta_s \mathrm{d}s\right) \quad (t \geqslant 0). \tag{1.1.19}$$

贴现函数也可以表示为

$$a^{-1}(t) = \exp\left(-\int_0^t \delta_s \mathrm{d}s\right) \quad (t \geqslant 0). \tag{1.1.20}$$

由定义 1.13 和表达式(1.1.19)易知,在复利方式下,利息力函数为常数. 常数利息力一般用 δ 表示.

设累积函数 $a(t)$ 为 t 的连续可微函数. 若定义 $a(t)$ 对应的**贴现力函数**为

$$\bar{\delta}_t = -\frac{[a^{-1}(t)]'}{[a^{-1}(t)]} \quad (t \geqslant 0), \tag{1.1.21}$$

则显然有

$$\delta_t = \bar{\delta}_t \quad (t \geqslant 0).$$

结论 1.9 如果利息力函数为常数,即 $\delta_t \equiv \delta$ (δ 与 t 无关),则
(1) $a(t) = e^{\delta t}$, $a^{-1}(t) = e^{-\delta t}$;
(2) 常数利息力 δ 与利率 i 的关系式为

$$e^\delta = 1 + i$$

或
$$\delta = \ln(1+i) = -\ln v = -\ln(1-d);$$

(3) 在相同单位计息期内,常数利息力 δ,利率 i 及贴现率 d 三者的大小关系为
$$d < \delta < i.$$

证明 (1) 因为 $a(t) = \exp\left(\int_0^t \delta_s \mathrm{d}s\right)$,所以
$$a(t) = \exp\left(\int_0^t \delta \mathrm{d}s\right) = \mathrm{e}^{\delta t}.$$

(2) 因为 $a(t) = (1+i)^t = \mathrm{e}^{\delta t}$,所以
$$\mathrm{e}^\delta = 1 + i.$$

又由 i, v, d 的关系可得
$$\delta = \ln(1+i) = -\ln v = -\ln(1-d).$$

(3) 由(2)可以得到 $d < \delta < i$ 成立.

结论 1.10 在相同单位计息期内,名利率 $i^{(m)}$,名贴现率 $d^{(p)}$ 与常数利息力 δ 有下面的关系:

(1) $i^{(m)} = m(\mathrm{e}^{\delta/m} - 1)$; (2) $d^{(p)} = p(1 - \mathrm{e}^{-\delta/p})$;
(3) $\lim\limits_{m \to \infty} i^{(m)} = \lim\limits_{p \to \infty} d^{(p)} = \delta$; (4) $d \leqslant d^{(p)} < \delta < i^{(m)} \leqslant i$.

结论 1.10 的证明留待读者完成.

结论 1.10 表明,连续计息方式相当于对固定的标准计息期,将利息换算次数充分地增大(而这一点是不具有现实性的).

由前面的一些结论可知,贴现率 d,名利率 $i^{(m)}$ 及常数利息力 δ 都是其相同单位计息期的利率 i 的函数,且其中贴现率 d 和常数利息力 δ 还分别是常数利息力 δ 和贴现因子 v 的函数.对这些函数,容易证明(从略)有下面的结论 1.11.

结论 1.11 各种利率函数的导数有如下结论:

(1) $\dfrac{\mathrm{d}d}{\mathrm{d}i} = \left(\dfrac{1}{1+i}\right)^2 > 0$, $\dfrac{\mathrm{d}d}{\mathrm{d}\delta} = \mathrm{e}^{-\delta} > 0$;

(2) $\dfrac{\mathrm{d}\delta}{\mathrm{d}i} = \dfrac{1}{1+i} > 0$, $\dfrac{\mathrm{d}\delta}{\mathrm{d}v} = -\dfrac{1}{v} < 0$;

(3) $\dfrac{\mathrm{d}i^{(m)}}{\mathrm{d}i} = (1+i)^{1/m-1} > 0$.

结论 1.11 表明,贴现率 d,常数利息力 δ 及名利率 $i^{(m)}$ 都是其相同单位计息期的利率 i 的增函数;此外,贴现率 d 是常数利息力 δ 的

增函数,而常数利息力 δ 则是贴现因子 v 的减函数.

例 1.4 已知基金 F 以利息力函数 $\delta_t = \dfrac{1}{1+t}$ $(t \geqslant 0)$ 累积,基金 G 以利息力函数 $\delta_t = \dfrac{4t}{1+2t^2}$ $(t \geqslant 0)$ 累积. 若分别用 $a_F(t)$ 和 $a_G(t)$ 表示两个基金在 t $(t \geqslant 0)$ 时刻的累积函数,并令 $h(t) = a_F(t) - a_G(t)$,试计算使 $h(t)$ 达到最大的时刻 T.

解 由题设条件有
$$a_F(t) = \exp\left(\int_0^t \frac{1}{1+s} ds\right) = 1+t,$$
$$a_G(t) = \exp\left(\int_0^t \frac{4s}{1+2s^2} ds\right) = 1+2t^2.$$

根据 $h(t)$ 的定义得
$$h(t) = t - 2t^2,$$
由此求出 $T = \dfrac{1}{4}$.

§1.2 利息基本计算

利息计算的基本准则很简单,但利息计算又是许多复杂的金融业务的基础. 与利息计算有关的量主要有以下四个:原始投入的资本(即本金)、投资经过的时间、利率和投资结束时的终值. 其中的任何三个量的值都可以唯一地决定第四个量的值.

利息问题总是可以从借款人和贷款人两个当事人来考虑. 对同一笔业务,交易双方因为各自所站的角度不同,所用的措辞有所不同. 例如,银行将钱贷给企业,对银行来说是"贷出",对企业来说则是"借入". 此外,对同一种行为,不同的参与者可能有不同的说法. 例如,"存入"和"贷出"两个词指的是同一种行为,但作为银行的储户喜欢用"存入"表示在银行中存钱,而站在银行的角度,则喜欢用"贷出"表示向外借出钱. 实际上,这两者行为本身并没有实质的区别. 在今后的论述中,我们可能要交替使用这两种用语.

有些复杂的金融业务也许会涉及到两个以上的当事人,例如:

企业在分析它在某新工厂上的投资回报率时,可能要涉及多个投资者. 不过, 对两个当事人的分析可以迅速地推广到多个当事人的复杂金融业务. 下面主要介绍利息计算的基本知识.

1.2.1 时间单位的确定

在实际问题中,计算利息时必须首先考虑如何度量投资的时间. 目前常用的三种度量投资时间的计算方法是:

(1) 按实际的投资天数计算,1 年为 365 天. 若依此方法度量投资时间,则称对应的利息计算方法为**精确利息算法**,一般用"实际投资天数/年实际天数"表示.

(2) 假设每月有 30 天,1 年为 360 天. 若依此方法度量投资时间,则称对应的利息计算方法为**普通利息算法**,一般用"30/360"表示. 这时,计算两个给定日期之间的天数的公式为

$$360(Y_2 - Y_1) + 30(M_2 - M_1) + (D_2 - D_1),$$

其中 $Y_i(i=1,2)$ 表示第 i 个日期所在的年,$M_i(i=1,2)$ 表示第 i 个日期所在的月,$D_i(i=1,2)$ 表示第 i 个日期所在的日.

(3) 按实际的投资天数计算,但 1 年设为 360 天. 若依此方法度量投资时间,则称对应的利息计算方法为**银行家利息法则算法**,一般用"实际投资天数/360"表示.

可以证明,在实际操作中,银行家利息法则算法较之精确利息算法对贷款方有利. 因为由于分母的不同,对于同样的实际投资时间,即分子不变,则计算利息时的时间度量,选用银行家利息法则算法较之精确利息算法要大. 同样地,一般情况下,选用银行家利息法则算法较之普通利息算法对贷款方有利,但存在例外的情况.

关于以上的计算方法,需要做几点说明:

(1) 关于闰年(出现 2 月 29 日的年份)的计算,可选用以下方法:将 2 月 29 日计入利息计算期,1 年为 366 天;2 月 29 日不计入利息计算期,1 年为 365 天. 用普通利息算法时,闰年没有影响.

(2) 除非特别声明,总是假定起息日与到期日不能同时计入利息计算期,只能是二者择其一. 但如果实际中真需要将两者同时计入,就要多计算 1 天的利息.

(3) 并不是所有的利息计算都需要计算天数,许多金融业务的利息计算是自动依月、季、半年或年进行的.

关于时间单位确定方法的总结如表 1-3 所示.

表 1-3 时间单位确定方法的总结表

方法	解释	市场
实际投资天数／年实际天数	投资期的实际天数与 1 年的实际天数(闰年为 366 天)之比	美国长期国债市场
实际投资天数/365	投资期的实际天数与 365 天(平年与闰年一样)之比	英国金边债券市场
30/360	假定每个月为 30 天,每年 360 天,不管实际天数	美国公司债券市场
30E/360	与 30/360 方法类似,不考虑最后 1 个月的规则	欧洲债券市场

(表 1-3 的资料来源于文献[2].)

1.2.2 价值方程

利息理论中有一个基本的原则:参与借贷活动的一定数量的货币在某时刻的价值可以从两个方面来确定,或是考虑从借贷开始已经过的时间,或是考虑从现在到借贷结束的未来时间. 也就是说,在考虑利息问题时,货币将具有时间性,这一点被特别地表示为"**货币的时间价值**". 当然,有些金融业务的计算中货币是没有时间性的,这些往往是短期业务. 但从另一方面看,货币的时间价值只是反映了利息的效用,它与通货膨胀的作用是有区别的,后者表示货币的购买能力随时间的推移而降低. 依据这个基本原则,我们知道,不同时刻的货币量是无法直接比较大小的,必须将这些量调整(累积计算或贴现计算)到某一个共同日期. 这个共同日期称为**比较日**. 将调整到比较日的计算结果按照收入支出相等的原则列出的等式称为**价值方程**. 现值和终值方程是将比较日选为现在和业务结束日的两种特殊的价值方程.

得到价值方程的一种行之有效的方法是利用货币的**时间流程图**,其具体做法是:用一条直线表示时间(从左到右),上面的刻度为事先给定的时间单位(如月、季、年等),发生的现金流量写在对应时间的上方或下方(一般同一流向的现金流写在同一方);另外,有时会画一个小箭头代表比较日. 时间流程图并不是解决价值方程的唯一方法,但它有助于直观地了解问题,特别是在资金流动频繁的复杂情况可能会有很大的帮助.

关于价值方程有一点需要特别说明的是,采用复利方式或复贴现模式计算时,最终的计算结果与比较日的选取无关;采用单利方式或单贴现模式计算时,比较日的选取将直接影响到计算结果. 这也说明了采用单利方式或单贴现模式的内在不一致性.

例 1.5 某资金账户现金流如下:在第 1 年初有 100 元资金支出,在第 5 年底有 200 元资金支出,在第 10 年底有最后一笔资金支出;作为回报,在第 8 年底有资金收回 600 元. 假定半年换算名利率为 8%,试利用价值方程计算第 10 年底的支出金额大小(分别考虑复利方式和单利方式).

解 设第 10 年底的支出金额为 X,则这个业务的货币时间流程图(时间单位:年)如图 1-2 所示.

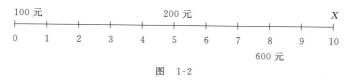

图 1-2

(1) 采用复利方式计算.

下面考虑两种比较日的价值方程:

① 选第 1 年初为比较日,根据当事人支出与收回的价值在比较日应该相等的原则,有价值方程

$$100 \text{元} + 200v^{10} \text{元} + Xv^{20} = 600v^{16} \text{元}, \quad v = (1+4\%)^{-1}.$$

解此价值方程得

$$X = \frac{600v^{16} - 100 - 200v^{10}}{v^{20}} \text{元}$$

$$= (600 \times 0.53391 - 100 - 200 \times 0.67556)/0.45639 \text{元}$$

$$= 186.76 \text{元}.$$

② 选第 5 年底为比较日,则价值方程为

$$100v^{-10} \text{元} + 200 \text{元} + Xv^{10} = 600v^6 \text{元}.$$

由此价值方程求得

$$X = \frac{600v^6 - 100v^{-10} - 200}{v^{10}} \text{元} = 186.76 \text{元}.$$

可见,选两种不同的比较日所得结果相同.

(2) 采用单利方式计算.

首先计算等价的年单利率 i. 由题设有 $1+10i=(1+0.04)^{20}$,所以等价的年单利率为 $i=12\%$.

下面考虑三种比较日的价值方程:

① 选第 1 年初为比较日,则由当事人支出与收回的价值在比较日应该相等得价值方程

$$100 \text{元} + \frac{200}{1+5i} \text{元} - \frac{600}{1+8i} \text{元} + \frac{X}{1+10i} = 0 \text{元}.$$

解此价值方程得 $X \approx 178.5$ 元.

② 选第 5 年底为比较日,则价值方程为

$$100(1+5i) \text{元} + 200 \text{元} - \frac{600}{1+3i} \text{元} + \frac{X}{1+5i} = 0 \text{元}.$$

求解价值方程得 $X \approx 129.9$ 元.

③ 选第 10 年底为比较日,则价值方程为

$$100(1+10i) \text{元} + 200(1+5i) \text{元} - 600(1+2i) \text{元} + X = 0 \text{元}.$$

求解价值方程得 $X \approx 204$ 元.

可见,选三种不同的比较日所得结果完全不同.

例 1.5 说明了复利计算比单利计算更合理一些.

1.2.3 等时间法

前面介绍过,影响利息的四个主要因素是:本金、时间、利息和终值.这里我们主要讨论其中的时间因素计算问题.

问题 1 设有两种投资方式:方式一,分别于 $t_1, t_2, \cdots, t_n$ 时刻投入 $s_1, s_2, \cdots, s_n$;方式二,在 t 时刻一次性投入 $s_1 + s_2 + \cdots + s_n$. 若两种方式的投资价值相等,计算时刻 t.

两种方式在 0 时刻价值相等的价值方程为

$$(s_1 + s_2 + \cdots + s_n)v^t = s_1 v^{t_1} + s_2 v^{t_2} + \cdots + s_n v^{t_n},$$

进一步求解得

$$t = \frac{\ln\left(\dfrac{s_1 v^{t_1} + s_2 v^{t_2} + \cdots + s_n v^{t_n}}{s_1 + s_2 + \cdots + s_n}\right)}{\ln v}. \tag{1.2.1}$$

一般常用所谓"等时间法"作为式(1.2.1)的近似计算,即

$$t \approx \frac{s_1 t_1 + s_2 t_2 + \cdots + s_n t_n}{s_1 + s_2 + \cdots + s_n} \xrightarrow{\text{记为}} t'. \tag{1.2.2}$$

式(1.2.2)中的 t' 相当于用各个时刻的货币量作为权重对所有时刻加权平均.

问题 2 在给定的利率下,求货币价值增加一倍的时间间隔.

设给定的利率为 i,要计算的时间间隔为 n,则价值方程为

$$(1+i)^n = 2,$$

进而有

$$n = \frac{\ln 2}{\ln(1+i)}. \tag{1.2.3}$$

对于精确公式(1.2.3),常用以下的近似计算:

$$n \approx \frac{0.6931}{i} \cdot \frac{i}{\ln(1+i)}. \tag{1.2.4}$$

若在式(1.2.4)中取 $i = 8\%$,则有

$$n \approx \frac{0.72}{i}. \tag{1.2.5}$$

简称式(1.2.5)的算法为 **72 算法**. 令人惊讶的是,当利率在一定范围变化时,72 算法有相当高的近似精度(见表 1-4).

表 1-4 72 算法与精确算法的比较

利率 $i/\%$	4	6	8	10	12	18
n(72 算法)	18	12	9	7.2	6	4
n(精确算法)	17.67	11.90	9.01	7.27	6.12	4.19

1.2.4 利率的计算

有时我们需要对资金账户的增值过程反解利率.下面以具体的例子介绍在求解未知利率时常采用的几种方法.

1. 直接对价值方程进行指数或对数计算法

例 1.6 以什么样的季换算名利率,可以使当前的 1000 元在 6

年后本利和为 1600 元?

解 设季换算名利率为 $i^{(4)}$ 时,当前 1000 元在 6 年后本利和为 1600 元. 令 $j=\dfrac{i^{(4)}}{4}$, 则价值方程为

$$1000(1+j)^{24} = 1600.$$

解此价值方程得

$$j = (1.6)^{1/24} - 1 = 0.019776,$$

所以 $i^{(4)} = 4j = 0.0791$ (或 7.91%).

2. 代数方法

例 1.7 已知第 2 年底的 2000 元和第 4 年底的 3000 元的现值之和为 4000 元. 计算年利率.

解 设年利率为 i, 则价值方程为

$$4000 = 2000v^2 + 3000v^4, \quad v = (1+i)^{-1},$$

它也可以写做 v^2 的二次方程

$$3v^4 + 2v^2 - 4 = 0, \quad v = (1+i)^{-1}.$$

求解上面的方程得 $v^2 = 0.868517$, 进而求出 $i = 0.0730$ 或 7.30%.

3. 线性插值的递推或迭代法

例 1.8 已知现在投入 1000 元, 在第 3 年底投入 2000 元, 在第 10 年底的全部收入为 5000 元. 计算半年换算名利率.

解 设半年换算名利率为 $i^{(2)}$. 令 $j=\dfrac{i^{(2)}}{2}$, 则价值方程为

$$1000(1+j)^{20} + 2000(1+j)^{14} = 5000.$$

这个方程没有分析表达式的解, 必须考虑近似解. 若定义

$$f(j) = 1000(1+j)^{20} + 2000(1+j)^{14} - 5000,$$

则近似解问题变成求 j, 满足 $f(j) = 0$.

首先, 对 $j_0 = 0.0300$ 和 $j_1 = 0.0350$ (这两个初值的选取并没有特别的规定, 只要保证 $f(j_0)$ 与 $f(j_1)$ 的符号不同即可) 分别有

$$f(j_0) = f(0.0300) = 1000(1+0.0300)^{20}$$
$$+ 2000(1+0.0300)^{14} - 5000 = -168.7100,$$

$$f(j_1) = f(0.0350) = 1000(1+0.0350)^{20}$$
$$+ 2000(1+0.0350)^{14} - 5000 = 227.1800,$$

于是由线性插值公式有

$$j_2 = j_0 - \frac{f(j_0)(j_1 - j_0)}{f(j_1) - f(j_0)}$$
$$= 0.0300 + 0.0050 \times 168.7100/(227.1700 + 168.7100)$$
$$= 0.0321;$$

又对 $j_2 = 0.0321$ 和 $j_3 = 0.0322$ 分别有
$f(j_2) = f(0.0321) = -3.6930, \quad f(j_3) = f(0.0322) = 1.7590,$
同样,由线性插值公式求得

$$j_4 = 0.03218;$$

再对 $j_4 = 0.03218$ 和 $j_5 = 0.03217$ 分别有

$$f(j_4) = f(0.03218) = 0.18346,$$
$$f(j_5) = f(0.03217) = -0.60420,$$

进而求得 $j_6 = 0.032178$.

当然,这个计算过程还可以继续下去,但因 $f(0.032178) = 0.025918, f(0.032177) = -0.052851$ 都与 0 很接近,故这里取

$$j \approx 0.032178.$$

所以,所求的半年换算名利率为 $i^{(2)} = 2j \approx 0.064356$.

注 上述解法可参考相关的数值计算参考书.

§1.3 实 例 分 析

1.3.1 现实生活中与利率有关的金融现象

1. 银行的挂牌利率

一般来说,银行的公布利率都是有着指定含义的. 例如:我们经常会在金融市场上看到这种信息"一年定期存款利率 7.91%/收益率 8.15%"或"资金拆借市场利率 8.00%/收益率 8.30%". 按照业界的默认习惯,它们的实际含义是,前面的数字是名利率,后面的数字是实利率,且在第一种情况下,意味着 $i^{(4)} = 7.91\%$ 或 $i = 8.15\%$;在第二种情况下,意味着 $i^{(12)} = 8.00\%$ 或 $i = 8.30\%$.

例 1.9 2012 年 6 月 8 日中国人民银行公布的金融机构人民币

存款利率如表 1-5 所示. 表中的利率水平是单利方式. 计算除活期外各种期限的年实利率.

表 1-5　金融机构人民币存款利率

期限	活期	3 个月	6 个月	1 年	2 年	3 年	5 年
年利率/%	0.40	2.85	3.05	3.25	4.10	4.65	5.10

解　折合为年实利率 i,具体如下：

3 个月：已知 $i^{(4)}=2.85\%$,导出 $i=2.88\%$；

6 个月：已知 $i^{(2)}=3.05\%$,导出 $i=3.07\%$；

1 年：$i=3.25\%$；

2 年：已知单利率为 4.10%,导出
$$(1+i)^2 = 1+2\times 4.10\% \Longrightarrow i=4.02\%;$$

3 年：已知单利率为 4.65%,导出
$$(1+i)^3 = 1+3\times 4.65\% \Longrightarrow i=4.45\%;$$

5 年：已知单利率为 5.10%,导出
$$(1+i)^5 = 1+5\times 5.10\% \Longrightarrow i=4.65\%.$$

2. 计息天数

在实际计算中,银行在计算利息的天数时,常用一些灵活的算法. 例如：银行公布"日换算挂牌利率为 6%,年收益率为 6.27%",这时,无论用一年为 360 天还是 365 天都只能得到 6.18%的年收益率,即

$$(1+0.06/360)^{360}-1 = 0.0618,$$
$$(1+0.06/365)^{365}-1 = 0.0618.$$

那么,银行公布的数字是如何计算的呢？实际上,银行的数字是由下面的算法得到的：

$$(1+0.06/360)^{365}-1 = 0.0627.$$

3. 利率与贴现率

在现实的金融市场中,人们常常将各种收益率简称为利息率,但它们的含义会有所不同. 以美国的市场为例,在短期债券中以美国财政部发行的短期国库券"T-bills"为主,期限通常为 3 个月(13 周),6 个月(26 周)和 12 个月(52 周),其中 3 个月期和 6 个月期于每周星

期一发行,12个月期于每月第四个星期发行,它们的利息通常是用贴现率表示的.例如:面额为 100 元的 3 月期国库券发行时价格为 96 元,或公布的贴现率为 16%,而实际的年利率为 17.74%.长期的国库券在发行时则是依年利率表示它们的利息收入.因此,这两者的表面的利息率是不能直接比较的,必须统一为同一种度量.

另外,在商业活动中短期资金拆借的利息也常用贴现率表示.例如:以贴现率 12% 借款 10000 元,期限 1 个月,意味着借款人在借出这 10000 元时只能得到 9900 元(扣除贴现量),然后在 1 个月后由借款人归还 10000 元.因此,这里的实利率既与贴现率有关,又与借款期限有关.

例 1.10 若面值为 100 元的债券在到期前 3 个月时的买价为 96 元,计算买方的:

(1) 季换算名贴现率 $d^{(4)}$; (2) 年实利率 i.

解 (1) 已知 $\dfrac{d^{(4)}}{4} = \dfrac{100-96}{100} = 4\%$,所以 $d^{(4)} = 16\%$.

(2) 已知 $\dfrac{i^{(4)}}{4} = \dfrac{100-96}{96} = \dfrac{1}{24}$,所以

$$i = \left(1 + \frac{i^{(4)}}{4}\right)^4 - 1 = \left(\frac{25}{24}\right)^4 - 1 = 17.74\%.$$

4. 信用卡

信用卡上欠款的利息通常是在每个月的月底依照卡上的结余计算的,所以每个月中间的欠款是不用付利息的.也就是说,如果持卡人在每个月内能够完全付清卡上的欠款,实际上享受着短期无息贷款;另一方面,那些月底结算时仍然有未结欠款的账户,将付出很高的利息.

1.3.2 提前支取的处罚

在许多定期存款业务中,都考虑了提前支取的处罚.例如:2 年定期存款的年利率为 3%,若储户在第 1 年底突然要解冻这个存款,即提前取出这笔存款,那么,作为一种处罚,利率肯定要低于 3%.

例 1.11 2 年定期存款的年利率为 10%,在提前支取时储户可以有以下两种选择:方式 A:利率降为 8%;方式 B:原利率不变,扣

除 3 个月的利息.试对以下两种情况,给出对储户较为有利的选择:

(1) 存入 6 个月时提前支取;

(2) 存入一年半时提前支取.

解 设原始本金为 1 个货币单位,并分别用 I_A 和 I_B 表示两种选择的利息收入.

(1) 若存入 6 个月时提前支取,则
$$I_A = (1+0.08)^{1/2} - 1 = 0.0392,$$
$$I_B = (1+0.10)^{1/4} - 1 = 0.0241.$$

显然有 $I_A > I_B$,所以此情况下选择方式 A 对储户较为有利.

(2) 若存入一年半时提前支取,则
$$I_A = (1+0.08)^{1.5} - 1 = 0.1224,$$
$$I_B = (1+0.10)^{1.25} - 1 = 0.1265.$$

显然有 $I_A < I_B$,所以此情况下选择方式 B 对储户较为有利.

例 1.12 已知储蓄方式:年利率 7%,在每 3 年底(如果存款未提前支取)将奖励余额的 2%.试对以下三个取款时刻计算实际的年利率:第 2 年底、第 3 年底、第 4 年底.

解 若第 2 年底取款,年实利率仍然为 7%.

若第 3 年底取款,则单位存款的余额及奖励为
$$(1+i)^3 = (1+7\%)^3(1+2\%).$$

反解得 3 年的年实利率为 $i=7.71\%$.

若第 4 年底取款,则单位存款的余额及奖励为
$$(1+i)^4 = (1+7\%)^4(1+2\%).$$

反解得 4 年的年实利率为 $i=7.53\%$.

例 1.13 现有不允许提前支取的银行定期存款,其利率(保持 6 年不变)如表 1-6 所示.某投资者准备存入 1000 元,存期为 6 年.计算最大收益的定期储蓄组合的平均年利率.

表 1-6 某定期存款的利率

存期/年	1	2	3	4
季结算名利率/%	5	6	7	8

解 若选择一个 4 年期存款和一个 2 年期存款,则 1 个货币单位的存款在第 6 年底的总额为

$$\left(1+\frac{0.08}{4}\right)^{16} \cdot \left(1+\frac{0.06}{4}\right)^{8} = 1.5464.$$

于是平均年利率为

$$(1+0.5464)^{1/6} - 1 = 7.54\%.$$

因为这个结果大于两个 3 年期的平均年利率 $\left(1+\dfrac{0.07}{4}\right)^{24/6} - 1 = 7.19\%$,所以,这种组合是最大收益组合.

1.3.3 其他实例

例 1.14 某人需要 50000 元的 1 年期贷款,市场中现有两种可能的融资机会:方式 A:1 年期贷款年利率为 5%;方式 B:1 年期贷款年利率小于 5%,但是最低贷款额度为 100000 元. 如果现有 1 年期可能的投资利率 3%,问:要使两种方式等价,方式 B 的最大可接受年利率为多少?

解 设 i 为方式 B 的最大可接受年利率,则有价值方程

$$50000(1+5\%) = 100000(1+i) - 50000(1+3\%).$$

解此价值方程得 $i=4\%$.

例 1.15 现有如下的投资经历:原始投资 100000 元,资金在前两年全部投资于 13 周的短期国债(T-bill),假定均以贴现方式报价;从第 3 年开始进行组合投资,该投资的利息力函数为 $\delta_t = \dfrac{1}{1+t}$. 如果希望 5 年后新增加的金额为原投资的 1.6 倍,试分析 13 周短期国债的可接受折价价格.

解 设国债以名贴现率 $d^{(4)}$ 折价出售,则该资金在第 2 年底的累积价值为

$$100000a(2) \text{ 元} = 100000\left(1-\frac{d^{(4)}}{4}\right)^{-8} \text{元}.$$

利用后 3 年的投资收益已知条件,得第 5 年底的累计价值为

$$100000a(5) \text{ 元} = 100000a(2)\exp\left(\int_2^5 \delta_s \,\mathrm{d}s\right) \text{元}$$

$$= 100000a(2)\left(\frac{1+5}{1+2}\right)\text{元} = 200000a(2)\text{元}$$
$$= 200000\left(1-\frac{d^{(4)}}{4}\right)^{-8}\text{元}.$$

又由题设知
$$100000a(5) = 100000a(0)(1+1.6) = 260000,$$

即
$$2.6 = 2\left(1-\frac{d^{(4)}}{4}\right)^{-8}.$$

求解得
$$d^{(4)} = 12.90\%, \quad \frac{d^{(4)}}{4} = 3.23\%,$$

即面额为 100 元的债券的可接受折价价格为 96.77 元.

练 习 题

§1.1 利息基本函数

1. 设总量函数为 $A(t) = t^2 + 2t + 3$. 试计算累积函数 $a(t)$ 和第 n 个时段的利息 I_n.

2. 对以下两种情况计算从 t 时刻到 $n(t<n)$ 时刻的利息:
   (1) $I_r = r\ (0 < r < n)$; (2) $I_r = 2^r (0 < r < n)$.

3. 已知累积函数的形式为 $a(t) = at^2 + b$. 若 0 时刻投入的 100 元累积到 3 时刻为 172 元,试计算 5 时刻投入的 100 元在 10 时刻的终值.

4. 分别对以下两种总量函数计算 i_5 和 i_{10}:
   (1) $A(t) = 100 + 5t$; (2) $A(t) = 100(1+0.1)^t$.

5. 设 $A(4) = 1000$,$i_n = 0.01n$. 试计算 $A(7)$.

6. 试计算 500 元经过两年半的累积达到 615 元的对应年单利率. 另外,问: 500 元以年单利率 7.8% 累积多少时间可以达到 630 元?

7. 已知年单利率为 4%. 问: 经过多少时间它对应的年复利率可以达到 2.5%?

8. 已知 $(1+i)^5 = X$,$(1+i)^2 = Y$. 求 $(1+i)^{11}$.

9. 已知 600 元投资 2 年将产生利息 264 元(复利方式). 计算 2000 元以同样的实利率投资 3 年的终值.

10. 已知在实利率 i 之下第 n 年底的 1 个货币单位与第 $2n$ 年底的 1 个货币单位的现值之和为 1 个货币单位. 计算 $(1+i)^{2n}$.

11. 已知投资 500 元经过 30 年将增为 4000 元. 计算分别在第 20, 40 和 60 年底投资 10000 元的现值之和.

12. 已知在相同的实利率下，投资 1 元经过 a 年增为 2 元, 2 元经过 b 年增为 3 元, 3 元经过 c 年增为 15 元, 6 元经过 n 年增为 10 元. 试用 a, b 和 c 表示 n.

13. 已知资本 A 在一年内产生的利息量为 336, 产生的贴现量为 300. 试计算 A.

14. 分别在单利率 10% 和单贴现率 10% 的条件下计算 d_5.

15. 试用 $i^{(3)}$ 表示 $d^{(4)}$, 用 $d^{(12)}$ 表示 $i^{(6)}$.

16. 在以下两种情况下计算投资 100 元在第 2 年底的终值:

(1) 季换算名利率为 6%;

(2) 每 4 年换算一次的名贴现率为 6%.

17. 已知 $i^{(m)} = 0.1844144$, $d^{(m)} = 0.1802608$. 试计算 m.

18. 已知基金 A 以单利率 10% 累积, 基金 B 以单贴现率 5% 累积. 试计算两个基金的利息力相等的时刻.

19. 已知 1 年期投资的累积函数为二次多项式, 且前半年的半年换算名利率为 5%, 全年的实利率为 7%. 试计算 $\delta_{0.5}$.

§1.2 利息基本计算 §1.3 实例分析

20. 已知账户 A 的累积函数为 $a_A(t) = 1 + t^2$, 账户 B 的累积函数为 $a_B(t) = 1 + 2t + t^2$. 试计算账户 A 的利息力超过账户 B 的利息力的时刻.

21. 已知季换算名贴现率为 8%, 分别对以下两种情况计算第 25 个月底的 5000 元在当前的现值:

(1) 全部时间采用复贴现模式计算;

(2) 前面两年采用复贴现模式计算, 而在最后不足年的时间内采用单贴现模式计算.

22. 为了在第 4 年底收益 2000 元, 第 10 年底收益 5000 元, 当前选择这样的投资: 前两年每年初投入 2000 元, 第 3 年初再投入一部分.若季换算名利率为6%,试计算第3年初投入的金额.

23. 在给定利率的复利计算下,下面两种付款方式等价:

(1) 第5年底支付200元,第10年底支付500元;

(2) 第5年底一次性支付400.94元.

另外,以同样的利率现在投资100元再加上第5年底投资120元,这些投资在第10年底的终值为P.试计算P.

24. 经过多少时间1000元的投资以利率6%累积的终值是以利率4%累积终值的两倍?

25. 已知年利率为8%,且第n年底和第$2n$年底投入100元的现值之和为100元.试计算n.

26. 已知基金A以月换算名利率12%累积,基金B以利息力$\delta_t = \dfrac{t}{6}$累积,且初始时刻两基金本金相同.试计算两基金累积额相同的下一个时刻.

27. 计算投资1000元在第15年底的终值为3000元的半年换算名利率.

28. 已知现金流:当前投入300元,第1年底投入200元,第2年底投入100元,在第2年底的终值为700元.试计算其对应的实利率.

29. 已知货币的价值以利息力$\delta_t = kt$累积,并在10年内增长了一倍.试计算k.

30. 已知1个货币单位的本金以实利率i累积到第3年底的终值再加上第3年底的1个货币单位的资本以实贴现率i贴现的现值之和为2.0096.计算i.

31. 现有实利率为j的投资项目.证明:1个货币单位的本金在第2个计息期的利息收入与第1个计息期的利息收入之差为j^2.试给出这个结论的实际背景解释.

32. 某杂志社提供下面两种预定杂志的方式:

(1) 现在付款15元,6个月后付款13.65元;

(2) 现在一次性付款28元.

假设两种方式无差异,试计算隐含的年实利率.

33. 甲在2007年元旦借给乙1000元,要求乙按下面方式偿还:

分别于2008年和2009年元旦偿还100元,于2010年元旦偿还1000

元. 在 2008 年元旦（正常还款后）甲因急需资金，将剩余的偿还款以 960 元的价格转让给丙. 如果甲乙合约的年利率为 j，甲丙合约的年利率为 k，比较 j 和 k 的大小.

34. 计算与常数利息力增加一倍等价的年利率和年贴现率增加的倍数.

35. 证明：$\lim\limits_{d\to 0}\dfrac{\delta-d}{\delta^2}=\lim\limits_{i\to 0}\dfrac{i-\delta}{\delta^2}=\dfrac{1}{2}$.

36. 某厂家对零售商提供两种折扣：付现款可低于零售价格 30%；6 个月后付款，可低于零售价格 25%. 假设两种方式等价. 试计算对应的年利率.

37. 令 $0<t<1$. 用以下三种方法计算 1 时刻的 1 个货币单位在 t 时刻的价值：

（1）在 $(t,1)$ 内采用单利方式计算；

（2）在 $(t,1)$ 内采用复利方式计算；

（3）采用单利方式计算，并先计算它在 0 时刻的价值然后累积到 t 时刻.

在相同的利率水平下，试对以上三个结果比较大小.

38. 已知基金 A 以年利率 6% 累积，基金 B 以年利率 8% 累积，第 10 年底两种基金的终值之和为 2000 元，且此时基金 A 刚好为基金 B 的一半. 试计算第 5 年底两个基金的累积值之和.

39. 已知第 1 年的实利率 i_1 与第 2 年的实贴现率 d_2 数值相同，第 1 年初投资 1000 元在第 2 年底其终值为 1200 元. 试计算 i_1.

40. 甲以名利率 $i^{(2)}=10\%$ 购得 1000 份 100 元面额的 26 周国债.

（1）计算该国债的价格 P；

（2）近似推导名利率 $i^{(2)}$ 的波动对价格 P 的影响 $\left(\dfrac{\mathrm{d}P}{\mathrm{d}i^{(2)}}\right)$；

（3）当名利率波动一个百分点时，近似计算价格 P 的波动范围.

41. 对 $j>0, m>0$，证明：

（1）$f(m)=(1+j/m)^m$ 是 m 的递增函数；

（2）$g(m)=m[(1+j)^{1/m}-1]$ 是 m 的递减函数.

42. 已知面额 100 元的 26 周国债名收益率为 11.07%. 证明：售价在 94.767~94.771 元之间时，该债券收益率均约为 11.07%.

第二章 年 金

年金一般是指以相等的时间间隔进行的一系列收付款行为,也指以固定的时间周期、以相对固定的方式发生的现金流,是持续按期收取的定额款项.年金的实际背景有:养老金的分期付款、按揭贷款的分期付款和某些固定收益产品投资的定期固定回报收入等.有时将年金的按期收付款金额简称为**年金金额**.通常所说的**确定年金**指无条件确定发生的年金;而**未定年金**指年金的发生是有条件的,不确定的.本章只考虑确定年金.

年金是一系列特殊现金流方式的总称,一般情况下,考虑的现金流的金额与利率无关,但现金流在不同时刻的时间价值与利率水平有关.而且,大多数情况下,年金现金流是许多复杂现金流的基础,是利率计算的最直接的一种应用.年金的计算问题主要包括年金的现值和终值计算两大类.

§2.1 基 本 年 金

本节考虑最简单的一种年金——付款周期(指两次付款之间的时间间隔)与利息换算周期相同的年金,我们称之为**基本年金**.下面分几种典型情形来讨论.

2.1.1 期末年金

定义 2.1 若年金的现金流在第一个付款期末首次发生,随后依次分期进行,则称这种年金为**期末年金**.

定义 2.2 若每次的年金金额为 1 个货币单位,现金流在第一个付款期末首次发生,共计 n 次,则称这种年金为 n **期标准期末年金**.

由定义 2.2 知,n 期标准期末年金的时间流程图如下页图 2-1

所示.

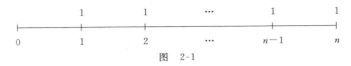

图 2-1

通常用记号 $a_{\overline{n}|i}$ 表示利率为 i,比较日选为 0 时刻的 n 期标准期末年金的所有年金金额的现值之和(简称 n **期标准期末年金的现值**),其中 a 是年金的英文单词的第一个字母,n 表示年金现金流的次数,i 表示年金的利率. 有时也用记号 $a_{\overline{n}|i}$ 代表利率 i 环境中的标准期末年金的现金流. 在不至于产生歧义的情况下,也将 $a_{\overline{n}|i}$ 简单记为 $a_{\overline{n}|}$. 根据 n 期标准期末年金的时间流程图,容易得到关于年金现值的基本计算公式:

$$a_{\overline{n}|i} = v + v^2 + \cdots + v^n = \frac{1-v^n}{i}, \quad (2.1.1)$$

其中 v 为 i 对应的贴现因子.

对年金现金流为任意值 R 的一般 n 期期末年金,可以将其看做由 R 份 n 期标准期末年金组成,所以,它的现值为 $Ra_{\overline{n}|}$.

由式(2.1.1)有

$$1 = ia_{\overline{n}|} + v^n. \quad (2.1.2)$$

式(2.1.2)的含义如下:

0 时刻 1 个货币单位的价值

$= (0, n]$ 上每次收入(利息)i 的现金流价值 $ia_{\overline{n}|i}$

$+ n$ 时刻 1 个货币单位的现值 v^n.

此外,自然有 $\dfrac{1}{a_{\overline{n}|}} \cdot a_{\overline{n}|} = 1$. 这表明,可以用 $\dfrac{1}{a_{\overline{n}|}}$ 代表 0 时刻 1 个货币单位对应的 n 期期末年金的现金流(见图 2-2).

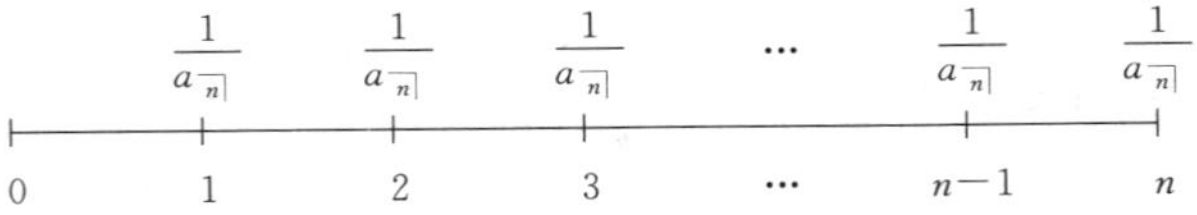

图 2-2

类似于年金现值,用记号 $s_{\overline{n}|i}$ 表示利率为 i 的 n 期标准期末年金

的所有年金金额在年金结束时刻的终值之和(简称 n **期标准期末年金的终值**).有时将 $s_{\overline{n}|i}$ 简记为 $s_{\overline{n}|}$.同样,根据 n 期标准期末年金的时间流程图,容易得到关于年金终值的基本计算公式:

$$\begin{aligned}s_{\overline{n}|i} &= (1+i)^{n-1} + (1+i)^{n-2} + \cdots + (1+i) + 1 \\ &= \frac{(1+i)^n - 1}{i}.\end{aligned} \quad (2.1.3)$$

另外,经过简单的数学推导,可以证明(此处从略)

$$s_{\overline{n}|i} = \sum_{k=1}^{n} C_n^k i^{k-1}.$$

下面从现金流过程分析该表达式的含义.

第一步:考虑年金现金流本身生成的利息流.在每个 $t(t=1,\cdots,n-1)$ 时刻的 1 个货币单位年金产生的利息流为从 $t+1$ 时刻到 n 时刻的 i 元现金流,其时间流程示意图如图 2-3 所示.将每个 t 时刻的利息流合并,则合并为如图 2-4 所示的现金流.对这些现金流直接求和,有 $\sum_{t=2}^{n}(t-1)i$.

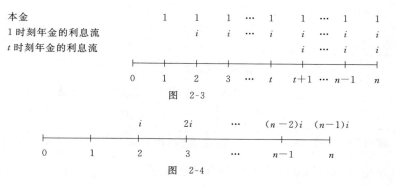

图 2-3

图 2-4

第二步:重复上面的步骤,将前面的利息流作为新的本金流,考虑其生成的新的利息流(见图 2-5).同样将每个时刻的利息流合并,则合并后相当于如图 2-6 所示的现金流.对这些现金流求和,有 $\sum_{t=3}^{n}\sum_{k=1}^{t-2} ki^2$.

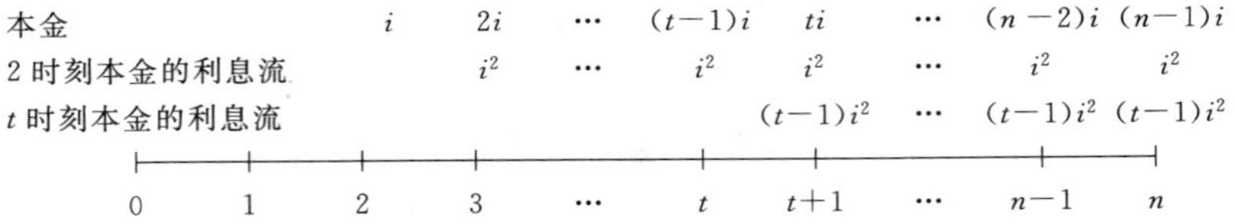

本金			i	$2i$	$\cdots$	$(t-1)i$	ti	$\cdots$	$(n-2)i$	$(n-1)i$
2 时刻本金的利息流				i^2	$\cdots$	i^2	i^2	$\cdots$	i^2	i^2
t 时刻本金的利息流							$(t-1)i^2$	$\cdots$	$(t-1)i^2$	$(t-1)i^2$

```
 0   1   2   3   ···   t   t+1   ···   n−1   n
```
图 2-5

```
         i²   i²+2i²   ···   Σ(k=1 to n−3) ki²   Σ(k=1 to n−2) ki²
 0   1   2   3    4    ···           n−1              n
```
图 2-6

依此类推,将上述求和后的值直接相加,再加上原始本金,则有

$$s_{\overline{n}|i} = \sum_{k=1}^{n} C_n^k i^{k-1}.$$

上面的现金流分析表示了标准期末年金的复利计息方式下的利息实现过程.

对年金现金流为任意值 R 的一般 n 期期末年金,易知其终值为 $Rs_{\overline{n}|i}$.

结论 2.1 $s_{\overline{n}|i}$ 与 $a_{\overline{n}|i}$ 有如下关系:

(1) $s_{\overline{n}|i} = a_{\overline{n}|i}(1+i)^n$; (2) $\dfrac{1}{a_{\overline{n}|i}} = \dfrac{1}{s_{\overline{n}|i}} + i.$

证明 (1) 因为

$$s_{\overline{n}|i} = \frac{(1+i)^n - 1}{i},$$

$$a_{\overline{n}|i} = \frac{1-v^n}{i} = \frac{1-(1+i)^{-n}}{i},$$

所以

$$s_{\overline{n}|i} = a_{\overline{n}|i}(1+i)^n.$$

(2) 由(1)知 $s_{\overline{n}|i} = a_{\overline{n}|i}(1+i)^n$,所以

$$\frac{1}{s_{\overline{n}|i}} + i = \frac{1}{a_{\overline{n}|i}(1+i)^n} + i = \frac{1+(1+i)^n - 1}{a_{\overline{n}|i}(1+i)^n} = \frac{1}{a_{\overline{n}|i}}.$$

例 2.1 现有 10 年期 500000 元贷款,年利率为 8%. 试计算以下三种还贷方式的应付利息:

(1) 在第 10 年底一次还清;

(2) 每年底偿还当年的利息,本金最后一次还清;

(3) 每年底偿还固定的金额,10 年还清.

解 (1) 因为在第 10 年底的一次还款为

$$500000(1+0.08)^{10} \text{元} = 1079462.50 \text{元},$$

所以应付利息为

$$(1079462.50 - 500000) \text{元} = 579462.50 \text{元}.$$

(2) 因为每年所付利息为

$$500000 \times 0.08 \text{元} = 40000 \text{元},$$

所以 10 年总的利息付出为

$$10 \times 40000 \text{元} = 400000 \text{元}.$$

(3) 设每年底的还款额为 R,则有价值方程

$$R a_{\overline{10}|0.08} = 500000 \text{元}.$$

由 $a_{\overline{10}|0.08} = 6.710081$ 得

$$R = \frac{500000}{a_{\overline{10}|0.08}} \text{元} = \frac{500000}{6.710081} \text{元} = 74514.54 \text{元},$$

进而有 10 年的付款总额为

$$10 \times 74514.54 \text{元} = 745145.4 \text{元},$$

所以应付利息为

$$(745145.4 - 500000) \text{元} = 245145.4 \text{元}.$$

注 这里的计算没有考虑利息的发生过程,虽然三种利息结果不同,但是所有还款的现值是相同的(都是原始贷款).

2.1.2 期初年金

定义 2.3 若年金的首次现金流在合同生效时立即发生,随后依次分期进行,则称这种年金为**期初年金**.

定义 2.4 若每次的年金金额为 1 个货币单位,在合同生效时立即发生首次的现金流,共计 n 次,则称这种年金为 n **期标准期初年金**.

由定义 2.4 知,n 期标准期初年金的时间流程图如下页图 2-7 所示.

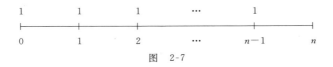

图 2-7

与 n 期标准期末年金一样,对于 n 期标准期初年金,我们关心的是它的现值与终值. 一般用记号 $\ddot{a}_{\overline{n}|i}$ 表示利率为 i 的 n **期标准期初年金的现值**,用记号 $\ddot{s}_{\overline{n}|i}$ 表示 n **期标准期初年金的终值**. 有时也将 $\ddot{a}_{\overline{n}|i}$ 与 $\ddot{s}_{\overline{n}|i}$ 分别简记为 $\ddot{a}_{\overline{n}|}$ 与 $\ddot{s}_{\overline{n}|}$. 根据 n 期标准期初年金的时间流程图易得如下的基本计算公式:

$$\ddot{a}_{\overline{n}|i} = 1 + v + v^2 + \cdots + v^{n-1} = \frac{1-v^n}{d}, \qquad (2.1.4)$$

$$\ddot{s}_{\overline{n}|i} = (1+i) + (1+i)^2 + \cdots + (1+i)^n$$
$$= \frac{(1+i)^n - 1}{d}. \qquad (2.1.5)$$

结论 2.2 $\ddot{a}_{\overline{n}|}$ 与 $\ddot{s}_{\overline{n}|}$ 之间有如下关系:

(1) $\ddot{s}_{\overline{n}|i} = \ddot{a}_{\overline{n}|i}(1+i)^n$; (2) $\dfrac{1}{\ddot{a}_{\overline{n}|i}} = \dfrac{1}{\ddot{s}_{\overline{n}|i}} + d$.

结论 2.2 的证明与结论 2.1 的证明相似.

结论 2.3 下面的关系式成立:

(1) $\ddot{a}_{\overline{n}|i} = (1+i)a_{\overline{n}|i}$, $\ddot{a}_{\overline{n}|i} = 1 + a_{\overline{n-1}|i}$;

(2) $\ddot{s}_{\overline{n}|} = (1+i)s_{\overline{n}|i}$, $\ddot{s}_{\overline{n}|} = s_{\overline{n+1}|} - 1$.

证明 如果将标准期初年金看做金额为 $1+i$ 的期末年金,然后对其求现值和终值,则容易得到 (1),(2) 中的第一个式子. 而对于 (1),(2) 中的第二个式子,显然成立.

与期末年金的情形类似, $R\ddot{a}_{\overline{n}|}$ 与 $R\ddot{s}_{\overline{n}|}$ 分别表示年金现金流为 R 的一般 n 期期初年金的现值和终值.

例 2.2 某人从现在开始每年定期地投入相同的一笔钱,希望在第 12 年底(下一年度定期投入的前一瞬间)得到 1000000 元的回报. 如果年利率为 7%,试计算每年的投入金额.

解 设每年的投入金额为 R,则在第 12 年底的价值方程为

$$R\ddot{s}_{\overline{12}|0.07} = 1000000 \, 元.$$

由 $\ddot{s}_{\overline{12}|0.07} = 19.14064$,得

$$R = \frac{1000000}{\ddot{s}_{\overline{12}|0.07}} \text{元} = \frac{1000000}{19.14064} \text{元} = 52245 \text{元}.$$

这个计算结果表明,如果年利率为 7%,从现在开始每年初投入 52245 元,到第 12 年底,总累积值为 1000000 元.

2.1.3 递延年金

定义 2.5 若年金现金流的首次发生是递延了一段时间后进行的,则称这种年金为**递延年金**.

由定义 2.5 知,递延 m 期的 n 期标准期末年金的时间流程图如图 2-8 所示.

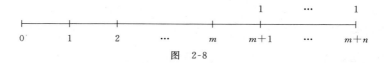

图 2-8

从图 2-8 中的现金流看,递延 m 期的 n 期标准期末年金相当于一个 $m+n$ 期标准期末年金扣除一个 m 期标准期末年金,所以,该递延年金的现值可以表示为

$$a_{\overline{m+n}|i} - a_{\overline{m}|i}, \qquad (2.1.6)$$

即递延年金的现值为两个定期年金的现值之差.同样,对于递延 m 期的 n 期标准期初年金的现值也有类似的表示.

通过适当推导,递延 m 期的 n 期标准期末年金的现值又可以表示为 $v^m a_{\overline{n}|i}$.

2.1.4 永久年金

定义 2.6 若年金的支付(现金流)永远进行下去,没有结束的日期,则称这种年金为**永久年金**.

一般用 $a_{\overline{\infty}|i}$(或 $\ddot{a}_{\overline{\infty}|i}$)表示标准永久期末(或初)年金的现值,且有计算公式

$$a_{\overline{\infty}|i} = v + v^2 + \cdots = \lim_{n \to \infty} a_{\overline{n}|i} = \frac{1}{i}, \qquad (2.1.7)$$

$$\ddot{a}_{\overline{\infty}|i} = 1 + v + v^2 + \cdots = \lim_{n \to \infty} \ddot{a}_{\overline{n}|i} = \frac{1}{d}. \qquad (2.1.8)$$

从图 2-9 中的现金流看，n 期标准期末年金可用一个标准永久期末年金扣除一个递延 n 期的标准永久期末年金表示，于是有现值公式

$$a_{\overline{n}|i} = a_{\overline{\infty}|i} - v^n a_{\overline{\infty}|i}. \qquad (2.1.9)$$

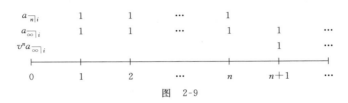

图 2-9

例 2.3 某人留下遗产 100000 元，第一个 10 年将每年的利息付给受益人甲，第二个 10 年将每年的利息付给受益人乙，20 年后将每年的利息付给受益人丙且一直进行下去，均为年底支付。如果年利率为 7%，试计算三个受益人的相对受益比例。

解 甲的受益现值相当于 7000 份 10 年期标准期末年金的现值，故其受益现值为

$$7000\, a_{\overline{10}|0.07} \,\text{元} = 7000 \times 7.0236 \,\text{元} = 49162 \,\text{元}.$$

乙的受益现值相当于 7000 份递延 10 年的 10 年期标准期末年金的现值，故其受益现值为

$$7000(a_{\overline{20}|0.07} - a_{\overline{10}|0.07})\,\text{元}$$
$$= 7000(10.5940 - 7.0236)\,\text{元} = 24993\,\text{元}.$$

丙的受益现值相当于 7000 份递延 20 年的标准永久期末年金的现值，故其受益现值为

$$7000(a_{\overline{\infty}|0.07} - a_{\overline{20}|0.07})\,\text{元}$$
$$= 7000(1/0.07 - 10.5940)\,\text{元} = 25842\,\text{元}.$$

所以，从现值的角度看，甲、乙和丙的受益比例分别近似为 49%，25% 和 26%。另外，因为 $100000(1+0.07)^{-20} = 25842$，所以丙相当于在 20 年后独自继承了这笔遗产。

2.1.5 剩余付款期不是标准时间单位的计算

由前面年金现值的计算可以发现,大多数情况下年金的现值都不是整数,这会使得现实的操作出现以下的不方便情况:如果年金的现金流为整数,则其现值不是整数;如果年金的现值是整数,则其现金流就很难保证为整数.而为了操作上的方便,当然希望现金流和现值都是整数,于是需要对零碎的部分进行处理.例如:5 年期年利率为 3% 的年金,理想的状态是当前价值为 500 元,每年 100 元年金金额,而由年金的计算得知,若每年的现金流为 100 元,则现值为 457.97 元,这种情况需要对(500−457.97)元=42.03 元进行处理.

实际上,对于任意的 t ($0 \leqslant t \leqslant 1$),形式上可以定义下面的计算:

$$a_{\overline{n+t}|i} = a_{\overline{n}|i} + v^{n+t}\left[\frac{(1+i)^t - 1}{i}\right]. \qquad (2.1.10)$$

式(2.1.10)右边的第二项表示 $n+t$ 时刻的不足 1 个货币单位的年金金额 $\frac{(1+i)^t - 1}{i}$ 在 0 时刻的现值.

例 2.4 现有 100000 元的投资,年利率为 5%,每年底定期收回 10000 元.试问:这样的定期回报可以进行多少年? 对不足 10000 元的最后一次回报部分,按以下三种方式计算回报金额:

方式 A:不足 10000 元部分与最后一次正常回报同时收回;

方式 B:不足 10000 元部分在最后一次正常回报的下一年底收回;

方式 C:不足 10000 元部分在最后一次正常回报的下一年的某个等价时间收回.

解 (1) 设正常回报的时间为 n 年,则有一般的价值方程

$$10000\, a_{\overline{n+t}|0.05} = 100000 \quad (n\text{ 为非负整数}, 0 \leqslant t < 1),$$

进而得出

$$14 < n+t < 15, \quad \text{即} \quad n = 14.$$

所以,每年收回 10000 元的正常方式可以进行 14 年.

(2) 用 X_A, X_B 和 X_C 分别表示 A,B 和 C 三种方式对应的不足

部分的金额,则时间流程图如图 2-10 所示.

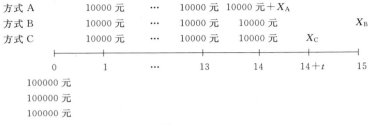

图 2-10

对方式 A,有终值方程
$$10000\, s_{\overline{14}|0.05}\, 元 + X_A = 100000(1+0.05)^{14}\, 元.$$
解此终值方程得
$$X_A = 2007\, 元.$$

对方式 B,有终值方程
$$10000(1+0.05)\, s_{\overline{14}|0.05}\, 元 + X_B = 100000(1+0.05)^{15}\, 元.$$
解此终值方程得
$$X_B = 2107\, 元.$$

在方式 C 中,可设不足 10000 元部分在时刻 $14+t$ 收回,于是有
$$10000\, a_{\overline{14+t}|0.05} = 100000.$$
再利用公式(2.1.10)得
$$1 - v^{14+t} = 10i,$$
进而有
$$t = 0.2067,$$
于是
$$X_C = 10000\, \frac{(1+i)^t - 1}{i}\, 元 = 2027\, 元.$$

例 2.5 某人每年底存入 1000 元,年利率为 8%,希望经过若干年后达到 25000 元.若最后一次不足 1000 元的存款将在正常存款的一年后进行,试计算正常存款的年数和最后一次存款的金额.

解 设正常存款的年数为 n,则有一般的价值方程
$$1000\, s_{\overline{n+t}|0.08} = 25000 \quad (n\ \text{为非负整数}, 0 \leqslant t < 1),$$

即
$$s_{\overline{n+t}|0.08} = 25,$$
进而有
$$14 < n+t < 15, \quad 即 \quad n = 14.$$
所以,正常存款进行了 14 年.

下面设最后一次的存款额为 X,则有价值方程
$$1000 \times (1+0.08) s_{\overline{14}|0.08} \, 元 + X = 25000 \, 元,$$
进而有 $X = -1152$ 元. 这里 X 前面的负号 "$-$" 表示不足部分不能按题目要求的方式进行存款. 事实上,在第 14 年底该储户的余额为
$$1000 s_{\overline{14}|0.08} \, 元 = 24215 \, 元,$$
而这个余额在一年后的终值为
$$24215 \times 1.08 \, 元 = 26152 \, 元,$$
这已经超过了 25000 元,所以,不能做到题目的要求.

§2.2 广 义 年 金

有了前面一节的基本年金,我们可以讨论更一般的年金. 本节考虑付款周期与利息换算周期不同的年金,我们称之为**广义年金**. 一般分如下两步来计算广义年金的现值和终值:

(1) 将最初的名利率调整到付款周期内的实际利率. 设名利率为 $i^{(m)}$(每个计息期内换算 m 次),且每个计息期内付款 p 次,则每个付款周期内与 $i^{(m)}$ 等价的实际利率为 $\dfrac{i^{(p)}}{p}$. 由于在每个计息期内有

$$\left(1 + \frac{i^{(m)}}{m}\right)^m = \left(1 + \frac{i^{(p)}}{p}\right)^p,$$

所以

$$\frac{i^{(p)}}{p} = \left(1 + \frac{i^{(m)}}{m}\right)^{m/p} - 1. \qquad (2.2.1)$$

(2) 用式(2.2.1)表示的利率按照年金的现金流计算现值.

例 2.6 现有投资方式:前两年每季度初投入 200 元,后两年每季度初投入 100 元. 若该投资的月收益率为 1%,试计算 4 年后的总金额.

解 设与月收益率 1% 等价的季收益率为 j，则有
$$(1+j)^4 = (1+0.01)^{12},$$
所以
$$j = (1+0.01)^3 - 1 = 0.030301.$$
于是得到 4 年后的总金额为
$$100[\ddot{s}_{\overline{16}|j} + \ddot{s}_{\overline{8}|j}(1+j)^8]元$$
$$= 100(20.8170 + 11.6455)元 = 3246元.$$

例 2.7 某人 300000 元的贷款计划分季度等量偿还，在 5 年内完成. 若贷款利率为半年换算名利率 10%，试计算每次偿还的金额.

解 这里的半年利率为 5%，若设与之等价的季度利率为 j，则
$$j = (1+0.05)^{2/4} - 1 = 0.024695.$$
记每次的偿还额为 R，则有
$$Ra_{\overline{20}|j} = 300000 元,$$
进而得到
$$R = 300000/15.6342 元 = 19188.70 元.$$

下面具体讨论几种典型的广义年金.

2.2.1 付款周期为利息换算周期整数倍的年金

这部分假定付款周期是利息换算周期的整数倍，并定义记号：

k ——每个付款周期内的利息换算次数；

n ——年金的付款总次数 $\times k$；

i ——每个利息换算期内的实利率（名利率除以换算次数）.

下面根据付款总次数分两种情况讨论这类广义年金的现值和终值的计算.

1. 付款总次数为有限的情形

首先考虑期末年金：每个付款期末付款 1 个货币单位，共付款 $\dfrac{n}{k}$ 次. 在前面的假设和定义下，该年金的时间流程图如图 2-11 所示.

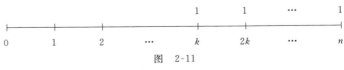

图 2-11

易知上述年金的现值为

$$v^k + v^{2k} + \cdots + v^n = \frac{1}{s_{\overline{k}|i}} a_{\overline{n}|i}, \tag{2.2.2}$$

终值为

$$(1+i)^n \frac{a_{\overline{n}|}}{s_{\overline{k}|}} = \frac{s_{\overline{n}|}}{s_{\overline{k}|}}. \tag{2.2.3}$$

式(2.2.2)和(2.2.3)表明,上述年金等价于一个以利息换算周期为周期,每次付款金额为 $\frac{1}{s_{\overline{k}|i}}$ 的 n 期期末年金(该年金的时间流程图如图 2-12 所示).

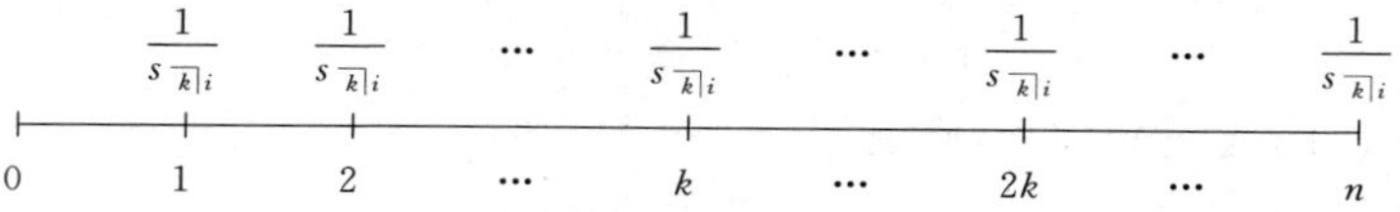

$\frac{1}{s_{\overline{k}|i}}$ $\frac{1}{s_{\overline{k}|i}}$ … $\frac{1}{s_{\overline{k}|i}}$ … $\frac{1}{s_{\overline{k}|i}}$ … $\frac{1}{s_{\overline{k}|i}}$
0 1 2 … k … $2k$ … n

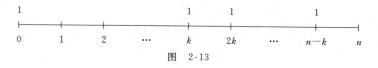

图 2-12

与前面一般年金情形的计算类似,如果年金现金流为 R,则其现值为 $R\frac{a_{\overline{n}|}}{s_{\overline{k}|}}$,终值为 $R\frac{s_{\overline{n}|}}{s_{\overline{k}|}}$.

再考虑期初年金:每个付款期初付款 1 个货币单位,共付款 $\frac{n}{k}$ 次. 在前面的假设和定义下,此年金的时间流程图如图 2-13 所示.

1 1 1 1
0 1 2 … k $2k$ … $n-k$ n

图 2-13

易求得上述年金的现值为

$$\frac{a_{\overline{n}|i}}{a_{\overline{k}|i}}, \tag{2.2.4}$$

终值为

$$\frac{s_{\overline{n}|i}}{a_{\overline{k}|i}}. \tag{2.2.5}$$

式(2.2.4)和(2.2.5)表明,上述年金等价于一个以利息换算周期为周期,每次付款金额为 $\frac{1}{a_{\overline{k}|i}}$ 的 n 期期末年金(该年金的时间流程图

如图 2-14 所示).

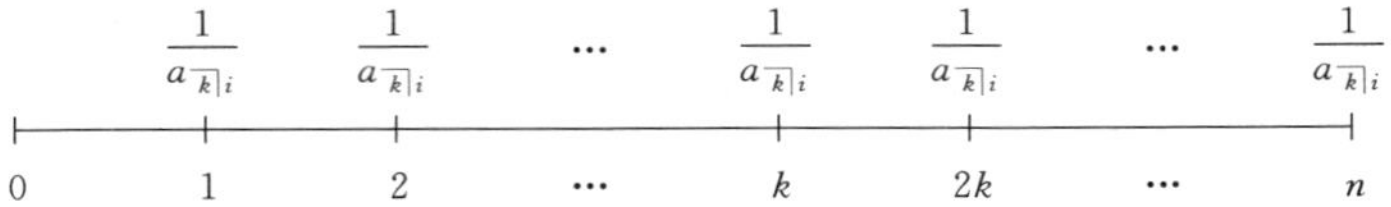

$$\begin{array}{cccccccc} & \frac{1}{a_{\overline{k}|i}} & \frac{1}{a_{\overline{k}|i}} & \cdots & \frac{1}{a_{\overline{k}|i}} & \frac{1}{a_{\overline{k}|i}} & \cdots & \frac{1}{a_{\overline{k}|i}} \\ \hline 0 & 1 & 2 & \cdots & k & 2k & \cdots & n \end{array}$$

图 2-14

例 2.8 现有年利率为 i,付款 r 次的年金:首次付款为第 7 年底且金额为 1 元,然后每 3 年付款一次且金额为 1 元. 分别用期末和期初年金的形式表示这个年金的现值.

解 该年金的现值为

$$\left[v^7 + v^{10} + \cdots + v^{7+3(r-1)}\right] 元 = \frac{v^7 - v^{3r+7}}{1 - v^3} 元.$$

此现值用期末年金表示为

$$\frac{v^7 - v^{3r+7}}{1 - v^3} 元 = \frac{a_{\overline{3r+7}|i} - a_{\overline{7}|i}}{a_{\overline{3}|i}} 元,$$

用期初年金表示为

$$\frac{v^7 - v^{3r+7}}{1 - v^3} 元 = \frac{\ddot{a}_{\overline{3r+7}|i} - \ddot{a}_{\overline{7}|i}}{\ddot{a}_{\overline{3}|i}} 元.$$

例 2.9 设 100000 元投资在每年底收回 10000 元,当不足 10000 元时,将不足部分与最后一次的 10000 元一起收回. 如果半年换算名利率为 7%,试计算总的收回次数和最后一次的收回金额.

解 (1) 设总的收回次数为 n,则 n 满足不等式组

$$\begin{cases} 10000 \dfrac{a_{\overline{2n}|0.035}}{s_{\overline{2}|0.035}} < 100000, \\ 10000 \dfrac{a_{\overline{2n+2}|0.035}}{s_{\overline{2}|0.035}} > 100000, \end{cases}$$

即

$$\begin{cases} a_{\overline{2n}|0.035} < 20.35, \\ a_{\overline{2n+2}|0.035} > 20.35, \end{cases}$$

进而推出 $n=18$.

(2) 设最后一次的收回金额为 10000 元 $+R$,则由(1)的结果有价值方程

$$R(1+0.035)^{-36} \text{元} + 10000 \frac{a_{\overline{36}|0.035}}{s_{\overline{2}|0.035}} \text{元} = 100000 \text{元},$$

于是有

$$R = \left(100000 - 10000 \times \frac{20.29049}{2.035}\right) \times 3.45027 \text{元} = 1008.97 \text{元}.$$

所以,最后一次收回金额为

$$10000 \text{元} + 1008.97 \text{元} = 11008.97 \text{元}.$$

2. 付款总次数为无限的情形

前面两种情况都是期限为有限的情形,这里考虑永久年金的情形.

首先考虑永久期末年金:每个付款期末付款 1 个货币单位,直至永远. 在本小节开始时的假设和定义下,该年金的时间流程图如图 2-15 所示. 易求得上述年金的现值为

$$v^k + v^{2k} + \cdots = \frac{1}{is_{\overline{k}|i}}. \tag{2.2.6}$$

式(2.2.6)表明,上述年金等价于一个以利息换算周期为周期,每次付款金额为 $\dfrac{1}{s_{\overline{k}|i}}$ 的永久期末年金.

图 2-15

再考虑永久期初年金:每个付款期初付款 1 个货币单位,直至永远. 在本小节开始时的假设和定义下,该年金的时间流程图如图 2-16 所示. 易得到上述年金的现值为

$$1 + v^k + v^{2k} + \cdots = \frac{1}{ia_{\overline{k}|i}}. \tag{2.2.7}$$

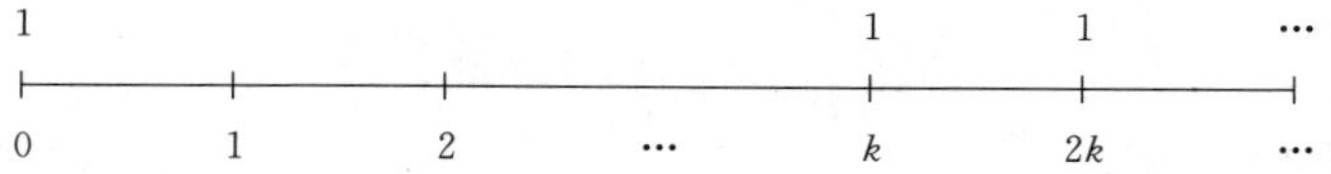

图 2-16

式(2.2.7)表明,上述年金等价于一个以利息换算周期为周期,每次

付款金额为 $\frac{1}{a_{\overline{k}|i}}$ 的永久期末年金.

2.2.2 利息换算周期为付款周期整数倍的年金

这部分假定利息换算周期是付款周期的整数倍,并定义记号:

m —— 每个利息换算期内的付款次数;

n —— 年金的付款总次数$/m$(即付款总次数为 mn);

i —— 每个利息换算期内的实利率.

同样,下面按付款总次数分两种情况进行讨论.

1. 付款总次数为有限的情形

首先考虑期末年金:在每个付款期末付款 $\frac{1}{m}$ 个货币单位,共付款 mn 次. 在上面的假设和定义下,该年金的时间流程图如图 2-17 所示. 若将该年金的现值和终值分别记为 $a_{\overline{n}|i}^{(m)}$ 和 $s_{\overline{n}|i}^{(m)}$,则有计算公式

$$a_{\overline{n}|i}^{(m)} = \frac{1}{m}\left[v^{\frac{1}{m}} + v^{\frac{2}{m}} + \cdots + v^{n-\frac{1}{m}} + v^n\right]$$

$$= \frac{1-v^n}{i^{(m)}}, \qquad (2.2.8)$$

$$s_{\overline{n}|i}^{(m)} = a_{\overline{n}|i}^{(m)}(1+i)^n = \frac{(1+i)^n - 1}{i^{(m)}}. \qquad (2.2.9)$$

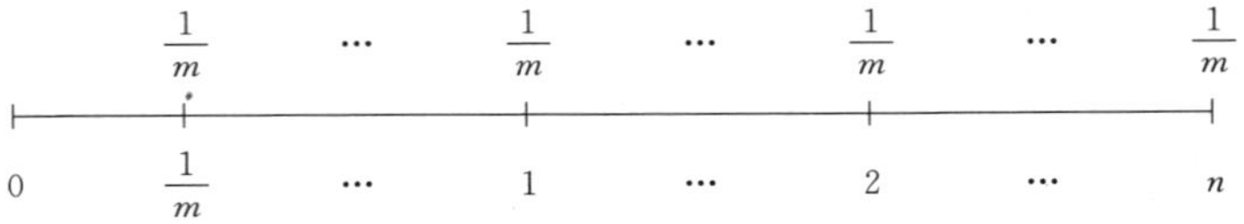

图 2-17

根据公式(2.1.1),(2.1.3),(2.2.8)和(2.2.9)立即可得下面的结论 2.4.

结论 2.4 如下关系式成立:

(1) $a_{\overline{n}|i}^{(m)} = \frac{i}{i^{(m)}} a_{\overline{n}|i}$;

(2) $s_{\overline{n}|i}^{(m)} = \frac{i}{i^{(m)}} s_{\overline{n}|i}$;

(3) $s_{\overline{1}|i}^{(m)} = \dfrac{i}{i^{(m)}}.$

再考虑期初年金:在每个付款期的期初付款 $\dfrac{1}{m}$ 个货币单位,共付款 mn 次. 在前面的假设和定义下,该年金的时间流程图如图 2-18 所示. 若将该年金的现值和终值分别记为 $\ddot{a}_{\overline{n}|i}^{(m)}$ 和 $\ddot{s}_{\overline{n}|i}^{(m)}$,则有计算公式

$$\ddot{a}_{\overline{n}|i}^{(m)} = \dfrac{1}{m}(1 + v^{\frac{1}{m}} + v^{\frac{2}{m}} + \cdots + v^{n-\frac{1}{m}})$$

$$= \dfrac{1-v^n}{d^{(m)}}, \tag{2.2.10}$$

$$\ddot{s}_{\overline{n}|i}^{(m)} = \ddot{a}_{\overline{n}|i}^{(m)}(1+i)^n = \dfrac{(1+i)^n - 1}{d^{(m)}}. \tag{2.2.11}$$

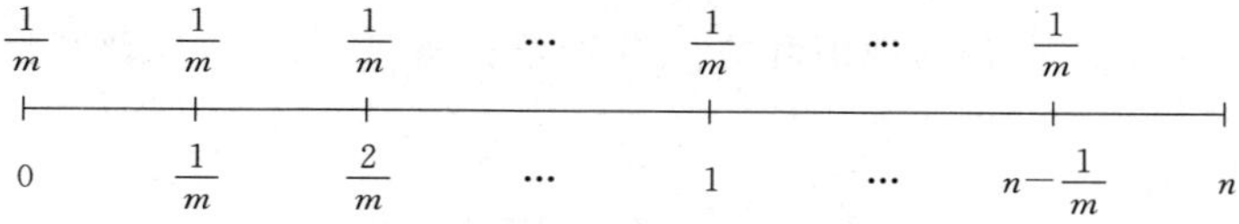

图 2-18

根据公式(2.1.4),(2.1.5),(2.1.10)和(2.1.11)立即可得如下结论 2.5.

结论 2.5 如下关系式成立:

(1) $\ddot{a}_{\overline{n}|i}^{(m)} = \dfrac{d}{d^{(m)}} \ddot{a}_{\overline{n}|i}$;

(2) $\ddot{s}_{\overline{n}|i}^{(m)} = \dfrac{d}{d^{(m)}} \ddot{s}_{\overline{n}|i}$;

(3) $\ddot{s}_{\overline{1}|i}^{(m)} = \dfrac{i}{d^{(m)}}.$

结论 2.6 如下关系式成立:

(1) $\ddot{a}_{\overline{n}|i}^{(m)} = \left(\dfrac{i}{i^{(m)}} + \dfrac{i}{m}\right) a_{\overline{n}|i}$;

(2) $\ddot{s}_{\overline{n}|i}^{(m)} = \left(\dfrac{i}{i^{(m)}} + \dfrac{i}{m}\right) s_{\overline{n}|i}.$

证明 (1) $\ddot{a}_{\overline{n}|i}^{(m)}$ 比 $a_{\overline{n}|i}^{(m)}$ 提前 $\dfrac{1}{m}$ 个利息换算期付款,于是期初年

金相当于年金金额为$(1+i)^{1/m}$的期末年金,所以现值关系式为

$$\ddot{a}_{\overline{n}|i}^{(m)} = a_{\overline{n}|i}^{(m)}(1+i)^{\frac{1}{m}} = \left(\frac{i}{i^{(m)}} + \frac{i}{m}\right)a_{\overline{n}|i}.$$

(2)将(1)中的公式两边同乘以$(1+i)^n$,就可以得到终值的关系式

$$\ddot{s}_{\overline{n}|i}^{(m)} = \left(\frac{i}{i^{(m)}} + \frac{i}{m}\right)s_{\overline{n}|i}.$$

例 2.10 考虑一个 10 年期每月初付 400 元的年金. 若年利率为 i,试给出以下量的表达式:

(1)在年金首次付款 2 年前的现值;

(2)在年金末次付款结束 3 年后的终值.

解 (1)在年金首次付款 2 年前的现值为

$$4800v^2\ddot{a}_{\overline{10}|}^{(12)} \text{元} = 4800(\ddot{a}_{\overline{12}|}^{(12)} - \ddot{a}_{\overline{2}|}^{(12)})\text{元}.$$

(2)在年金末次付款结束 3 年后的终值为

$$4800(1+i)^3\ddot{s}_{\overline{10}|}^{(12)} \text{元} = 4800(\ddot{s}_{\overline{13}|}^{(12)} - \ddot{s}_{\overline{3}|}^{(12)})\text{元}.$$

2. 付款总次数为无限的情形

前面两种情况都是期限为有限的情形,这里考虑永久年金的情形.

首先考虑永久期末年金:在每个付款期的期末付款 $\dfrac{1}{m}$ 个货币单位,直至永远. 在本小节开始时的假设和定义下,该年金的时间流程图如图 2-19 所示. 若将该年金的现值记为 $a_{\overline{\infty}|}^{(m)}$,则有计算公式

$$a_{\overline{\infty}|}^{(m)} = \frac{1}{m}(v^{\frac{1}{m}} + v^{\frac{2}{m}} + \cdots) = \frac{1}{i^{(m)}}. \qquad (2.2.12)$$

因为是永久年金,所以没有终值的概念.

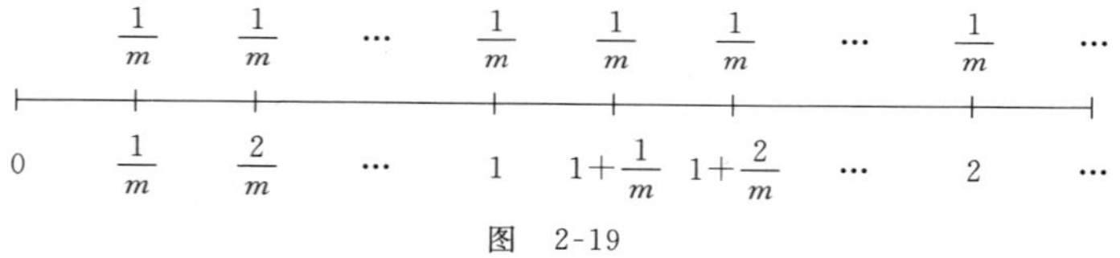

图 2-19

再考虑永久期初年金:在每个付款期初付款 $\dfrac{1}{m}$ 个货币单位,直

至永远. 在本小节开始时的假设和定义下, 该年金的时间流程图如图 2-20 所示. 若将该年金的现值记为 $\ddot{a}_{\overline{\infty}|}^{(m)}$, 则有计算公式

$$\ddot{a}_{\overline{\infty}|}^{(m)} = \frac{1}{m}(1 + v^{\frac{1}{m}} + v^{\frac{2}{m}} + \cdots) = \frac{1}{d^{(m)}}. \quad (2.2.13)$$

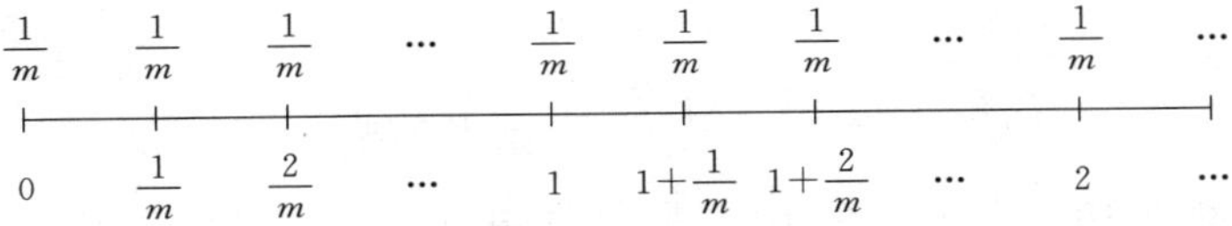

图 2-20

注 在本小节的所有讨论中,我们要求每次的付款金额为 $\frac{1}{m}$, 即每个利息换算周期内的付款总额为 1 个货币单位. 而在现实问题中, 这个总额可以是任意值, 通常称之为年金的**定期租金**(当利息换算周期为一年时, 又称之为**年租金**或**年付款额**). 定期租金为 R 的期末年金的现值和终值分别为 $Ra_{\overline{n}|}^{(m)}$ 和 $Rs_{\overline{n}|}^{(m)}$. 对期初年金和永久年金也有类似的结论.

例 2.11 已知每半年付款 1 元的永久年金的现值为 10 元. 计算年利率 i.

解 依题意知现值方程为

$$2\,a_{\overline{\infty}|i}^{(2)} = 10.$$

利用公式(2.2.12)求得

$$i^{(2)} = 0.2,$$

于是

$$i = \left(1 + \frac{0.2}{2}\right)^2 - 1 = 0.21.$$

2.2.3 连续年金

这里继续前面的讨论, 如果考虑 2.2.2 小节中年金的付款周期不断缩小(或年金付款频率逐渐加快, 即增加 m 的取值), 年金的金额 $\frac{1}{m}$ 也相应地逐渐减小(但是在每个计息期内的总额保持不变), 将出现一种类似极限的过程: 年金付款间隔任意小, 金额也是任意小, 最

终的状态可以看做一种连续性现金流,每个瞬间都有现金流的发生,但是计息期内的总量是固定的.

考虑一种标准的 n 期连续年金:年金连续均匀支付,每单位时间段内的支付为 1 个货币单位,期限为 n. 如果用 $\overline{a}_{\overline{n}|}$ 和 $\overline{s}_{\overline{n}|}$ 分别表示该年金的现值和终值,则有计算公式

$$\overline{a}_{\overline{n}|} = \int_0^n v^t \mathrm{d}t = \frac{1-v^n}{\delta}$$

$$= \frac{1-\mathrm{e}^{-\delta n}}{\delta} \qquad (2.2.14)$$

$$= \frac{i}{\delta} a_{\overline{n}|i}, \qquad (2.2.15)$$

$$\overline{s}_{\overline{n}|} = \int_0^n (1+i)^t \mathrm{d}t = \frac{(1+i)^n - 1}{\delta}$$

$$= \frac{\mathrm{e}^{\delta n} - 1}{\delta} \qquad (2.2.16)$$

$$= \frac{i}{\delta} s_{\overline{n}|i}, \qquad (2.2.17)$$

其中 $\delta = \ln(1+i)$ 为常数利息力.

另外,有下面的极限关系:

$$\overline{a}_{\overline{n}|} = \lim_{m \to \infty} a_{\overline{n}|}^{(m)} = \lim_{m \to \infty} \ddot{a}_{\overline{n}|}^{(m)}. \qquad (2.2.18)$$

从式(2.2.18)可以看出,上述标准的连续年金可看做前面广义年金的一种极限结果.

§2.3 变 化 年 金

这一节考虑年金的金额是变化的情况.我们称这种情况的年金为**变化年金**.理论上讲,可以考虑各次付款为任意规律变化的年金现值.本节主要介绍在实际操作中常用的一些模式.

2.3.1 一般变化年金

付款周期与利息换算周期相同的变化年金称为**一般变化年金**.下面讨论两类典型的一般变化年金.

1. 等量变化年金

考虑等量变化年金的一般方式：首次付款金额为 $P(P>0)$，然后每次变化 Q，总计 n 次，期末方式. 它的时间流程图如图 2-21 所示. 如果用 A 表示这种期末年金的现值，则有

$$\begin{aligned}A &= Pv + (P+Q)v^2 + (P+2Q)v^3 + \cdots \\ &\quad + [P+(n-1)Q]v^n \\ &= P(v+v^2+\cdots+v^n) + Q[v^2+2v^3+\cdots \\ &\quad +(n-1)v^n] \\ &= Pa_{\overline{n|}} + Q\{[v+2v^2+3v^3+\cdots+nv^n] \\ &\quad -[v+v^2+v^3+\cdots+v^n]\} \\ &= (P-Q)a_{\overline{n|}} + Qv\frac{\mathrm{d}a_{\overline{n|}i}}{\mathrm{d}v} \\ &\stackrel{①}{=} (P-Q)a_{\overline{n|}} + Q\frac{\ddot{a}_{\overline{n|}} - nv^n}{i}. \end{aligned} \qquad (2.3.1)$$

```
        P           P+Q        ···      P+(n-1)Q
├───────┼───────────┼──────────────────────┤
0       1           2           ···        n
```

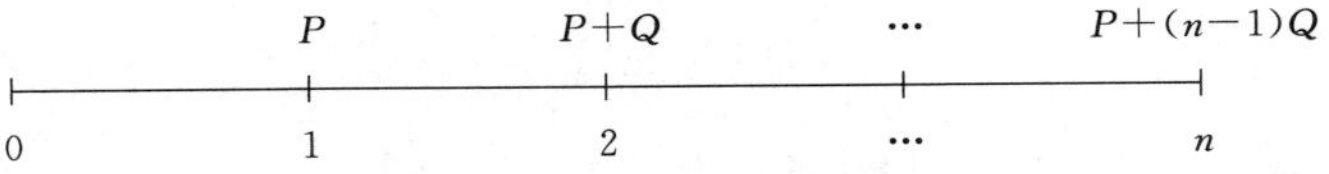

图 2-21

注 Q 可以是负数，这表示年金金额随时间递减，但是在这种情况下要求 $P+(n-1)Q>0$.

结论 2.7 公式 (2.3.1) 所代表的一般等量变化年金可以表示为一组固定年金的和，即

$$A = Pa_{\overline{n|}} + Q\sum_{t=1}^{n-1} v^t a_{\overline{n-t|}}.$$

---

① 关于等式 $v\dfrac{\mathrm{d}a_{\overline{n|}i}}{\mathrm{d}v} = \dfrac{\ddot{a}_{\overline{n|}} - nv^n}{i}$ 的证明：因为

$$a_{\overline{n|}} = \frac{v - v^{n+1}}{1-v},$$

所以

$$\frac{\mathrm{d}a_{\overline{n|}}}{\mathrm{d}v} = \frac{v-v^{n+1}}{(1-v)^2} + \frac{1-(n+1)v^n}{1-v} = \frac{1}{(1-v)^2}[1-v^n-(1-v)nv^n].$$

由 $1-v=iv$，整理得

$$\frac{\mathrm{d}a_{\overline{n|}}}{\mathrm{d}v} = \frac{a_{\overline{n|}}}{iv^2} - \frac{nv^n}{iv}, \quad 即 \quad v\frac{\mathrm{d}a_{\overline{n|}}}{\mathrm{d}v} = \frac{v^{-1}a_{\overline{n|}} - nv^n}{i}.$$

证明 公式(2.3.1)所代表的一般等量变化年金在时刻 t ($t=1,2,\cdots,n$)的金额为 $P+(t-1)Q$,将其分解为一个金额为 P 的现金流和 $t-1$ 个金额为 Q 的现金流,则有如图 2-22 所示的时间流程图. 由图 2-22 知,分解的现金流构成一个年金现金流为 P 的 n 期期末年金,以及 $n-1$ 个分别递延 t ($t=1,2,\cdots,n-1$)期的年金现金流为 Q 元的期末年金,因此有现值公式

$$A = Pa_{\overline{n}|} + Q\sum_{t=1}^{n-1} v^t a_{\overline{n-t}|}.$$

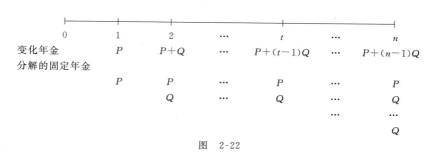

图 2-22

定义 2.7 若在上述一般等量变化年金中 $P=Q=1$,则称这样的等量变化年金为 n **期标准递增期末年金**.

通常分别用符号 $(Ia)_{\overline{n}|}$ 和 $(Is)_{\overline{n}|}$ 表示 n 期标准递增期末年金的现值和终值. 由式(2.3.1)有如下计算公式:

$$(Ia)_{\overline{n}|} = \frac{\ddot{a}_{\overline{n}|} - nv^n}{i}, \tag{2.3.2}$$

$$(Is)_{\overline{n}|} = (Ia)_{\overline{n}|}(1+i)^n = \frac{\ddot{s}_{\overline{n}|} - n}{i} \tag{2.3.3}$$

$$= \frac{[s_{\overline{n+1}|} - (n+1)]}{i}. \tag{2.3.4}$$

实际上,许多变化年金都可以用这种标准递增年金表示. 例如:对前面的一般等量变化年金,有

$$A = (P-Q)a_{\overline{n}|} + Q(Ia)_{\overline{n}|}. \tag{2.3.5}$$

另外,由式(2.3.2)可得

$$\ddot{a}_{\overline{n}|} = i(Ia)_{\overline{n}|} + nv^n. \tag{2.3.6}$$

式(2.3.6)表明,每次在期初投资1个货币单位的现值之和等于这种投资的利息(每年递增 i)现值之和加上本金之和(n)的现值. 事实上,根据如图2-23所示的时间流程图知,其中的年金现值为 $\ddot{a}_{\overline{n}|}$,而本金之和的现值为 nv^n,利息的现值之和为 $i(Ia)_{\overline{n}|}$.

图 2-23

结论 2.8 n 期标准递增期末年金可分解为一组固定年金的组合:

$$(Ia)_{\overline{n}|} = \sum_{t=0}^{n-1} v^t a_{\overline{n-t}|}. \tag{2.3.7}$$

证明 递增年金 $(Ia)_{\overline{n}|}$ 在时刻 t ($t=1,2,\cdots,n$) 的金额为 t,如果将其分解为 t 个金额为 1 的现金流,则有如图 2-24 所示的时间流程图. 由此时间流程图知,分解的现金流构成 n 个分别递延 t ($t=0,1,\cdots,n-1$) 期的标准期末年金,进而可以推知结论成立.

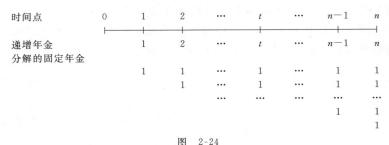

图 2-24

定义 2.8 若在上述一般等量变化年金中 $P=n, Q=-1$,则称此等量变化年金为 n **期标准递减期末年金**.

n 期标准递减期末年金的现值和终值分别用符号 $(Da)_{\overline{n}|}$ 和 $(Ds)_{\overline{n}|}$ 表示,且有如下计算公式:

$$(Da)_{\overline{n}|} = \frac{n - a_{\overline{n}|}}{i}, \tag{2.3.8}$$

$$(Ds)_{\overline{n}|} = \frac{n(1+i)^n - s_{\overline{n}|}}{i}. \qquad (2.3.9)$$

根据时间流程图可以得到下面的结论 2.9,这里不做详细证明.

结论 2.9 n 期标准递减期末年金可分解为一组固定年金的组合:

$$(Da)_{\overline{n}|} = \sum_{t=1}^{n} a_{\overline{t}|}. \qquad (2.3.10)$$

以上的所有结论都可以直接推广到期初年金的情形. 例如:式(2.3.2)对应的期初年金的表达式为

$$(I\ddot{a})_{\overline{n}|} = \frac{\ddot{a}_{\overline{n}|} - nv^n}{d},$$

它表示 0 时刻为 1 个货币单位,然后每次增加 1 个货币单位,直至 $n-1$ 时刻增加到 n 个货币单位的年金现值.

最后,考虑变化的永久年金. 只要对公式(2.3.1)令 $n\to\infty$,则有等量变化永久期末年金的现值为

$$(Ia)_{\overline{\infty}|} = \frac{P}{i} + \frac{Q}{i^2}. \qquad (2.3.11)$$

易求得其对应的期初年金的现值为

$$(I\ddot{a})_{\overline{\infty}|} = \frac{P}{d} + \frac{Q}{id}.$$

注 因为 $n\to\infty$,所以这里的 Q 必须为正数.

例 2.12 计算以下期末年金的现值:首次付款 1 元,每次增加 1 元,直至 n 元,然后每次减少 1 元,直至降为 1 元.

解 所求年金现值为

$$(Ia)_{\overline{n}|} \, 元 + v^n (Da)_{\overline{n-1}|} \, 元$$

$$= \frac{\ddot{a}_{\overline{n}|} - nv^n}{i} \, 元 + v^n \frac{(n-1) - a_{\overline{n-1}|}}{i} \, 元$$

$$= (1-v^n) \frac{a_{\overline{n-1}|} + 1}{i} \, 元 = a_{\overline{n}|} \, \ddot{a}_{\overline{n}|} \, 元.$$

例 2.13 给出以下期末年金的现值表达式:首次付款 1 元,每次增加 1 元,直至 10 元,然后固定不变直至第 25 次付款.

解 原期末年金可看做如下几种年金:

(1) 10 期标准递增期末年金与 10 份递延 10 期的 15 期标准期末年金之和,故其现值为

$$(Ia)_{\overline{10}|} \text{元} + 10v^{10} a_{\overline{15}|} \text{元};$$

(2) 25 期标准递增期末年金扣除递延 10 期的 15 期标准递增期末年金,故其现值为

$$(Ia)_{\overline{25}|} \text{元} - v^{10}(Ia)_{\overline{15}|} \text{元};$$

(3) 10 份 25 期标准期末年金扣除 9 期标准递减期末年金,故其现值为

$$10 a_{\overline{25}|} \text{元} - (Da)_{\overline{9}|} \text{元}.$$

2. 比例变化年金

直观地看,比例变化年金的金额是按比例变化的. 一般的比例变化期末年金为首次付款 1 个货币单位,随后每次增加 k 倍,总共 n 次,其现值为

$$v + (1+k)v^2 + \cdots + (1+k)^{n-1}v^n = \frac{1 - \left(\frac{1+k}{1+i}\right)^n}{i-k}.$$

(2.3.12)

显然,这个公式要求 $i \neq k$. 一旦 $i = k$,就意味着利率与年金增长比例相同,相当于每次付款的现值相同,均为 v,n 次付款的现值之和为 nv. 由公式(2.3.12)易知,只有当 $k < i$ 时,比例递增的永久期末年金才有有限的现值 $\frac{1}{i-k}$.

例 2.14 设有 20 年期末比例变化年金:首次付款 1000 元,每年付款一次且金额递增 4%,年利率 7%. 计算该年金的现值.

解 由公式(2.3.12)知,所求年金的现值为

$$1000 \times \frac{1 - \left(\frac{1+0.04}{1+0.07}\right)^{20}}{0.07 - 0.04} \text{元} = 14459 \text{元}.$$

3. 付款金额任意变化的年金

考虑一般的离散年金:t 时刻的付款金额为 $r_t (t=1,2,\cdots,n)$. 若记这种年金的现值为 a,则

$$a = \sum_{t=1}^{n} r_t v^t.$$

同时,这种年金的现金流可分解成如图 2-25(假设 $r_0=0$)所示固定年金的现金流,故它相当于一组固定年金的和:

$$a = \sum_{t=1}^{n} (r_t - r_{t-1}) v^{t-1} a_{\overline{n-t+1}|} \quad (r_0 = 0).$$

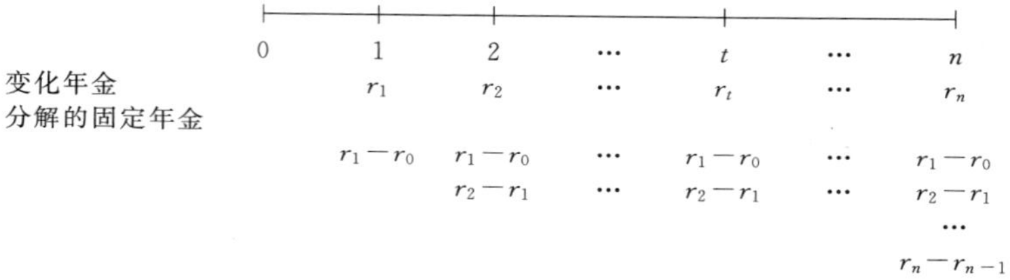

变化年金
分解的固定年金

0	1	2	...	t	...	n
	r_1	r_2	...	r_t	...	r_n
	r_1-r_0	r_1-r_0	...	r_1-r_0	...	r_1-r_0
		r_2-r_1	...	r_2-r_1	...	r_2-r_1
						...
						r_n-r_{n-1}

图 2-25

2.3.2 广义变化年金

这部分考虑年金金额付款周期与利率周期不同的情况.

1. 付款周期为利息换算周期整数倍的广义年金

这里假定付款周期为利息换算周期的整数倍,并定义符号 k,n,i 的意义与 2.2.1 小节中一致.

考虑首次付款 1 个货币单位,随后每次递增 1 个货币单位的 n 期期末年金方式.若记该年金的现值为 A,则有

$$A = v^k + 2v^{2k} + \cdots + \frac{n}{k} v^n,$$

进而有

$$(1+i)^k A = 1 + 2v^k + \cdots + \frac{n}{k} v^{n-k}.$$

再将上述两式相减得

$$A[(1+i)^k - 1] = 1 + v^k + v^{2k} + \cdots + v^{n-k} - \frac{n}{k} v^n,$$

最终有

$$A = \frac{\left(\dfrac{a_{\overline{n}|}}{a_{\overline{k}|}} - \dfrac{n}{k} v^n \right)}{i s_{\overline{k}|}}. \tag{2.3.13}$$

如果 $k=1$,则上述年金退化为 n 期标准递增期末年金,现值公

式(2.3.13)也退化为公式(2.3.2).所以,这个公式是一种广义的递增年金现值公式.

例 2.15 计算下面年金的现值:第 3 年底付款 1 元,第 6 年底付款 2 元,第 9 年底付款 3 元,⋯.

解 用 A 表示所求年金的现值,则有
$$A = v^3 + 2v^6 + \cdots,$$
其中 $v = \dfrac{1}{1+i}$,i 为年实利率. 化简后,有
$$A = \frac{v^3}{(1-v^3)^2}.$$

2. 利息换算周期为付款周期整数倍的广义年金

这里假定利息换算周期是付款周期的整数倍,并定义符号 m, n, i 的意义与节 2.2.2 中一致. 考虑以下两种年金付款方式:

(1) 付款额的变化与利息换算期的变化同步. 考虑标准情形:期末方式,在第 1 个利息换算周期内(付款 m 次)的年金金额为 $\dfrac{1}{m}$;第 2 个利息换算周期内(付款 m 次)的年金金额为 $\dfrac{2}{m}$;依此类推,最后一个(第 n 个)利息换算期内的年金金额为 $\dfrac{n}{m}$. 沿用前面的记号,常用 $(Ia)_{\overline{n}|}^{(m)}$ 表示这种年金的现值. 因为此种年金等价于如下的年金:第 1 个利息换算周期末一次付款 $s_{\overline{1}|}^{(m)}$,第 2 个利息换算周期末一次付款 $2 s_{\overline{1}|}^{(m)}$,⋯,第 n 个利息换算周期末一次付款 $n s_{\overline{1}|}^{(m)}$,所以有

$$(Ia)_{\overline{n}|}^{(m)} = s_{\overline{1}|}^{(m)} (Ia)_{\overline{n}|} = \frac{\ddot{a}_{\overline{n}|} - nv^n}{i^{(m)}}. \quad (2.3.14)$$

对于一般的实数 R,表达式 $R(Ia)_{\overline{n}|}^{(m)}$ 表示下面这种年金的现值:期末方式,第 1 个利息换算周期内的付款金额为 $R\dfrac{1}{m}$,第 2 个利息换算周期内的付款金额为 $R\dfrac{2}{m}$,⋯,第 n 个利息换算周期内的付款金额为 $R\dfrac{n}{m}$. 例如:某 3 年期按月付款方式的年金为:第 1 年内每月底付款 1000 元,第 2 年每月底付款 2000 元,第 3 年每月底付款

3000 元，即 $m=12, n=3, R=1000m$ 元 $=12000$ 元，则该年金的现值为 $12000(Ia)_{\overline{3}|}^{(12)}$ 元.

（2）付款额的变化与付款期的变化同步. 考虑标准情形：期末方式，首次付款 $\frac{1}{m^2}$，每次增加 $\frac{1}{m^2}$，第 1 个利息换算周期内的最后一次付款金额为 $\frac{1}{m}$；第 2 个利息换算周期内的最后一次付款金额为 $\frac{2}{m}$；依此类推，最后一个（第 n 个）利息换算期内的最后一次付款金额为 $\frac{n}{m}$. 这种年金的现值一般用 $(I^{(m)}a)_{\overline{n}|}^{(m)}$ 表示，且有公式

$$(I^{(m)}a)_{\overline{n}|}^{(m)} = \frac{v^{\frac{1}{m}} + 2v^{\frac{2}{m}} + \cdots + nmv^n}{m^2} = \frac{\ddot{a}_{\overline{n}|}^{(m)} - nv^n}{i^{(m)}}.$$

(2.3.15)

对于一般的实数 R，表达式 $R(I^{(m)}a)_{\overline{n}|}^{(m)}$ 代表下面这种年金的现值：期末方式，第 1 个利息换算周期内的首次付款金额为 $R\frac{1}{m^2}$，然后每次增加 $R\frac{1}{m^2}$，第 1 个利息换算周期结束时的最后一次付款金额为 $R\frac{1}{m}$，第 2 个利息换算周期结束时的最后一次付款金额为 $R\frac{2}{m}$，…，第 n 个利息换算周期结束时的最后一次付款金额为 $R\frac{n}{m}$. 例如：某 3 年期按月付款方式的年金为：第 1 个月底付款 100 元，第 2 个月底付款 200 元，依此类推，每月增加 100 元，第 3 年底的最后一次付款 3600 元，即 $m=12, n=3, R=100m^2$ 元 $=100\times 144$ 元 $=14400$ 元，则该年金现值为 $14400(I^{(12)}a)_{\overline{3}|}^{(12)}$ 元.

例 2.16 设季换算名利率为 10%. 计算以下年金在第 10 年底的终值：从现在开始每半年一次，首付 2000 元，然后每次减少 2%，共计 10 次.

解 每个季度的实际利率为 2.5%，故所求的年金终值为

$2000[(1+0.025)^{40} + 0.98(1+0.025)^{38} + 0.98^2(1+0.025)^{36}$
$\quad + \cdots + 0.98^9(1+0.025)^{22}]$ 元

$$= 2000 \frac{(1+0.025)^{40} - 0.98^{10}(1+0.025)^{20}}{1 - 0.98(1+0.025)^{-2}} \text{元}$$
$$= 40052 \text{元}.$$

2.3.3 连续变化年金

下面考虑非一般化的 n 期年金方式：在时间 $[0,n]$ 内的任何时刻 t 都有年金的支付发生. 通常用函数 $f(t)(0 \leqslant t \leqslant n)$ 来描述这种连续发生的年金，有时称 $f(t)$ 为年金函数. 那么，可以用年实利率 i 和常数利息力 δ 表示这种 n 年期连续年金的现值：

$$\int_0^n f(t) v^t \mathrm{d}t = \int_0^n f(t) \mathrm{e}^{-\delta t} \mathrm{d}t, \quad v = (1+i)^{-1}. \quad (2.3.16)$$

若年金函数 $f(t)=t$，其对应的年金现值用 $(\overline{I}\overline{a})_{\overline{n}|}$ 表示，则有

$$(\overline{I}\overline{a})_{\overline{n}|} = \int_0^n t v^t \mathrm{d}t = \frac{\overline{a}_{\overline{n}|} - nv^n}{\delta}, \quad (2.3.17)$$

$$\lim_{m \to \infty} (I^{(m)} a)_{\overline{n}|}^{(m)} = (\overline{I}\overline{a})_{\overline{n}|}.$$

更一般地，可考虑用一般的利息力函数 $\delta(s)$ 表示一般连续年金的现值：

$$\int_0^n f(t) \mathrm{e}^{-\int_0^t \delta(s) \mathrm{d}s} \mathrm{d}t. \quad (2.3.18)$$

例 2.17 设有 n 年期连续年金：利息力函数为常数 δ，年金函数为 t^2. 计算该年金的现值.

解 所求年金的现值为

$$\int_0^n t^2 \mathrm{e}^{-\delta t} \mathrm{d}t = \frac{2}{\delta^3} - \mathrm{e}^{-n\delta} \left(\frac{n^2}{\delta} + \frac{2n}{\delta^2} + \frac{2}{\delta^3} \right).$$

§2.4 实例分析

2.4.1 固定养老金计划分析

养老金(有时也称退休金)是指人们在年老失去工作能力后可以按期领取的补偿金. 为此，养老金的获取需要人们在年富力强有工作能力时从每期的收入中拿出一部分进行累积. 虽然养老金的形式多种多样，但是基本的模式是类似的. 这部分主要介绍养老金计划中基

§2.4 实例分析

本的计算问题.

这里假设的养老金计划从 25 岁开始至 80 岁结束. 参加者的责任是,未退休时,每月初存入一定的金额,其中存款的具体方式为: 25～29 岁每月存入 X_1;30～39 岁每月存入 X_2;40～49 岁每月存入 X_3;50～59 岁每月存入 X_4. 参加者的权利是,从退休时(60 岁)开始,每月初领取退休金 P,一直领取 20 年.

这里的核心问题是:在给定年利率 i 的条件下,分析退休基金的存款金额 X_1,X_2,X_3,X_4 与最终的月退休金 P 的关系. 易知,上述养老金计划的价值方程为

$$12P\ddot{a}_{\overline{20|}}^{(12)} = 12X_1 \ddot{s}_{\overline{5|}}^{(12)}(1+i)^{30} + 12X_2 \ddot{s}_{\overline{10|}}^{(12)}(1+i)^{20} + 12X_3 \ddot{s}_{\overline{10|}}^{(12)}(1+i)^{10} + 12X_4 \ddot{s}_{\overline{10|}}^{(12)}.$$

经过简单的整理,有

$$P = \frac{X_1 s_{\overline{35|}} + (X_2 - X_1) s_{\overline{30|}} + (X_3 - X_2) s_{\overline{20|}} + (X_4 - X_3) s_{\overline{10|}}}{a_{\overline{20|}}}.$$

显然,这个方程中的 X_1,X_2,X_3,X_4 与 P 可以有多种组合,并不是唯一确定的. 下面给出一个具体实例的计算.

例 2.18 某养老金计划参加者具体的存款方式为:在 25～29 岁时,每月存款 200 元;在 30～39 岁时,每月存款 300 元;在 40～49 岁时,每月存款 500 元;在 50～59 岁时,每月存款 1000 元. 在年利率 $i=10\%$ 下,分别对不同年龄的计划参加者计算月退休金.

解 年利率 $i=10\%$,因此有

$a_{\overline{20|}0.10} = 8.5136, \quad s_{\overline{35|}0.10} = 271.0244, \quad s_{\overline{30|}0.10} = 164.4940,$
$s_{\overline{20|}0.10} = 57.2750, \quad s_{\overline{10|}0.10} = 15.9374.$

(1) 恰好在 25 岁开始加入养老金计划,则 60 岁以后的月退休金为

$$P = 100 \frac{2s_{\overline{35|}0.1} + s_{\overline{30|}0.1} + 2s_{\overline{20|}0.1} + 5s_{\overline{10|}0.1}}{a_{\overline{20|}0.1}} \text{元} = 10580.48 \text{元},$$

即每月领取约 10580 元的退休金,直至 80 岁.

(2) 从 30 岁开始加入养老金计划,则 60 岁以后的月退休金为

$$P = 100 \frac{3s_{\overline{30|}0.1} + 2s_{\overline{20|}0.1} + 5s_{\overline{10|}0.1}}{a_{\overline{20|}0.1}} \text{元} = 8077.89 \text{元},$$

即每月领取约 8078 元的退休金,直至 80 岁.

(3) 从 40 岁开始加入养老金计划,则 60 岁以后的月退休金为

$$P = 500\,\frac{s_{\overline{20}|0.1}+s_{\overline{10}|0.1}}{a_{\overline{20}|0.1}}\,\text{元} = 4299.73\,\text{元},$$

即每月领取约 4300 元的退休金,直至 80 岁.

2.4.2 购房分期付款分析

消费贷款的还款(有时也称为按揭)也大多为年金方式,故也存在一些通用的年金计算问题. 下面主要对购房分期付款的基本计算问题做一些简单的分析.

设 P 表示总的房款金额,k 表示首次付款比例,i 表示年利率,n 表示分期付款(贷款)的总年数,R 表示每月底的还款金额,则有价值方程

$$(1-k)P = 12R a_{\overline{n}|}^{(12)},$$

进一步有

$$R = \frac{(1-k)P}{12\,a_{\overline{n}|}^{(12)}} = \frac{(1-k)i^{(12)}P}{12\,i\,a_{\overline{n}|}}. \tag{2.4.1}$$

例 2.19 已知总的房款金额为 500000 元,首次付款比例为 30%,年利率为 8%. 分别对下列的还款方式求每月底的还款金额:

(1) 分 5 年付清; (2) 分 8 年付清; (3) 分 10 年付清.

解 已知

$$P = 500000\,\text{元},\quad k = 30\%,\quad i = 8\%,$$
$$i^{(12)} = 12(1+i)^{\frac{1}{12}} - 12 = 0.077208.$$

(1) 此时 $n = 5$,且有 $a_{\overline{5}|0.08} = 3.9927$,于是由公式(2.4.1)计算得,每月还款金额为 $R = 7050.05$ 元.

(2) 此时 $n = 8$,且有 $a_{\overline{8}|0.08} = 5.7466$,于是由公式(2.4.1)计算得,每月还款金额为 $R = 4898.33$ 元.

(3) 此时 $n = 10$,且有 $a_{\overline{10}|0.08} = 6.7101$,于是由公式(2.4.1)计算得,每月还款金额为 $R = 4194.98$ 元.

2.4.3 年金利率的近似计算

已知年金的现(终)值,反解年实利率是年金计算中常见的基本

问题. 当然, 现在的许多金融计算器都配备了这种功能. 尽管如此, 我们在这里介绍一种求数值解的算法, 供读者参考.

对一般性的现值已知的问题, 设 a 为现值, n 为期限, i 为待解的年实利率, i 满足的现值方程为

$$a = \frac{1-(1+i)^{-n}}{i}.$$

首先考虑将 $a_{\overline{n}|i}$ 看做 i 的函数进行泰勒展开. 记 $a_{\overline{n}|i} = a(i)$, 经过简单的推导, 有

$$a(0) = n, \quad a'(0) = -\frac{n(n+1)}{2}, \quad a''(0) = \frac{n(n+1)(n+2)}{3},$$

故若取一次项近似有

$$a(i) \approx n - \frac{n(n+1)}{2}i.$$

可以将这个近似结果取为下面进一步迭代的初值:

$$i_0 = \frac{2(n-a)}{n(n+1)};$$

然后由 Newton-Raphson 方法进行迭代:

$$i_{k+1} = i_k - \frac{a_{\overline{n}|i_k} - a}{n(1+i_k)^{-(n+1)} - a} i_k \quad (k = 0, 1, 2, \cdots);$$

最后用一些停止准则来终止上面的迭代过程, 可以选择类似于 $|i_{k+1} - i_k| \leqslant 10^{-3} \times i_k$ 形式的停止判别准则.

同时, 也可以考虑年利率的终值方程. 对一般性的终值已知的问题, 设 s 为终值, n 为期限, i 为待解的年实利率, i 满足的终值方程为

$$s = \frac{(1+i)^n - 1}{i}.$$

首先考虑将 $s_{\overline{n}|i}$ 看做 i 的函数进行泰勒展开. 记 $s_{\overline{n}|i} = s(i)$, 经过简单的推导, 有

$$s(0) = n, \quad s'(0) = \frac{n(n-1)}{2},$$

于是取一次项近似, 有

$$s(i) \approx n + \frac{n(n-1)}{2}i.$$

可以将这个近似结果取为下面进一步迭代的初值:

$$i_0 = \frac{2(s-n)}{n(n-1)};$$

然后由 Newton-Raphson 方法进行迭代：

$$i_{k+1} = i_k - \frac{s_{\overline{n}|i_k} - s}{n(1+i_k)^{n-1} - s} i_k \quad (k=0,1,2,\cdots);$$

最后用一些停止准则来终止上面的迭代过程,同样可以选择类似于 $|i_{k+1} - i_k| \leqslant 10^{-3} \times i_k$ 形式的停止判别准则.

例 2.20 已知当前投入 90000 元,随后的 5 年中每年底收回 22000 元.试计算年实利率.

解 设 i 为年实利率,则有等式

$$22000 a_{\overline{5}|i} = 90000, \quad 即 \quad a_{\overline{5}|i} \approx 4.09091,$$

也即

$$4.09091 \approx \frac{1-(1+i)^{-5}}{i}.$$

下面反解 i.

用上面的方法计算有 $i_0 = 0.0606$,且当 $k \geqslant 5$ 时,首次满足 $|i_{k+1} - i_k| \leqslant 10^{-3} \times i_k$,所以,迭代最终停止于 $i_5 \approx 7.085\%$,即年实利率 $i \approx i_5 \approx 7.085\%$.

例 2.21 计算下面年金的年实利率 i：每个季度末投入 100 元,在第 5 年底的终值为 2500 元.

解 设 $i^{(4)}$ 为与 i 等价的季换算名利率,且记 $j = \frac{i^{(4)}}{4}$,则有

$$100 s_{\overline{20}|j} = 2500, \quad 即 \quad s_{\overline{20}|j} = 25,$$

也即

$$25 = \frac{(1+j)^{20} - 1}{j}.$$

下面反解 j.

用上面的方法计算有 $j_0 = 0.026316$,且当 $k \geqslant 5$ 时,首次满足 $|j_{k+1} - j_k| \leqslant 10^{-3} \times j_k$,所以,迭代最终停止于 $j_5 \approx 2.285\%$,即 $j \approx j_5 \approx 2.285\%$.于是所求年利率为

$$i = (1+j)^4 - 1 = 0.0946 = 9.46\%.$$

注 Newton-Raphson 方法的详细解释参见文献[1].

2.4.4 其他实例

例 2.22 设有年金金额为 100 元的 20 年期期初年金.在利率

§2.4 实例分析   63

$i=10\%$ 时,分别计算按单利方式和复利方式累积到 20 年底的年金终值.

解 (1) 以单利率 $i=10\%$ 累积到 20 年底的年金终值为
$$AV = 100[20 + (1+2+\cdots+20)i] \text{元}$$
$$= (2000 + 21000i) \text{元} = 4100 \text{元}.$$

(2) 如果以相同的利率按复利累积,年金终值为
$$AV = 100\ddot{s}_{\overline{20}|0.1} \text{元} = 100(1+0.10)57.2750 \text{元}$$
$$= 6300.25 \text{元}.$$

注 采用单利方式与采用复利方式累积得到的终值一般不相同,且单利方式的结果对计算方式非常灵敏.请看下面的说明:

已知利率 i,采用单利方式.

方法 1 因为 $\delta_t = \dfrac{i}{1+it}, t \geq 0$,所以
$$\overline{a}_{\overline{n}|} = \int_0^n \exp\left(-\int_0^t \delta_s ds\right) dt = \int_0^n \frac{1}{1+it} dt = \frac{\ln(1+in)}{i},$$
$$\overline{s}_{\overline{n}|} = \int_0^n \exp\left(\int_t^n \delta_s ds\right) dt = \int_0^n \frac{1+in}{1+it} dt = (1+in)\frac{\ln(1+in)}{i},$$
故有 $\overline{s}_{\overline{n}|} = (1+in)\overline{a}_{\overline{n}|}$. 这与复利有类似的结果.

方法 2 若对任意的时间区间 $[t_1, t_2]$ 以单利率累计,即 t_1 时刻的 $1 \Longrightarrow t_2$ 时刻的 $1+i(t_2-t_1)$,则 $\overline{a}_{\overline{n}|}$ 不变,而
$$\overline{s}_{\overline{n}|} = \int_0^n [1+i(n-t)] dt = n\left(1 + \frac{in}{2}\right).$$
显然 $\overline{s}_{\overline{n}|} = (1+in)\overline{a}_{\overline{n}|}$ 不成立.

例 2.23 某人继承了一笔遗产:从现在开始每年得到 10000 元.该继承人以年利率 10% 将每年的遗产收入存入银行.第 5 年底,在领取第 6 次遗产收入之前,他将剩余的遗产领取权益转卖给他人,然后,将所得的转卖收入与前 5 年的储蓄收入合并,全部用于年收益率为 12% 的某种投资.若每年底的投资回报是相同的,且总计 30 年,试计算每年底的回报金额.

解 设所求每年底的回报金额为 X,则有
$$(10000 \ddot{s}_{\overline{5}|0.1} + 10000 \ddot{a}_{\overline{\infty}|0.1}) \text{元} = X a_{\overline{30}|0.12}.$$
于是

$$X = 10000 \frac{\ddot{s}_{\overline{5}|0.1} + \frac{1+0.1}{0.1}}{a_{\overline{30}|0.12}} \text{元}$$

$$= 10000 \times \frac{1.1 \times 6.1051 + 11}{8.055} \text{元} = 21992.76 \text{元},$$

即每年底的回报金额为 21992.76 元.

例 2.24 考虑以下两种等价的期末年金方式:

方式 A: 首付 6000 元, 然后每年减少 100 元, 直至第 k 年底, 随后保持这种付款方式直至永远;

方式 B: 每年底固定付款 5000 元.

若年利率为 6%, 试计算 k 的值(近似整数).

解 根据题意有价值等式

$$5000 a_{\overline{\infty}|0.06} = 6000 a_{\overline{k}|0.06} - 100 \frac{a_{\overline{k}|0.06} - kv^k}{0.06}$$

$$+ [6000 - (k-1)100]v^k a_{\overline{\infty}|0.06},$$

则有

$$a_{\overline{k}|0.06} = 11/1.06 = 10.37735849.$$

通过查附录的复利函数表可以推出 $k = 17$.

例 2.25 某人在退休时一次性得到退休金 400000 元, 他将其中的一部分 X 购买了年回报率为 7% 的永久年金, 剩余部分购买了年回报率为 10% 的 10 年期债券. 已知他前 10 年的年收入是后 10 年年收入的两倍, 计算用于购买永久年金的金额.

解 设后 10 年的年金收入为 R, 则有

$$X = R a_{\overline{\infty}|0.07}, \quad 400000 \text{元} - X = R a_{\overline{10}|0.1}.$$

所以有

$$400000 \text{元} = R a_{\overline{\infty}|0.07} + R a_{\overline{10}|0.1},$$

即

$$R = \frac{400000}{\frac{1}{0.07} + a_{\overline{10}|0.1}} \text{元} = 19578.75 \text{元}.$$

故

$$X = R a_{\overline{\infty}|0.7} = 279696.42 \text{元},$$

即退休金中的近 280000 元用于购买永久年金.

例 2.26 某汽车商计划采用如下的零售策略：以年利率 4% 提供 4 年分期付款,车款价格为 100000 元.已知当前市场中商业消费贷款的月换算名利率为 6%.试分析该零售策略的当前成本.

解 依据这个零售策略,购车人的月供款为
$$\frac{100000}{12\, a_{\overline{4}|0.04}^{(12)}} 元 = \frac{100000}{12 \times 1.014868 \times 3.62990} 元 = 2262.11\ 元,$$
按照当前市场上商业消费贷款的利率水平计算上述月供款的当前价值（可贷金额）为
$$2262.11\, a_{\overline{48}|0.005} 元 = 2262.11 \times 42.58032\ 元 = 96321.55\ 元.$$
所以,对汽车商来说,该零售策略的当前成本为
$$(100000 - 96321.55)\ 元 = 3678.45\ 元;$$
对购车人来说,相当于优惠了全部车款的 3.68%.

练 习 题

§2.1 基本年金

1. 某家庭从子女出生时开始累积大学教育费用 50000 元.如果他们前 10 年每年底存款 1000 元,后 10 年每年底存款 $1000 元 + X$,年利率为 7%,试计算 X 的值.

2. 某人购买价值 10000 元的新车,其计划的分期付款方式为：每月底还 250 元,期限 4 年.若月换算名利率为 18%,试计算首次付款金额.

3. 设有 n 年期期末年金,其中年金金额为 n,实利率为 $i = \dfrac{1}{n}$.试计算该年金的现值.

4. 已知 $a_{\overline{n}|} = X, a_{\overline{2n}|} = Y$.试用 X 和 Y 表示 d.

5. 已知 $a_{\overline{7}|} = 5.58238, a_{\overline{11}|} = 7.88687, a_{\overline{18}|} = 10.82760$.试计算 i.

6. 证明：$\dfrac{1}{1-v^{10}} = \dfrac{s_{\overline{10}|} + a_{\overline{\infty}|}}{s_{\overline{10}|}}.$

7. 已知半年换算名利率为 6%.计算下面 10 年期末年金的现值:开始 4 年每半年付款 200 元,然后减为每次 100 元.

8. 某人现年 40 岁,现在开始每年初在退休金账号上存入 1000 元,共计 25 年;然后,从 65 岁开始每年初领取一定的退休金,共计 15 年.设前 25 年的年利率为 8%,后 15 年的年利率为 7%.计算每年的退休金.

9. 已知贴现率为 10%.计算 $\ddot{a}_{\overline{8}|}$.

10. 求证:

(1) $\ddot{a}_{\overline{n}|} = a_{\overline{n}|} + 1 - v^n$;

(2) $\ddot{s}_{\overline{n}|} = s_{\overline{n}|} - 1 + (1+i)^n$.

并给出两等式的实际解释.

11. 求证: $\dfrac{\ddot{s}_{\overline{2n}|}}{\ddot{s}_{\overline{n}|}} + \dfrac{\ddot{s}_{\overline{n}|}}{\ddot{s}_{\overline{2n}|}} - \dfrac{\ddot{s}_{\overline{3n}|}}{\ddot{s}_{\overline{2n}|}} = 1$.

12. 设有年金方式:从 2000 年 6 月 7 日开始,每季度年金金额为 100 元,直至 2011 年 12 月 7 日.已知季换算名利率为 6%.计算:

(1) 该年金在 1999 年 9 月 7 日的现值;

(2) 该年金在 2012 年 6 月 7 日的终值.

13. 现有价值相等的两种期末年金 A 和 B,年金 A 在第 1~10 年和第 21~30 年中每年付款 1 元,在第 11~20 年中每年 2 元;年金 B 在第 1~10 年和第 21~30 年中每年付款金额为 Y,在第 11~20 年中没有付款.若 $v^{10} = 1/2$,计算 Y.

14. 已知年金满足:2 元的 $2n$ 期期末年金与 3 元的 n 期期末年金的现值之和为 36;另外,递延 n 年的 2 元 n 期期末年金的现值为 6.计算 i.

15. 已知 $\dfrac{a_{\overline{7}|}}{a_{\overline{11}|}} = \dfrac{a_{\overline{3}|} + s_{\overline{X}|}}{a_{\overline{Y}|} + s_{\overline{Z}|}}$.求 X, Y 和 Z.

16. 化简 $a_{\overline{15}|}(1 + v^{15} + v^{30})$.

17. 计算下面永久年金在年初的现值:首次付款在下一年的 4 月 1 日,然后每半年付款一次,每次均为 2000 元,半年换算名利率为 9%.

18. 某递延永久年金的买价为 P,实利率为 i.写出递延时间的表达式.

19. 某人从现在开始每年初存入 1000 元,一直进行 20 年;再从第 30 年底开始每年领取一定的金额 X,直至永远.若实利率为 i,计算 X.

20. 某人将遗产以永久年金的方式留给后代 A,B,C 和 D:前 n 年,A,B 和 C 三人平分每年的年金,n 年后所有年金由 D 一人继承.如果四个人的遗产份额的现值相同,计算 $(1+i)^n$.

21. 某永久期末年金由 A,B,C 和 D 四个人分摊:A 接受第一个 n 年,B 接受第二个 n 年,C 接受第三个 n 年,D 接受所有剩余的.已知 C 与 A 的份额之比为 0.49. 求 B 与 D 的份额之比.

§2.2 广义年金

22. 现有年利率为 4.5% 的 1000 元贷款,从第 5 年底开始每年还贷 100 元,直至还清. 如果最后一次的还款大于 100 元,计算最后一次还款的数量和时间.

23. 现有 36 年期末年金每年付款 4 元,另有 18 年期末年金每年付款 5 元,两者现值相等. 如果以同样的年利率计算货币的价值在 n 年内将增加一倍,计算 n.

24. 某借款人可以选择以下两种还贷方式:每月底还 100 元,5 年还清;k 个月后一次还 6000 元. 如果月换算名利率为 12%,计算 k.

25. 已知 $a_{\overline{2}|i} = 1.75$. 求 i.

26. 某人得到 10000 元人寿保险赔付. 如果购买 10 年的期末年金可以每年得到 1538 元,而购买 20 年的期末年金每年可以得到 1072 元,计算年利率.

27. 某人在银行中存入 10000 元 10 年定期存款,年利率为 4%. 如果前 5 年半内提前支取,银行将扣留提款的 5% 作为惩罚.已知在第 4,5,6 和 7 年底分别取出金额 K,且第 10 年底的余额为 10000 元. 计算 K.

28. 贷款 P 从第 6 个月开始分 10 年逐年还清,其中第一次的还款额为后面还款额的一半,前四年半的年利率为 i,后面的利率为 j. 求首次付款金额 X 的表达式.

29. 已知半年名利率为 7%. 计算下面年金在首次付款 8 年后的终值:每两年付款 2000 元,共计 8 次.

30. 已知年利率为 12%. 计算下面 10 年年金的现值：前 5 年每季度初支付 400 元,然后增为 600 元.

31. 已知半年换算的名贴现率为 9%. 求每半年付款 600 元的 10 年期初年金的现值表达式.

32. 求下面年金的现值：在第 7,11,15,19,23 和 27 年底支付 1 个货币单位.

33. 每年付款 750 元的永久年金和每 20 年付款 750 元的永久年金可以用每年付款金额为 R 的 30 年期期末年金代替,且半年换算名利率为 4%. 求 R 的表达式.

34. 已知每 3 年付款 1 元的永久年金的现值为 125/91 元. 计算年利率.

35. 已知每年付款 1 元的永久期初年金的现值为 20 元,它等价于每两年付款 R 的永久期初年金. 计算 R.

36. 已知每半年付款 500 元的递延期初年金价格为 10000 元. 试用贴现率表示递延时间.

37. 如果 $3\,a_{\overline{n}|}^{(2)} = 2\,a_{\overline{2n}|}^{(2)} = 45\,s_{\overline{1}|}^{(2)}$, 计算 i.

38. 已知 $i^{(4)} = 16\%$. 计算下面期初年金的现值：现在开始每 4 个月付款 1 元,共 12 年.

39. 已知 $\delta_t = \dfrac{1}{1+t}$. 求 $\overline{a}_{\overline{n}|}$ 的表达式.

40. 已知一年内的连续年金函数为常数 1. 计算时刻 t,使得只要在该时刻一次性支付 1 个货币单位,则这两种方式的现值相等.

41. 已知 $\delta = 0.08$. 计算从现在开始每个季度初存入 100 元的 20 年期初年金的现值.

42. 现有金额为 40000 元的基金以 4% 的速度连续累积,同时每年以 2400 元的固定额从基金中取钱. 该基金可以维持多少时间？

§2.3 变化年金

43. 已知某永久期末年金的金额为 1 元,3 元,5 元,⋯,且第 6 次和第 7 次付款的现值相等. 计算该永久年金的现值.

44. 给出现值表达式 $Aa_{\overline{n}|} + B(Da)_{\overline{n}|}$ 所代表的年金序列,并用

这种表达式给出如下 25 年递减期末年金的现值：首次付款 100 元，然后每次减少 3 元，采用期末方式．

45. 设某半年支付一次的期末年金为：$800, 750, 700, \cdots, 350$，且已知半年换算名利率为 16%．若记 $A = a_{\overline{10}|0.08}$，试用 A 表示这个年金的现值．

46. 设有年利率为 8% 的 10 年储蓄：前 5 年每年初存入 1000 元，然后每年递增 5%．计算第 10 年底的余额．

47. 已知永久年金的付款方式为：第 5, 6 年底各 100 元，第 7, 8 年底各 200 元，第 9, 10 年底各 300 元，依此类推．证明其现值为
$$100 \frac{v^4}{i - vd} \text{元}.$$

48. 设有 10 年期初年金：每年的 1 月 1 日支付 100 元，4 月 1 日 200 元，7 月 1 日 300 元，10 月 1 日 400 元．证明其现值为
$$1600 \ddot{a}_{\overline{10}|} (I^{(4)} \ddot{a})^{(4)}_{\overline{1}|} \text{元}.$$

49. 设有从现在开始的永久年金：首次付款 1 元，然后每半年一次，每次增加 3%．若年利率为 8%，计算该年金的现值．

50. 某人为其子女提供如下的大学费用：每年的前 9 个月每月初支付 500 元，共计 4 年．证明：若 $\ddot{a}^{(m)}_{\overline{t}|} = \frac{1 - v^t}{d^{(m)}}$ 对所有 $t > 0$ 成立，则此人当前的准备金为 $6000 \ddot{a}_{\overline{4}|} \ddot{a}^{(12)}_{\overline{9/12}|}$ 元．

51. 现有如下的永久年金：第一个 k 年每年底还款 R，第二个 k 年每年底还款 $2R$，第三个 k 年每年底还款 $3R$，依此类推．给出该年金的现值表达式．

52. 设 X 表示首次付款从第 2 年底开始的标准永久年金的现值，$20X$ 表示首次付款从第 3 年底开始，金额依次为 $1, 2, 3, \cdots$ 元的永久年金的现值．计算贴现率．

53. 现有永久年金：首次付款 1 元，然后每 4 年一次，每次增加 5 元．若 $v^4 = 0.75$，计算该年金的现值．

54. 已知永久连续年金的年金函数为 $(1 + k)^t$，年利率为 i，且 $0 < k < i$．计算该年金的现值．

55. 设递延 1 年的 13 年连续年金的年金函数为 $t^2 - 1$，利息力为 $(1 + t)^{-1}$．计算现值．

56. 给出 $\sum_{t=1}^{n}(Ia)_{\overline{t}|}$ 和 $\sum_{t=1}^{n}(Da)_{\overline{t}|}$ 的表达式.

§2.4 实例分析

57. 现有两种永久年金：

年金 A：金额为 p 的固定期末年金；

年金 B：金额为 $q,2q,3q,\cdots$ 的递增期末年金.

分别对两种年金的现值之差为 0 和达到极大的两种情况计算年利率.

58. 某零件的使用寿命为 9 年，单位售价为 2 元；另一种产品使用寿命为 15 年，单价增加 X. 假定某人需要 45 年的使用期，且在此期间两种产品的价格均以年增 4% 的幅度增加. 若两种产品投入资金的现值相同，求 X.

59. 计算 $m+n$ 年的标准期末年金的终值，其中前 m 年的年利率为 7%，后 n 年的年利率为 11%，且已知 $s_{\overline{m}|0.07}=34, s_{\overline{n}|0.11}=128$.

60. 甲持有 A 股票 100 股，乙持有 B 股票 100 股，两种股票都是每股 10 元. A 股票每年底每股分得红利 0.40 元，共计 10 年. 在第 10 次分红后，甲以每股 2 元的价格将所有的股票出售. 假设甲以年利率 6% 将红利收入和股票出售的收入进行投资. B 股票在前 10 年没有红利收入，从第 11 年底开始每年每股分得红利 0.80 元. 乙也是以年利率 6% 进行投资，并且在第 n 年后出售其股票. 为了使甲、乙在乙的股票出售时刻的累积收入相同，分别对 $n=15$ 和 20 两种情况计算乙的股票出售价格.

61. 某奖学金从 1990 年元旦开始以 100000 元启动，每年的 6 月 30 日和 12 月 31 日用半年换算名利率 8% 结算利息；另外，从 1991 年元旦开始每年初可以固定地收到捐款 5000 元，每年 7 月 1 日要提供总额为 12000 元的奖金. 计算在 2000 年元旦收到 5000 元捐款后基金的余额.

62. 已知贷款 L 经过 N（偶数）次还清，其中每次还的金额为 K，利率为 i. 如果将还贷款方式调整为只在原偿还时刻的偶数时刻偿还，记每次的还款为 K_1，试比较 K_1 与 $2K$ 的大小.

63. 已知贷款 L 经过 N 次还清,其中每次还款为 K,利率为 i. 如果将每次的还款额增加一倍,比较新的还款次数与 $N/2$ 的大小.

64. 某人从 1990 年元旦开始在每年 1 月和 7 月的第一天存款 500 元,年利率为 6%. 问:什么时刻,余额首次超过 10000 元和 100000 元?

65. 账户 A 从 1985 年元旦开始每年初存款 1000 元,共计 10 年;账户 B 从 1985 年元旦开始每年初存款 500 元. 若两账户年利率均为 5%,问:何时账户 B 的余额首次超过账户 A?

66. 已知 $A = s_{\overline{n}|i}$, $B = s_{\overline{n+1}|i}$. 试用 A 和 B 给出 n 和 i 的表达式.

67. 分别对以下三种情况给出 i 的表达式:

(1) $A = a_{\overline{n}|i}$, $B = s_{\overline{n}|i}$;

(2) $A = a_{\overline{n}|i}$, $B = a_{\overline{2n}|i}$;

(3) $A = a_{\overline{n}|i}$, $B = s_{\overline{2n}|i}$.

68. 对于固定的 n 和 L,且 $L > n$,证明:$L = a_{\overline{n}|i}$ 在 $-1 < i < 1$ 上有唯一解.

69. 证明:
$$(Ia)_{\overline{n}|i} + (Da)_{\overline{n}|i} = (n+1) a_{\overline{n}|i},$$
$$s_{\overline{n+1}|i} = i(Is)_{\overline{n}|i} + (n+1).$$
并给出实际背景解释.

70. 证明:当 $i > 0, n > 1$ 时,有
$$(Ia)_{\overline{n}|i} < [(n+1)/2] a_{\overline{n}|i} < (Da)_{\overline{n}|i}.$$

71. 某雇员在退休前的 37 年参加企业养老金计划,当时其年收入为 18000 元,然后每年以 4% 的速度增加(假定提薪恰好在每年的年中进行).

(1) 分别对以下两种退休金方式计算年退休金占退休前一年年薪的比例:年退休金为工作期间年平均工资的 70%;年退休金为年平均工资的 2.5% 再乘以工作年限.

(2) 如果企业和个人分别将年工资的 3% 存入年利率为 6% 的养老基金,试对以上两种退休金方式计算退休金的领取年限.

72. 已知永久期初年金:第 1 年初付款 1 元,第 2 年初付款 (1+2) 元,第 3 年初付款 (1+2+3) 元,依此类推,第 n 年初付款

$(1+2+\cdots+n)$ 元. 证明：该年金的现值为 $\ddot a_{\overline{\infty}|}(I\ddot a)_{\overline{\infty}|}$.

73. 已知连续年金函数为 $f(t)$, 利息力为 δ. 如果用 F_t 表示 $t(t\geqslant 0)$ 时刻的年金终值, 证明: $\dfrac{\mathrm{d}F_t}{\mathrm{d}t}=\delta F_t+f(t)$.

74. A 从 B 处借得 10000 元, 年利率为 4%, 计划分 40 次按季度等额偿还. 在第 6 年底, B 希望立即收回所有借款, 因此将今后接受还款的权利转卖给 C, 转卖价格使 C 在今后几年的年收益率将达到 6%. 计算转卖价格.

75. 现有两种年收益率相同的投资选择:

投资 A: 第 5 年底收益 800 元, 第 10 年底收益 100 元;

投资 B: 10 年间每年底收益 100 元.

如果投资 A 的成本为 425 元, 计算投资 B 的成本.

76. 已知 $a_{\overline{5}|}=3.982, a_{\overline{10}|}=6.680, a_{\overline{15}|}=8.507$. 计算利率 i.

77. 某人有 3700 元的借款, 今后在每月初还款 325 元. 问: 在一年内还清借款的可接受年利率为多少?

78. 永久年金 A 有如下的年金方式: $1,1,1,2,2,2,3,3,3,\cdots$; 永久年金 B 有如下的年金方式: $K,K,2K,2K,3K,3K,\cdots$. 如果两个年金的现值相等, 且实利率为 i, 计算 K.

79. 假定年实利率为 5%. 计算如下永久年金的现值: 每年底支付, 金额依次为 $1,1,2,1,1,3,1,1,4,\cdots$(单位: 元).

80. 设在 5 年中每年初存入 100 元, 按单利累积第 5 年底的余额为 620 元. 计算单利率.

81. 实利率 i 满足以下条件: 期初年金 $1,2,\cdots,n-1,n$ 的现值为 A; n 年底的单位支付的现值为 iP. 试用 i,A 和 P 给出 $a_{\overline{n}|}$ 的表达式.

82. 某人将 10000 元存入年利率为 6% 的账户, 从第 3 年底开始连续每年底提取 1000 元, 且一旦账户余额低于 1000 元, 则将余额一次提取. 计算正常提取的次数.

83. 已知 $\delta_t=\ln(1+2k), a_{\overline{4}|}=3.17$. 计算 k.

84. 期末年金 X 每年 10000 元, 期限 20 年; 期末年金 Y 每年 15000 元, 期限 10 年. 如果在相同的年实利率条件下, 两种年金的现值相同, 计算年实利率.

第三章 投资收益分析

几乎所有的投资活动都是以收益为目的的. **收益**的直观定义为：投资者在一定的时间内经过投资活动取得的收入. 衡量收益效果的简单方法是考虑投资价值的变化量. 从这个角度看，对投资收益的分析与货币的时间价值分析有相似的地方，两者都是关心变化量（增量），都要考虑时间因素的作用. 本章将对第二章考虑的相对简单的年金方式现金流推广到一般的现金流，考虑相应的现金流价值计算. 投资和融资活动是金融活动中两个主要的部分，虽然现实中这两类活动的形式差别非常大，但是从基本现金流的角度看，有很多一致的地方，而投资活动往往更直观且线条清晰. 所以本章的前两节都是以投资活动为背景介绍基本的价值分析方法，第三节则更多以融资活动为背景.

§3.1 基本投资分析

现实中的投资活动千差万别，但是如果将各类投资活动的价值分析方法抽象出来，仍具有一些基本的原理和方法. 首先，我们讨论三种基本的价值分析工具.

3.1.1 常用的三种基本分析方法和工具

1. 贴现现金流分析

要介绍贴现现金流分析（简称 DCF 分析）技术，先要对投资过程进行现金流刻画. 投资活动往往是涉及两个以上个体的活动，最简单的情形时只有两个个体，例如：投资者与市场、投资基金的投资者与基金本身（有时也称投资方和融资方）. 同样的一次现金流发生，对投、融资双方来说流量相同，但流向却完全相反. 例如：存款或缴费对投资者来说都是资金向外流出，而对投资基金本身来说是一个向内的流入,即从投资基金的角度看,这个值为正.

从基金分析的角度,一般用字母 C_t 表示 t 时刻资金的净流入量. 如果 $C_t \geqslant 0$,则表示在 t 时刻投资者有一笔资金净流出,投资基金有一笔净流入;如果 $C_t < 0$ 结果则正好相反. 从投资者的角度,一般用字母 R_t 表示 t 时刻资金的净流入量. 显然,对于同一项目,在同一时刻,因为所处角度的不同而得到 C_t 与 R_t 这两个量数值相同、符号相反,即在投资期间的任何时刻 t,有

$$R_t = -C_t. \tag{3.1.1}$$

例如:某项目在第 3 年底收入 80000 元,但支出 100000 元,则有 $C_3 = 20000$ 元,$R_3 = -20000$ 元.

关于 DCF 分析方法的定义很多,这里列举下述两种定义:

(1) 现金流转贴现法——按一定的利率计算某一时期内现金流的现值,进而计算投资收益的方法.

(2) 现金流转贴现法——一种衡量投入资本收益的方法,其中用利率来表示某投资项目的价值,根据这个利率,该投资项目的未来总收入扣除从开始到目前为止的贴现利息后等于其原始投资.

总之,DCF 分析方法可以简述为:对任意一组分别于 $0,1,\cdots,n$ 时刻发生的收益现金流 $R_0, R_1, R_2, \cdots, R_n$,以利率 i 计算该收益现金流在投资之初的净现值 $P(i)$(有时称为 NPV 函数),即

$$P(i) = \sum_{t=0}^{n} v^t R_t. \tag{3.1.2}$$

若上述现金流不考虑当前投入,即 $R_0 = 0$,则从投资一方看,$P(i)$ 表示以利率 i 计算的当前所需的投入,也常常意味着不同收益水平下该投资项目的价格;若将其看做利率 i 的函数,则以此表示投资的效益.

更一般地,若考虑连续方式的现金流 $R_t(0 \leqslant t \leqslant n)$,则有如下计算公式:

$$P(i) = \int_0^n v^t R_t \, dt. \tag{3.1.3}$$

例 3.1 考虑一个 10 年的投资项目:第 1 年初投资者投入 10000 元,第 2 年初投入 5000 元,然后,每年初只需维护费用 1000

元. 该项目期望从第 6 年底开始有收益，最初为 8000 元，然后每年增加 1000 元. 用 DCF 分析方法讨论该项目的投资价值.

解 用 DCF 分析方法的语言表述从投资一方看该项目的现金流如表 3-1 所示. 该项目前 10 年的 NPV 函数为 $P(i)=1000(-10-5v-v^2-v^3-v^4-v^5+7v^6+8v^7+9v^8+10v^9+12v^{10})$ 元，其中 $v=(1+i)^{-1}$. $P(i)$ 的图形如图 3-1 所示.

表 3-1 投资项目的现金流

时刻 t	投入/元	收益/元	C_t/元	R_t/元
$t=0$(开始)	10000	0	10000	-10000
$t=1$(第 1 年底)	5000	0	5000	-5000
$t=2$(第 2 年底)	1000	0	1000	-1000
$t=3$(第 3 年底)	1000	0	1000	-1000
$t=4$(第 4 年底)	1000	0	1000	-1000
$t=5$(第 5 年底)	1000	0	1000	-1000
$t=6$(第 6 年底)	1000	8000	-7000	7000
$t=7$(第 7 年底)	1000	9000	-8000	8000
$t=8$(第 8 年底)	1000	10000	-9000	9000
$t=9$(第 9 年底)	1000	11000	-10000	10000
$t=10$(第 10 年底)	0	12000	-12000	12000
总　计	23000	50000	-27000	27000

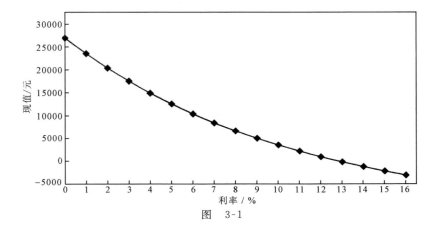

图 3-1

2. 收益率

与前面从利息出发考虑利率的思路类似,投资收益率也是将收益与原始投入做比值,考虑投资的相对收益水平.所以,在一定程度上它会更明确地从本质上揭示投资的效益.收益率定义的数学描述为:在项目的收益现金流 $R_0, R_1, \cdots, R_n$ 中,当 R_0 为当前投入时,若利率 i 使得由式(3.1.2)定义的 $P(i)=0$,则称 i 为**收益率**.该定义也可简单表述为:收益率表示当净收入资金的现值与净投入资金的现值相等时,所对应的利率.另外,在商业和金融中常用**内部回报率**(也称内部收益率,简称 IRR)表示这个量,例如下面的定义:

内部收益率 是指根据项目未来收益的现金流贴现分析求出投资项目的收益率.当将其应用于投资项目现金流量中所反映的利润和成本流量贴现时,所得出的净现值为零,从而提供了投资收益率的盈亏临界点.它可作为评价投资项目的一种方法,且在有资本限额的情况下多使用这种投资评价方法.

关于收益率有以下几点说明:

(1) 收益率直观地评价了在给定的投资期限内的平均收益水平.这里要特别注意收益率计算的期限,对不同期限的现金流或项目直接比较收益率是没有意义的.同时,这种平均既与收益水平有关,也与收益发生的时间有关.具体可以通过一些例子来说明.

例 3.2 讨论例 3.1 的收益率.

解 项目前 10 年的收益率满足方程
$$1000(-10-5v-v^2-v^3-v^4-v^5+7v^6+8v^7 \\ +9v^8+10v^9+12v^{10})=0.$$

解得 $i=12.96\%$,而且是唯一解.如果只考虑前 9 年的投资情况,通过求解类似的方程,可以得到该项目在前 9 年的收益率近似为 9%;如果只考虑前 8 年的投资情况,则该项目在前 8 年的收益率近似为 4%.因此,投资期限对收益率的影响是非常大的.

例 3.3 现有两种可选的投资项目:

项目 A:期限 5 年,每年的收益率为 9%;

项目 B:期限 10 年,每年的收益率为 8%.

为了使得两种资产的总收益无差异,如果选择项目 A,5 年后资金的再投资年利率应该为多少?

解 设 5 年后的收益率为 i,应该有
$$(1+0.09)^5(1+i)^5 = (1+0.08)^{10}.$$
解得 $i=7.01\%$. 换句话说,如果项目 A 在 5 年后进行再投资时可以找到 5 年期收益率大于 7.01% 的项目,则项目 A 优于项目 B;如果项目 A 在 5 年后进行再投资时其后 5 年的收益率不能达到 7.01%,则项目 A 比项目 B 的收益差一些. 只有当项目 A 在 5 年后的再投资收益率等于 7.01% 时,项目 A 与项目 B 在 10 年内的投资收益率才都是 8%.

(2) 从直观上看,对于确定的一组现金流,它的收益率应该是唯一的,但是,按照定义它可以不是唯一的. 例如:已知
$$R_0 = -100 \text{ 元}, \quad R_1 = 230 \text{ 元}, \quad R_2 = -132 \text{ 元},$$
则 NPV 函数为
$$P(i) = (-100 + 230v - 132v^2) \text{ 元}.$$
于是由 $(1+i)^2 - 2.3(1+i) + 1.32 = 0$ 得到 10% 或 20% 两种收益率(它们的含义是:若第 1 年的收益率为 10%(20%),则 100 元在第 1 年底的价值为 110(或 120)元,取出 230 元,实际透支 120(或 110)元,透支部分以收益率 10%(或 20%)计算,在第 2 年底的价值为 132 元). 收益率唯一的最常见的情形是:在项目中所有的现金流动只改变一次方向. 更直观地说是:前期业务的所有净资金都是相同的流向,后期业务都是相反方向的净资金流向. 用数学的语言描述为:存在 $0<k<n$,使得当 $t=0,1,\cdots,k$ 时,有 $R_t \leqslant 0$;当 $t=k+1,k+2,\cdots,n$ 时,有 $R_t \geqslant 0$. 具体在例 3.1 的项目中就是 $k=5, n=10$. 实际上,根据笛卡儿符号法则(参见文献[1]),在整个投资过程收益率的个数至多为现金流改变方向的次数.

3. 未结价值分析

也可以对投资期间各个时刻的投资收益进行分析. 在投资期间的每个时刻既有已发生的现金流也有未发生的现金流,因此,投资价值的表示一般有两种方法:用已发生的现金流表示;用未发生的现金流表示. 对于现金流 $C_0, C_1, \cdots, C_n$,如果具体用 B_t 表示 t ($0 \leqslant$

$t \leqslant n$) 时刻的未结价值,则有下面两种计算方法:

方法 1(回溯法)

$$B_t = \sum_{s=0}^{t}(1+i)^{t-s}C_s \xrightarrow{\text{记为}} B_t^r \quad (t=0,1,2,\cdots,n); \quad (3.1.4)$$

方法 2(预期法)

$$B_t = \sum_{s=t+1}^{n} v^{s-t}C_s \xrightarrow{\text{记为}} B_t^p \quad (t=0,1,2,\cdots,n). \quad (3.1.5)$$

另外,对 t 时刻的未结价值 B_t,还有递推的表示方法:

$$\begin{cases} B_0 = C_0, & (3.1.6) \\ B_t = B_{t-1}(1+i) + C_t & (t=1,2,\cdots,n). \quad (3.1.7) \end{cases}$$

由于 B_t 实质上表示已有投资收益在 t 时刻的价值,所以,对投资者来说,$B_t > 0$ 表示处于亏损状态,$B_t < 0$ 表示处于盈利状态.那么,投资收益率的定义还可以表示为使现金流的终值(投资结束时的未结投资价值)为零的隐含收益率,即

$$B_n = 0 \quad (3.1.8)$$

的解.该收益率使投资恰好在第 n 个时刻达到累积收支平衡.

结论 3.1 如果对所有 $t=0,1,\cdots,n-1$,有 $B_t > 0$,且假定 $-1 < i < 1$,则式(3.1.8)中的解 i 是唯一的.

证明 设同时存在两个收益率 i 和 j,使得式(3.1.8)成立,且不失一般性可以假设 $j > i$. 设 i 和 j 在 t 时刻对应的未结投资余额分别为 B_t 和 B_t' ($t=0,1,\cdots,n$),则有

$$B_0' = B_0 = C_0,$$
$$B_1' = B_0'(1+j) + C_1 = B_0(1+j) + C_1 > B_0(1+i) + C_1 = B_1.$$

对于一般的 k ($k=1,2,\cdots,n$),若已知 $B_{k-1}' > B_{k-1}$,则有

$$B_k' = B_{k-1}'(1+j) + C_k > B_{k-1}(1+j) + C_k > B_{k-1}(1+i) + C_k = B_k.$$

因此有 $B_n' > B_n = 0$. 这与 j 的定义矛盾.

下面用两个例子说明,有时收益率也不能完全表示投资的收益情况.

例 3.4 甲以年利率 10% 从乙处融资 10000 元,期限为 1 年. 同时,甲将这笔资金投资于年利率 12% 的项目. 问:在这个投、融资项目中甲的收益率为多少?

解 对甲来说,有
$$B_0 = (10000 - 10000)元 = 0 元,$$
$$C_1 = (10000 \times 0.10 - 10000 \times 0.12)元 = -200 元,$$
$$B_1 = B_0(1+i) + C_1 = [0 \times (1+i) - 200]元 = -200 元,$$

所以,不存在 i,使 $B_1 = 0$ 元. 也可以说,对于任何的收益率 i 都不能使甲在投资结束时的未结余额为零. 实际上,甲必定净收入 200 元. 甲在没有净投入的条件下却有净收入 200 元,甲的投资效果是非常好的. 但是,一方面,没有一个收益率可以反映这一点;另一方面,甲可以做得更好,如果甲能够以年利率 15% 投资,那么甲的利润为 500 元. 同样地,也没有一个收益率可以表示这两种投资的差异. 因此,在这种情况下,只是从定义出发计算的收益率无法表示投资的收益效果.

例 3.5 已知投资者甲的某账户的当前余额为 1000000 元,甲在第 1 年底提出 1500000 元,在第 2 年底又投入 900000 元. 计算该项目中甲的收益率.

解 对投资一方来说,有
$$B_0 = 1000000 元 > 0 元, \quad B_1 = [1000000(1+i) - 1500000]元,$$
$$B_2 = [1000000(1+i)^2 - 1500000(1+i) + 900000]元$$
$$= 10000(100i^2 + 50i + 40)元 > 0 元.$$

也就是说,对于任何利率 i,投资者甲的上述操作的最终结果(在第 2 年底)都是账户金额非负. 例如:当 $i = 0.1$ 时,甲在第 1 年底提出 1500000 元,提款之后的余额为 $[1000000 \times (1+0.1) - 1500000]$ 元 $= -400000$ 元,那么,在第 2 年底,以利率 $i = 0.1$ 计算得投资者最多只需再投入 $400000 \times (1+0.1)$ 元 $= 440000$ 元 < 900000 元. 换个角度看,在这个项目中,无论考虑什么样的年利率,都无法刻画该投资者的损益情况.

3.1.2 再投资分析

这里所讲的再投资,严格说,是指本金第一次计息后的利息收入又以新的投资利率进行的再投资.

1. 只有一次性投资的再投资分析

设初始投资 1 个货币单位,每个计息期(如 1 年)的利率为 i(有时称之为**直接投资利率**),且投资的回报方式为:逐个计息期收回利息收入,结束时收回本金.同时将每次的利息收入以利率 j(有时称之为**再投资利率**)进行再投资.下面考虑投资结束时(第 n 个计息期末)的总收益.该投资的时间流程图如图 3-2 所示.

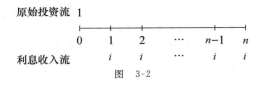

图 3-2

因为利息收入可以进行再投资,且等价于金额为 i 的 n 期期末年金(利率为 j),所以原始投资的累积值为

$$1 + i s_{\overline{n}|j}. \quad (3.1.9)$$

如果 $j = i$,则式(3.1.9)等于 $(1+i)^n$,它就是一般的终值计算公式.

当 $j > i$ 时,有 $1 + i s_{\overline{n}|j} > 1 + i s_{\overline{n}|i} = (1+i)^n$,即再投资使得最终收益大于直接投资收益.

当 $j < i$ 时,有 $1 + i s_{\overline{n}|j} < 1 + i s_{\overline{n}|i} = (1+i)^n$,即再投资使得最终收益小于直接投资收益.

所以,在考虑再投资的情形,实际收益率(用 r 表示)应介于直接投资利率 i 与再投资利率 j 之间.

实际上,因为

$$(1+r)^n = 1 + i s_{\overline{n}|j}, \quad (3.1.10)$$

所以 $\min\{i,j\} \leqslant r \leqslant \max\{i,j\}$.

例 3.6 现有 500000 元的 10 年期贷款,年利率为 8%.若还款额同时以年利率 7% 进行再投资,计算以下三种方式的实际收益率:

(1) 到期一次还清;   (2) 每年还利息,到期还本金;

(3) 每年等额分期偿还.

解 (1) 到期一次还清,没有进行再投资的可能,所以实际收益率为 8%.

(2) 每年还利息,到期还本金,则包括再投资的终值为

$$500000(1 + 0.08 s_{\overline{10}|0.07}) 元 = 1052568.89 元.$$

于是实际收益率 r 满足

$$500000(1+r)^{10} = 1052568.89,$$

进而得到

$$r = 7.728\% < 8\%.$$

这表明,因为考虑了再投资利率,所以实际的贷款利率低于 8%.

(3) 每年等额分期还清,则每年的还款额 R 满足

$$Ra_{\overline{10}|\,0.08} = 500000 \text{ 元},$$

且所有这些还款的再投资终值之和为

$$Rs_{\overline{10}|\,0.07} = 500000\,\frac{s_{\overline{10}|\,0.07}}{a_{\overline{10}|\,0.08}} \text{ 元} = 1029255.51 \text{ 元}.$$

于是实际收益率 r 满足

$$500000(1+r)^{10} = 1029255.51,$$

进而得到 $r=7.4897\%$. 可见,这种还款方式的实际收益率比第二种还款方式要低. 这是因为这种方式的还款"速度"比第二种方式(每年 40000 元)高. 但是,仍然有 $r>7\%$, 这是因为有年利率 8% 在起作用.

2. 有分期投资的再投资分析

设每个计息期初投资 1 个货币单位,每个计息期的投资利率为 i, 且投资的回报方式为:逐个计息期收回利息收入,结束时一次收回所有投资. 同时将每年的利息收入以利率 j 进行再投资. 下面考虑投资结束时(第 n 个计息期末)的总收益. 该投资的时间流程图如图 3-3 所示.

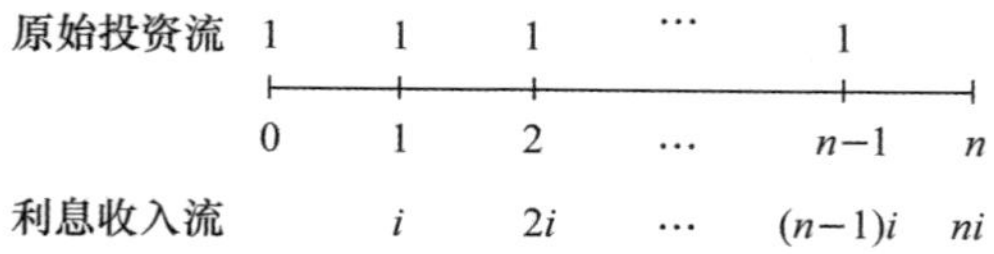

```
原始投资流    1    1    1    ⋯    1
              ├────┼────┼────┼────┤
              0    1    2    ⋯   n-1   n
利息收入流         i   2i    ⋯  (n-1)i  ni
```

图 3-3

因为利息收入是递增的 n 期期末年金(利率为 j),所以原始投资的累积值为

$$n + i(Is)_{\overline{n}|\,j}. \qquad (3.1.11)$$

如果 $j=i$, 则式(3.1.11)等于 $\ddot{s}_{\overline{n}|\,i}$, 它就是再投资利率没有变化时的终值计算公式.

当 $j>i$ 时,有
$$n+i(Is)_{\overline{n}|j} > n+i(Is)_{\overline{n}|i} = \ddot{s}_{\overline{n}|i},$$
即再投资使最终收益大于直接投资收益.

当 $j<i$ 时,有
$$n+i(Is)_{\overline{n}|j} < n+i(Is)_{\overline{n}|i} = \ddot{s}_{\overline{n}|i},$$
即再投资使最终收益小于直接投资收益.

在上述这种情况下,实际的收益率 r 应介于直接投资利率 i 与再投资利率 j 之间,且满足
$$n+i(Is)_{\overline{n}|j} = \ddot{s}_{\overline{n}|r}. \qquad (3.1.12)$$

例 3.7 某基金的投资者每年初投入 10000 元,共计 10 年. 基金本身的年回报率为 7%,年底支付. 分别对再投资利率为 5% 和 8% 两种情况,讨论投资者的实际收益率.

解 (1) 当再投资利率 $j=5\%$ 时,基金在第 10 年底的终值为
$$10000(10+0.07(Is)_{\overline{10}|0.05}) \text{元} = 144900 \text{元},$$
所以,投资者的实际收益率 r 满足
$$10000 \ddot{s}_{\overline{10}|r} = 144900.$$
解得 $r=6.65\%$.

(2) 当再投资利率 $j=8\%$ 时,基金在第 10 年底的终值为
$$10000(10+0.07(Is)_{\overline{10}|0.08}) \text{元} = 149400 \text{元},$$
所以,投资者的实际收益率 r 满足
$$10000 \ddot{s}_{\overline{10}|r} = 149400.$$
解得 $r=7.19\%$.

§3.2 收益率计算

在实利率的定义中,有一个基本的假定:在整个计算期内本金不变、利率不变,并且在期末得到利息. 但在许多实际问题中,如各类投资账户中,常常会在投资期间对投资账户进行新资金的投入或资金提取,这就给收益率的计算带来困难. 具体有如下例子:

例 3.8 某股民的股票买卖和资金账户的情况如表 3-2 所示. 问:在过去的一年半中,该股民的投资收益如何?

表 3-2　某股民的股票买卖和资金账户的情况

时间/年	交易情况	支付费用	红利分配
0.0	买入 10000 股,每股 5.00 元	1%	无
0.5	用红利收入买入股票,每股 4.00 元	1%	0.2 元/股
1.0	另买入 5000 股,每股 4.50 元	1%	无
1.5	以每股 5.00 元出售所有股票	1%	0.25 元/股

在例 3.8 中,收益率的计算变得很复杂,主要原因是本金的数值很难确定. 这时只能计算广义的收益率. 下面介绍三种计算收益率的方法.

3.2.1　资本加权法

资本加权法的核心是:只考虑资本量的宏观变化,不区分具体的投资时间和数量.

1. 投资期限为一个利息换算周期的情形

这里考虑投资期限为一个利息换算周期的情形. 假定其中只有有限次的资本的投入(或提取),并引入以下记号:

A——投资基金在开始时的资本量;

B——投资基金在结束时的资本量;

I——利息收入;

C_t——时刻 t ($0<t<1$) 投入的净资本量;

C——整个计算期内新投入的总的净资本量,即 $C=\sum_t C_t$;

${}_a i_b$——在 b 时刻投入 1 个货币单位经过时间 a 产生的利息收入,其中 $a\geqslant 0, b\geqslant 0, a+b\leqslant 1$.

实际上,延用前面的记号,有 $A=B_0, B=B_1, {}_1 i_0=i$. 在这种情况下的资本平衡公式为

　结束时的资本量=开始时的资本量+总净资本投入+利息收入,

即

$$B=A+C+I. \quad (3.2.1)$$

这也成为利息 I 的定义方法.

另外,如果将 I 理解为在此期间投入的所有本金的利息收入(以 ${}_a i_b$ 表示)之和,则有下面的严格表达式:

$$I = iA + \sum_t C_t \cdot {}_{1-t}i_t, \quad (3.2.2)$$

其中 i 为投资期间的收益率. 显然,由式(3.2.2)很难得到 i 的计算式,必须考虑 i 与 $_{1-t}i_t$ 的关系,化简计算. 下面给出两种用于简化计算时对 $_{1-t}i_t$ 的假定.

结论 3.2 (1) 若作复利性假设:
$$_{1-t}i_t = (1+i)^{1-t} - 1,$$
则利息计算公式(3.2.2)可以简化为
$$I = iA + \sum_t C_t(1+i)^{1-t} - C$$
$$= iA + (1+i)\sum_t C_t v^t - C \qquad (3.2.3)$$
(通过数值计算可反解出 i);

(2) 若作线性假设:
$$_{1-t}i_t = (1-t)i,$$
则收益率 i 可表示为
$$i = \frac{I}{A + \sum_t C_t(1-t)}. \qquad (3.2.4)$$

证明 (1) 因为
$$I = iA + \sum_t C_{t\,1-t}i_t, \quad _{1-t}i_t = (1+i)^{1-t} - 1,$$
所以
$$I = iA + \sum_t C_t(1+i)^{1-t} - C = iA + (1+i)\sum_t C_t v^t - C.$$

(2) 直接把 $_{1-t}i_t = (1-t)i$ 代入公式(3.2.2)可得结论.

对于结论 3.2,应该注意以下两点:

(1) 由公式(3.2.3)仍然无法得到收益率的解析表达式,只能用数值方法近似求解. 但是,这时可以有 B 的表达式
$$B = (1+i)A + (1+i)\sum_t C_t v^t. \qquad (3.2.5)$$

(2) 线性假设
$$_{1-t}i_t = (1-t)i \qquad (3.2.6)$$

很像单利计算,但是可以证明①:式(3.2.6)与单利计算时的连续利息力是不同的.

一般称公式(3.2.4)为**资本加权收益率计算公式**,公式中分子是利息收入,分母可看做平均的资本投入量(有时称为资本单位). 这一收益率计算方法称为**资本加权法**. 因为公式(3.2.4)是在类似于单利的假设下得到的,所以它并不是实际利率. 但在许多情况下(特别是 C_t 相对于 A 很小时),此结果非常接近于实际利率. 在实用中还可考虑对公式(3.2.4)的进一步简化,例如:

(1) 假定所有新的净投入都是在 $t=k$ 时刻进行的,则有
$$i = \frac{I}{A+(1-k)C} = \frac{I}{A+(1-k)(B-A-I)}$$
$$= \frac{I}{kA+(1-k)B-(1-k)I}; \quad (3.2.7)$$

(2) 假定所有新的净投入都是在 $t=1/2$ 时刻进行的,则有
$$i = \frac{2I}{A+B-I}. \quad (3.2.8)$$

2. 投资期限超过一个利息换算周期的情形

首先考虑离散情况. 已知投资期是从 0 时刻到 n 时刻,资本账户未结余额和现金流分别为 $B_0, B_1, \cdots, B_n$ 和 $C_0, C_1, \cdots, C_n$,则在复利方式下,有

---

① 关于公式(3.2.6)不是单利计算方式的证明:在单利计算方式下的连续利息力为
$$\delta_t = \frac{i}{1+it}.$$
而由公式(3.2.6)的假设可以得到
$$\exp\left(\int_t^1 \delta_r \mathrm{d}r\right) = 1 + {}_{1-t}i_t = 1+(1-t)i,$$
即
$$\int_t^1 \delta_r \mathrm{d}r = \ln[1+(1-t)i],$$
进而得到
$$\delta_t = \frac{i}{1+i(1-t)} \quad (0 \leqslant t \leqslant 1).$$
显然,两种方式下利息力的计算公式是不同的.

$$B_k = B_0(1+i)^k + \sum_{j=0}^{k} C_j(1+i)^{k-j} \quad (k=1,2,\cdots,n).$$

其中 i 为实利率，通过数值计算可反解出 i.

以上的所有讨论都可以推广到连续（即新资本的投入是连续的）情形. 对于任意 t $(0 \leqslant t \leqslant n)$，用 B_t 表示 t $(0 \leqslant t \leqslant n)$ 时刻的资本账户未结余额，同时假定新资本的投入以函数 C_t 连续进行，因此有以下定义：

$$B_t = B_0(1+i)^t + \int_0^t C_s(1+i)^{t-s} \mathrm{d}s, \qquad (3.2.9)$$

其中 i 为实利率.

如果考虑用连续利息力表示，则有更一般的定义：

$$B_t = B_0 \exp\left(\int_0^t \delta_s \mathrm{d}s\right) + \int_0^t C_s \exp\left(\int_s^t \delta_u \mathrm{d}u\right) \mathrm{d}s, \qquad (3.2.10)$$

或者用微分方程表示如下：

$$\mathrm{d}B_t = (\delta_t B_t + C_t) \mathrm{d}t. \qquad (3.2.11)$$

式 (3.2.11) 有一个很直观有趣的实际解释：等式左边是余额在 t $(0 \leqslant t \leqslant n)$ 时刻的瞬间变化量；右边表明，这个变化量由利息对资本余额的瞬间作用所产生的部分与瞬间新投入的资本两部分组成.

例 3.8（续）

解 现金流和未结余额为

$B_0 = 10000 \times 5 \times (1+1\%)$ 元 $= 50500$ 元，

$C_{0.5} = 10000 \times 0.2 \times 0.01$ 元 $= 20$ 元，

$C_1 = 5000 \times 4.5 \times (1+1\%)$ 元 $= 22725$ 元，

$B_{1.5} = \left(10000 + \dfrac{2000}{4} + 5000\right)[5 \times (1-1\%) + 0.25]$ 元 $= 80600$ 元.

设半年换算名收益率为 $i^{(2)}$，并记 $j = \dfrac{i^{(2)}}{2}$，则由式 (3.2.9) 有

$$B_{1.5} = B_0(1+j)^3 + C_{0.5}(1+j)^2 + C_1(1+j).$$

代入具体数据为

$$80600 = 50500(1+j)^3 + 20(1+j)^2 + 22725(1+j),$$

进而解得 $j \approx 4.07\%$，即该股民在这一年半的半年换算名收益率约为 8.14%.

例 3.9 某人的活期账户年初余额为 1000 元，其在 4 月底存入

500元,又在6月底和8月底分别提取200元和100元,到年底账户余额为1236元.用资本加权法近似计算该账户的年利率.

解 已知
$$A = 1000 \text{ 元}, \quad C_{1/3} = 500 \text{ 元}, \quad C_{1/2} = -200 \text{ 元},$$
$$C_{2/3} = -100 \text{ 元}, \quad B = 1236 \text{ 元},$$

因此有 $I = 1236$ 元 $- (1000 + 500 - 200 - 100)$ 元 $= 36$ 元.
由公式(3.2.4)求得年收益率为

$$i = \frac{36}{1000 + 500 \times \frac{2}{3} - 200 \times \frac{1}{2} - 100 \times \frac{1}{3}} = 3\%.$$

实际上,我们可以认为该活期账户的年利率为 3%.

例 3.10 某保险公司一年的经营数据如下:

年初资产:10000000元; 保费收入:1000000元;
投资收入:530000元; 保单赔付:420000元;
投资成本:20000元; 其他费用:180000元.

用资本加权法近似计算该公司在这个年度的实际收益率.

解 已知
$A = 10000000$ 元, $\quad I = 530000$ 元 $- 20000$ 元 $= 510000$ 元,
$B = (10000000 + 1000000 + 530000 - 420000 - 20000 - 180000)$ 元
$\quad = 10910000$ 元,

因此由公式(3.2.8)有

$$i = \frac{2I}{A + B - I} = 5\%,$$

即该公司在这个年度的实际收益率约为 5%.

3.2.2 时间加权法

时间加权法的核心是:对于投资账户的每次(因新资本的投入或提取造成)变动,都随时进行利息换算,计算当时的阶段收益率,然后计算整个投资期的综合收益率.这种方法可以将资金的变动情况通过收益率体现出来.另外,全年的投资收益既与新资本的净投入量有关也与具体投资时间有关.

下面分两种情形来介绍时间加权法的具体算法.

1. 投资期限为 1 年的情形

首先考虑投资期限为 1 年的情形. 假设在 1 年中有 $m-1$ 次的资金投入或提取,即 $t_1, t_2, \cdots, t_{m-1}$ ($0 < t_1 < t_2 < \cdots < t_{m-1} < 1$) 时刻的净投入分别为 $C_1, C_2, \cdots, C_{m-1}$,于是有如图 3-4 所示的时间流程图. 准确地说,对于任意 t_k,B_k 表示在 t_k 时刻且 C_k ($k = 1, 2, \cdots, m-1$) 未投入前瞬间的投资基金余额,于是自然有 $B_0 = A$ 和 $B_m = B$. 又 j_k 表示第 k ($k = 1, 2, \cdots, m$) 个时间段的实际收益率,所以有

$$B_k = (1 + j_k)(B_{k-1} + C_{k-1}) \quad (k = 1, 2, \cdots, m),$$

即

$$j_k = \frac{B_k}{B_{k-1} + C_{k-1}} - 1 \quad (k = 1, 2, \cdots, m). \quad (3.2.12)$$

由此定义全年的收益率 i 为满足以下方程的解:

$$1 + i = (1 + j_1)(1 + j_2) \cdots (1 + j_m) = \prod_{k=1}^{m}(1 + j_k),$$

即

$$i = \prod_{t=1}^{m}(1 + j_t) - 1. \quad (3.2.13)$$

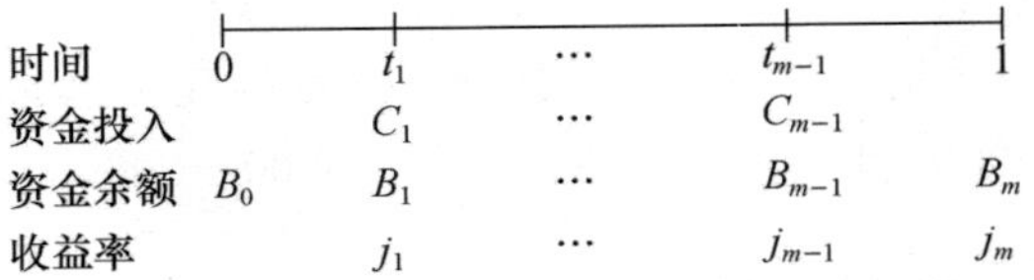

时间	0	t_1	$\cdots$	t_{m-1}	1
资金投入		C_1	$\cdots$	C_{m-1}	
资金余额	B_0	B_1	$\cdots$	B_{m-1}	B_m
收益率		j_1	$\cdots$	j_{m-1}	j_m

图 3-4

2. 投资期限为任意期限的情形

现在考虑投资期限为任意期限 n (单位时间). 设在投资期间有 $m-1$ 次资金投入或提取,并引用与前一情形相同意义的符号,则投资期间的平均年收益率 i 满足

$$(1 + i)^n = \prod_{t=1}^{m}(1 + j_t). \quad (3.2.14)$$

注 时间加权法着重揭示(市场)内在整体的投资性能,而资本加权法只是度量(个体)实际的投资结果.

例 3.11 甲在 1985—1989 年期间每年初向退休基金存款 10000 元. 已知该基金在 1985—1989 年期间的年收益率分别为

13%,11%,9%,9% 和 10%. 分别用资本加权法和时间加权法计算甲在这 5 年中的年平均收益率.

解 (1) 利用资本加权法计算. 这里的投资期限超过了 1 年, 所以在使用资本加权法时要推广前面的算法. 在 1989 年底账户的余额为

$$10000[(1+13\%)(1+11\%)(1+9\%)(1+9\%)(1+10\%)$$
$$+(1+11\%)(1+9\%)(1+9\%)(1+10\%)$$
$$+(1+9\%)(1+9\%)(1+10\%)$$
$$+(1+9\%)(1+10\%)$$
$$+(1+10\%)]元$$
$$=66958.37 元,$$

因此, 年平均收益率 i 应满足

$$10000\ddot{s}_{\overline{5}|i} = 66958.37.$$

解得 $i=9.90\%$. 这个收益率结果与每年的存款额有很大的关系, 如果甲在这 5 年中每年的存款不是等额的, 但总额仍然为 50000 元, 结果会有很大的变化.

(2) 利用时间加权法计算. 已知 $j_1=13\%$, $j_2=11\%$, $j_3=9\%$, $j_4=9\%$, $j_5=10\%$, 将它们代入式(3.2.13)得

$$i=[(1+13\%)(1+11\%)(1+9\%)(1+9\%)(1+10\%)]^{1/5}-1$$
$$=10.39\%.$$

这个收益率计算结果与每年的存款额无关, 它反映了该基金在这几年的平均收益情况.

例 3.12 某账户在年初的余额为 100000 元; 在 5 月 1 日余额为 112000 元, 同时存入 30000 元; 到 11 月 1 日余额降为 125000 元, 同时提取 42000 元; 在下一年的 1 月 1 日又变为 100000 元. 分别用资本加权法和时间加权法计算年收益率.

解 该项目的时间流程如图 3-5 所示.

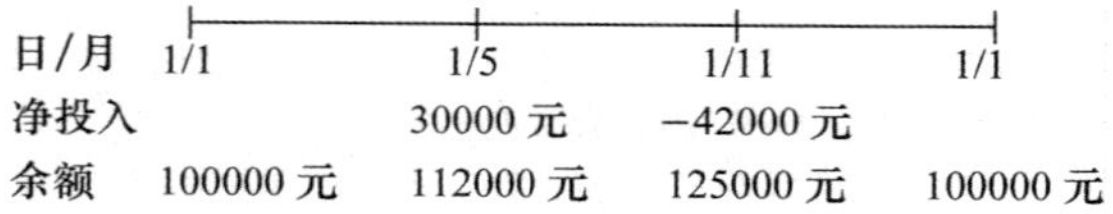

日/月	1/1	1/5	1/11	1/1
净投入		30000 元	−42000 元	
余额	100000 元	112000 元	125000 元	100000 元

图 3-5

(1) 利用资本加权法计算. 因为 $A=100000$ 元, $B=100000$ 元,

$C=(30000-42000)$元$=-12000$元，$I=12000$元，所以由公式(3.2.4)得

$$i = \frac{I}{A + \sum_t C_t(1-t)}$$

$$= \frac{12000}{100000 + 30000 \times \frac{8}{12} - 42000 \times \frac{2}{12}} = 10.62\%.$$

这里，新资本注入和提取的时间只在本金中起一定的作用，对利息收入没有影响.

(2) 利用时间加权法计算. 由式(3.2.13)得所求年收益率为

$$i = \frac{112000}{100000} \times \frac{125000}{112000+30000} \times \frac{100000}{125000-42000} - 1 = 18.79\%.$$

下面对(1)和(2)的结果进行比较分析：

① (2)的结果明显大于(1)的结果. 这一点可以从三个时间段的投资收益分析得到解释：在前 4 个月和最后 2 个月的投资效益很好，在中间的 6 个月则投资效益较差，而恰好是在投资效益差的时期投入了新的资本，在投资效益好的时期提取了部分本金，所以，单独从资金的变化看，收益率必然不高.

② (1)的结果 10.62% 只代表这个投资者自身在这个项目中的投资效果，而(2)的结果 18.79% 则表示了投资基金本身的运行情况，它与投资者的个人投资行为无关. 也就是说，(1)的结果反映了投资者的投资效果，而(2)的结果反映了项目的收益情况.

③ 两种结果的差异代表了投资市场本身是否平稳. 一般情况下，当投资平稳或中间新投入或提取的资金与各时刻的资本余额比较相对较小时，两种方法结果的差异也较小. 虽然(2)的结果较(1)的结果要客观一些，但是前者需要掌握更多的投资信息，如每次资本变动时的投资余额，这一点有时很难做到.

3.2.3 投资额方法和投资年方法

在投资问题中，除了前面考虑的需计算由不同时刻的资本投入和提取造成的特殊收益率外，还有投资基金因为组成的多样化而造

成的收益率计算问题.例如:养老基金是由许多个人账户组成的,每个账户不能单独进行投资,必须通过参加基金的整体投资,然后在投资收益中占有相应的份额.这些个人账户随时有资本的投入,整个基金也随时在进行投资和收益,那么,该如何计算每个账户的收益率呢?与前面的类似,还是从资本量和投资时间两个方面考虑.

1. 投资额方法

投资额方法是以基金的全部收入为基础来计算平均的年收益率的一种方法,其中基金中每个账户都以该年收益率计算收益.在较短的时间内,这种方法是简单易行的.但是,如果投资期限较长,特别是利率波动较大时,采用平均利率的方法就可能会带来很大的不公平.因为,采用这种方法时,无论每个投资者是何时开始参加投资的,在每个投资年度的年收益率都是一样的.例如:某基金在某个投资年度的平均年收益率为 8%,这个收益率是基金在 5 年中各种投资组合综合的投资收益水平.而这几年的投资市场呈上升趋势,某投资者是 2 年前参加该基金的,该基金在这 2 年的年平均收益率为 10%,如果对这个投资者仍然以 8% 的年收益率计算当年账户的收益,可能会使其放弃对该基金的投资,或是不能吸引更多的投资者参加该项目.

2. 投资年方法

投资年方法是对每笔投资都考虑它最初投入时的利率水平,也考虑当前时刻的利率情况的一种收益率计算方法.在发达国家,这种方法是从 20 世纪六七十年代开始流行的.有时称投资期间的当前利率为新利率,如表 3-3 中的第二列.银行和保险公司通常愿意采用投资年方法,以吸收储蓄和投保.一般情况下,当利率上升时,投资年方法优于投资额方法;反之,则有相反的结论.

在采用投资年方法时,因为每个时刻都可能有新的资金投入,所以必须计算再投资利率.因此,在实际应用中一般有如下两种处理手段:

(1) **降指数法**. 每个投资年度的资金如果需要进行再投资,将降低其利率. 换句话说,这种利率反映了剩余资金的投资效益.

(2) **固定指数法**. 假定每个投资年度的资本量固定,只要将原始的投资利率经过再投资利率修正后即为当前的收益率.

另外,对采用投资年方法的处理常常只考虑开始的一段时间,剩余的时期仍采用投资额方法.也就是说,只对投资者刚刚进入基金的前几年(例如 5 年)内的投资资金考虑年收益率的调整,而且这个调整利率的年限一般也要事先给定.

采用投资年方法计算收益率的实际操作步骤是通过构造一个二维的**收益率表**(如表 3-3)来实现的. 在二维收益率表中,z 表示项目的起始年(一般是事先给定的),每一行对应一个原始的投资年(用 y 表示),各列对应已经过的投资期间(用 t 表示),且如果投资年限已超过某个期限(用 m 表示),则不再记录已经过的投资期限. 这样,每笔投资都可以用原始投资年 y 和当前年份 $y+t$ 标识. 以投资年方法计算(投资时间不超过 m)的利率记为 i_t^y;当投资时间超过了投资年方法的年限 m,则一律将利率记为 i^{y+t}. 为了简化,一般以一年为单位,且所有的资金变动都是在年初进行的.

表 3-3　收益率表　　　　　　　　　　单位:%

原始投资年 y	投资年利率 i_1^y	投资年利率 i_2^y	投资年利率 i_3^y	投资年利率 i_4^y	投资年利率 i_5^y	投资年利率 i^{y+5}	原始投资年 $y+5$
z	8.00	8.10	8.10	8.25	8.30	8.10	$z+5$
$z+1$	8.25	8.25	8.40	8.50	8.50	8.35	$z+6$
$z+2$	8.50	8.70	8.75	8.90	9.00	8.60	$z+7$
$z+3$	9.00	9.00	9.10	9.10	9.20	8.85	$z+8$
$z+4$	9.00	9.10	9.20	9.30	9.40	9.10	$z+9$
$z+5$	9.25	9.35	9.50	9.55	9.60	9.35	$z+10$
$z+6$	9.50	9.50	9.60	9.70	9.70		
$z+7$	10.00	10.00	9.90	9.80			
$z+8$	10.00	9.80	9.70				
$z+9$	9.50	9.50					
$z+10$	9.00						

一旦有了如表 3-3 所示的收益率表,就可以从以下两个方面进行使用:

1) 计算某投资者在某投资年度的收益率

这时,只要在第一列找到相应的原始投资年(y),然后沿水平方向找到该投资者对应的投资年度,就可以得到相应的年收益率. 如果

投资年度超过 m,则继续沿列方向向下直至找到相应的投资年度. 具体用表 3-3 来计算从 $z+k_1$ 时刻开始到 $z+k_2$ 时刻的投资收益,则可以用下面的表达式计算:

$$\prod_{t=1}^{k_2-k_1}(1+i_t^y),$$

其中 $y=z+k_1$,且当 $t>m$ 时,$i_t^y=i^{y+t-1}$.

例 3.13 在表 3-3 中,设 $z=1980$. 若某人在 1982 年初投资 5000 元,计算:

(1) 其到 1985 年底的收益; (2) 其到 1990 年底的收益.

解 (1) 该人到 1985 年底的收益为

$5000(1+8.5\%)(1+8.7\%)(1+8.75\%)(1+8.9\%)$ 元

$=6983.71$ 元.

(2) 该人到 1990 年底的收益为

$5000(1+8.5\%)(1+8.7\%)(1+8.75\%)(1+8.9\%)$

$\times(1+9.0\%)(1+8.6\%)(1+8.85\%)$

$\times(1+9.1\%)(1+9.35\%)$ 元

$=10735.31$ 元.

2) 计算某给定年度的收益率

先在第一列找到对应的年份,然后沿倒对角线方向向右上方排列的一组利率都是这一年不同的投资者的可能的利率. 例如:$z=1980$,在 1987 年可能的利率为 $10.00\%, 9.50\%, 9.50\%, 9.30\%, 9.20\%, 8.60\%$,其中 1987 年刚刚参加该项目的投资者的年利率为 10.00%,1986 年参加该项目的投资者在 1987 年的年利率为 9.50%,1985 年参加该项目的投资者在 1987 年的年利率为 9.50%,1984 年参加该项目的投资者在 1987 年的年利率为 9.30%,1983 年参加该项目的投资者在 1987 年的年利率为 9.20%,1980—1982 年期间参加该项目的投资者在 1987 年的年利率为 8.60%.

§3.3 资本预算

所谓**资本预算**是指个人或企业投资者对投资方向和投资量进行

决策的过程.一般考虑以下两种分析方法:一是当存在多种收益率的时候,考虑项目的投资决策;二是以事先给定的利率(这个事先给定的利率常常是一种保守的估计,是保证投资者最低收益的估计)贴现未来的现金流,计算净现值,再据此进行投资决策.实际上,投资者总是在实际的现金流发生之前要以一个收益率(给定利率)来计算这种投资的净现值,并按照这种设计来准备投资资金.

3.3.1 收益率方法与净现值方法

实际的投资分析过程是由许多因素组成的,例如:要进行不同项目的风险评估、收益率分析比较以及其他与项目有关的可行性分析.这里,我们强调从收益率角度来决策项目,常常采用以下两种方法:一是前面已介绍的收益率方法.实际操作时,投资者可以根据本身的融资成本和投资利润指标设置一个最小可接受收益率,然后将各种项目的收益率与之相比较,排出优先次序.二是净现值方法(简称 NPV 方法),即投资者用最小可接受收益率 i 计算每个可选项目的净现值 $P(i)$(计算公式为(3.1.2)).如果 $P(i)$ 为负值,那么一般拒绝该项目.若还希望考虑该项目,则这个值的绝对量将表示需要增加的原始本金投入.如果 $P(i)$ 为正值,那么可以考虑接受该项目,而且这个值就表示该项目的净收益.

例 3.14 某投资项目需要在当前投入 100 元,第 2 年底投入 132 元,则在第 1 年底可以收回 230 元.讨论这个项目在这两年的资本预算分析.

解 净现值公式为
$$P(i) = (-100 + 230v - 132v^2) \text{ 元},$$
于是求得不同利率下的净现值结果如表 3-4 所示.

表 3-4 不同利率下的净现值结果

利率 $i/\%$	0	5	10	15	20	25
$P(i)$/元	-2.00	-0.68	0	0.19	0	-0.48

由表 3-4 可以看出,10% 和 20% 是两个临界收益率.实际上,通过简单计算可以发现,只有当收益率介于 10% 和 20% 之间时,有

$P(i)>0$ 元,即有非负的净收益现值,而且当 $i=14.78\%$ 时,$P(i)$ 达到最大. 但是,很有意思的是:如果投资者给定的最小可接受收益率为 5%,则拒绝这个项目;如果投资者给定的最小可接受收益率为 15%,则接受这个项目. 这种结论显然是不合逻辑的.

例 3.15 用 NPV 方法讨论例 3.4 的项目.

解 因为 $C_1 = -200$ 元,$R_1 = 200$ 元,所以 NPV 函数为
$$P(i) = 200v \text{ 元}.$$
因为 NPV 函数永远为正值,所以,对于任何利率,该项目都可以接受. 换句话说,这个项目必定有收益.

例 3.16 用 NPV 方法讨论例 3.5 的项目.

解 已知
$$R_0 = -1000000 \text{ 元}, \quad R_1 = 1500000 \text{ 元}, \quad R_2 = -900000 \text{ 元},$$
于是
$$P(i) = -100000v^2(10i^2 + 5i + 4) \text{ 元} < 0 \text{ 元},$$
即无论利率为何值,$P(i)$ 均为负值,该项目必定拒绝. 也就是说,该项目必定无法受益.

例 3.17 将表 3-1 中的投资项目进行资本预算分析.

解 这里的净现值公式为
$$P(i) = 1000(-10 - 5v - v^2 - v^3 - v^4 - v^5 + 7v^6 \\ + 8v^7 + 9v^8 + 10v^9 + 12v^{10}) \text{ 元},$$
而对具体的各种利率下的净现值的计算结果如表 3-5 所示.

表 3-5 各种利率下的净现值结果

利率 i/%	0	5	10	15	20	25
$P(i)$/元	27000	12675	3695	−2046	−5778	−8236

实际上,这是一个标准的投资项目的前期分析,$P(i)$ 代表了不同收益率下的净收益.

但是,净现值方法的使用也要灵活掌握,它也不是万能的方法,具体见例 3.18 的情形.

例 3.18 现有如表 3-6 所示的现金流收入的投资项目选择. 假设最初的投入均为 10000 元. 试进行投资决策分析.

表 3-6　投资项目现金流收入

项目	第1年底投资收入/元	第2年底投资收入/元	第3年底投资收入/元
A	5000	5000	5000
B	0	0	17280

解　首先,分别按照净现值方法(按利率10%计算,这个利率的选择可以参考目前的市场水平)和收益率方法进行计算,得到表 3-7. 直观地看,如果按照净现值(以相同的利率10%计算)的比较,应该选择项目 B;如果按照最初的投入资金考虑项目的收益率,比较的结果应该选择项目 A.

表 3-7　净现值方法与收益率方法的计算结果比较

项目	收益率/%	NPV(利率为10%)
A	23.4	2434.26
B	20.0	2982.72

但是,若进一步给出两个项目关于计算利率的净现值函数

$$P_A(i) = 5000(a_{\overline{3}|i} - 2) \text{ 元},$$

$$P_B(i) = [17280(1+i)^{-3} - 10000] \text{ 元},$$

经过分析发现这两个项目的净现值函数关于计算利率的规律表现为如图 3-6 所示的方式.

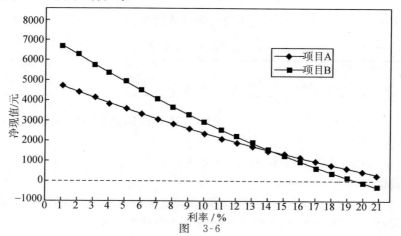

图　3-6

由图 3-6 可见,在不同的投资收益率水平下,两个项目的表现是不同的,而且两个净现值函数还会出现交叉点. 对交叉点的计算如下:$P_B(i) > P_A(i)$ 的区域为

$$(1+i)^2 + (1+i) - 2.456 < 0, \quad \text{即} \quad i < 14.49\%.$$

还有当 $i > 20\%$ 时,项目 B 的净现值为负. 所以,若市场收益率水平低于 14.49% 时,项目 B 为较好的选择;若市场收益率水平介于 14.49% 与 23.4% 之间,项目 A 为较好的选择. 而如表 3-7 所示,按照现金流计算的收益率,项目 B 的收益率为 20%,项目 A 的收益率为 23.4%,正好落在净现值比较的转折点上,所以,这个项目决策问题应该以市场收益率的比较为基础.

3.3.2 回报率与融资率

从前面的讨论我们知道,如果投资期间每个时刻的未结资本余额都是正数,则收益率唯一. 因此,我们可以定义一种**净投资项目**,即对所有 $t = 1, 2, \cdots, n$ 时刻,有 $B_t \geqslant 0$. 它意味着,在整个投资期间,该投资者都处于资本的投入状态,只有项目结束时一次性收回投资. 同样地,也可以定义一种**净融资项目**,即对所有 $t = 1, 2, \cdots, n$ 时刻,有 $B_t < 0$. 它意味着,在整个投资期间,该投资者不断地从项目中获得资金,他实际上已经从一个投资方变成为一个受益方. 在大多数情况下,投资者常常是在以上两种状态中间不断变动,如果在投资期间两种状态都有,则称该投资项目为**综合项目**. 我们知道,在净投资或净融资情形下,投资收益率是唯一的,如果我们对两种情形分别考虑收益率,则可以得到针对不同时期的唯一收益率. 对于净投资期,称收益率为**回报率**,用 r 表示;对于净融资期,称收益率为**融资率**,用 f 表示. 一般情况下,希望 r 比 f 大,因为,一个明智的投资者当然希望回报率要高于融资率.

下面我们用具体计算来表示在综合项目中把回报率和融资率分开考虑的方法. 原始的资本余额为

$$B_0 = C_0, \tag{3.3.1}$$

随后的资本余额可以用递归公式表示为

$$B_t = \begin{cases} B_{t-1}(1+r)+C_t, & B_{t-1} \geq 0, \\ B_{t-1}(1+f)+C_t, & B_{t-1} < 0 \end{cases} \quad (t=1,2,\cdots,n), \quad (3.3.2)$$

故最终的资本余额是关于 r 和 f 的多项式：

$$B_n = C_0(1+r)^{m_0}(1+f)^{n-m_0} + C_1(1+r)^{m_1}(1+f)^{n-m_1-1}$$
$$+ \cdots + C_n, \quad (3.3.3)$$

其中 m_j 为整数，表示从 j ($j=0,1,\cdots,n$) 时刻到 n 时刻之间使用回报率 r 的总的时间区间数（当然，其他时间段内使用融资率 f），且满足 $n \geq m_0 \geq m_1 \geq \cdots \geq m_n \geq 0$。

例 3.19 设某投资项目的现金流为：投资者分别于当前和第 2 年底投入 5000 元和 6600 元的净值，在第 1 年底得到 11500 元的净收入。

(1) 若假设 $r=f$，计算收益率 i；(2) 用 f 表示 r；
(3) 若 $r=16\%, f=15\%$，该投资项目是否可以接受？
(4) 若 $r=22\%, f=25\%$，(3) 的结论如何？

解 (1) 令 $i=r=f$，则价值方程为

$$5000(1+i)^2 + 6600 = 11500(1+i).$$

解得 $i=10\%$ 或 $i=20\%$。因此，这是一个存在两种收益率的项目。

(2) 因为第 1 年初的投资余额 $B_0=5000$ 是正值，所以第 1 年的年利率为回报率 r，第 1 年底的余额为

$$B_1 = 5000(1+r) \text{元} - 11500 \text{元}.$$

因为 $B_2 = B_1(1+i) + 6600$ 元，所以为了使 $B_2=0$ 元，必然有 $B_1<0$ 元，故第 2 年应该以融资率 f 为年利率计算年底余额，即

$$B_2 = B_1(1+f) + 6600 \text{元}.$$

由 $B_2=0$ 元，可以得到 r 与 f 的关系式

$$1+r = 2.3 - \frac{1.32}{1+f}, \quad 即 \quad r = 1.3 - \frac{1.32}{1+f}.$$

该项目具体的回报率和融资率对应关系如表 3-8 所示。

表 3-8 回报率与融资率的对应关系　　　　　　单位：%

r(回报率)	1.84	4.29	10.00	12.14	15.22	18.4	20.00	24.40	28.46
f(融资率)	3	5	10	12	15	18	20	25	30

从表 3-8 看出,只有两个点(10%和 20%)满足 $r=f$,而且在这两个点之间有 $r>f$,这是一种正常的关系.但是,在这两个点之外,有 $r<f$.还可知 r 是 f 的递增函数.

(3) 这种条件下的资本余额分别为

$B_0 = 5000$ 元,

$B_1 = (5000 \times 1.16 - 11500)$ 元 $= -5700$ 元,

$B_2 = (-5700 \times 1.15 + 6600)$ 元 $= 45$ 元.

因为 $B_2 > 0$ 元,这表明第 1 年底的资金缺口 5700 元以 15% 的融资率借入未超过投资人在第 2 年底可以投入的金额 6600 元,所以投资者可以接受该项目.

(4) 这种条件下的资本余额为

$B_1 = (5000 \times 1.22 - 11500)$ 元 $= -5400$ 元,

$B_2 = (-5400 \times 1.25 + 6600)$ 元 $= -150$ 元.

按照与(3)类似的分析,所以投资者拒绝这个项目.

也可以从直观上考虑为什么(3)为接受,(4)为拒绝.这两种情况的主要差异在于第 2 年内的融资率 f,投资者在第 1 年底的净投资余额都是负值,只要第 2 年底的投入可以超过第 1 年底余额按照融资率累积的金额,该项目就是可行的.

§3.4 实 例 分 析

实际的投资活动是非常复杂的,本章只是对此给出了一些初步的分析和计算方法.在实际的资本市场投资中,大多数表现为资金集中后的投资,也就是通常说的投资基金.本节分别对投资基金和一般投资中的一些典型收益计算问题进行具体的分析.

3.4.1 投资基金的收益计算

例 3.20 某养老基金随时接受缴费和领取,且在每笔业务结束时,结算基金的价值.1991 年的基金余额情况如表 3-9 所示,其中缴费及领取情况如表 3-10 所示.分别用资本加权法和时间加权法计算该年基金的收益率.

表 3-9 某养老基金 1991 年的基金余额情况

日期	1/1/91	1/3/91	1/9/91	1/11/91	1/1/92
基金余额/元	1000000	1240000	1600000	1080000	900000

表 3-10 某养老基金 1991 年的缴费及领取情况

日期	28/2/91	31/8/91	31/10/91	31/12/91
缴费/元	200000	200000		
领取/元			500000	200000

解 由已知的基金金额,可以得到基金在各个时刻的实际余额:

$$B_{1/6}=(1240000-200000)元=1040000\ 元,$$
$$B_{2/3}=(1600000-200000)元=1400000\ 元,$$
$$B_{5/6}=(1080000+500000)元=1580000\ 元,$$
$$B_1=1100000\ 元.$$

(1) 用资本加权法计算. 因为

$$C=(200000+200000-500000)元=-100000\ 元,$$
$$I=[1100000-1000000-(-100000)]元=200000\ 元,$$

所以

$$i=\frac{200}{1000+200\times\frac{5}{6}+200\times\frac{1}{3}-500\times\frac{1}{6}}=17.38\%.$$

(2) 用时间加权法计算. 由于

$$1+i=\frac{1040}{1000}\times\frac{1400}{1240}\times\frac{1580}{1600}\times\frac{1100}{1080}$$
$$=1.04\times1.129\times0.9875\times1.0185$$
$$=1.181,$$

故

$$i=1.181-1=18.1\%.$$

可见,两种计算收益率方法的结果差异不大.

3.4.2 一般投资的收益计算

例 3.21 10000 元贷款用于投资,其回报方式有如下两种选择:
(1) 每年底 3000 元回报,累计 10 年;
(2) 在第 2 年底和第 5 年底回报 8000 元,在第 7 年底和第 10 年底回报 7000 元.

投资者计划将所有资金存入信贷账户,如果账户余额为赤字,以年利率 15% 收取利息;如果账户余额为盈利,则以年利率 9% 计入利息.分别对两种选择计算第 10 年底的账户余额.

解 (1) 先计算账户余额首次出现盈利的时刻 k. 由 k 为满足
$$10000(1+0.15)^k \leqslant 3000\, s_{\overline{k}|\,0.15}$$
的最小正整数解得 $k=5$. 于是有
$$B_5 = [3000\, s_{\overline{5}|\,0.15} - 10000(1+0.15)^5]\,\text{元} = 1135.7\,\text{元},$$
进而有
$$B_{10} = [3000\, s_{\overline{5}|\,0.09} + 1135.7(1+0.09)^5]\,\text{元} = 18129\,\text{元}.$$
(2) 账户在各个回报时刻的余额为
$$B_2 = [-10000(1+0.15)^2 + 8000]\,\text{元} = -5225\,\text{元} < 0\,\text{元},$$
$$B_5 = [-5225(1+0.15)^3 + 8000]\,\text{元} = 53.43\,\text{元} > 0\,\text{元},$$
$$B_{10} = [53.43(1+0.09)^5 + 7000(1+0.09)^3 + 7000]\,\text{元}$$
$$\phantom{B_{10}} = 16147\,\text{元}.$$
可见,第一种选择的盈利较多一些.

3.4.3 其他实例

例 3.22 某开放式基金在一段时间内的记录如表 3-11 所示.现有两个投资者甲和乙,俩人均在 2002 年 3 月 31 日投入 104010 元,而俩人在此期间的资金变动情况如表 3-12 所示.

(1) 计算该开放式基金在此期间的年平均收益率和各个时期的年收益率;

(2) 用资本加权法分别计算两个投资者在 2002 年 4 月—2003 年 3 月期间的年回报率.

表 3-11 某开放式基金在一段时间内的记录

日期	2002 年 3 月 31 日	2002 年 6 月 30 日	2002 年 9 月 30 日	2002 年 12 月 31 日	2003 年 3 月 31 日	2003 年 6 月 30 日	2004 年 6 月 30 日
单位基金资产净值/元	1.0401	1.0493	0.9674	0.9003	0.9675	1.0128	1.0470

表 3-12 甲、乙俩人的资金变动情况

日期	2002年3月31日	2002年6月30日	2002年9月30日	2002年12月31日	2003年3月31日	2003年6月30日	2004年6月30日
甲方资金变动/元	投入 104010	投入 10000	提取 20000	/	投入 30000	投入 20000	/
乙方资金变动/元	投入 104010	提取 5000	/	投入 10000	/	提取 20000	/

解 由定义知,如果只是考虑基金的整体收益率,则无需考虑每个投资者的投资变动情况.另外,上述投资记录涉及 2002—2004 年,共计三个投资年.

考虑到投资本身的时间区间,我们选取 2002 年 3 月 31 日作为年收益率的起始时间.

(1) 设基金的整体年平均收益率为 i,则 i 满足方程

$$(1+i)^{2\frac{1}{4}} = \left(\frac{1.0493}{1.0401} \times \frac{0.9674}{1.0493} \times \frac{0.9003}{0.9674} \times \frac{0.9675}{0.9003}\right)$$
$$\times \left(\frac{1.0128}{0.9675} \times \frac{1.0470}{1.0128}\right) = 1.0267.$$

解得 $i=1.18\%$.

各个时期的年收益率计算如下:

2002 年 4—6 月期间的年收益率为 $\left(\dfrac{1.0493}{1.0401}\right)^4 - 1 = 3.59\%$;

2002 年 7—9 月期间的年收益率为 $\left(\dfrac{0.9674}{1.0493}\right)^4 - 1 = -27.75\%$;

2002 年 10—12 月期间的年收益率为

$$\left(\frac{0.9003}{0.9674}\right)^4 - 1 = -24.99\%;$$

2003 年 1—3 月期间的年收益率为 $\left(\dfrac{0.9675}{0.9003}\right)^4 - 1 = 33.37\%$;

2003 年 4—6 月期间的年收益率为 $\left(\dfrac{1.0128}{0.9675}\right)^4 - 1 = 20.09\%$;

2003 年 7 月—2004 年 6 月期间的年收益率为

$$\left(\frac{1.0470}{1.0128}\right) - 1 = 3.38\%.$$

(2) ① 甲的资金余额情况如下:

$B_0 = 104010$ 元；

$B_{1/4} = (104930 + 10000)$ 元 $= 114930$ 元，

基金单位数 $= 114930/1.0493 = 109530.2$；

$B_{1/2} = (109530.2 \times 0.9674 - 20000)$ 元 $= 85959.48$ 元，

基金单位数 $= 85959.48/0.9674 = 88856.19$；

$B_1 = 88856.19 \times 0.9675$ 元 $= 85968.37$ 元．

所以，由资本加权法得甲在 2002 年 4 月—2003 年 3 月期间的年回报率为

$$i_\text{甲} = \frac{85968.37 - (10000 - 20000) - 104010}{104010 + 10000 \times \dfrac{3}{4} - 20000 \times \dfrac{1}{2}} = -7.92\%.$$

② 乙的资金余额情况如下：

$B_0 = 104010$ 元；

$B_{1/4} = (104930 - 5000)$ 元 $= 99930$ 元，

基金单位数 $= 99930/1.0493 = 95234.92$；

$B_{3/4} = 95740$ 元，

$B_1 = 102886.2$ 元．

所以，由资本加权法得乙在 2002 年 4 月—2003 年 3 月期间的年回报率为

$$i_\text{乙} = \frac{102886.2 - 1000 - (-5000) - 104010}{104010 - 5000 \times \dfrac{3}{4} + 10000 \times \dfrac{1}{4}} = -5.96\%.$$

上述两个计算结果表明，按照资本加权法计算收益，甲、乙两个投资者在 2002 年 4 月—2003 年 3 月期间的投资都处于亏损状态，大致都有 6%～8% 的亏损.

练 习 题

§3.1 基本投资分析

1. 已知某投资的内部回报率为 r，且在该投资中 $C_0 = 3000$ 元，$C_1 = 1000$ 元，$R_2 = 2000$ 元和 $R_3 = 4000$ 元．计算 r．

2. 10 年期投资项目的初期投入 100000 元，随后次年开始每年

初需要一笔维持费用：第 1 年 3000 元,以后各年以 6% 的速度增长. 计划收入为：第 1 年末 30000 元,以后逐年递减 4%. 计算 R_6.

3. 已知以下投资方式：当前投入 7000 元,第 2 年底投入 1000 元. 回报方式为：第 1 年底收回 4000 元,第 3 年底收回 5500 元. 计算 $P(0.09)$ 和 $P(0.10)$.

4. 用资本加权法和时间加权法讨论以下项目的投资收益率：当前投入 100 元加上一年后的 108.15 元,可以在第 6 个月底收回 208 元.

5. 某人每年初存款,第 10 年底余额为 1000 元,其中存款利率为 4%,且每年的利息收入以 3% 的利率进行再投资. 给出每年存款金额的表达式.

6. 现有 10000 元贷款计划在 20 年内分年度还清,每年还款 1000 元. 如果贷款方可以将每年的还款以年利率 5% 进行投资,计算贷款方的实际年收益率.

7. 某投资者购买了如下的 5 年期金融产品：

（1）每年底得到 1000 元；

（2）每年的收入可以按年利率 4% 进行下一年的投资且年底收回利息.

如果该投资者又将上述利息收入以年利率 3% 再投资,以实际年收益率 4% 计算的购买价格为多少?

8. 某投资者连续 5 年每年初向某基金存款 1000 元,年利率为 5%. 同时,利息收入可以以年利率 4% 再投资. 给出第 10 年底的累积余额表达式.

9. 甲将 2000 元投资 10 年,年利率为 17%,利息每年支付,其再投资利率为 11%；乙在 20 年内每年底投资 150 元,年利率为 14%,而且利息以 11% 的年利率再投资. 计算甲在 10 年底的累积利息收入以及乙在 20 年底的累积利息收入.

10. 某人以 100000 元购得一块土地,每年需交资产税 1500 元,10 年后以 260000 元卖出,同时交纳 8% 的销售税. 计算该投资的年收益率.

11. 设 50000 元投资可以在今后 6 年内每年得到税后收入

18000 元. 计算：

(1) 利率为 15% 的净现值；　　(2) 收益率.

12. 某人拥有 10000 元按月以 $i^{(12)}=6\%$ 支付利息的债券，其在得到每月的利息后，立即以 $i^{(12)}=12\%$ 的利率存入银行. 计算此人该账户在第 12,24 和 36 次存款后的余额，并对这三种情况计算其每年平均的 $i^{(12)}$.

§3.2　收益计算

13. 某基金的年初金额为 500000 元，年底余额为 680000 元. 若投资收入为 60000 元，投资成本为 5000 元，试用资本加权法计算实际年收益率.

14. 某基金的年利率为 4%，年初余额为 1000 元. 如果在第 3 个月底存入 200 元，第 9 个月底取款 300 元，且假定利息按单利方式计算，计算年底的余额.

15. (1) 假定 $_{1-t}i_t=(1-t)i$. 给出 $_ti_0$ 的表达式.

(2) 假定 $_ti_0=ti$. 给出 $_{1-t}i_t$ 的表达式.

16. 在初始时刻和第 1 年底分别向某基金投入 1000 元，已知该基金在第 1 年底的余额为 1200 元，第 2 年底的余额为 2200 元. 分别用资本加权法和时间加权法计算年收益率.

17. 某基金在元旦的余额为 A，在 6 月底的余额为 B，年底的余额为 C.

(1) 若一年中没有任何资本的注入，证明：资本加权法和时间加权法计算的年收益率都是 $\dfrac{C-A}{A}$；

(2) 如果在 6 月底计算余额后立即投入资本 D，试分别给出资本加权法和时间加权法计算收益率的表达式；

(3) 如果 (2) 中的投资是在余额计算之前投入的，重新计算 (2) 中的两种收益率；

(4) 说明 (2) 和 (3) 中资本加权法的结果相同的原因；

(5) 试说明 (2) 中时间加权法的结果大于 (3) 的结果.

18. 已知当 $t=1,2,3,4,5$ 且 $y=1,2,\cdots,10$ 时，有

$$1+i_t^y = (1.08+0.005t)^{1+0.01y}.$$

如果在 $y=5$ 时投资 1000 元,持续 3 年,计算等价的利率.

19. 基金 X 在 2011 年元旦的单位价值为 1.0 元,在 2011 年 7 月 1 日的单位价值为 0.8 元,在 2012 年元旦的单位价值为 1.0 元. 如果某投资者在 2011 年元旦和 7 月 1 日分别向基金投入 10 元,试分别用资本加权法和时间加权法计算该投资者在 2011 年的收益.

§3.3 资本预算

20. 某汽车交易市场中可以用两种方式购买二手车:马上付款 5000 元;或者,现付 2400 元,然后每年底付款 1500 元,两年付清.若某购车者的最大可接受的年利率为 10%,问:其应选择哪个方式购买?

21. 如果投资者的可接受利率为 12%,说明第 3 题的项目是否可以接受.

22. 如果例 3.19 的回报率为 15%,计算相应的融资率 f.

23. 已知某项目前 5 年的现金流如表 3-13 所示. 若 $r=15\%$, $f=10\%$,计算 B_5.

表 3-13 某项目前 5 年的现金流

t	0	1	2	3	4	5
C_t	1000	2000	-4000	3000	-4000	5000

24. 现有某一种投资,若利息收入要扣除 25% 的收入税,估计在今后 20 年内税前年利率可以达到 8%. 计算在 20 年底,利息累积额下降的比例.

25. 某人需要 800 元借款,有以下两种方式偿还:

(1) 只借 800 元,然后期末一次偿还 900 元;

(2) 先借 1000 元,期末偿还 1120 元.

如果最大可接受的利率为 10%,分析其选择.

26. 保险公司将寿险保费的收入建立基金,年底计息.受益人可以在今后 10 年的每年底从基金中取款,若保单的最低年利率为 3% 时,每年的取款金额为 1000 元.然而,保险公司的基金投资利率为:前 4 年是 4%,后 6 年是 5%,因而实际取款金额为

$$W_t = \frac{F_t}{\ddot{a}_{\overline{11-t}|0.03}} \quad (t=1,2,\cdots,10),$$

其中 F_t 表示基金在 $t(t=1,2,\cdots,10)$ 时刻的余额. 试用 F_0 表示 W_{10}.

27. 某基金在 1 月 1 日的余额为 273000 元,在 12 月 31 日的余额为 372000 元. 该基金一年的利息收入为 18000 元,收益率为 6%. 计算平均的存取款日期.

28. 某基金的投入为连续方式,起始余额为 1,t 时刻的投入为 $1+t$,利息力函数为 $(1+t)^{-1}$. 计算 n 年末的终值.

29. 某基金在 1991 年和 1992 年间的运作情况如表 3-14 所示. 用时间加权法计算这两年的收益率.

表 3-14　某基金在 1991 年和 1992 年间的运作情况

日期	1/1/91	1/7/91	1/1/92	1/7/92	1/1/93
基金价值/元	1000000	1310000	1265000	1540000	1420000
投入/元		250000		250000	
取出/元			150000		150000

30. 某互助基金的初始单位价值为 10000 元,在随后的 5 年底的价值分别为 11710 元,12694 元,14661 元,14148 元和 16836 元. 有三个投资者 A,B 和 C,在这 5 年中的投资情况如表 3-15 所示.

(1) 用时间加权法计算该基金在 5 年中的年平均收益率;

(2) 用资本加权法计算每个投资者在 5 年中的年平均回报率.

表 3-15　A,B,C 三个投资者的投资情况

时间	第 1 年底投资额/元	第 2 年底投资额/元	第 3 年底投资额/元	第 4 年底投资额/元	第 5 年底投资额/元
A	1000	2000	3000	4000	5000
B	3000	3000	3000	3000	3000
C	5000	4000	3000	2000	1000

第四章 本金利息分离技术

第二章讨论的年金方式的现金流,是许多金融活动和产品的基础,但是实际操作中,在年金的期限内,金融市场会有很多的变化,无论是对投资者还是对融资者,他们都需要随时评估其已经进行的投、融资的价值.在这种评估中,如何分析现金流中的内在价值(本金)和时间价值(利息)是很重要的.一般的金融产品或活动的现金流很复杂,本章以贷款业务为例,介绍价值评估中常用的本金利息分离方法.这些方法是具有一般意义的,可以将其广泛地应用于其他各种现金流的分析.

特别强调以下两种方法:

摊还法 指定期支付未清偿债务本金和利息的做法,且利息偿还优先.实质上,这是一种定期分期偿还贷款的做法.

偿债基金法 指借款人为偿还债务而成立基金的做法.借款人会在指定期限内,分期拨款入基金,累计起一笔足够款项以偿还未来到期的债款.一般的债券发行多数附有要求发债人设立偿债基金的条款.

同时,本章围绕这两种方法产生的计算问题是:

(1) 如何确定投(融)资期间每个时刻的未结贷款余额?

(2) 如何将投(融)资期间的现金流分解为"本金"和"利息"两部分?

(3) 不同的本金利息分离方法对投资收益结果分析的影响.

§4.1 摊 还 法

在摊还法中,很重要的是计算每次还款后的未结贷款余额.这一节我们先讨论未结贷款余额的计算,然后再介绍摊还法.

4.1.1 未结贷款余额的计算

未结贷款余额从文字表述上也可以称为"未结贷款本金"、"未付贷款余额"、"剩余贷款债务"等. 实质上, 它指在贷款业务中, 每次分期还款后, 借款人未偿还的债务在当时的价值. 例如: 某家庭现有 30 年的住房抵押贷款的分期还贷款, 在已经付款 12 年后, 因为意外的一笔收入, 希望一次将余款付清, 应支付的款额就是当时的未结贷款余额. 对投资者来说, 这相当于计算投资期间的每个时刻投资的未结余额.

计算这个量的常用方法有两种: 预期法和追溯法. 前者是用所有未支付的分期付款现值之和表示每个时刻的贷款余额; 后者是用原始贷款额的累积值扣除所有已付款项的累积值表示每个时刻的贷款余额. 可以证明(见结论 4.1), 两种方法的结果是一致的. 这两种计算贷款余额的方法的基本思想可以用下面的一组等式表示:

首先, 在贷款之初, 有

$$\text{原始贷款额} = \text{今后所有还款的现值之和},$$

然后, 将上式的两边同时累积到还款期间的某个时刻, 则有

$$\text{原始贷款额的当前价值} = \text{所有分期还款在这个时刻的价值之和},$$

其中等式右边又可以分成两部分: 过去还款的当前价值和未来还款的当前价值. 这两部分价值的计算是不同的, 前者的价值为终值, 后者的价值为现值, 因此, 上式又可以表示为

$$\text{原始贷款额的当前价值} = \text{过去还款的终值} + \text{未来还款的现值}.$$

如果将上式右边的第一项移到左边, 则新等式的右边表示预期法, 左边表示追溯法.

这里仍采用前面的记号进行计算, 用 B_t 表示 t 时刻的未结贷款余额, 即 B_t 表示第 t 次还款后瞬间的未结贷款余额, 而且为了区别所采用的计算方法, 分别用 B_t^p 和 B_t^r 表示预期算法和追溯算法的结果. 原始贷款金额 B_0 一般用 L 表示. 两种方法在实际应用中并没有明显的优劣之分, 一般情况下, 如果所有的还款额和还款时间已知, 则采用预期法; 如果还款次数未定或还款金额未定, 则最好采用追溯法. 下面考虑一些特殊还贷情况下的未结贷款余额的计算.

1. 每次还贷金额已知的情形

设贷款利率为 i,分 n 次还清,每次还款 1 个货币单位,则对任意的时刻 t ($t=0,1,2,\cdots,n$),有

$$B_t^p = a_{\overline{n-t}|i}. \tag{4.1.1}$$

又因为这时的原始贷款额 $L = a_{\overline{n}|i}$,所以有

$$B_t^r = a_{\overline{n}|i}(1+i)^t - s_{\overline{t}|i}. \tag{4.1.2}$$

结论 4.1 若贷款分 n 次偿还,每次还款 1 个货币单位,且利率为 i,则

(1) 采用预期法和追溯法计算得到的未结贷款余额是相同的,即

$$B_t^p = B_t^r \quad (t=0,1,2,\cdots,n);$$

(2) 未结贷款余额有如下递推关系:

$$B_t = (1+i)B_{t-1} - 1 \quad (t=1,2,\cdots,n).$$

证明 (1) 由式(4.1.1)和(4.1.2)有

$$B_t^r = a_{\overline{n}|i}(1+i)^t - s_{\overline{t}|i} = \frac{1-v^n}{i}(1+i)^t - s_{\overline{t}|i} = a_{\overline{n-t}|i} = B_t^p.$$

(2) 根据式(4.1.1)和(4.1.2)可得结论,这里不再详细证明.

注 结论 4.1 中的(1)对一般的还款方式也成立.

2. 贷款金额已知的情形

设原始贷款金额为 L,贷款利率为 i,分 n 次还清. 若每次的还款额为 R,则有

$$R a_{\overline{n}|i} = L, \quad 即 \quad R = \frac{L}{a_{\overline{n}|i}},$$

于是,对任意的时刻 t ($t=0,1,2,\cdots,n$),有

$$B_t^p = R a_{\overline{n-t}|i} = \left(\frac{L}{a_{\overline{n}|i}}\right) a_{\overline{n-t}|i} = L \frac{a_{\overline{n-t}|i}}{a_{\overline{n}|i}}, \tag{4.1.3}$$

$$B_t^r = L\left[(1+i)^t - \frac{s_{\overline{t}|i}}{a_{\overline{n}|i}}\right]. \tag{4.1.4}$$

例 4.1 某贷款的还贷方式为:前 5 年每半年还 2000 元,后 5 年每半年还 1000 元. 如果半年换算名利率为 10%,分别用预期法和追溯法计算第 5 次还贷后的贷款余额.

解 (1) 用预期法计算,有

$$B_5^p = (2000\, a_{\overline{5}|0.05} + 1000\, a_{\overline{10}|0.05}\, v^5)\ \text{元}$$
$$= 1000(a_{\overline{15}|0.05} + a_{\overline{5}|0.05})\ \text{元} = 14709\ \text{元}.$$

（2）用追溯法计算. 因为原始贷款金额为
$$L = 1000(a_{\overline{20}|0.05} + a_{\overline{10}|0.05})\ \text{元} = 20183.95\ \text{元},$$
所以由公式(4.1.2)得贷款余额为
$$B_5^r = 20183.95(1+0.05)^5\ \text{元} - 2000\, s_{\overline{5}|0.05}\ \text{元} = 14709.13\ \text{元}.$$

例 4.2 某 30 年的贷款每年还 1000 元, 在第 15 年的正常还款之后, 借款人再一次多还 2000 元. 如果将上述已还款全部用于扣除贷款余额, 剩余的贷款余额再分 12 年等额还清, 年利率为 9%, 计算后 12 年的年还款额.

解 第 15 次还款后的贷款余额为
$$B_{15}^p = 1000\, a_{\overline{15}|0.09}\ \text{元} = 8060.70\ \text{元}.$$
因为同时还偿还了 2000 元, 所以实际贷款余额变成 6060.70 元. 因此, 后 12 年的年还款额 X 应满足方程
$$X a_{\overline{12}|0.09} = 6060.70\ \text{元},$$
即 $X = 846.38$ 元. 可见, 年还款额比原来大致降低了 15.36%.

4.1.2 摊还表

在上面例 4.2 中的提前还贷对贷款方投资的收益是很有影响的, 原投资计划是 30 年, 每年收益 9%, 提前还贷后, 一方面, 2000 元的还款要寻找 15 年 9% 的投资机会; 另一方面, 还款期提前了 3 年, 也给投资人带来了再投资的风险. 如何处理这类问题, 就是下面介绍的摊还法要回答的. 在有些情况中, 也希望将每次的还款额分解为"还本金"和"还利息"两部分, 因为这样做对借贷双方都是有意义的, 比如, 有些时候本金和利息的税收是不一样的.

摊还法的基本原理是: 贷款的分期还款中利息偿还优先, 即首先偿还应计利息, 余下的部分作为本金偿还. 具体表示为: 若在 t 时刻的还款额为 R, 其中所还利息量为 I_t, 本金量为 P_t, 则有
$$I_t = iB_{t-1}, \quad P_t = R - I_t.$$
这样将保证以下两种计算贷款余额的方法等价, 即
$$B_t = (1+i)B_{t-1} - R \iff B_t = B_{t-1} - P_t.$$

这表明,贷款余额(本金)的减少只与 P_t 有关,而与利息无关.

所谓的**摊还表**就是将还贷期间的每次还款额分解为还本金量和还利息量所构成的表.同时,表中还列出每次还款后的未结贷款余额.下面的表 4-1 即为贷款利率为 i,每次还款 1 个货币单位,共计 n 次的贷款模式下的摊还表,这时的贷款额为 $a_{\overline{n}|i}$.

表 4-1 贷款 $a_{\overline{n}|i}$ 摊还表

时刻 t	还款额 R	还利息量 I_t	还本金量 P_t	未结贷款余额 B_t
0	0	0	0	$a_{\overline{n}|i}$
1	1	$ia_{\overline{n}|i}=1-v^n$	v^n	$a_{\overline{n-1}|i}$
2	1	$ia_{\overline{n-1}|i}=1-v^{n-1}$	v^{n-1}	$a_{\overline{n-2}|i}$
...	...	...	...	...
t	1	$ia_{\overline{n-t+1}|i}=1-v^{n-t+1}$	v^{n-t+1}	$a_{\overline{n-t}|i}$
...	...	...	...	...
$n-1$	1	$ia_{\overline{2}|i}=1-v^2$	v^2	$a_{\overline{1}|i}$
n	1	$ia_{\overline{1}|i}=1-v$	v	0
总和	n	$n-a_{\overline{n}|i}$	$a_{\overline{n}|i}$	

从表 4-1 可以看出以下几点:

(1) 在第一次还款的 1 个货币单位中,利息部分为 $ia_{\overline{n}|i}=1-v^n$,本金部分为 v^n.同样地,对任意 t 时刻也有类似的结论,即 $t(t=1,2,\cdots,n)$ 时刻的 1 个货币单位还款可以分解为利息量 I_t 和本金量 P_t,且两者的计算公式分别为

$$I_t = 1-v^{n-t+1} \quad (t=1,2,\cdots,n), \qquad (4.1.5)$$

$$P_t = v^{n-t+1} \quad (t=1,2,\cdots,n). \qquad (4.1.6)$$

因此,未结贷款余额为

$$B_t = B_{t-1} - P_t \quad (t=1,2,\cdots,n). \qquad (4.1.7)$$

显然,这与前面的定义是一致的.

(2) 所有本金量之和等于原始贷款,即

$$\sum_{t=1}^{n} P_t = \sum_{t=1}^{n} v^{n-t+1} = \sum_{t=1}^{n} v^t = a_{\overline{n}|i}.$$

(3) 所有利息量之和等于还款额总和与原始贷款额之差,即
$$\sum_{t=1}^{n} I_t = n - \sum_{t=1}^{n} P_t.$$
(4) 本金量序列依时间顺序构成递增的等比数列,且公比为 $1+i$:
$$P_{t+1} = (1+i)P_t \quad (t=1,2,\cdots,n-1).$$
(5) 利息量序列依时间顺序构成递减数列:
$$I_{t+1} = I_t - iP_t \quad (t=1,2,\cdots,n-1).$$

上述性质意味着,在等额还款方式下,前期的还款主要用于偿还利息,贷款余额的降低幅度不大.

表 4-1 虽然是一种特殊贷款的摊还表,但它有很多的用途,利用它可以很容易地计算一般情况下贷款的摊还表. 例如:

(1) 每次还款额为 R,分 n 次还清,则有
$$I_t = R(1-v^{n-t+1}) \quad (t=1,2,\cdots,n), \tag{4.1.8}$$
$$P_t = Rv^{n-t+1} \quad (t=1,2,\cdots,n), \tag{4.1.9}$$
因此,未结贷款余额为
$$B_t = R a_{\overline{n-t}|i} \quad (t=1,2,\cdots,n). \tag{4.1.10}$$

(2) 原始贷款额为 L,分 n 次还清,那么每次的还款额 R 为
$$R = \frac{L}{a_{\overline{n}|i}},$$
进而有
$$I_t = \frac{L}{a_{\overline{n}|i}}(1-v^{n-t+1}) \quad (t=1,2,\cdots,n), \tag{4.1.11}$$
$$P_t = \frac{L}{a_{\overline{n}|i}}v^{n-t+1} \quad (t=1,2,\cdots,n). \tag{4.1.12}$$
因此,未结贷款余额为
$$B_t = L \frac{a_{\overline{n-t}|i}}{a_{\overline{n}|i}} \quad (t=1,2,\cdots,n). \tag{4.1.13}$$

在实际摊还表的计算中,常常采用下面这组递推公式:
$$B_0 = L,$$

$$I_t = iB_{t-1} \qquad (t=1,2,\cdots,n), \qquad (4.1.14)$$
$$P_t = R - I_t \qquad (t=1,2,\cdots,n), \qquad (4.1.15)$$
$$B_t = B_{t-1} - P_t \qquad (t=1,2,\cdots,n). \qquad (4.1.16)$$

例 4.3 现有 4 年期 1000 元贷款,年利率为 8%,逐年偿还. 试给出该贷款项目的逐年摊还表.

解 每年的还款额为
$$R = 1000/a_{\overline{4}|0.08} \, 元 = 301.92 \, 元.$$
由公式(4.1.8),(4.1.9)和(4.1.10)并参照表 4-1 计算可以得到如表 4-2 所示的摊还表.

表 4-2 年利率 8% 的 1000 元贷款摊还表

年份	还款额/元	利息量/元	还本金量/元	未结贷款余额/元
0	0.00	0.00	0.00	1000.00
1	301.92	80.00	221.92	778.08
2	301.92	62.25	239.67	538.41
3	301.92	43.07	258.85	279.56
4	301.92	22.36	279.56	0.00

例 4.4 现有 1000 元贷款通过每季度还款 100 元偿还,且已知季换算名利率为 16%. 计算第 4 次还款中的利息量和本金量.

解 第 3 次还款后的未结贷款余额为
$$B_3^r = 1000(1+0.04)^3 \, 元 - 100\, s_{\overline{3}|0.04} \, 元 = 812.70 \, 元,$$
因此第 4 次还款中的利息量和本金量分别为
$$I_4 = 0.04 \times 812.70 \, 元 = 32.51 \, 元,$$
$$P_4 = 100 \, 元 - 32.51 \, 元 = 67.49 \, 元.$$

例 4.5 甲从乙处借款 10000 元,双方商定以季换算名利率 8% 分 6 年按季度还清. 但是,在第 2 年底(第 8 次还款之后),乙将未到期的贷款权益转卖给丙,而乙、丙双方商定的季换算名利率为 10%. 分别计算丙和乙的利息总收入.

解 这 6 年中的每次还款额为
$$\frac{10000}{a_{\overline{24}|0.02}} \, 元 = \frac{10000}{18.9139} \, 元 = 528.71 \, 元.$$

(1) 计算丙的利息总收入. 第 2 年底,当丙从乙手中将未到期的贷款权益买入时,买价为

$$528.71\, a_{\overline{16}|0.025}\ \text{元} = 528.71 \times 13.0550\ \text{元} = 6902.31\ \text{元},$$

而丙在后 4 年的总收入为

$$16 \times 528.71\ \text{元} = 8459.36\ \text{元},$$

因此,丙在后 4 年的利息收入总和为

$$8459.36\ \text{元} - 6902.31\ \text{元} = 1557.05\ \text{元}.$$

(2) 计算乙的利息总收入. 这里对乙的利息收入可以有两种理解:

第一,指乙在前 2 年的利息总收入. 因为乙在第 2 年底的未结贷款余额为

$$528.71\, a_{\overline{16}|0.02}\ \text{元} = 528.71 \times 13.5777\ \text{元} = 7178.67\ \text{元},$$

所以乙在前 2 年收回的本金为

$$10000\ \text{元} - 7178.67\ \text{元} = 2821.33\ \text{元}.$$

而乙在前 2 年的总收入为

$$8 \times 528.71\ \text{元} = 4229.68\ \text{元},$$

因此乙在前 2 年的利息总收入为

$$4229.68\ \text{元} - 2821.33\ \text{元} = 1408.35\ \text{元}.$$

至于乙在与丙的交易中损失的 $(7178.67 - 6902.31)$ 元 $= 276.36$ 元并不是利息,而是本金的损失.

第二,指乙在这笔贷款中总的利息收入. 乙在这笔贷款中的总收入为

$$8 \times 528.71\ \text{元} + 6902.31\ \text{元} = 11131.99\ \text{元},$$

而总支出为 10000 元,所以总利息收入为 1131.9 元.

例 4.6 现有年收益率为 i 的 n 年投资,每年底收回 1 个货币单位. 但是,在第 2 年内的年收益率为 j,且有 $j > i$. 在以下两种情况下,计算第 2 年以后的年收入:

(1) 第 3 年开始的年收益率仍然为 i;

(2) 第 3 年开始的年收益率保持 j.

解 已知 $B_0 = a_{\overline{n}|i}$,第 1 年底的未结贷款余额为 $B_1 = a_{\overline{n-1}|i}$. 设所求年收入为 X.

(1) 第 2 年底的未结贷款余额为
$$B_2 = (1+j) a_{\overline{n-1}|i} - X.$$
另外,B_2 还等于从第 3 年开始的所有还款的现值之和,即
$$B_2 = X a_{\overline{n-2}|i},$$
因此有
$$(1+j) a_{\overline{n-1}|i} - X = X a_{\overline{n-2}|i},$$
即
$$(1+j) a_{\overline{n-1}|i} = X(1+a_{\overline{n-2}|i}) = X \ddot{a}_{\overline{n-1}|i} = X(1+i) a_{\overline{n-1}|i},$$
也即
$$X = \frac{1+j}{1+i} = 1 + \frac{j-i}{1+i}.$$
推而广之,如果原来的年收益为 R,则新的年收益为
$$\left(1 + \frac{j-i}{1+i}\right) R.$$
(2) 计算方法同上,由 B_2 的两种算法有
$$(1+j) a_{\overline{n-1}|i} - X = X a_{\overline{n-2}|j}, \quad 即 \quad X = \frac{a_{\overline{n-1}|i}}{a_{\overline{n-1}|j}}.$$
可以证明:当 $j > i$ 时,有
$$\frac{a_{\overline{n-1}|i}}{a_{\overline{n-1}|j}} > 1 + \frac{j-i}{1+i}.$$

§4.2 偿债基金法

偿债基金法也是对年金现金流的一种本金利息分离技术. 偿债基金是为了在贷款期末将原始贷款额一次还清而建立的还贷基金或称提存基金. 这个基金在整个还贷期间采取"零存整取"方式,所以,在还贷期间的每个时刻的贷款价值(未结贷款余额)应该是原始贷款额扣除偿债基金后的余额. 从定义看,偿债基金的提存金可以是任意的,它的利率也可以是任意的.

偿债基金法的基本原理:投资者投入资金 P(或贷出金额 L),以年金方式得到的定期回报为 R. 如果考虑以利率 i 计算定期的利

息收益 iP,那么回报流中的 $R-iP$ 部分就是用于收回本金. 而 $R-iP$ 这部分是如何真正实现原始本金 P 的呢？如果有定期的利息收入 iP,就意味着,每期初的"本金"都保持在 P 的水平,所以用于收回本金的现金流 $R-iP$ 应该在投资结束时实现本金 P. 若同时考虑这个实现过程有新的利率机会,一般用 j 表示这个新的利率. 通常称 i 为**原贷款利率**,j 为**偿债基金累积利率**. 实际中,一般很难有 $j > i$,但是,从数学计算看,不必有任何假定.

用等式表示的偿债基金分解方式为

$$\text{分期付款} = \text{还利息} + \text{累积到期还本金},$$

即
$$R = iP + (R - iP).$$

本金的累积过程为 $(R-iP) s_{\overline{n}|j} = P$,于是

$$P = \frac{R s_{\overline{n}|j}}{1+i s_{\overline{n}|j}} = R \frac{s_{\overline{n}|j}}{1+i s_{\overline{n}|j}}. \quad (4.2.1)$$

下面以一般的贷款问题为背景,分析偿债基金法的性质和特征.

4.2.1 偿债基金法的基本计算

1. 每次还贷金额已知的情形

标准期末年金还款方式,共计 n 次,同时以利率 j 累积偿债基金,这种情况下的现金流现值(原始贷款)记为 $a_{\overline{n}|i\&j}$. 若用 S 表示每次存入偿债基金的(常数)金额,应该有

$$1 = i a_{\overline{n}|i\&j} + S, \quad (4.2.2)$$

同时有累积偿债基金的关系式

$$S \cdot s_{\overline{n}|j} = a_{\overline{n}|i\&j}. \quad (4.2.3)$$

结论 4.2 下面关系式成立:

(1) $\dfrac{1}{a_{\overline{n}|i\&j}} = i + \dfrac{1}{s_{\overline{n}|j}} = \dfrac{1}{a_{\overline{n}|j}} + (i-j)$;

(2) $a_{\overline{n}|i\&j} = \dfrac{a_{\overline{n}|j}}{1+(i-j) a_{\overline{n}|j}}$;

(3) $a_{\overline{n}|i\&j} = \dfrac{s_{\overline{n}|j}}{1+i s_{\overline{n}|j}}$.

证明 由式(4.2.2)和(4.2.3)可以容易推出(1)成立,再由(1)

直接可得(2)和(3)成立. 这里不再详细证明.

结论 4.3 (1) 当 $i > j$ 时, 有 $a_{\overline{n}|i} > a_{\overline{n}|i\&j}$;

(2) 当 $i < j$ 时, 有 $a_{\overline{n}|i} < a_{\overline{n}|i\&j}$.

证明从略.

结论 4.3 表明, 当原贷款利率小于偿债基金累积利率时, 含有偿债基金的标准期末年金的现值将会升高, 也就是说, 在这种情况下, 偿债基金方式将会降低成本.

结论 4.4 在标准期末年金还款情形, 若存在利率为 j 的偿债基金, 则每期 1 个货币单位还款额的利息本金分解为

$$I_t = i a_{\overline{n}|i\&j} = i \frac{s_{\overline{n}|j}}{1+is_{\overline{n}|j}} \quad (t=1,2,\cdots,n),$$

$$P_t = \frac{a_{\overline{n}|i\&j}}{s_{\overline{n}|j}} = \frac{1}{1+is_{\overline{n}|j}} \quad (t=1,2,\cdots,n).$$

证明 由结论 4.2 直接可以推出.

2. 贷款金额已知的情形

设原始贷款额为 L, 分 n 次还清. 若原始贷款利率为 i, 偿债基金累积利率为 j, 则由前面 $a_{\overline{n}|i\&j}$ 的定义可知, 每次的还款额为

$$R = \frac{L}{a_{\overline{n}|i\&j}},$$

其中的利息部分为 iL, 偿债基金的存款额为

$$S = \frac{L}{s_{\overline{n}|j}}.$$

4.2.2 偿债基金方式的收益率分析

在偿债基金方式下, 出现了两个利率, 这时的实际收益率该如何考虑呢? 在还款次数一定的条件下, 原始贷款额、每次的还款额、贷款利率和偿债基金利率这四个量是互相决定的, 只有三个自由度. 如果用 r 表示这时的借款方实际的还贷利率(即贷款方的实际收益率), 则有以下的关系式成立:

$$a_{\overline{n}|r} = a_{\overline{n}|i\&j} = \frac{a_{\overline{n}|j}}{1+(i-j)a_{\overline{n}|j}}. \tag{4.2.4}$$

显然上式不能得到 r 与 i,j 关系的分析表达式. 但是, 通过适当推

导,可以证明:当 $i>j$ 时,有 $r>i$;当 $i<j$ 时,有 $r<i$. 一般采用下面的近似公式:

$$r \approx i + \frac{1}{2}(i-j). \tag{4.2.5}$$

这个近似公式的原理是:考虑 1 个货币单位的贷款,首先借款方要为所借的本金每次支付利息 i. 同时要向偿债基金储蓄,这种行为相当于将定期回报 $\dfrac{1}{a_{\overline{n}|i\&j}}$ 中的 $\dfrac{1}{s_{\overline{n}|j}}$ 部分金额以利率 j 进行再投资,这样就产生了新的借款过程,该过程的应付利率为 $i-j$(借款利率扣除储蓄利率). 如果用 1/2 近似新借款过程的总本金(小于 1),则新借款过程的利息支出为 $\dfrac{1}{2}(i-j)$.

4.2.3 偿债基金表

与摊还法的表 4-1 类似,也可以将偿债基金法中的本金利息实现过程用表格的方式表示,如表 4-3. 一般把表 4-3 称为**偿债基金表**.

根据表 4-3,按照摊还的思路,t 时刻偿还的本金为

$$P_t = B_{t-1} - B_t = \frac{(1+j)^{t-1}}{s_{\overline{n}|j}},$$

则有

$$I_t + P_t = i - \frac{j\, s_{\overline{t-1}|j}}{s_{\overline{n}|j}} + \frac{(1+j)^{t-1}}{s_{\overline{n}|j}} = i + \frac{1}{s_{\overline{n}|j}}$$

$$= \frac{1}{a_{\overline{n}|i\&j}} = R.$$

例 4.7 乙方向甲方提供 1000 元的贷款,分 4 年还清,还贷方式为:贷款年利率为 10%,甲方每年除还利息外,还要以年利率 8% 累积偿债基金. 同时,另有丙方也可以提供相同数额的贷款,只是还贷计算方式为摊还方式. 试问:丙的贷款利率为何值时,以上两种贷款对甲方来说是没有差异的?

解 两种方式没有区别等价于两种方式下有相同的年还款额,于是丙的贷款利率 i 应满足

表 4-3　贷款额为 1 的偿债基金表

时刻 t	还款额 R	直接贷款利息	偿债基金 存款额	偿债基金 余额 S_t	偿债基金 利息	净利息量 I_t	未结贷款余额 $B_t = 1 - S_t$
0	0	0	0	0	0	0	1
1	$\dfrac{1}{a_{\overline{n}|i\&j}}$	i	$\dfrac{1}{s_{\overline{n}|j}}$	$\dfrac{1}{s_{\overline{n}|j}}$	0	i	$1 - \dfrac{1}{s_{\overline{n}|j}}$
2	$\dfrac{1}{a_{\overline{n}|i\&j}}$	i	$\dfrac{1}{s_{\overline{n}|j}}$	$\dfrac{s_{\overline{2}|j}}{s_{\overline{n}|j}}$	$\dfrac{j}{s_{\overline{n}|j}}$	$i - \dfrac{j}{s_{\overline{n}|j}}$	$1 - \dfrac{s_{\overline{2}|j}}{s_{\overline{n}|j}}$
...	...	...	...	...	...	...	...
t	$\dfrac{1}{a_{\overline{n}|i\&j}}$	i	$\dfrac{1}{s_{\overline{n}|j}}$	$\dfrac{s_{\overline{t}|j}}{s_{\overline{n}|j}}$	$j\dfrac{s_{\overline{t-1}|j}}{s_{\overline{n}|j}}$	$i - \dfrac{j\,s_{\overline{t-1}|j}}{s_{\overline{n}|j}}$	$1 - \dfrac{s_{\overline{t}|j}}{s_{\overline{n}|j}}$
...	...	...	...	...	...	...	...
$n-1$	$\dfrac{1}{a_{\overline{n}|i\&j}}$	i	$\dfrac{1}{s_{\overline{n}|j}}$	$\dfrac{s_{\overline{n-1}|j}}{s_{\overline{n}|j}}$	$j\dfrac{s_{\overline{n-2}|j}}{s_{\overline{n}|j}}$	$i - \dfrac{j\,s_{\overline{n-2}|j}}{s_{\overline{n}|j}}$	$1 - \dfrac{s_{\overline{n-1}|j}}{s_{\overline{n}|j}}$
n	$\dfrac{1}{a_{\overline{n}|i\&j}}$	i	$\dfrac{1}{s_{\overline{n}|j}}$	1	$j\dfrac{s_{\overline{n-1}|j}}{s_{\overline{n}|j}}$	$i - \dfrac{j\,s_{\overline{n-1}|j}}{s_{\overline{n}|j}}$	0

$$\frac{1000}{a_{\overline{4}|0.10\&0.08}} a_{\overline{4}|i} = 1000,$$

即

$$a_{\overline{4}|i} = a_{\overline{4}|0.10\&0.08} = \frac{a_{\overline{4}|0.08}}{1 + 0.02\, a_{\overline{4}|0.08}} = 3.1064.$$

利用迭代算法得到近似解 $i = 10.94\%$.

在这个例子中，如果用近似公式(4.2.5)，则得到的利率为 11%.

例 4.8　某人准备购买一种现值为 1000 元，年利率为 8% 的 n 年期年金. 该年金的买价使其足以以年利率 7% 累积偿债基金，且最终的收益率为 9%. 计算该年金的买价.

解　这个 n 年期年金每年的给付金额为 $\dfrac{1000}{a_{\overline{n}|0.08}}$ 元. 若用 P 表示买价，S 表示每年偿债基金的存款额，则

$$\frac{1000}{a_{\overline{n}|0.08}} \text{元} = S + 0.09P.$$

另外,我们由偿债基金的定义知道
$$P = Ss_{\overline{n}|0.07},$$
进而有关于 P 的等式
$$P = \left(\frac{1000}{a_{\overline{n}|0.08}}\text{元} - 0.09P\right)s_{\overline{n}|0.07},$$
即
$$P = \frac{1000}{a_{\overline{n}|0.08}} \times \frac{s_{\overline{n}|0.07}}{1+0.09 s_{\overline{n}|0.07}} \text{元}.$$

§4.3 偿债基金法与摊还法的比较

在前面的讨论中,并没有明确说明原始贷款利率 i 与偿债基金累积利率 j 的大小关系. 实际上,当偿债基金利率与原始贷款利率相同时,即当 $i=j$ 时,经过简单的推导有 $a_{\overline{n}|i\&j}=a_{\overline{n}|i}$. 正是基于这个考虑,本节将主要比较偿债基金法与摊还法的区别.

结论 4.5 (1) 设 1 个货币单位的贷款分 n 次等额还清,年利率和偿债基金利率均为 i,则按每次还款 $\dfrac{1}{a_{\overline{n}|i}}$ 的偿债基金法将本金利息分解为
$$\frac{1}{a_{\overline{n}|i}} = i + \frac{1}{s_{\overline{n}|i}}. \tag{4.3.1}$$

(2) 设有 n 年的标准期末年金还款,年利率和偿债基金利率均为 i,则按偿债基金法分解得每次还款 1 个货币单位的利息部分为
$$ia_{\overline{n}|i} = 1-v^n \quad (\text{它与时刻 } t \text{ 无关,与摊还的利息计算不同}), \tag{4.3.2}$$
累积偿债基金的部分为
$$1-ia_{\overline{n}|i} = v^n \quad (\text{与 } t \text{ 无关}). \tag{4.3.3}$$

证明 (1) 每次的还款可以分解为两部分:利息 i 和为了最终一次性还清本金 1 个货币单位分期存入偿债基金的金额 $\dfrac{1}{s_{\overline{n}|i}}$. 因此结论成立.

(2) 由偿债基金的定义立即可得结论.

结论 4.5 的(2)表明,每次金额为 1 的期末年金相当于由每次金

额为 $1-v^n$ 的期末年金和每次金额为 v^n 的期末年金组成,而这两种年金的作用分别为还利息和累积本金.

下面看看偿债基金法的分解式(4.3.2)和(4.3.3)与表 4-1 列出的摊还法分解式的关系,其中两者都对应于 n 年标准期末年金的还款方式. 摊还法的每次 1 个货币单位还款中的利息部分为 $1-v^{n-t+1}$,它是随着 t 的增加而减少的;而偿债基金法的每次 1 个货币单位还款中的利息部分均为 $1-v^n$. 表面看上去似乎两者有差异,但是,前者付出的是前一时刻未结贷款余额在这一年中的利息;后者是原始本金在这一年的利息,因此,两种利息对应的"本金"是不一样的. 那么,两者的差异又说明了什么呢? 如果直接计算偿债基金法利息与摊还法利息的差,则有

$$\begin{aligned}(1-v^n)-(1-v^{n-t+1}) &= v^{n-t+1}-v^n \\ &= v^n[v^{-t+1}-1] \\ &= v^n[(1+i)^{t-1}-1] \\ &= iv^n s_{\overline{t-1}|i}.\end{aligned}$$

上面一系列等式的最后一项可看做以利率 i 计算的利息,其本金为到 $t-1$ 时刻为止的偿债基金的金额. 所以,摊还法的利息表示原始贷款在这一年中的利息收入,而偿债基金法的利息表示原始贷款在这一年中的净利息收入. 同样地,对于例 4.3 也可以有偿债基金法的分解表,见表 4-4.

关于表 4-2 与表 4-4 的关系有以下几点说明:

(1) 偿债基金法的每次还款额与摊还法的每次还款额是相等的.

(2) 偿债基金法的每次所付的净利息量(支付利息量扣除偿债基金的利息)与摊还表每次的利息量相等.

(3) 偿债基金中每次的增量(偿债基金的存款额加上偿债基金的利息)等于摊还表中的偿还本金量.

(4) 偿债基金法中每个时刻的净贷款额(原始贷款量扣除偿债基金的余额,也称该时刻的未结贷款余额)等于摊还法在对应时刻的未结贷款余额.

表 4-4　年利率为 8% 的 4 年 1000 元贷款偿债基金表

年份	还款额/元	还利息量/元	偿债基金的存款额/元	偿债基金的利息/元	偿债基金的余额/元	未结贷款余额/元
0	0.00	0.00	0.00	0.00	0.00	1000.00
1	301.92	80.00	221.92	0.00	221.92	778.08
2	301.92	80.00	221.92	17.75	461.59	538.41
3	301.92	80.00	221.92	36.93	720.44	279.56
4	301.92	80.00	221.92	57.64	1000.00	0.00

§4.4　其他偿还方式分析

4.4.1　广义的摊还表和偿债基金表

这里考虑摊还表或偿债基金表中的还款周期与利息换算周期不同的情况,且主要考虑标准期末年金还贷方式.

首先讨论摊还表计算.如果用年金的符号表示(请读者参考第二章广义年金部分的讨论),最基本的广义年金还贷方式可分别用 $\frac{a_{\overline{n}|i}}{s_{\overline{k}|i}}$ 和 $a_{\overline{n}|i}^{(m)}$ 代表,表 4-5 和表 4-6 分别列出了这两种还贷方式下的摊还表.它们的处理思路与表 4-1 相同.

表 4-5　贷款 $\frac{a_{\overline{n}|i}}{s_{\overline{k}|i}}$ 的摊还表

时刻	还款量	付息量 I_t	还本金量 P_t	未结贷款余额 B_t
0	0	0	0	$\frac{a_{\overline{n}|i}}{s_{\overline{k}|i}}$
k	1	$[(1+i)^k-1]\frac{a_{\overline{n}|i}}{s_{\overline{k}|i}}=1-v^n$	v^n	$\frac{a_{\overline{n-k}|i}}{s_{\overline{k}|i}}$
$2k$	1	$[(1+i)^k-1]\frac{a_{\overline{n-k}|i}}{s_{\overline{k}|i}}$ $=1-v^{n-k}$	v^{n-k}	$\frac{a_{\overline{n-2k}|i}}{s_{\overline{k}|i}}$
...	...	...	...	...

(续表)

时刻 t	还款量	付息量 I_t	还本金量 P_t	未结贷款余额 B_t
tk	1	$[(1+i)^k-1]\dfrac{a_{\overline{n-(t-1)k}|i}}{s_{\overline{k}|i}} = 1-v^{n-(t-1)k}$	$v^{n-(t-1)k}$	$\dfrac{a_{\overline{n-tk}|i}}{s_{\overline{k}|i}}$
...	...	...	...	...
$n-k$	1	$[(1+i)^k-1]\dfrac{a_{\overline{2k}|i}}{s_{\overline{k}|i}} = 1-v^{2k}$	v^{2k}	$\dfrac{a_{\overline{k}|i}}{s_{\overline{k}|i}}$
n	1	$[(1+i)^k-1]\dfrac{a_{\overline{k}|i}}{s_{\overline{k}|i}} = 1-v^k$	v^k	0
总和	$\dfrac{n}{k}$	$\dfrac{n}{k} - \dfrac{a_{\overline{n}|i}}{s_{\overline{k}|i}}$	$\dfrac{a_{\overline{n}|i}}{s_{\overline{k}|i}}$	

表 4-6 贷款 $a_{\overline{n}|i}^{(m)}$ 的摊还表

时刻 t	还款量	付息量 I_t	还本金量 P_t	未结贷款余额 B_t
0	0	0	0	$a_{\overline{n}|i}^{(m)}$
$\dfrac{1}{m}$	$\dfrac{1}{m}$	$\dfrac{i^{(m)}}{m}a_{\overline{n}|i}^{(m)} = \dfrac{1-v^n}{m}$	$\dfrac{v^n}{m}$	$a_{\overline{n}|i}^{(m)} - \dfrac{v^n}{m} = a_{\overline{n-1/m}|i}^{(m)}$
$\dfrac{2}{m}$	$\dfrac{1}{m}$	$\dfrac{i^{(m)}}{m}a_{\overline{n-1/m}|i}^{(m)} = \dfrac{1-v^{n-1/m}}{m}$	$\dfrac{v^{n-1/m}}{m}$	$a_{\overline{n-1/m}|i}^{(m)} - \dfrac{v^{n-1/m}}{m} = a_{\overline{n-2/m}|i}^{(m)}$
...	...	...	...	...
$\dfrac{t}{m}$	$\dfrac{1}{m}$	$\dfrac{i^{(m)}}{m}a_{\overline{n-(t-1)/m}|i}^{(m)} = \dfrac{1-v^{n-(t-1)/m}}{m}$	$\dfrac{v^{n-(t-1)/m}}{m}$	$a_{\overline{n-(t-1)/m}|i}^{(m)} - \dfrac{v^{n-(t-1)/m}}{m} = a_{\overline{n-t/m}|i}^{(m)}$
...	...	...	...	...
$n-\dfrac{1}{m}$	$\dfrac{1}{m}$	$\dfrac{i^{(m)}}{m}a_{\overline{2/m}|i}^{(m)} = \dfrac{1-v^{2/m}}{m}$	$\dfrac{v^{2/m}}{m}$	$a_{\overline{2/m}|i}^{(m)} - \dfrac{v^{2/m}}{m} = a_{\overline{1/m}|i}^{(m)}$
n	$\dfrac{1}{m}$	$\dfrac{i^{(m)}}{m}a_{\overline{1/m}|i}^{(m)} = \dfrac{1-v^{1/m}}{m}$	$\dfrac{v^{1/m}}{m}$	0
总和	n	$n - a_{\overline{n}|i}^{(m)}$	$a_{\overline{n}|i}^{(m)}$	

注：当表中的 $n-\dfrac{t}{m}$ 不是整数时，$a_{\overline{n-t/m}|i}^{(m)}$ 的计算方法与公式(2.2.8)相同.

§4.4 其他偿还方式分析

例 4.9 某债务是按月摊还的,年利率为 11%. 如果第 3 次还款中本金量为 1000 元,计算第 33 次还款中本金部分的金额 P_{33}.

解 这相当于令表 4-6 中的 $m=12$,而摊还表中每次的实利率对应的累积因子为 $(1+i)^{1/m}$(其中 i 为年实利率),对应本例则为 $(1+0.11)^{1/12}$,因此有

$$P_3 = R[(1+0.11)^{-1/12}]^{n-3+1},$$

$$P_{33} = R[(1+0.11)^{-1/12}]^{n-33+1},$$

其中 R 为每次的还款额. 于是

$$P_{33} = P_3[(1+0.11)^{-1/12}]^{-30} = P_3(1+0.11)^{2.5}$$
$$= 1298.10 \text{ 元}.$$

其次考虑偿债基金表的计算. 与摊还表方法不同,这时有三个时间周期:(1) 贷款利息换算周期;(2) 偿债基金存款周期;(3) 偿债基金的利息换算周期. 因为偿债基金表应该以表现偿债基金的累积过程为主要目的,所以,这种情况下的偿债基金表是以偿债基金的利息换算周期表示的,即偿债基金表中应该列出偿债基金每次利息换算时的还款金额、应付利息、偿债基金存款额、偿债基金余额和未结贷款余额.

例 4.10 某人借款 2000 元,年利率为 10%,两年内还清. 借款人以偿债基金方式还款:每半年向偿债基金存款一次,而且存款利率为季换算名利率 8%. 试构造此时的偿债基金表.

解 这里的贷款利率换算周期为一年,偿债基金的存款周期为半年,偿债基金利率换算周期为一个季度. 所以,按照季度来构造偿债基金表. 设偿债基金的存款额为 S,则 S 应该满足

$$S \frac{s_{\overline{8}|0.02}}{s_{\overline{2}|0.02}} = 2000 \text{ 元}.$$

于是

$$S = 2000 \frac{s_{\overline{2}|0.02}}{s_{\overline{8}|0.02}} \text{ 元} = \frac{2000 \times 2.02}{8.5830} \text{ 元} = 470.70 \text{ 元},$$

进而有如表 4-7 所示的偿债基金表.

表 4-7 贷款 2000 元的偿债基金表

时刻/年	应付利息/元	偿债基金存款额/元	偿债基金利息/元	偿债基金余额/元	未结贷款余额/元
0	0.00	0.00	0.00	0.00	2000.00
$\frac{1}{4}$	0.00	0.00	0.00	0.00	2000.00
$\frac{1}{2}$	0.00	470.70	0.00	470.70	1529.30
$\frac{3}{4}$	0.00	0.00	9.41	480.11	1519.89
1	200.00	470.70	9.60	960.41	1039.59
$1\frac{1}{4}$	0.00	0.00	19.21	979.62	1020.38
$1\frac{1}{2}$	0.00	470.70	19.59	1469.91	530.09
$1\frac{3}{4}$	0.00	0.00	29.40	1499.31	500.69
2	200.00	470.70	29.99	2000.00	0.00

4.4.2 金额变化的摊还表和偿债基金表

有时,还款额不是固定不变的,会随着时间的推移而变化. 这种情况下的摊还表和偿债基金表仍然可以做,只是相对复杂一些. 为了简化问题,这里我们假定利息换算周期和还款周期相同. 设原始贷款额为 L,n 次还款金额分别为 $R_1,R_2,\cdots,R_n$,则有

$$L = \sum_{t=1}^{n} R_t v^t. \tag{4.4.1}$$

这时的摊还表和偿债基金表很难有一致的表达式,但是根本的原理不变:摊还表中的利息为前一时刻未结贷款余额的应计利息;偿债基金表中的利息为原始贷款的利息;两种表中偿还的本金量均为还贷金额扣除利息部分后的剩余部分.

1. 摊还表的计算

根据摊还法的原理有

$$B_0 = L,$$

§4.4 其他偿还方式分析

$$\left.\begin{array}{ll} I_t = iB_{t-1}, & t=1,2,\cdots,n \\ P_t = R_t - I_t, & t=1,2,\cdots,n \\ B_t = B_{t-1} - P_t, & t=1,2,\cdots,n \end{array}\right\} \quad (4.4.2)$$

注 (1) 公式(4.4.2)的表述是依据计算顺序表达的,也就是说,在已知(确定)L,n 和 $R_1,R_2,\cdots,R_n$ 的情况下,从第 1 次计算利息 I_1 开始逐步递推计算,计算的顺序是:$B_{t-1} \to I_t \to P_t \to B_t$.

(2) 公式(4.4.2)的计算结果可能会出现负数,它表示:还款额 R_t 不足以摊还这段时间的利息部分,需要从贷款余额中再提取一部分资金 $-P_t$ 用于还利息. 也就是说,未偿还的利息部分会累积到贷款余额中.

例 4.11 甲方向乙方借款 10000 元,分 10 次还清,每次的还款金额以 20% 的比例递增. 设年利率为 10%. 计算摊还表中前 3 年还款的本金部分之和.

解 题目所述的还款为比例递增年金方式,如果用 R_1 表示首次的还款金额,根据公式(2.3.12)有

$$10000 \text{ 元} = R_1 \frac{1 - \left(\frac{1+0.2}{1+0.1}\right)^{10}}{0.1 - 0.2},$$

即 $R_1 = 10000/13.87182 \text{ 元} = 720.89 \text{ 元},$
进而有前 3 年的摊还计算:

在第 1 年底,有
$I_1 = iB_0 = 1000.00 \text{ 元}, \quad P_1 = R_1 - I_1 = -279.11 \text{ 元},$
$B_1 = B_0 - P_1 = 10279.11 \text{ 元};$

在第 2 年底,有
$I_2 = iB_1 = 1027.91 \text{ 元}, \quad R_2 = 1.2 \times R_1 = 865.07 \text{ 元},$
$P_2 = 865.07 \text{ 元} - 1027.91 \text{ 元} = -162.84 \text{ 元},$
$B_2 = 10441.95 \text{ 元};$

在第 3 年底,有
$I_3 = iB_2 = 1044.20 \text{ 元}, \quad R_3 = 1.2 \times R_2 = 1038.08 \text{ 元},$
$P_3 = -6.12 \text{ 元}, \quad B_3 = 10448.07 \text{ 元}.$

因此前 3 年还款的本金部分之和为

$$P_1 + P_2 + P_3 = -448.07 \text{ 元}.$$

这表明,经过前 3 年的偿还,贷款本金不仅没有降低,反而增加了 448.7 元.

2. 偿债基金表的计算

设偿债基金的利率为 j,而偿债基金每次的存款额为 $R_t - iL$,则由偿债基金的定义有

$$L = (R_1 - iL)(1+j)^{n-1} + (R_2 - iL)(1+j)^{n-2}$$
$$+ \cdots + (R_n - iL)$$
$$= \sum_{t=1}^{n} R_t (1+j)^{n-t} - iL\, s_{\overline{n}|j}.$$

于是

$$L = \frac{\sum_{t=1}^{n} R_t (1+j)^{n-t}}{1 + i s_{\overline{n}|j}} = \frac{\sum_{t=1}^{n} R_t v^t}{1 + (i-j) a_{\overline{n}|j}}, \quad v = \frac{1}{1+j}. \tag{4.4.3}$$

如果 $R_t = 1$,上式退化为公式(4.2.4);如果 $i=j$,上式退化为公式(4.4.1).

同样地,$R_t - iL$ 也可能为负值,它表示:还款不足以向偿债基金存款,反而要从未结贷款余额中提取一部分资金 $iL - R_t$ 用于支付本次的利息. 因此,在这种情况下,未结贷款余额的金额在增加,或者说还款额 R_t 不足以向偿债基金存款,反而需要将未还清的利息 $R_t - iL$ 追加到未结贷款余额中. 但可以证明:等额偿还贷款时,无论是按摊还表还是偿债基金表都不会出现本金部分为负值的情况.

例 4.12 某人以年利率 5% 借款,分 10 年还清:第 1 年还 200 元,随后每次减少 10 元. 计算:

(1) 借款总额; (2) 第 5 次还款中本金与利息的金额;

(3) 如果贷款利率为 6%,且借款人能够以年利率 5% 累积偿债基金,计算当初的借款总额.

解 (1) 这个 10 年逐年递减 10 元的还款可以分解为 100 元固定年金和 10 元的标准递减年金之和,所以借款总额为

$$L_1 = (100\, a_{\overline{10}|0.05} + 10\, (Da)_{\overline{10}|0.05}) \text{ 元}$$

$$= 100 \times 7.7217 \, 元 + 10(10 - a_{\overline{10}|0.05})/0.05 \, 元$$
$$= 1227.83 \, 元.$$

(2) 第 4 次还款后的未结余额为
$$B_4^p = 100 \, a_{\overline{6}|0.05} \, 元 + 10 \, (Da)_{\overline{6}|0.05} \, 元,$$

所以，第 5 次还款中的利息和本金分别为
$$I_5 = iB_4^p = 100(1 - v^6) \, 元 + 10(6 - a_{\overline{6}|0.05}) \, 元 = 34.62 \, 元,$$
$$P_5 = R_5 - I_5 = 160.00 \, 元 - 34.62 \, 元 = 125.38 \, 元.$$

(3) 由公式(4.4.3)得所求借款总额为
$$L_2 = \frac{L_1}{1 + (0.06 - 0.05) a_{\overline{10}|0.05}} = 1139.82 \, 元.$$

显然，(3) 的结果与 (1) 的相比对借款人不利. 这是因为，(3) 中借款利率提高了，而且偿债基金不能抵消这部分提高的利率. 实际上，在 (3) 中，只有将贷款利率 i 和偿债基金利率 j 都调到 5% 才能与 (1) 的结果相同.

4.4.3 连续摊还计算

如果将表 4-6 中的 m 充分加大，即还款变成连续方式，对应地，也可以考虑连续摊还计算. 这种讨论大多是从理论方面考虑的.

1. 标准的情形

设连续还款额的瞬间还款率为 1，连续利息力为 δ，则任意 t 时刻对应的未结贷款余额为
$$B_t = \bar{a}_{\overline{n-t}|} \quad (0 \leqslant t \leqslant n) \tag{4.4.4}$$
或
$$B_t = e^{\delta t} \bar{a}_{\overline{n}|} - \bar{s}_{\overline{t}|} \quad (0 \leqslant t \leqslant n). \tag{4.4.5}$$

如果分别用 P_t 和 I_t 表示 t ($0 \leqslant t \leqslant n$) 时刻的所还本金和所还利息的瞬间偿还率，则有
$$I_t = \delta B_t \quad (0 \leqslant t \leqslant n), \tag{4.4.6}$$
$$P_t = 1 - \delta B_t \quad (0 \leqslant t \leqslant n). \tag{4.4.7}$$

又由公式 (4.4.4) 和 (4.4.7) 可以证明：
$$\frac{dB_t}{dt} = \delta B_t - 1 = -P_t \quad (0 \leqslant t \leqslant n), \tag{4.4.8}$$

即未结贷款余额的瞬间减少量等于瞬间的本金支付量.另外,由公式(4.4.7)有

$$\frac{dP_t}{dt} = -\delta \frac{dB_t}{dt} \quad (0 \leqslant t \leqslant n),$$

所以,由公式(4.4.8)有

$$\frac{dP_t}{dt} = \delta P_t \quad (0 \leqslant t \leqslant n),$$

即

$$P_t = c e^{\delta t} \quad (0 \leqslant t \leqslant n). \tag{4.4.9}$$

再利用 $\int_0^n P_t dt = \bar{a}_{\overline{n}|}$ 可以得到 $c = e^{-\delta n}$,即

$$P_t = e^{-\delta(n-t)} \quad (0 \leqslant t \leqslant n). \tag{4.4.10}$$

2. 一般的情形

若 t 时刻的还款函数用 $R_t (0 \leqslant t \leqslant n)$ 表示,则有

$$L = B_0 = \int_0^n v^t R_t dt = \int_0^n e^{-\delta t} R_t dt, \tag{4.4.11}$$

$$B_t^p = \int_t^n v^{s-t} R_s ds = \int_t^n e^{-\delta(s-t)} R_s ds \quad (0 \leqslant t \leqslant n), \tag{4.4.12}$$

$$B_t^r = B_0 e^{\delta t} - \int_0^t e^{\delta(t-s)} R_s ds \quad (0 \leqslant t \leqslant n). \tag{4.4.13}$$

这时,I_t 的计算仍然用公式(4.4.6),而 P_t 的计算公式为

$$P_t = R_t - \delta B_t \quad (0 \leqslant t \leqslant n). \tag{4.4.14}$$

实际上,由公式(4.4.12)可以证明

$$\frac{dB_t}{dt} = \delta B_t - R_t = -P_t \quad (0 \leqslant t \leqslant n). \tag{4.4.15}$$

例 4.13 设 δ 与 δ' 是两个常数利息力,对应的标准连续年金现值分别记为 $\bar{a}_{\overline{n}|}$ 和 $\bar{a}'_{\overline{n}|}$. 证明:

$$\int_0^n \exp(-\delta t) \bar{a}'_{\overline{n-t}|} dt = \int_0^n \exp(-\delta' t) \bar{a}_{\overline{n-t}|} dt. \tag{4.4.16}$$

证明 利用 $\bar{a}_{\overline{n-t}|}$ 的表达式,很快得到式(4.4.16)两边都可以表示为以下二重积分:

$$\int_0^n \int_0^{n-t} \exp(-\delta t - \delta' r) dr dt.$$

§4.5 实 例 分 析

4.5.1 贷款利率依余额变化的还款额计算

在实际的按揭贷款中,可能会遇到以下的一种方式:将贷款余额按照金额的大小进行划分,然后对不同的部分采用不同的贷款利率.例如:某银行可能对贷款余额的前 10000 元按照月利率 0.6% 计算利息,对于超过 10000 元的部分按照月利率 0.55% 计算利息. 一般称这种计息方式为**本金阶梯计息方式**. 在本金阶梯计息方式下,每一期偿还金额的计算是一个比较复杂的问题,本小节将对此给出一些基本的计算,且只考虑两种利率的情形.

设贷款额为 L,每次的等额还款为 R. 按照事先给定的一个限额 $L'(0<L'<L)$,规定未结贷款余额小于 L' 的部分利率为 i,未结贷款余额超过 L' 的部分利率为 j,一般有 $i>j$. 下面讨论如何计算 R.

我们知道,一般情况下未结贷款余额是随着时间的推移而逐渐减少的(从 L 减为 0),所以,这里的关键是要找到未结贷款余额刚好小于或等于 L' 的转折时刻 m,即关键是要找到满足条件

$$B_m \leqslant L' \tag{4.5.1}$$

的最早时刻 m. 实际上,在这种情形下,B_t 的递推公式为

$$B_t = \begin{cases} B_{t-1} - [R - iL' - j(B_{t-1} - L')], & B_{t-1} > L', \\ B_{t-1} - (R - iB_{t-1}), & B_{t-1} \leqslant L'. \end{cases} \tag{4.5.2}$$

在 m 时刻,用预期法(m 时刻之后的利率为 i)有

$$B_m = R a_{\overline{n-m}|i}, \tag{4.5.3}$$

用追溯法(m 时刻之前,小于 L' 部分利率为 i,超过 L' 的部分利率为 j)和式(4.5.2)有

$$B_m = (L-L')(1+j)^m + L' + iL' s_{\overline{m}|j} - R s_{\overline{m}|j}, \tag{4.5.4}$$

进而有

$$R = \frac{(L-L')(1+j)^m + L' + iL' s_{\overline{m}|j}}{a_{\overline{n-m}|i} + s_{\overline{m}|j}}. \tag{4.5.5}$$

式(4.5.5)需要转折时刻 m 已知. 下面讨论转折时刻 m 的确定.

由式(4.5.1),(4.5.3)和(4.5.5)有

$$\frac{(L-L')(1+j)^m + L' + iL's_{\overline{m}|j}}{a_{\overline{n-m}|i} + s_{\overline{m}|j}} a_{\overline{n-m}|i} \leqslant L',$$

两边适当调整后,有

$$(L-L')(1+j)^m a_{\overline{n-m}|i} + iL's_{\overline{m}|j} a_{\overline{n-m}|i} \leqslant L' s_{\overline{m}|j},$$

进而有

$$\frac{L-L'}{L'} \leqslant \frac{a_{\overline{m}|j}}{s_{\overline{n-m}|i}}. \tag{4.5.6}$$

可见,转折时刻 m 的近似计算可以利用不等式(4.5.6)得到。

例 4.14 现有 3000 元贷款,计划在一年内逐月还清,已知当余额低于 1000 元时,月利率为 1.5%;当余额超过 1000 元时,超过部分的月利率为 1%. 计算月还款额。

解 已知 $L=3000$ 元, $L'=1000$ 元, $n=12$, $i=0.015$, $j=0.01$,则转折时刻 m 满足不等式

$$2 \leqslant \frac{a_{\overline{m}|0.01}}{s_{\overline{12-m}|0.015}}.$$

经计算求得满足上面不等式的最小整数为 9,进而有月还款额 $R=270.98545$ 元,最终完整的摊还表如表 4-8(近似到小数点后两位)。

表 4-8 贷款 3000 元的摊还表

时刻/月	还款额/元	还利息量/元	还本金量/元	未结贷款余额/元
0	0.00	0.00	0.00	3000.00
1	270.99	35.00	235.99	2764.01
2	270.99	32.64	238.35	2525.67
3	270.99	30.26	240.73	2284.94
4	270.99	27.85	243.14	2041.80
5	270.99	25.42	245.57	1796.24
6	270.99	22.96	248.02	1548.21
7	270.99	20.48	250.50	1297.71
8	270.99	17.98	253.01	1044.70
9	270.99	15.45	255.54	789.16
10	270.99	11.84	259.15	530.02
11	270.99	7.95	263.04	266.98
12	270.99	4.00	266.98	0.00

4.5.2 确定本金偿还方式的摊还计算

对一般的贷款额 L 和还款现金流 $R_1,\cdots,R_n$,如果本金的偿还方式给定为 $P_1,\cdots,P_n$,而 $I_1,\cdots,I_n$ 表示各时刻的应计利息,那么可以证明:对任意的利率 j,则有

$$L=\sum_{k=1}^{n}(P_k+I_k)v_j^k,\quad v_j=(1+j)^{-1}.$$

若

$$B_0=L,\quad I_k=jB_{k-1},\quad B_k=B_{k-1}-P_k,$$

这意味着,对任意的本金偿还流,也可以进行摊还计算,构造摊还表.

例 4.15 设贷款额为 L,利率为 i,还款现金流为 $R_1,R_2,\cdots,R_n$,利息部分的税率为 r.因此,实际的还款现金流为 $(R_1-rI_1),\cdots,(R_n-rI_n)$.证明:在这种情况下,实际的贷款利率为 $i(1-r)$.

证法 1 直观上看,若用 $P_1,P_2,\cdots,P_n$ 表示税前摊还法的本金流,因本金偿还部分是无须赋税的,故实际的还款现金流可表示为

$$R_k-rI_k=P_k+I_k-rI_k=P_k+(1-r)I_k\quad(k=1,2,\cdots,n).$$

由于 P_k 不变,所以 B_k 也是不变的.而利息部分变为 $(1-r)I_k$,记为 $\tilde{I}_k$,由定义有

$$\tilde{I}_k=\tilde{i}B_{k-1},\quad 即\quad (1-r)I_k=\tilde{i}B_{k-1},$$

其中 $\tilde{i}$ 为实际的贷款利率,而另有 $I_k=iB_{k-1}$,所以有

$$\tilde{i}=(1-r)i.$$

证法 2 可以通过数学推导直接证明下面的等式:

$$L=\sum_{k=1}^{n}(R_k-rI_k)\tilde{v}^k,\quad \tilde{v}=[1+i(1-r)]^{-1}.$$

这里 $\tilde{v}$ 为实际的贴现因子,所以实际的贷款利率为 $i(1-r)$.

4.5.3 其他实例

例 4.16 已知甲、乙双方的借款协议如下:最初甲向乙借款 L,利率为 12%;然后甲以金额 100 元,100 元,1000 元和 1000 元分 4 年偿还,且乙同意甲每年只还利息,到期还本金.若甲以年利率 8% 累积偿债基金,计算 L 的可能值.

解 由偿债基金的定义,偿债基金的 4 次存款金额分别为 100 元 $-0.12L$, 100 元 $-0.12L$, 1000 元 $-0.12L$ 和 1000 元 $-0.12L$, 则有

$$(100 \text{ 元} - 0.12L)s_{\overline{4}|0.08} + 900 s_{\overline{2}|0.08} \text{ 元} = L,$$

即

$$L = \frac{100 s_{\overline{4}|0.08} + 900 s_{\overline{2}|0.08}}{1 + 0.12 s_{\overline{4}|0.08}} \text{ 元} = 1507.47 \text{ 元}.$$

但是,上面的算法显然有问题,直观地看,前两年的还款金额不足以偿还当年的利息(因 $L > 100/0.12$ 元 $= 833.33$ 元).也就是说,前两年不可能向偿债基金存钱,反而要从原贷款 L 中提取一部分(除了 100 元外)来付利息.若用 $\overline{L}$ 表示真正的原始贷款余额,则有

$$B_2^r = \overline{L}(1.12)^2 - 100 s_{\overline{2}|0.12} \text{ 元} = 1.2544\overline{L} - 212 \text{ 元}.$$

而实际上 B_2^r 才代表甲方在此时的贷款余额,也正是从这个时刻开始甲方才真正向偿债基金存款.所以,后两年的偿债基金应该是为最终一次还清 B_2^r 而建立的,即

$$B_2^r = (1000 \text{ 元} - 0.12 B_2^r) s_{\overline{2}|0.08},$$

于是

$$B_2^r = 1000 \frac{s_{\overline{2}|0.08}}{1 + 0.12 s_{\overline{2}|0.08}} \text{ 元} = 1664.53 \text{ 元},$$

进而有 $\overline{L} = (B_2^r + 212 \text{ 元})/1.2544 = 1495.96 \text{ 元} < L.$

也就是说,按照双方商定的方式还贷款,甲最多可以从乙方借款 1495.96 元.

例 4.17 9 年前某家庭从银行得到为期 20 年的 80000 元抵押贷款,年利率为 8%,逐年还贷.第 9 次还款时,他们希望一次多付出 5000 元,然后将余额在今后 9 年内等额还清.试对以下两种情况计算后 9 年的年还款额:

(1) 银行同意过去 9 年的利率不变,但是后 9 年的利率将提高为 9%;

(2) 银行坚持将该抵押贷款的利率提高到 9%.

解 设 R 表示所求的年还款额.

(1) 当前时刻的价值方程为

$$\left[80000(1+0.08)^9 - \frac{80000}{a_{\overline{20}|0.08}} s_{\overline{9}|0.08} - 5000\right] \text{元} = R a_{\overline{9}|0.09},$$

于是

$$R = \frac{80000(1+0.08)^9 - \dfrac{80000}{a_{\overline{20}|0.08}} s_{\overline{9}|0.08} - 5000}{a_{\overline{9}|0.09}} \text{元}$$

$$= 5000 \frac{16 \dfrac{a_{\overline{11}|0.08}}{a_{\overline{20}|0.08}} - 1}{a_{\overline{9}|0.09}} \text{元} = 5000 \times \frac{16 \times \dfrac{7.139}{9.8181} - 1}{5.9952} \text{元}$$

$$= 8868.78 \text{元}.$$

(2) 当前时刻的价值方程为

$$\left[80000(1+0.09)^9 - \frac{80000}{a_{\overline{20}|0.08}} s_{\overline{9}|0.09} - 5000\right] \text{元} = R a_{\overline{9}|0.09},$$

于是

$$R = \frac{80000(1+0.09)^9 - \dfrac{80000}{a_{\overline{20}|0.08}} s_{\overline{9}|0.09} - 5000}{a_{\overline{9}|0.09}} \text{元}$$

$$= 5000 \times \frac{16(1+0.09)^9 - 16 \dfrac{s_{\overline{9}|0.09}}{a_{\overline{20}|0.08}} - 1}{a_{\overline{9}|0.09}} \text{元}$$

$$= 5000 \times \frac{16 \times 2.17189 - 16 \times \dfrac{13.0210}{9.8181} - 1}{5.9952} \text{元}$$

$$= 10450.57 \text{元}.$$

例 4.18 甲方从乙方借款 20000 元,年利率为 3%,20 年还清,每次还款由还本金和还利息两部分组成,其中还本金部分金额固定为 1000 元,还利息部分为原贷款额尚未偿还部分的当年利息. 第 10 年底,乙将后 10 年的贷款权益转卖给丙,双方商定前 5 年的利率为 5%,后 5 年的利率为 4%. 计算乙、丙双方的买卖价格.

解 由题目已知

$$P_t = 1000 \text{元} \quad (t = 1, 2, \cdots, 20),$$
$$B_t = (20000 - 1000t) \text{元} \quad (t = 0, 1, \cdots, 20),$$
$$I_t = [600 - 30(t-1)] \text{元} \quad (t = 1, 2, \cdots, 20),$$
$$R_t = [1600 - 30(t-1)] \text{元} \quad (t = 1, 2, \cdots, 20),$$

余额/元	20000	19000	⋯	10000	90000	⋯	5000	⋯	1000	0
	0	1	⋯	10	11	⋯	15	⋯	19	20
本金/元		1000	⋯	1000	1000	⋯	1000	⋯	1000	1000
利息/元		600	⋯	330	300	⋯	180	⋯	60	30
还款/元		1600	⋯	1330	1300	⋯	1180	⋯	1060	1030

图 4-1

于是有如图 4-1 的时间流程图. 这意味着,首次还款 1600 元,然后每次减少 30 元,那么,在第 10 年底所有未偿还部分的余额为

$$1000[a_{\overline{5}|0.05} + (1+0.05)^{-5} a_{\overline{5}|0.04}] \, 元$$
$$+ [150 a_{\overline{5}|0.05} + 30 (Da)_{\overline{5}|0.05}] \, 元$$
$$+ 30(1+0.05)^{-5} (Da)_{\overline{5}|0.04} \, 元 = 9191.00 \, 元,$$

即乙、丙双方的买卖价格应为 9191 元.

练 习 题

§4.1 摊 还 法

1. 现有 1000 元贷款,计划在 5 年内按季度偿还. 若季换算名利率为 6%,计算第 2 年底的未结贷款余额.

2. 设有 10000 元贷款,每年底还款 2000 元,年利率为 12%. 计算借款人的还款总额等于原贷款额时的未结贷款余额.

3. 某贷款在每季度末偿还 1500 元,季换算名利率为 10%. 如果已知第 1 年底的未结贷款余额为 12000 元,计算最初的贷款额.

4. 某贷款将在 15 年内分期偿还:前 5 年每年底还 4000 元,第 2 个 5 年每年底还 3000 元,最后 5 年每年底还 2000 元. 计算第 2 次 3000 元还款后的未结贷款余额的表达式.

5. 某贷款将以半年一次的年金方式在三年半内偿还,半年换算名利率为 8%. 如果已知第 4 次还款后的未结贷款余额为 5000 元,计算原始贷款额.

6. 现有 20000 元贷款将在 12 年内每年底分期偿还. 若 $(1+i)^4 = 2$,计算第 4 次还款后的未结贷款余额.

7. 设有 20000 元抵押贷款,原计划在 20 年内每年分期偿还,但在第 5 次还款后,因资金短缺,随后的两年内未进行正常还贷.若借款人从第 8 年底重新开始还贷,并在 20 年内还清,计算调整后的每次还款额.

8. 某贷款 L 原计划在 25 年内分年度等额还清,但实际上从第 6 次到第 10 次的还款中每次多付金额 K,结果提前 5 年还清贷款. 试证明:$K=\dfrac{a_{\overline{20}|}-a_{\overline{15}|}}{a_{\overline{25}|}a_{\overline{5}|}}L$.

9. 设 B_t 表示 t 时刻的未结贷款余额. 证明:

(1) $(B_t-B_{t+1})(B_{t+2}-B_{t+3})=(B_{t+1}-B_{t+2})^2$;

(2) $B_t+B_{t+3}<B_{t+1}+B_{t+2}$.

10. 某贷款按季度分期偿还,每次还 1000 元,还期为 5 年,季换算名利率为 12%.计算第 6 次还款中的本金量.

11. 设有 n 年期贷款,每年还款 1 元.试导出支付利息的总现值之和.

12. 设 10000 元贷款 20 年还清,且年利率为 10%.证明:第 11 次还款中的利息为 $\dfrac{1000}{1+v^{10}}$ 元.

13. 设有 20 次分期还贷,年利率为 9%.问:第几次还款中的本金量与利息量差额最小?

14. 现有 5 年期贷款,分季度偿还.已知第 3 次还款中的本金为 100 元,季换算名利率为 10%.计算最后 5 次还款中的本金量之和.

15. 现准备用 20 年时间分期偿还一笔贷款,且已知前 10 年的年利率为 i,后 10 年的年利率为 j.计算:

(1) 第 5 次偿还中的利息量;

(2) 第 15 次偿还中的本金量.

16. 原始本金为 A 的抵押贷款计划在尽可能长的时间内每年偿还 K,且最后一次将不足部分一次还清.

(1) 计算第 t 次偿还的本金量;

(2) 摊还表中的本金部分是否为等比数列?

17. 现有 20 年的抵押贷款,分年度偿还,每次 1 元.如果在第 7

次正常还款的同时,额外偿还原摊还表中第 8 次的本金,而且今后的还款按以下方式进行:每次的还款金额不变,直至还清全部贷款. 证明:还贷期间节约的利息为 $1-v^{13}$.

18. 总量为 L 的贷款分 10 年偿还,且已知 $v^5=2/3$.

(1) 计算前 5 次偿还中的本金之和;

(2) 设最后 5 次还款因故取消,计算第 10 年底的未结贷款余额.

19. 现有 35 年贷款,按年度偿还. 已知第 8 次还款中的利息量为 135 元,第 22 次还款中的利息量为 108 元. 计算第 29 次还款中的利息量.

20. 某贷款分 n 次等额偿还,实利率为 i,且已知第 k 次还款前的未结贷款余额首次低于原始贷款额的一半. 计算 k.

21. 设有年利率为 2.5% 的 15000 元贷款,每年偿还 1000 元. 计算本金部分最接近利息部分 4 倍的还款时间.

22. 某贷款在每年的 2 月 1 日等额还贷. 已知 1989 年 2 月 1 日的还款中利息量为 103.00 元,1990 年 2 月 1 日的还款中利息量为 98.00 元,年利率为 8%. 计算:

(1) 1990 年还款中的本金部分;

(2) 按照可行的方法计算最后一次不足额还款的日期和金额.

23. 某贷款通过 $2n$ 次偿还,在第 n 次偿还后,借款人发现其贷款余额为原始贷款额的 3/4. 计算下一次还款中利息部分的比例.

24. 某银行提供月利率为 1% 的 15 年抵押贷款,且若借款人提前将贷款余额一次付清,则只需对当时余额多付出 K%. 如果某人在第 5 年底找到另一家银行提供月利率为 0.75% 的 10 年贷款,对这个借款人来说 K 的最大可接受值为多少?

§4.2 偿债基金法

25. 现有 10000 元贷款,利率为 10%. 已知借款人以利率 8% 累积偿债基金,第 10 年底的偿债基金余额为 5000 元,第 11 年的还款金额为 1500 元. 计算:

(1) 1500 元中的利息量;

(2) 1500 元中的偿债基金存款;

(3) 1500 元中偿还当年利息的部分;

(4) 1500 元中的本金量;

(5) 第 11 年底的偿债基金余额.

26. 证明: $s_{\overline{n}|i\&j} = \dfrac{s_{\overline{n}|j}}{1+is_{\overline{n}|j}}$.

27. 现有利率为 9% 的 10000 元贷款,每年底还利息,同时允许借款人每年初以利率为 7% 向偿债基金存款为 K. 如果在第 10 年底偿债基金的余额恰足以偿还贷款,计算 K.

28. 现有 10 年期贷款,年利率为 5%,每年底还贷 1000 元. 若贷款的一半按摊还方式进行,另一半按额外提供 4% 年利率的偿债基金方式还贷,计算贷款额.

29. 为期 10 年的 12000 元贷款,每半年还款 1000 元,且已知前 5 年以 $i^{(2)}=12\%$ 计息,后 5 年以 $i^{(2)}=10\%$ 计息,每次还款除利息外存入利率为 $i^{(2)}=8\%$ 的偿债基金. 计算第 10 年底偿债基金与贷款之间的差额.

30. 为期 10 年的 3000 元贷款,以 $i^{(2)}=8\%$ 计息. 若借款人将贷款的 1/3 通过存入利率为 $i^{(2)}=5\%$ 的偿债基金偿还,剩余的 2/3 通过存入利率为 $i^{(2)}=7\%$ 的偿债基金偿还,计算每年的还款总额.

31. 为期 31 年的 400000 元贷款,每年底还款 36000 元. 若以年利率 3% 建立偿债基金,计算原贷款利率.

32. 某 20 年期末年金,按照前 10 年利率 8% 后 10 年利率 7% 计算的现值为 10000 元. 某投资者以年利率 9% 买得该年金,并允许以累积偿债基金的方式收回这笔资金. 若偿债基金前 10 年的利率为 6%,后 10 年的利率为 5%,计算偿债基金的存款额.

33. 某 n 年期利率为 i 的贷款,以利率 j 建立偿债基金. 试给出以下各问 ($1 \leqslant t \leqslant n$) 的表达式:

(1) 贷方每年得到的利息;   (2) 偿债基金每年的存款额;

(3) 第 t 年由偿债基金所得的利息;

(4) 偿债基金在第 t 年底的余额;

(5) 第 t 年底的未结贷款余额;

(6) 第 t 年支付的净利息;   (7) 第 t 年支付的本金量.

34. 为期 10 年的 100000 元贷款,贷款年利率为 12%,同时以年利率 8% 建立偿债基金. 已知前 5 年还款为 K,后 5 年还款为 $2K$. 计算 K.

35. 某 10000 元贷款以利率 $i^{(12)} = 15\%$ 按月偿还利息,同时以利率 $i^{(12)} = 9\%$ 每月存款 100 元累积偿债基金. 若一旦偿债基金的余额达到 10000 元,则结束还贷,计算借款人总的还款额.

36. 为期 25 年的 100000 元贷款,贷款年利率为 12%. 如果贷款人从每年的还款中以年利率 i 提取利息,同时将剩余部分以年利率 j 累积偿债基金,分别对 $j = 8\%$, 12% 和 16% 三种情况计算 i.

§4.3 偿债基金法与摊还法的比较

37. 现有 10 年期贷款,按月偿还,其中月换算名利率 $i^{(12)} = 12\%$,首次为 600 元,然后每次增加 5 元.

(1) 计算原始贷款金额;

(2) 证明: $P_t = P_1(1+0.01)^{t-1} + 5 s_{\overline{t-1}|0.01}$.

38. 某账户现有 1000 元存款,每月实利率为 1%,且月月换算. 如果每次恰好在利息换算的下一个瞬间取出 100 元,问: 最多可以提取几次? 同时给出该账户每月余额和利息的列表.

39. 已知某贷款每半年偿还金额为 K,且 3 次连续还贷后的贷款余额为 5190.72 元,5084.68 元和 4973.66 元. 计算 K 的值.

40. 利率为 i 的贷款 L,每次偿还 K,直至最后的不足额(不足金额 K)还款. 证明: $B_t = \dfrac{K}{i} - \left(\dfrac{K}{i} - L\right)(1+i)^t$.

41. 现有 1000000 元遗产,年投资收益为 5%. 已知该遗产由 A,B 和 C 三人继承:A 每年从本金中得到 125000 元,累计 5 年;B 每年从本金中得到 75000 元,累计 5 年;C 每年得到利息. 计算三人的遗产继承份额.

42. 某人以 10 年期年金方式存款,每季度存款 500 元,年利率为 8%. 计算 10 年间该人所有的利息收入.

43. 现有 5 年期 10000 元贷款,半年换算名利率为 12%. 若在偿还利息之后,借款人每年底以年利率 8% 的存款方式累积贷款本金,计算 5 年内的还贷总额.

44. 某贷款以每年底还 3000 元偿还,季换算名利率为 10%. 若第 3 次还款中的利息量为 2000 元,计算第 6 次还款中的本金量.

45. 现有 10 年期 5000 元贷款,季换算名利率为 10%. 借款人计划在第 10 年底一次性偿还所有累计利息和本金,为此,以半年换算名利率 7% 方式累积偿债基金. 计算偿债基金的每次存款额.

46. 某 3000 元贷款按季度分 20 次摊还,第 11 和 12 次因故取消,经协商,摊还从第 13 次重新开始,且每次金额为 N,但是第 14, 16, 18 和 20 次的还款都比正常还款逐次增加 40 元. 如果半年换算名利率为 8%,计算 N 为何数方可保证按原计划如期还贷.

47. 设有 10 年期贷款,其还款方式为:首次还款全部用于还利息,第 2 次还款为首次的 2 倍,第 3 次还款为首次的 3 倍,依次类推. 证明:$(Ia)_{\overline{10|}} = a_{\overline{\infty|}}$.

48. 某贷款分 10 次偿还,其中第 1 次还款 10 元,第 2 次还款 9 元,依次类推. 证明:第 6 次还款中的利息为 $(5 - a_{\overline{5|}})$ 元.

49. 某贷款的偿还方式为:第 1 年底还款 200 元,以后每年递增 50 元,直至 1000 元. 如果年利率为 4%,计算第 4 次还款中的本金量.

50. 某 1000 元贷款,每半年一次分 10 次等额偿还本金,同时按照半年换算名利率 6% 偿还利息. 为了保证半年换算名利率 10% 的收益率,计算该贷款的出让价格.

51. 现有 8000 元 20 年期抵押贷款,每半年偿还 200 元再加上以利率 5% 计算的贷款余额的利息. 在恰好得到第 15 次还款后,贷款人转卖了这个贷款,价格满足:贷款利率为 6%,偿债基金利率为 4%. 假定以上所有利率均为半年换算名利率,证明:

(1) 如果每半年的净回报相等,贷款转让价格为
$$\frac{75 s_{\overline{25|}0.02} + 6250}{1 + 0.03 s_{\overline{25|}0.02}} \, 元 = 4412 \, 元;$$

(2) 如果每半年的偿债基金的存款额相同,则转让价格为
$$\frac{s_{\overline{25|}0.02}}{0.03 \, a_{\overline{25|}0.03}} \frac{a_{\overline{25|}0.03} + 125}{1 + 0.03 s_{\overline{25|}0.02}} \, 元 = 4453 \, 元.$$

52. 设有利率为 10% 的 2000 元贷款，其还贷方式为：第 1 年底 400 元，然后按 4% 的比例递增，最后一次将小量余额付清．计算：

(1) 第 3 年底的未结贷款余额；

(2) 第 3 次偿还中的本金量．

53. 两笔 30 年等额贷款都以利率 4% 偿还．甲每年等额偿还；乙每年的还款中的本金量为常数，利息按摊还方式．计算甲的年还款额首次超过乙的时刻．

54. 甲以实利率 i 投资，其中第 1 年底取出利息收入的 162.5%，第 2 年底取出利息收入的 325%，随后按等差方式类推．已知在第 16 年底原始投资资金全部收回．计算 i．

55. 贷款额为 $\bar{a}_{\overline{25}|}$ 的贷款以连续年金方式偿还，连续偿还函数为 1，期限为 25 年．如果年利率 $i=0.05$，计算第 6 年到第 10 年间的偿还利息总额．

56. 证明：$(1+i)^t - \dfrac{\bar{s}_{\overline{t}|}}{\bar{a}_{\overline{n}|}} = \dfrac{\bar{a}_{\overline{n-t}|}}{\bar{a}_{\overline{n}|}}$．

57. 设有连续方式偿还的 n 年期贷款，t 时刻的偿还额为 t，给出未结贷款余额的计算式．

58. 现有连续方式偿还的 10 年期贷款，其贷款余额呈线性变化，连续利率为 10%．计算：

(1) 前 5 年偿还的本金总额； (2) 前 5 年偿还的利息总额．

59. 已知保险事故赔偿为连续方式，事故发生后 t 时刻的未赔偿额为 $\alpha e^{-\beta t}$，其中 α 和 β 为大于零的参数．

(1) 计算索赔发生时的未赔偿额；

(2) 求连续赔偿函数 $P(t)$ 的表达式；

(3) 如果利息力为 δ，计算 t 时刻所有未来赔偿额的现值．

§4.4 其他偿还方式分析

60. 现有 2000 元贷款通过每季度偿还 P 进行还贷，且贷款方要求对未结贷款余额中低于 500 元的部分按利率 $i^{(4)}=16\%$ 计息，对超过 500 元的部分按利率 $i^{(4)}=14\%$ 计息．如果已知第 1 年底的余额为 1000 元，计算 P．

61. 设有按季度分期偿还的 1000 元贷款,每次还款 100 元,不足部分的余额最后一次付清. 贷款方要求对未结贷款余额中低于 500 元的部分按利率 $i^{(4)} = 12\%$ 计息,对超过 500 元的部分按利率 $i^{(4)} = 8\%$ 计息.

(1) 计算第 4 次还款中的本金量.

(2) 证明:在未结贷款余额达到 500 元之前,每次的本金量加上一个常数后形成等比数列,即

$$\frac{P_{t+1} + K}{P_t + K} = 1 + j \quad (t = 1, 2, \cdots, n-1).$$

并计算 K 和 j.

62. 某 3000 元贷款要求在一年内逐月分期偿还,且对未结贷款余额在 1000 元以下的部分以月利率 1.5% 计息,对未结贷款余额在 1000 元到 2000 元之间的部分以月利率 1.25% 计息,对未结贷款余额在 2000 元到 3000 元之间的部分以月利率 1% 计息. 计算每次的还款金额.

63. 证明如下等式,并解释其含义:$a_{\overline{n}|} + i\sum_{t=0}^{n-1} a_{\overline{n-t}|} = n.$

64. 某遗产恰好可以以年利率 3.5% 投资,每年得到 10000 元,累计 10 年. 已知在过去的 5 年中按计划实施,但是实际的年收益率为 5%. 问:第 5 年底遗产本身多收入多少利息?

65. 某人在银行存入 10 年定期存款,计划 10 年底连本带利取出 10000 元. 已知原年利率为 5%,在第 5 年底利率下调为 4%. 分别计算前 5 年和后 5 年每年的存款额.

66. 某企业当前产品的月产量为 9000 个单位,利润率为 40%,单位售价为 85 元. 现有一种新产品开发计划:初始贷款 1500000 元(每月付利息 1.5%,本金 40 个月后一次还清),然后每月成本为 15816 元,新产品的设计月产量为 12000 个单位. 如果该企业有能力以月利率 1% 累积偿债基金,且企业希望新产品月利润超过老产品 30000 元,单位价格下降 X,计算 X.

67. 年利率为 8% 的 20 年期贷款,因故未能在第 6,7 和 8 年底进行正常还贷,作为补偿,要求在第 9 和 20 年底多还 X 元. 计算这

种情况与正常还贷的利息差.

68. 利率为 i 的贷款 L，分 n 次偿还，还款额分别为 $K_1, K_2, \cdots, K_n$. 若在每次偿还中需要以税率 r 付利息税，试说明：贷款人得到的税后还款的现值相当于以利率 $i(1-r)$ 提供的贷款.

69. 某人准备以 200000 元出售住房，而购房者首次只能付 100000 元，余额由银行以月利率 1.25% 贷款偿还. 这时售房者可以提供月利率为 1% 的 25 年贷款，条件是 3 年后购房者必须自融资当时的贷款余额. 双方达成协议后，售房者以月收益率 1.25% 将 3 年的贷款转卖给中介人. 问：售房者的实际售房收入是多少？

70. 现有 10 年期 1000 元贷款，利率为 5%，且如果借方加快还贷，每次还款中超过原计划的部分必须收 2% 的附加利息. 若借款人第 1 年底还款 300 元，第 2 年底还款 250 元，计算第 3 年还款未进行之前的未结贷款余额.

71. 现有 7000 元贷款，月换算名利率为 8%，其还贷计划如下：从第 1 个月底开始分 60 次等额还清. 另外有一个还款方式：从第 15 个月底开始按月还贷，月还款额不变，然后在第 60 次还款时，将余额一次还清. 计算后一方式中第 60 次还款的金额.

72. 某公司可提供以下方式的 10 年期贷款：借款人以年 500 元的速度连续地偿还，此外，在第 3,4 和 5 年底一次性偿还 10000 元. 如果可接受的贷款年利率为 10%，问：最多可以从该公司得到多少贷款？

73. 现有年利率为 5% 的贷款可以选择以下两种还贷方式：方式一，每年等额还贷分 20 次还清；方式二，每年的还款中本金量相同，利息量为未结贷款余额的应计利息. 问：第几次还款时方式一的年还款额首次超过方式二的年还款额？

第五章 固定收益证券

在投资收益分析的计算中可以发现,投资收益水平与金融产品现金流的如下两个方面密切相关:一方面是现金流的流量;另一方面是现金流的频率及确定程度.按照这样的思路,可以将资本市场的金融产品分为固定收益产品和不确定收益产品两大类.前者主要包括:债券、优先股、抵押支持债券和资产支持债券;后者泛指普通股票、期货和其他衍生产品等.作为金融产品价值分析的起点,一般选择固定收益产品进行讨论.本章以介绍债券的计算为主,另外一大类固定收益产品是以抵押支持债券和资产支持债券为代表的以抵押按揭债务为背景的产品,将在下一章的第一节中介绍.

本章在固定收益产品(主要是债券)的计算中主要关心如下三个方面的问题:

(1) 原始(发行)价格问题:如果投资者已经预先有一个预期收益率(可以通过市场中的参照产品给出),证券的可接受价格为多少?

(2) 收益率问题:已知某种证券的价格,投资者的投资收益率为多少?

(3) 生存期间的价值问题:当证券发行后,或已被交易后,在其生存期间的某个时刻,它的价值为多少?

§5.1 固定收益证券的类型和特点

固定收益证券是指收益水平相对较为确定的一类证券,代表产品是债券.债券的现金流模式和有关的分析计算是其他固定收益产品分析的基础.这一节作为后面计算分析的基础,介绍债券和优先股的基本情况及主要特征.

5.1.1 债券

债券是由借款方签发的一种正式的债权债务关系凭证,通常采用整数面值,如 100 元,1000 元或 5000 元等.债权人(或称认购者、投资者)对债务人(或称发行者、融资者)的权力体现为获取利息和收回本金,所以,债券是一种带利息的证券,凭此券债权人可以在将来定期地收到利息,最终收回本金.发行债券的目的是为发行人(企业和政府)筹集资金.一般情况下,债券是一种低风险的金融产品.

债券一般要在指定的时刻进行兑现.从债券认购到它被兑现所经过的时间称为债券的**期限**,而债券期限结束日期称为**到期日**.只有在很特别的情况下,才有期限为无穷的债券,称之为**永久性债券**.现存唯一的、著名的永久性债券是由英国财政部发行的**统一公债**.当然,债券发行者也可以考虑发行提前兑现本金的债券,这种债券称为**早赎债券**,其中的兑现日期称为**兑现日**.

影响债券价值的重要因素主要有以下几个:

发行人 主要是企业、中央政府和地方政府.不同的发行人代表了不同的偿债能力,这是标志债务人信用等级的重要因素.

到期期限 是债券产品预期寿命的主要特征量,它一方面影响该产品的收益水平,另一方面也影响产品的价格波动水平.涉及该因素的条款包括:定期条款、可早赎条款、偿债基金条款和系列债券条款等.

本金和息票收入 分别代表债券产品的资本投入和收益.一般债券产品的特征是:本金和息票的现金流是分离的.

债券可以按以下几种方式进行分类:

(1) 依据债券的获取利息方式分类,可分为累积债券和息票债券.**累积债券**是指将本金和累积利息在兑现时一次付清的债券,有时也称之为**零息债券**.由美国财政部发行的 E 系列储蓄债券是典型的这类债券.**息票债券**是指定期支付利息并最终收回本金的债券,其中息票是债券认购者定期向债券发行者领取利息的凭证,常附在债券上,有时也称之为**附息债券**.

（2）依据债券的登记方式分类，可分为记名债券和无记名债券. **记名债券**是指将认购者的姓名登记在债券上并记录在发行者的相关账簿上的债券. 如果认购者希望中途售出债券，必须告之发行者债券持有人的变更情况，或者说，只能在债券持有者向发行者背书后，才能转给另一个持有者. 在每个息票领取日，由发行者按照记录的债券持有人给付利息. 而**无记名债券**则属于任何法律上皆认可拥有它的当事人，因此常称之为**空头债券**. 无记名债券通常将息票附在债券上，可以由债券的法律上认可的持有者持息票兑换现金. 正是这个原因，常常也称之为**带息票债券**.

（3）依据债券对应的背景分类，可分为抵押债券和信用债券. 如果债券是通过抵押担保的，称之为**抵押债券**；如果债券是通过发行者的信用担保的，称之为**信用债券**. 一般情况下，抵押债券比信用债券有更好的安全性，因为前类债券的发行者在无法进行债券的正常偿还时，可以用抵押品代替.

（4）依据债券对应的期限分类，可分为长期债券、短期债券和中期债券. 为了解决各类债务，发行者常常需要发行各种期限的债券. 一般认为，政府为 10 年以上的长期债务发行的债券为**长期国库券**，短期债务是以发行**短期国库券**的形式解决的. 后者常常简称为 T-bills，它的期限最多为 1 年，一般常见的是 4 周，13 周，16 周，而且经常是贴现（低于面值）发行的零息债券. 期限在 1 年到 10 年（含 10 年）之间的国债称为**中期国库券**. 这三类国库券的计算有一些明显的差异，这一点将在以后的章节中具体说明.

（5）依据债券的风险水平分类，可分为收入债券、可调债券和垃圾债券等. **收入债券**是指利息支付额随着发行者每年的盈亏情况而定的债券；**可调债券**是指当面临破产的公司再集资时，为替换未偿还债券而新发行的债券，其中这种替换必须得到债券持有人准许（他们认为可调债券可以减轻受损程度）. 收入债券和可调债券均只能保证根据公司留利大小决定利息支付的多少. 这两种债券有一度曾相当普及，但目前大部分已消失. 更现代的高风险债券是所谓的**垃圾债券**，它是由企业发行的，特别是由企业联合集团、控股公司（被接管的企业)或其他的接管公司发行的. 这类债券在支付息票方面显然有高于其他债券的风险. 因此, 为了补偿这种高风险必须对应于高回报率. 这类债券有时被描述为**在投资等级以下的债券**(债券等级是由权威的评级机构定期公布的).

还有一类杂交的债券是所谓的**可转换债券**. 这种债券在一定条件下, 在未来的某个时期, 随持有者的自愿, 可以将其转为发行者的普通股票. 因此, 投资者可以选择继续持有该债券还是转为普通股票. 对此投资者可依据对企业未来状况的预测而进行决策.

如果债券发行者需要大量的资金, 可以让债券的兑现日固定. 但是, 这样也会出现一些问题: 在兑付时需要筹备大笔资金或是将这些债务进行再融资. 由于这种原因, 有些筹资者将大额债券分解, 使得每个债券对应一系列按规则的时间间隔排列的兑付日期. 这种债券称为**系列债券**. 另一种方法是为债券建立偿债基金, 以准备大额债券的偿付.

5.1.2 优先股票

优先股票是一种证券, 与债券类似它以固定的比例进行回报. 但是, 它与债券的不同之处是: 它是以吸引投资为目的而发行的证券, 而债券是为了解决企业债务而发行的证券. 换句话说, 优先股票的持有者大多数为股票发行企业的拥有者; 而债券的持有者是发行企业的债权人. 尽管有时会发行指定兑付日的优先股票, 但一般情况下, 优先股票没有到期日. 对优先股票持有者的定期回报, 常常称为**分红**.

从证券等级来看, 优先股票次于债券和其他债务产品, 因为在进行分红之前必须清偿所有的债务. 但是, 优先股票在等级上优于所有普通股票, 因为前者的分红是在后者的分红之前进行的.

有些企业为了提高比优先股票低的某些股票的证券等级, 还发行了所谓的**累积优先股票**: 指可以将因没有足够盈利或其他一些原因而未支付的红利积累起来, 以后再支付的优先股票. 例如: 某企业的优先股每股应该分红利 5 元, 但当年只能付 3 元, 剩下的 2 元余额将在未来支付(也许要累积利息). 累积优先股票比普通股票具有红利优先权,只要累积优先股票红利尚未支付,普通股票红利则不得支付.

还有一种优先股票在企业利润很高时可以收到超过正常红利水平的回报,这种优先股就是所谓的**参与优先股票**:指除支付规定的红利外,其持股人在规定的条件下能与普通持股人共同参加额外收益分配的一种优先股票. 参与优先股票现在相当少见,只是在有必要采取特别措施吸引投资者时,才使用参与优先股票.

某些优先股票也具有与可转换债券类似的可转换权益,称之为**可转换优先股票**. 在一定条件下,可转换优先股票持有者可以选择将其股票从优先股票转为普通股票.

§5.2 债券基本定价

在进行债券的价格计算之前,先做如下的一些假定:

(1) 债务人所有的责任都在事先指定的日期兑现,不考虑随机取息或随时可以兑现的情况;

(2) 到期日有限;

(3) 这里讨论的债券价格是指息票领取后瞬间的债券账面价值,不同于债券的市场价格,后者往往指市场上供求双方形成的交易价格.

债券的价格是多种因素综合作用的结果,在诸多的因素中债券的期限是一个相对比较重要的因素,而市场中的债券产品大多为中长期(期限大于 1 年)债券产品,所以,关于债券定价的讨论也主要是围绕中长期债券进行的. 在讨论中长期债券的定价之前,首先简单介绍有些金融市场的短期债券的定价模式和惯例.

美国的短期国债市场是一个短期债券比较活跃的市场. 美国联邦储备银行发行的短期国库券的期限是按周计算的,而且一般是以贴现方式报价的无息票债券. 这表明,这种债券不会支付息票,唯一的支付是到期时一次性按债券的面值进行的支付. 一般情况下,每周都会发行期限为 13 周和 26 周的国库券,每 4 周公开拍卖期限为 52

周的国库券.此外,短期国库券的价格一般是以 100 元面值的贴现收益率报价的,且按照惯例,价格的基本计算模式为

$$P = F\left(1 - Y_d \frac{t}{360}\right),$$

其中 Y_d 表示贴现收益率,t 表示未到期天数,F 表示面值,P 表示价格.例如:在 1999 年 8 月 26 日,26 周国库券的报价为 4.52%,所以,如果在当天购买面值为 1000000 元的 26 周国库券,则其价格为

$$P = 1000000\left(1 - 0.0452 \times \frac{182}{360}\right)元 = 977149 元.$$

应该注意的是,这里的贴现收益率并不是一般意义的收益率.为了与其他的债券进行收益率的比较,发行者也会在媒体中公布短期债券的实际年收益率,而这个实际收益率一般是按照卖价计算的.下面仍以上例的数据来说明这种债券实际收益率的计算.上述例中债券的实际连续利息力 δ 应满足 $97.715 e^{\delta \frac{182}{365}} = 100$,进而解得 $\delta = 4.64\%$. 而美国市场的息票是半年一次的,即一般债券的收益率为半年换算名收益率,所以还要将实际连续利息力 δ 折算为半年换算名收益率,故进一步有 $i^{(2)} = 2(e^{0.5\delta} - 1) = 4.69\%$. 也称这个收益率为**债券等价收益率**.

例 5.1 已知 13 周国库券以 7.5% 的贴现收益率出售.计算面值为 1000000 元的这种债券的当前认购价格.

解 未到期天数为 91,于是利用价格公式得所求认购价格为

$$P = 1000000\left(1 - 0.075 \times \frac{91}{360}\right)元 = 981042 元.$$

中长期债券中最简单的一种是无息票债券,它的现金流只是在到期时一次性发生.所以,这种债券价格的计算也是非常简单的.下面通过一个例子简单说明无息票债券的计算.

例 5.2 现有 10 年期面值为 1000 元的无息票债券,到期按面值兑现,其当前买价为 400 元.计算该债券的半年换算名收益率.

解 如果用 j 表示半年的实际收益率,则有

$$400(1+j)^{20} = 1000.$$

解得 $j=0.0469$,所以该债券的半年换算名收益率为 $2j=9.38\%$.

更常见的较为复杂的是带息票的长期债券的价格计算.因为带息票的长期债券的现金流在债券的整个期限内都有发生,所以其价格要体现所有这些现金流的价值.本节后面的讨论以及本章后面的讨论除特别说明外均指这类债券.

为了方便讨论,引入如下描述债券特征的记号:

(1) P —— 债券的价格.

(2) F —— 债券的名义价值或面值.这个金额有时被印在债券的表面,一般债券在到期日的兑现金额也是这个值.它的主要目的是指定债务人的债券的基本单位,它并不代表债券在到期日之前的价格或价值.债券价格常常是以面值 100 元为单位进行报价的,尽管实际债券很少有这样低的面值.

(3) C —— 债券的兑现值,即在债券兑现时,债券的持有者一次性得到的回报.因为债券常常是在到期日以面值进行兑现的,所以一般情况下有 $C=F$.在以下两种情况下会出现面值与兑现值不同:一是债券到期时的价值不等于面值;二是债券在到期日之前被兑现,这样很难以面值兑现.

(4) r —— 息票额与面值的比(简称**息率**).由债券发行人保证到期支付的债券利息率,通常按面值的年利率表示.例如:某美式债券的息率为 8%,而美式债券付息票的周期一般为半年(欧式债券通常是以一年为一个周期),所以这意味着,每半年付息一次,按面值的 4% 付息,即息率为 $r=4\%$.

(5) Fr —— 每期固定的息票金额.

(6) g —— 债券的修正息率,它表示每 1 个货币单位兑现值(不一定是面值)的息票金额,即 $Fr=Cg$,也即 $g=\dfrac{Fr}{C}$.注意 g 与 r 的换算周期是一样的,g 是息票与兑现值的百分比.实际上,一般情况下有 $g=r$(只要 C 与 F 相同).

(7) i —— 债券的收益率(常常称为**到期收益率**),即假定投资者在到期时才进行债券兑现的年实际利率.这个概念等同于前面介绍过的内部收益率.一般情况下,除非特别声明,收益率的周期与息率的周期是一样的,且收益率为常数.

(8) n ——从计算日到债券兑现日或到期日之间息票的兑现次数.

(9) K ——兑现值以收益率计算的现值,即 $K=Cv^n$,其中 v 以 i 计算.

(10) G ——债券的基值,定义为

$$Gi = Fr, \quad 即 \quad G = \frac{Fr}{i}. \tag{5.2.1}$$

它表示用收益率 i 和息票金额推算的原始本金.

此外,在日常的商业和金融活动中,与债券有关的两种常见的收益率概念是:

(1) **现收益率**,指每年的息票收入与债券认购价格的比值.例如:面值为 100 元的债券每年息票的收入是 9 元,认购价为 90 元,那么每年的现收益率为 10%.

(2) **到期收益率**,指平均的每年实际收益或称内部收益,它表示债券投资的实际年收益率.

以下部分所用的收益率一词主要指第二种含义.

5.2.1 债券价格计算公式

债券价格的计算公式主要有以下四种:

(1) **基本公式**.这个公式的基本出发点是,债券的价格为所有未来现金流的现值之和.所以,债券价格等于未来息票现金流的现值之和再加上债券兑现值的现值,即

$$P = Fr a_{\overline{n}|i} + Cv^n = Fr a_{\overline{n}|i} + K. \tag{5.2.2}$$

(2) **溢价折价公式**.这个公式的基本出发点是,债券的价格可以用兑现值表示.将公式(5.2.2)中的 v^n 用 $a_{\overline{n}|i}$ 表示,有

$$P = C + (Fr - Ci) a_{\overline{n}|i} = C[1 + (g-i) a_{\overline{n}|i}]. \tag{5.2.3}$$

(3) **基值公式**.这个公式的基本出发点是,债券的价格可以用

到期的价值表示. 将 G 的定义式(5.2.1)代入公式(5.2.2),有
$$P = G + (C-G)v^n. \qquad (5.2.4)$$

（4）**Makeham 公式**. 这个公式的基本出发点是,债券的价格可以用兑现值及其现值表示. 将公式(5.2.2)最后一个等式适当地变形,有
$$P = K + \frac{g}{i}(C-K). \qquad (5.2.5)$$

债券价格计算中的主要影响因素为收益率 i 和期限 n,如果用
$$P(n,i) = Fr\, a_{\overline{n}|i} + Cv^n \qquad (5.2.6)$$
表示价格为收益率和期限的函数,则有
$$\frac{\partial P}{\partial i} = Fr(Da)_{\overline{n}|i} - nP(n+1,i) < 0, \qquad (5.2.7)$$
$$\frac{\partial P}{\partial n} = \frac{C\ln(1+i)}{i}(g-i)v^n. \qquad (5.2.8)$$

这表明:

（1）债券价格为到期收益率的递减函数.

（2）到期期限对价格的影响由 g 与 i 的大小关系决定,当修正息率大于收益率时,价格为期限的增函数;当修正息率小于收益率时,价格为期限的减函数.

例 5.3 设有 10 年期面值 1000 元的美式债券,每半年付息一次,息率为 8%,按面值兑现. 如果以名收益率 10% 认购,分别用四种公式计算该债券的认购价格,并分析收益率和期限对认购价格的影响.

解 （1）计算债券的认购价格. 已知 $F=1000$ 元,$C=1000$ 元,$r=0.04$,$g=r=0.04$,$i=0.05$,$n=20$,于是
$$a_{\overline{n}|i} = a_{\overline{20}|0.05} = 12.4622, \quad v^n = (1+0.05)^{-20} = 0.37689.$$

① 由基本公式(5.2.2)有
$$P = [40\, a_{\overline{20}|0.05} + 1000(1+0.05)^{-20}]\, 元$$
$$= (498.49 + 376.89)\, 元 = 875.38\, 元.$$

② 由溢价折价公式(5.2.3)有
$$P = 1000[1 + (0.04 - 0.05) a_{\overline{20}|0.05}]\, 元$$
$$= 1000(1 - 0.124622)\, 元 = 875.38\, 元.$$

③ 由于
$$G = \frac{Fr}{i} = 1000 \times \frac{0.04}{0.05} \text{元} = 800 \text{元},$$
故由基值公式(5.2.4)有
$$P = [800 + (1000 - 800)(1 + 0.05)^{-20}] \text{元}$$
$$= (800 + 75.378) \text{元} = 875.38 \text{元}.$$

④ 由于
$$K = Cv^n = 1000(1 + 0.05)^{-20} \text{元} = 376.89 \text{元},$$
故由 Makeham 公式(5.2.5)有
$$P = K + \frac{0.04}{0.05}(1000 \text{元} - K)$$
$$= (376.89 + 0.8 \times 623.11) \text{元} = 875.38 \text{元}.$$

(2) 分析收益率和期限对认购价格的影响.

① 分析收益率 i 对认购价格的影响. 取定期限 $n=20$, 对不同的收益率 i, 认购价格的结果如表 5-1 所示. 由表 5-1 可做出如图 5-1 的图形. 明显可见, 在期限固定($n=20$)的情况下, 当收益率提高时, 债券的认购价格将下降.

表 5-1 取定期限 $n=20$ 时, 认购价格的结果

i/%	2.5	3.0	3.5	4.0	4.5	5.0	5.5	6.0	6.5	7.0
$P(20,i)$/元	1233.84	1148.78	1071.06	1000.00	934.96	875.38	820.74	770.61	724.54	682.18

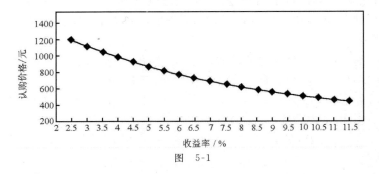

图 5-1

② 分析期限 n 对认购价格的影响. 取定收益率 $i=5\%$, 对不同的期限 n, 认购价格的结果如表 5-2 所示. 由表 5-2 可做出图 5-2. 据图 5-2 易知, 当 $i=5\% > g$ 时, 认购价格随着期限的增长而降低.

表 5-2　取定收益率 $i=5\%$ 时,认购价格的结果

n/半年	10	12	14	16	18	20	22	24	26	28	30
$P(n,5\%)$/元	922.78	911.37	901.01	891.62	883.10	875.38	868.37	862.01	856.25	851.02	846.28

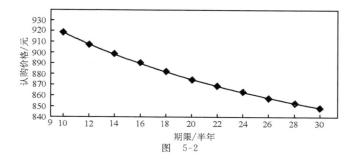

图 5-2

5.2.2　债券价值评估

债券常常作为一种长期投资产品,所以它的价值不只是体现在发行价格上.债券一旦被售出,就进入了它的生存期.特别是进入二级市场后,债券的价格就可能随时变化.这种变化一般由两部分组成:内在(长期投资)价值和市场供求形成的临时附加价值.前者一般用于资产(负债)的账面价值计算,它不同于在市场上重新出售的相同债券的交易价格.这种价值一般是以发行时约定的收益水平计算的未来投(融)资价值,常常称之为**账面价值**.后者是非常复杂和不确定的,一般由市场的交易情况和资本市场的宏观情况决定,同时将随着债务市场利率的变化而变化.一般称这样形成的价格为**市场价值**.

如果用 BV_k 表示 k 时刻(第 k 次支付息票后)的账面价值,那么
$$BV_k = Fr\, a_{\overline{n-k}|i} + Cv^{n-k}$$
$$= C[1+(g-i)a_{\overline{n-k}|i}] \quad (k=0,1,\cdots,n) \quad (5.2.9)$$
(注意:该贴现因子可以与发行时的不同).通过适当的推导,可得到
$$BV_{k+1} = (1+i)BV_k - Fr \quad (k=0,1,\cdots,n-1).$$
$$(5.2.10)$$
一般情况下,债券在发行时和兑现时的账面价值是确定的,即
$$BV_0 = P, \quad BV_n = C. \quad (5.2.11)$$

账面价值的计算为债券提供了一种合理的渐变的赋值过程,它们可以为许多投资者所采用. 例如:保险公司和养老金管理者可以在财务报表计算时考虑用它表示债券部分的资产价值.

当 $P=C$ 时,即认购价格等于兑现值时,表明该债券的修正息率 g 等于收益率 i. 如果账面价值仍然以出售时的收益率 i 计算,则有
$$BV_k = P = C \quad (k = 0, 1, \cdots, n).$$
这类以兑现值出售的债券是最简单的一类债券,称之为**平价债券**或**直线债券**. 下面主要讨论认购价格不等于兑现值的债券.

1. 债券的摊还计算

如果债券的认购价格高于它的兑现值,即 $P>C$,则称这种债券为**溢价出售**的,而且称 $P-C$ 为**溢价差**或**升水**;类似地,如果债券的认购价格低于它的兑现值,即 $P<C$,则称这种债券为**折价出售**的,而且称 $C-P$ 为**折价差**或**贴水**. 溢价差和折价差只是两种不同的称谓,实质上,它们对应的是同一种计算.

结论 5.1 (1) 若 $g>i$,则

  溢价差 $= P - C = (Fr - Ci) a_{\overline{n}|i} = C(g-i) a_{\overline{n}|i}$;

(2) 若 $g<i$,则

  折价差 $= C - P = (Ci - Fr) a_{\overline{n}|i} = C(i-g) a_{\overline{n}|i}$.

证明略.

债券的价格依赖于两个量:息票的现值和兑现值的现值. 因为债券发行时的交易价格通常低于或高于兑现值(面额),所以在兑现日就存在利润(折价差)或损失(溢价差),用会计的术语表示,则称之为资本利得. 这个利润或损失可以通过债券的到期收益率反映出来. 也正是因为在兑现日存在利润或损失,所以每次息票的收入就不能被看做投资者的真正利息收入. 也就是说,息票既包含利息收入又包含逐渐的本金偿还(支付),所以可用摊还法将每次息票收入分解为利息收入和对本金的调节两部分. 这个过程的本质是:债券的价值从购买日的交易价格不断地过渡到兑现日的兑现值.

出于方便,我们仍采用第四章中摊还计算的符号:B_t 表示 t 时刻的账面价值;I_t 表示从 $t-1$ 时刻到 t 时刻这一时间段的利息收入量;P_t 表示从 $t-1$ 时刻到 t 时刻这一时间段的本金调节量;Fr 表示

§5.2 债券基本定价

每次息票的金额. 另外, 有 $B_0=P$ 和 $B_n=C$. 那么, 债券的摊还表由 I_t, P_t 和 B_t 三个主要部分组成.

设债券的期限为 n, 兑现值为 $C=1$, 原始认购价格为 $P=1+p$, 则有

$$B_0 = 1+p = 1+(g-i)a_{\overline{n}|i}, \quad (5.2.12)$$
$$Fr = Cg = g.$$

这时由摊还法有如下递推公式:

$$B_{t+1} = (1+i)B_t - Fr \quad (t=0,1,\cdots,n-1), \quad (5.2.13)$$
$$I_{t+1} = iB_t \quad (t=0,1,\cdots,n-1), \quad (5.2.14)$$
$$P_{t+1} = Fr - I_{t+1} \quad (t=0,1,\cdots,n-1). \quad (5.2.15)$$

再由上述递推公式可以得到如表 5-3 所示的摊还计算公式. 关于表 5-3 有如下几点说明: 首先, 账面价值正好在形式上与债券价格的计算公式相同. 其次, 各次息票支付时的本金调节部分的总和为 p, 恰好为折价差或溢价差. 最后, 如果债券是溢价售出的 ($p>0$), 则账面价值是逐渐下降的, 这种过程称为**溢价摊还**或**账面递减**, 且将本金调节部分称为**溢价摊还量**; 如果债券是折价售出的 ($p<0$), 则账面价值是逐渐上升的, 这种过程称为**折价累积**或**账面递增**.

例 5.4 设有面值 100 元的 10 年期美式债券, 每半年付息一次, 其中名息率为 8%, 名收益率为 6%. 分析摊还过程和账面价值变化过程.

解 (1) 因为没有特别声明, 这里可以认为债券是以面值兑现的. 已知 $F=C=100$ 元, $g=4\%$, $i=3\%$, $g>i$, 于是该债券为溢价债券, 通过计算得摊还表如表 5-4 所示. 由表 5-4 知, 该债券合计 80 元息票收入中实际的利息收入为 65.12 元, 这两者的差额也是发行价格与兑现值的差, 它表示当初以高于面值 14.88 元的价格买入该债券.

(2) 根据表 5-4 可得账面价值随时间的变化过程, 如图 5-3 所示. 从图 5-3 中可非常直观地看出, 溢价债券的账面价值如何从发行时的高价位 114.88 元逐渐降至兑现时的面值 100 元. 而且, 还可看出, 账面价值是时间的上凸函数 (账面价值的变化量本身随时间逐渐下降). 这也可从表 5-4 中将本金调节量取负号后逐渐降小得出.

表 5-3 1 个货币单位兑现值的 n 期债券摊还表

时刻 t	息票收入	利息收入量 I_t	本金调节量 P_t	账面价值 B_t
0	0	0	0	$1+(g-i)a_{\overline{n}|i}$
1	g	$i[1+(g-i)a_{\overline{n}|i}]=g(1-v^n)+iv^n$	$(g-i)v^n$	$1+(g-i)a_{\overline{n-1}|i}$
2	g	$i[1+(g-i)a_{\overline{n-1}|i}]=g(1-v^{n-1})+iv^{n-1}$	$(g-i)v^{n-1}$	$1+(g-i)a_{\overline{n-2}|i}$
$\vdots$	$\vdots$	$\vdots$	$\vdots$	$\vdots$
t	g	$i[1+(g-i)a_{\overline{n-t+1}|i}]=g(1-v^{n-t+1})+iv^{n-t+1}$	$(g-i)v^{n-t+1}$	$1+(g-i)a_{\overline{n-t}|i}$
$\vdots$	$\vdots$	$\vdots$	$\vdots$	$\vdots$
$n-1$	g	$i[1+(g-i)a_{\overline{2}|i}]=g(1-v^2)+iv^2$	$(g-i)v^2$	$1+(g-i)a_{\overline{1}|i}$
n	g	$i[1+(g-i)a_{\overline{1}|i}]=g(1-v)+iv$	$(g-i)v$	1
合计	ng	$ng-p$	$(g-i)a_{\overline{n}|i}=p$	

§5.2 债券基本定价　**159**

表 5-4　美式债券的摊还表

时刻 t	息票收入/元	利息收入量 I_t/元	本金调节量 P_t/元	账面价值 B_t/元
0	0.00	0.00	0.00	114.88
1	4.00	3.45	0.55	114.32
2	4.00	3.43	0.57	113.75
3	4.00	3.41	0.59	113.17
4	4.00	3.39	0.61	112.56
5	4.00	3.38	0.62	111.94
6	4.00	3.36	0.64	111.30
7	4.00	3.34	0.66	110.63
8	4.00	3.32	0.68	109.95
9	4.00	3.30	0.70	109.25
10	4.00	3.28	0.72	108.53
11	4.00	3.26	0.74	107.79
12	4.00	3.23	0.77	107.02
13	4.00	3.21	0.79	106.23
14	4.00	3.19	0.81	105.42
15	4.00	3.16	0.84	104.58
16	4.00	3.14	0.86	103.72
17	4.00	3.11	0.89	102.83
18	4.00	3.08	0.92	101.91
19	4.00	3.06	0.94	100.97
20	4.00	3.03	0.97	100.00
合计	80.00	65.12	14.88	

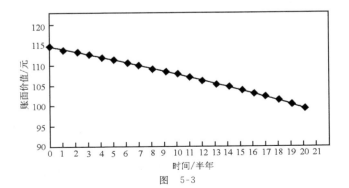

图 5-3

例 5.5 现有面值 100 元的 10 年期美式债券,每半年付息一次,其中名息率为 8%,名收益率为 10%.分析摊还过程和账面价值变化过程.

解 (1)因为没有特别的声明,可以认为债券是以面值兑现的.已知
$$F = C = 100 \text{ 元}, \quad g = 4\%, \quad i = 5\%, \quad g < i,$$
于是该债券为折价债券.经过计算可得表 5-5 的摊还表.由表 5-5 知,实际利息收入为 80 元+12.46 元=92.46 元,其中 12.46 元(发行价格与兑现值的差)是通过最后的到期兑现才实现的.

表 5-5 美式债券的摊还表

时刻 t	息票收入 /元	利息收入量 I_t /元	本金调节量 P_t /元	账面价值 B_t /元
0	0.00	0.00	0.00	87.54
1	4.00	4.38	−0.38	87.91
2	4.00	4.40	−0.40	88.31
3	4.00	4.42	−0.42	88.73
4	4.00	4.44	−0.44	89.16
5	4.00	4.46	−0.46	89.62
6	4.00	4.48	−0.48	90.10
7	4.00	4.51	−0.51	90.61
8	4.00	4.53	−0.53	91.14
9	4.00	4.56	−0.56	91.69
10	4.00	4.58	−0.58	92.28
11	4.00	4.61	−0.61	92.89
12	4.00	4.64	−0.64	93.54
13	4.00	4.68	−0.68	97.21
14	4.00	4.71	−0.71	94.92
15	4.00	4.75	−0.75	95.67
16	4.00	4.78	−0.78	96.45
17	4.00	4.82	−0.82	97.28
18	4.00	4.86	−0.86	98.14
19	4.00	4.91	−0.91	99.05
20	4.00	4.95	−0.95	100.00
合计	80.00	92.46	−12.46	

(2) 根据表 5-5 可得账面价值随时间的变化过程,如图 5-4 所示. 从图 5-4 中可非常直观地看出,折价债券的账面价值如何从发行时的低价位 87.54 元逐渐升至兑现时的面值 100 元. 而且还可看出,账面价值是时间的下凸函数(账面价值的变化量本身随时间逐渐上升). 这也可从表 5-5 中将本金调节量取负号后逐渐增大得到.

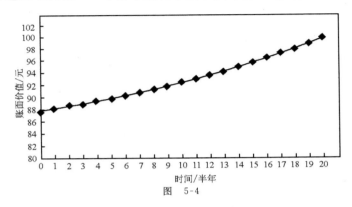

图 5-4

2. 债券的偿债基金计算

有时债券发行者出于对偿还债务能力的考虑,对债券的偿还设立偿债基金. 而债券投资者也可以通过偿债基金的算法处理累积溢价差 $P-C$(或折价差 $C-P$). 如果设偿债基金利率为 j,偿债基金的每期存款固定,而且期限与债券期限相同,则每次存款为

$$Fr - iP = Cg - iP.$$

因此有
$$P - C = (Cg - iP) s_{\overline{n}|j},$$

进而有
$$P = C \frac{1 + g s_{\overline{n}|j}}{1 + i s_{\overline{n}|j}} = C[1 + (g-i) a_{\overline{n}|i\&j}]. \quad (5.2.16)$$

同样有各个时刻的账面价值公式
$$BV_k = C[1 + (g-i) a_{\overline{n-k}|i\&j}] \quad (k = 0, 1, \cdots, n).$$
$$(5.2.17)$$

如果 $i = j$,则公式(5.2.16)和(5.2.17)分别退化为计算公式(5.2.3)和(5.2.9).

下面对债券的偿债基金计算进行分析:

(1) 在溢价债券中,建立偿债基金的目的是为了偿还债券买价 P 与兑现值 C 的溢价差 p. 以例 5.4 为例,这时 $p=14.88$ 元,每次息票收入的 4 元中利息收入量为 $I_t=0.03\times114.88$ 元$=3.45$ 元,剩余的 $(4-3.45)$元$=0.55$ 元用于累积偿债基金. 实际上,若利率仍然为收益率 $i=3\%$,则有

$$0.55\,s_{\overline{20}|0.03}\text{ 元} = 0.55\times26.87\text{ 元} = 14.88\text{ 元}.$$

这个结果与溢价差($p=14.88$ 元)只是在小数点后有误差.

(2) 在折价债券中,建立偿债基金的目的是为了将债券买价 P 最终累积为兑现值 C,因此需要累积的金额为折价差 p. 以例 5.5 为例,这时 $p=12.46$ 元,每次利息收入量 $I_t=0.05\times87.54$ 元$=4.38$ 元,扣除息票收入 4 元,得用于累积偿债基金的金额为$(4.38-4)$ 元$=0.38$ 元,因而偿债基金累积金额为

$$0.38\,s_{\overline{20}|0.05}\text{ 元} = 0.38\times33.07\text{ 元} = 12.46\text{ 元}.$$

可见偿债基金累积金额与折价差基本一致(数值差是计算误差造成的).

例 5.6 现有面值 100 元的 10 年期债券,其半年换算名息率为 8%,半年换算名收益率为 6%. 如果投资者用半年换算名利率为 5% 的偿债基金来抹平溢价差,计算债券的买价.

解 设买价为 P,显然有 $P>C=100$ 元. 依照题意,偿债基金每次存入的金额为

$$Cg - 0.03P = 100\times0.04\text{ 元} - 0.03P,$$

进而有

$$(4\text{ 元}-0.03P)s_{\overline{20}|0.025} = P-100\text{ 元},$$

即

$$P = \frac{100+4\,s_{\overline{20}|0.025}}{1+0.03\,s_{\overline{20}|0.025}}\text{ 元} = 114.46\text{ 元}.$$

本例除偿债基金条款外,与例 5.4 的条件完全相同,而其价格为 114.46 元,低于例 5.4 的 114.88 元,原因是增加了从每半年的 4 元息票收入中拿出 0.57 元存入名利率为 5% 的偿债基金的条件.

3. 直线法计算账面价值

还有一种计算债券账面价值的直观且简单的方法,即所谓的**直线法**,其具体计算公式如下:

$$B_t = P - (P-C)\frac{t}{n} \quad (t=0,1,\cdots,n), \quad (5.2.18)$$

$$P_t = \frac{P-C}{n} \quad (t=1,2,\cdots,n), \quad (5.2.19)$$

$$I_t = Fr - P_t \quad (t=1,2,\cdots,n). \quad (5.2.20)$$

一般情况下,当折价差或溢价差的数值越大时,或者债券的期限较大时,这种方法与前面两种方法的误差会很大.

5.2.3 两次息票收入之间的账面价值的调整

前面我们介绍了每次息票领取后账面价值的计算方法. 有时,因为某些债券是在两次息票领取之间的某个时刻被转卖的,这就需要将后一次的息票收入在新、旧两个债券持有者之间合理分配,所以需要了解在两次息票领取之间债券价值的变化过程. 为了描述这种过程,首先引进下面的概念和记号:

(1) $t+k$——债券转卖的时刻,其中 $t=0,1,\cdots,n-1; 0 \leqslant k \leqslant 1$.

(2) B_{t+k}——$t+k$ 时刻债券的账面价值.

(3) Fr_k——**应计息票**,即从上一次息票支付日直到转卖日为止的时间内应得的利息. 这部分金额是由债券的新持有者补偿给转卖者的,它的大小与 k 和 Fr 有关. 由定义有 $Fr_0 = 0, Fr_1 = Fr$.

(4) B_{t+k}^f——债券的**平价**(或者称为债券的**全价**),指债券转手时的实际交易价格.

(5) B_{t+k}^m——债券的**市场价格**(也称为债券的**牌价**或**净价**),指债券交易时的市场报价. 它是针对债券面值而形成的债券市场价格,不包括应计利息部分,所以有时也称之为该时刻的账面价值.

根据上述记号的说明有关系式

$$B_{t+k}^f = B_{t+k}^m + Fr_k \quad (t=0,1,\cdots,n-1; 0 \leqslant k \leqslant 1).$$
(5.2.21)

在这种情况下,债券的价格就体现在平价上. 下面介绍几种常见的计算债券平价的方法:

(1) **理论法**. 这种方法将时刻 t ($t=0,1,\cdots,n-1$) 的账面价值按照复利方式累积,有

$$B^f_{t+k} = B_t(1+i)^k \quad (t=0,1,\cdots,n-1;\ 0 \leqslant k \leqslant 1).$$
(5.2.22)

同样采用复利方式计算的应计息票为
$$Fr_k = Fr\frac{(1+i)^k - 1}{i} \quad (0 \leqslant k \leqslant 1), \quad (5.2.23)$$

于是债券的市场价为
$$B^m_{t+k} = B_t(1+i)^k - Fr\frac{(1+i)^k - 1}{i}$$
$$(t=0,1,\cdots,n-1;\ 0 \leqslant k \leqslant 1).$$
(5.2.24)

(2) **实用法**. 这种方法将时刻 $t\ (t=0,1,\cdots,n-1)$ 的账面价值按照单利累积,有
$$B^f_{t+k} = B_t(1+ik) \quad (t=0,1,\cdots,n-1;\ 0 \leqslant k \leqslant 1).$$
(5.2.25)

同样采用单利方式计算的应计息票为
$$Fr_k = kFr \quad (0 \leqslant k \leqslant 1), \quad (5.2.26)$$

于是债券的市场价为
$$B^m_{t+k} = B_t(1+ik) - kFr \quad (5.2.27)$$
$$= (1-k)B_t + kB_{t+1}, \quad (5.2.28)$$

式中 $t=0,1,\cdots,n-1;\ 0 \leqslant k \leqslant 1$.

式(5.2.28)的推导需要利用前面的递推公式(5.2.13),(5.2.14)和(5.2.15).

(3) **半理论法**. 这种方法是前面两种方法的混合,其中债券的平价是按照式(5.2.22)计算而得,而应计息票则按照式(5.2.26)计算而得,所以市场价为
$$B^m_{t+k} = B_t(1+i)^k - kFr \quad (t=0,1,\cdots,n-1;\ 0 \leqslant k \leqslant 1).$$
(5.2.29)

注 如果债券满足 $i=g$,$P=C$,则不存在对升水或贴水的摊还,从而所有时刻的账面价值应该是常数. 因此,从逻辑上讲,这种情形下所有息票领取之间的任何时刻的账面价值也应该是常数. 而这个结果对前两种计算方法成立,对第三种方法不成立.

例 5.7 现有面值 1000 元的 2 年期债券,半年换算名息率为 8%,半年换算名收益率为 6%.计算债券发行 5 个月后的平价、应计利息和市场价格(账面价值).

解 债券的发行价格为
$$P = 40 a_{\overline{4}|0.03} \text{元} + 1000(1+0.03)^{-4} \text{元} = 1037.17 \text{元}.$$
又有 $t=0, k=5/6$(用月份表示时间).

(1) 采用理论法计算:
$$B_{5/6}^f = 1037.17(1+0.03)^{5/6} \text{元} = 1063.04 \text{元},$$
$$Fr_{5/6} = 40 \times \frac{(1+0.03)^{5/6} - 1}{0.03} \text{元} = 33.25 \text{元},$$
$$B_{5/6}^m = (1063.04 - 33.25) \text{元} = 1029.79 \text{元}.$$
上述结果表明,债券的实际交易价格为 1063.04 元,其中的 33.25 元是 6 月底第 1 次息票收入的 40 元中原债券持有者应得的部分,即这时债券的实际价值为 1029.79 元.

(2) 采用实用法计算:
$$B_{5/6}^f = 1037.17\left(1 + 0.03 \times \frac{5}{6}\right) \text{元} = 1063.10 \text{元},$$
$$Fr_{5/6} = 40 \times \frac{5}{6} \text{元} = 33.33 \text{元},$$
$$B_{5/6}^m = (1063.10 - 33.33) \text{元} = 1029.77 \text{元}.$$

(3) 采用半理论法计算:
$$B_{5/6}^f = 1063.04 \text{元}, \quad Fr_{5/6} = 33.33 \text{元},$$
$$B_{5/6}^m = (1063.04 - 33.33) \text{元} = 1029.71 \text{元}.$$

实际上,也可以用天数表示时间,这时就必须指出发行债券的具体日期.下面我们通过一个例子具体说明.

例 5.8(续例 5.7) 假定债券是在 1 月 1 日发行的,计算相应的价格.

解 5 个月的实际天数为 151 天,6 个月的实际天数为 181 天,因此 $t=0, k=151/181$. 采用半理论法计算得
$$B_{t+k}^f = 1063.06 \text{元}, \quad Fr_k = 33.37 \text{元},$$
$$B_{t+k}^m = (1063.06 - 33.37) \text{元} = 1029.69 \text{元}.$$

同样地，也可以考虑两次息票收入之间的升水或贴水问题. 这时的升水和贴水定义如下：

$$升水 = B_{t+k}^m - C \quad (g > i), \quad (5.2.30)$$

$$贴水 = C - B_{t+k}^m \quad (g < i). \quad (5.2.31)$$

这里容易引起误用的是，用平价代替市场价格进行计算. 下面我们通过一个例子具体说明.

例 5.9 现有面值 1000 元的 2 年期美式债券，每半年付息一次，其中名息率为 8%，名收益率为 10%. 与例 5.7 同样，考虑债券发行 5 个月后的情况.

解 债券的发行价格为

$$P = 40\, a_{\overline{4}|0.05}\, 元 + 1000(1+0.05)^{-4}\, 元 = 964.54\, 元.$$

用理论法计算得

$$B_{5/6}^f = 964.54(1+0.05)^{5/6}\, 元 = 1004.56\, 元,$$

$$Fr_{5/6} = 40 \times \frac{(1+0.05)^{5/6} - 1}{0.05}\, 元 = 33.20\, 元,$$

$$B_{5/6}^m = (1004.56 - 33.20)\, 元 = 971.36\, 元.$$

这时从市场价 971.36 元看，该债券仍然是折价债券；但是从实际交易的平价 1004.56 元看，它很像是溢价债券.

§5.3 广义债券定价与收益分析

前面一节讨论的是比较标准的债券的定价方法，而现实中因为受到发行者和投资市场现实条件的制约，会有许多特殊方式的债券. 这一节将讨论这些特殊方式的债券（例如早赎债券和系列债券等）的定价问题. 同时，因为债券的价格与收益率的计算是两个相关的问题，所以，这一节还将对债券收益率的计算进行初步的讨论.

5.3.1 广义债券价格

这里主要讨论在息率周期与收益率换算周期不同、息票率不固定和收益率不固定等特殊情况下的债券价格.

1. 息率周期与收益率换算周期不同的情形

这里仍然以收益率的换算周期为基本时间单位,债券期限用 n 表示.下面考虑两种常见的情况:

(1) 息率周期为收益率换算周期的整数倍.设息率周期为收益率换算周期的 k 倍,那么债券的基本价格公式为

$$P = Fr\frac{a_{\overline{n}|i}}{s_{\overline{k}|i}} + Cv^n. \quad (5.3.1)$$

(2) 收益率换算周期为息率周期的整数倍.设在每个收益率换算周期内领取息票 m 次,且每次的金额为 $\dfrac{Fr}{m}$,那么债券的基本价格公式为

$$P = Fra^{(m)}_{\overline{n}|i} + Cv^n. \quad (5.3.2)$$

2. 息票率不固定的情形

在息票率不固定的情况下,不存在通用公式来计算债券的价格.下面通过一个例子来介绍这种情况下债券价格的确定.

例 5.10 某企业计划发行保值债券:面额 1000 元,期限 10 年,每年付息一次,首次息率为 7%,随后每次增加 3%,在第 10 年底以 1200 元兑现.如果投资者计划以 9% 的收益率购买该债券,计算可接受的价格.

解 无论息票方式和兑现方式如何变化,债券的价格还是由息票现值与兑现值的现值之和表示的.这里所有息票的现值为

$$70 \times \frac{1 - \left(\dfrac{1+0.03}{1+0.09}\right)^{10}}{0.09 - 0.03} \text{元} = 504.368 \text{元},$$

而债券兑现值的现值为

$$1200(1+0.09)^{-10} \text{元} = 506.893 \text{元},$$

所以所求的可接受价格为

$$504.368 \text{元} + 506.893 \text{元} = 1011.26 \text{元}.$$

3. 收益率不固定的情形

同样,在收益率不固定的情况下,对债券价格的计算也没有一般的公式.这里也仅通过一个例子来介绍这种情况下债券价格的确定.

例 5.11 现有 10 年期面值 1000 元的债券,半年换算名息率为

8.4%,兑现值为 1050 元. 若前 5 年的半年换算名收益率为 10%,后 5 年的半年换算名收益率为 9%,计算该债券的价格.

解 所有息票的现值为
$$42[a_{\overline{10}|0.05} + (1+0.05)^{-10} a_{\overline{10}|0.045}] \text{元} = 528.33 \text{元},$$
而兑现值的现值为
$$1050(1+0.05)^{-10}(1+0.045)^{-10} \text{元} = 415.08 \text{元},$$
故所求债券价格为
$$528.33 \text{元} + 415.08 \text{元} = 943.41 \text{元}.$$

5.3.2 早赎债券

早赎债券的"早赎"一词是针对债券发行者而言的,即债券发行者在到期日之前有权提前(发行一定时间之后)以某种兑现值赎回所发行的债券. 这个赎回的日期称为**早赎日**. 一般情况下,早赎债券为债券发行人提供了在债券到期之前降低融资成本的机会,因为如果市场利率降低,债券的市场价值高于债券的偿还价值,债券发行人就可以行使提前偿还权,清偿高息债券,转而按较低的利息再融资. 也正是因为这个原因,在利率急剧下跌,发行人可以通过低利率发行新债券而节省资金时,会出现早赎债券的情况. 当然,早赎债券的有关条款(如最近的早赎日期、早赎价格等)在发行时必须详细约定.

早赎债券发行说明书中将规定:在债券发行了一段时间(早赎保护期)后,发行人有权随时(或在指定的时间)赎回债券. 因为这个时间的选取权在发行者手中,所以,必定是从对发行者最有利、对投资者最不利的角度出发. 一般的原则是:早赎日期一定是对债券发行者有利的债券赎回日期.

早赎债券的价格由早赎保护期和早赎值决定. 这里我们从对投资者最不利的角度分析投资者投资在早赎债券时的可接受价格. 如果用 i 表示投资者的最小可接受收益率,依下面两种方法计算的价格可以保证投资者的最小收益水平:

(1) 若债券在所有的日期都是以相同的金额进行兑现,则只有早赎日期一个未定因素. 这时价格计算的原则可以表述为:如果收益率小于息票率,即 $i<g$,则以最近的早赎日计算债券价格;如果收

益率大于息票率,即 $i>g$,则一定以最远的早赎日(实际为到期日)计算债券价格.这样做的理由是,当债券溢价发行时,由溢价债券的计算公式知,债券期限越长,债券的价格越高.所以,如果价格使最近的赎回日仍然满足收益率要求,则一定可以达到预定的可接受收益率.同样,对折价债券也有类似的解释.

(2) 若兑现值在所有的可早赎期内是变化的,那么必须比较各种早赎日价格的计算结果,找出对投资者(债券持有人)最为不利的日期.或者说,用投资者的预期收益率计算出最小价格,即为投资者可接受的价格.

例 5.12 设有面值 1000 元、名息率 10% 的 15 年美式早赎债券,早赎保护期为 12 年,按面值实施早赎.已知投资者的最小可接受名收益率为 12% 或 8%.

(1) 分别计算该早赎债券的投资者可接受价格;

(2) 如果投资者支付了所有早赎选择的最大价格,计算当发行者选择对其有利的日期(最小价格对应的时刻)实施早赎条款时,投资者的实际收益率;

(3) 如果投资者支付了所有早赎选择的最小价格,计算当发行者选择最大价格对应的时刻实施早赎条款时,投资者的实际收益率.

解 (1) 名收益率为 12% 时的价格公式为

$P = 1000[1+(0.05-0.06)a_{\overline{n}|0.06}]$ 元 $(n=24,25,\cdots,30)$.

经计算,得到价格变化范围:$874.496(n=24) \sim 862.352(n=30)$元.所以,这时的可接受价格为 862.352 元.

名收益率为 8% 时,经计算,得到价格变化范围:$1152.470(n=24) \sim 1172.920(n=30)$元.所以,这时的可接受价格为 1152.470 元.

(2) 在名收益率为 12% 的情况下,若投资者支付的债券价格为 874.496 元,但是发行者选择在 15 年底到期赎回,则投资者的名收益率 $i^{(2)}$ 满足

$$874.496 = 1000\left[1+\left(0.05-\frac{i^{(2)}}{2}\right)a_{\overline{30}|\frac{i^{(2)}}{2}}\right].$$

通过近似计算可得 $i^{(2)} = 11.80\%$,显然低于原收益率 12%.

在名收益率为 8% 的情况下,如果投资者支付的债券价格为

1172.920元,但是发行者选择在12年底早赎,那么投资者的名收益率 $i^{(2)}$ 满足

$$1172.920 = 1000\left[1 + \left(0.05 - \frac{i^{(2)}}{2}\right)a_{\overline{24}|\frac{i^{(2)}}{2}}\right].$$

经计算得 $i^{(2)} = 7.76\%$,显然低于原收益水平 8%.

(3) 在名收益率为 12% 的情况下,若投资者支付的债券价格为 862.352 元,但是发行者选择在 12 年底早赎,则投资者的名收益率 $i^{(2)}$ 满足

$$862.352 = 1000\left[1 + \left(0.05 - \frac{i^{(2)}}{2}\right)a_{\overline{24}|\frac{i^{(2)}}{2}}\right].$$

经计算得 $i^{(2)} = 12.22\%$.

在名收益率为 8% 的情况下,若投资者支付的债券价格为 1152.470 元,但是发行者选择在 15 年底到期赎回,则投资者的名收益率 $i^{(2)}$ 满足

$$1152.470 = 1000\left[1 + \left(0.05 - \frac{i^{(2)}}{2}\right)a_{\overline{30}|\frac{i^{(2)}}{2}}\right].$$

经计算得 $i^{(2)} = 8.21\%$.

例 5.13 设有面值 100 元、名息率 4% 的 15 年期美式早赎债券,早赎保护期为 5 年,具体早赎方案为:第 6~10 年内的任何一个取息日可以用 109 元赎回债券;发行后的第 11~15 年内的任何一个取息日可以用 104.50 元赎回债券;发行后 15 年底以面值兑现. 已知投资者的预期名收益率为 5% 或 3%.

(1) 分别用两种预期收益率计算认购者可接受的发行价格;

(2) 如果投资者支付了所有早赎选择的最大价格,计算当发行者选择对其有利的日期(最小价格对应的时刻)实施早赎条款时投资者的收益率;

(3) 如果投资者支付了所有早赎选择的最小价格,计算当发行者选择最大价格对应的时刻实施早赎条款时投资者的收益率.

解 已知 $r = 2\%$,$g = \dfrac{2 \, 元}{C}$.

先考虑预期收益率为 5% 的情形.

当 n 介于 11 与 20 之间时,有

§5.3 广义债券定价与收益分析   **171**

$g = 1.83\%$, $P = 109[1+(g-0.025)a_{\overline{n}|0.025}]$ 元,
$\max P = 102.05$ 元$(n=11)$, $\min P = 97.62$ 元$(n=20)$;

当 n 介于 21 与 29 之间时,有

$g = 1.91\%$, $P = 104.5[1+(g-2.5\%)a_{\overline{n}|0.025}]$ 元,
$\max P = 94.52$ 元$(n=21)$, $\min P = 91.89$ 元$(n=29)$;

当 $n=30$ 时,有

$P = 100[1+(2\%-2.5\%)a_{\overline{30}|0.025}]$ 元 $= 89.53$ 元.

(1) 投资者可接受的价格为 89.53 元.

(2) 若价格为 102.05 元(最大),且在 $n=30$ 时以面值赎回,则收益率 i 满足

$$102.05 = 100[1+(0.02-i)a_{\overline{30}|i}].$$

解得 $i=1.91\%$,即名收益率为 3.82%.

(3) 若价格为 89.53 元(最小),且在 $n=11$ 时以 109 元赎回,则收益率 i 满足

$$89.53 = 109[1+(0.0183-i)a_{\overline{11}|i}].$$

解得 $i=4\%$,名收益率为 8%.

实际上,在这种情况下,永远有修正息率 g 小于收益率 i,所以债券是折价售出的,兑现的时刻越远,贴水部分的绝对值越大,因此债券价格也越小.

下面考虑预期收益率为 3% 的情形.

当 n 介于 11 与 20 之间时,有

$g = 1.83\%$, $P = 109[1+(g-1.5\%)a_{\overline{n}|0.015}]$ 元,
$\max P = 115.18$ 元$(n=20)$, $\min P = 112.62$ 元$(n=11)$;

当 n 介于 21 与 29 之间时,有

$g = 1.91\%$, $P = 104.5[1+(g-1.5\%)a_{\overline{n}|0.015}]$ 元,
$\max P = 114.52$ 元$(n=29)$, $\min P = 112.17$ 元$(n=21)$;

当 $n=30$ 时,有

$P_3 = 100[1+(2\%-1.5\%)a_{\overline{30}|0.015}]$ 元 $= 112.01$ 元.

(1) 投资者可接受的价格为 112.01 元.

(2) 若价格为 115.18 元(最大),且在 $n=30$ 时以面值赎回,则收益率 i 满足

$$115.18 = 100[1 + (0.02 - i) a_{\overline{30}|i}].$$

解得 $i = 1.38\%$,即名收益率为 2.76%.

(3) 若价格为 112.01 元(最小),且在 $n=20$ 时以 109 元赎回,则收益率 i 满足

$$112.01 = 109[1 + (0.0183 - i) a_{\overline{20}|i}].$$

解得 $i = 1.67\%$,即名收益率为 3.34%.

5.3.3 系列债券

系列债券的价格计算和收益率计算与一次性兑现债券没有本质区别,一般有两种方法:一是分别计算息票收入的现值和兑现值的现值,然后求和;二是分别计算每次兑现的债券的价格,然后对所得结果进行求和(这里最好用 Makeham 公式计算债券的价格).

结论 5.2 设系列债券分 m 次兑现,第 k 次兑现日 n_k 对应的兑现值为 C_k,兑现值的现值(基值)为 $K_k(k=1,2,\cdots,m)$. 如果假定息率和收益率相同,那么对应第 k 次兑现的买价 P_k 为

$$P_k = K_k + \frac{g}{i}(C_k - K_k) \quad (k = 1, 2, \cdots, m).$$

若记

$$P' = \sum_{k=1}^{m} P_k, \quad C' = \sum_{k=1}^{m} C_k, \quad K' = \sum_{k=1}^{m} K_k,$$

则有

$$P' = K' + \frac{g}{i}(C' - K').$$

证明 根据 Makeham 公式立即可得结论.

结论 5.2 给出了系列债券的价格 P' 的一种计算方法,这种债券的实际情况是:首次兑现之前,每次息票收入为 $C'g$,从发行后的某个息票收取时刻 n_1 开始,每次兑现 $C_k(k=1,2,\cdots,m)$,同时按照兑现值的余额领取息票收入. 在系列债券中,投资者收入的实际现金流的时间流程图如图 5-5 所示.

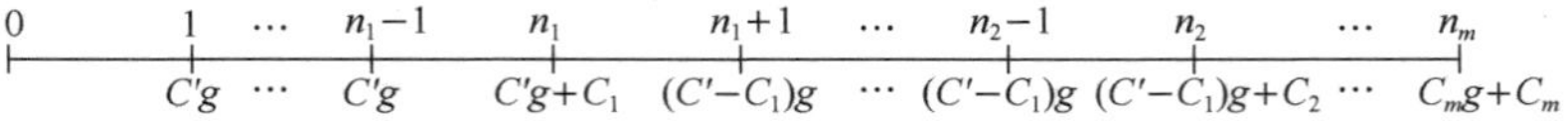

```
0      1    ···   n₁-1    n₁      n₁+1   ···   n₂-1       n₂        ···    nₘ
       C'g        C'g   C'g+C₁  (C'-C₁)g  ···  (C'-C₁)g  (C'-C₁)g+C₂ ···  Cₘg+Cₘ
```

图 5-5

例 5.14 现有面值为 1000 元的系列债券,年息率为 5.25%,并且以 105 元的兑现值在发行后的第 11~20 年每年底分期兑现. 若已知收益率 7%,计算发行价格.

解 已知 $F=1000$ 元, $C_k=105$ 元, $r=0.0525$, $i=0.07$. 若将面额 1000 元的债券理解为 10 个面额 100 元的债券,则有
$$g = (100/105) \times 0.0525 = 0.05,$$
进而有 $C'=1050$ 元及
$$K' = 105(v^{11}+\cdots+v^{20}) \text{元} = 105(a_{\overline{20}|0.07} - a_{\overline{10}|0.07}) \text{元}$$
$$= 105(10.5940 - 7.0236) \text{元} = 374.89 \text{元}.$$
于是债券的发行价格为
$$P' = K' + \frac{g}{i}(C'-K') = 857.11 \text{元}.$$

5.3.4 债券收益率分析

这里考虑在给定债券的发行价格和其他相关条件下,计算债券的收益率. 与前面的讨论类似,在计算收益率时,有时只能考虑近似计算. 如果已知发行价格 P,兑现值 C 和修正息率 g,则可以由债券的基本价格公式反解出收益率(一般情况下只能是近似的数值解). 特别地,如果以面值作为发行价格,则收益率就是息率.

结论 5.3 债券存在唯一的收益率.

证明 为了简化计算,令 $k=\dfrac{P-C}{C}$ 表示折(溢)价比例,那么基本价格公式变为
$$k = (g-i)a_{\overline{n}|i}, \quad \text{即} \quad i = g - \frac{k}{a_{\overline{n}|i}}. \qquad (5.3.3)$$
设 $g(i) = i - g + \dfrac{k}{a_{\overline{n}|i}}$ $(i>0)$,可以证明(此处从略):
$$\lim_{i \to 0^+} g(i) = -g + \frac{k}{n} < 0, \quad \lim_{i \to \infty} g(i) = \infty,$$

且 $g(i)$ 为 i 的连续增函数. 所以必然存在唯一的 i, 使 $g(i)=0$ 成立.

上述证明过程中公式(5.3.3)是收益率计算的基本公式. 特别地, 当 $n=2$ 时, 可以通过求解以下方程得到精确结果:

$$(1+k)i^2 + 2\left(1+k-\frac{g}{2}\right)i + (k-2g) = 0. \quad (5.3.4)$$

一般情况下, 对 $\dfrac{1}{a_{\overline{n}|i}}$ 进行近似计算. 考虑函数

$$f(x) = \frac{x(1+x)^n}{(1+x)^n - 1}$$

在 $x=0$ 附近的性质:

$$\lim_{x \to 0} f(x) = \frac{1}{n}, \quad \lim_{x \to 0} f'(x) = \frac{n+1}{2n}.$$

所以, 有近似公式

$$\frac{1}{a_{\overline{n}|i}} \approx \frac{1 + \dfrac{i}{2}(n+1)}{n},$$

进而有

$$i \approx g - \frac{k}{n}\left[1 + \frac{i}{2}(n+1)\right],$$

即

$$i \approx \frac{g - \dfrac{k}{n}}{1 + \dfrac{k}{2} \cdot \dfrac{n+1}{n}}. \quad (5.3.5)$$

这个式子可以用以下的实际背景来解释: 如果债券的兑现值为 1 个货币单位(单位化), 那么在摊还计算中需要摊还的原始金额为 $(g-i)a_{\overline{n}|i} = k$. 而共计有 n 次取息, 因此平均每次摊还的本金量为 $\dfrac{k}{n}$, 即式(5.3.5)的分子表示每次息票收入摊得的利息收入. 又收益率是利息与期初本金的比值, 而这里每次期初的本金为

$$B_t = 1 + k\frac{n-t}{n} \quad (t = 0, 1, 2, \cdots, n-1),$$

如果对上式所有时刻求和再进行平均, 则有

$$\frac{1}{n}\sum_{t=0}^{n-1} B_t = \frac{1}{n}\sum_{t=0}^{n-1}\left(1 + k\frac{n-t}{n}\right) = 1 + k\frac{n+1}{2n}.$$

因此,公式(5.3.5)可解释为单位时间内利息收入与平均本金之比.

同时,我们可以类比得出 $a_{\overline{n}|i}=k$ 的利率近似解为

$$i \approx \frac{1-\dfrac{k}{n}}{\dfrac{k(n+1)}{2n}} = 2\,\frac{n-k}{k(n+1)}; \qquad (5.3.6)$$

另外,公式(5.3.5)还可以进一步近似为

$$i \approx \frac{g-\dfrac{k}{n}}{1+\dfrac{k}{2}}. \qquad (5.3.7)$$

公式(5.3.7)称为**券商算法**.

当然,上面的公式都是近似公式,较精确的方法还是迭代计算方法.不过上面的结果可以用做迭代初值.下面介绍两种迭代算法:

(1) 直接用公式(5.3.3)有

$$i_{t+1} = g - \frac{k}{a_{\overline{n}|i_t}} \quad (t=0,1,2,\cdots); \qquad (5.3.8)$$

(2) 用 Newton-Raphson 算法有

$$i_{t+1} = i_t\left[1+\frac{g\,a_{\overline{n}|i_t}+v^n-\dfrac{P}{C}}{g\,a_{\overline{n}|i_t}+(i_t-g)nv^{n+1}}\right] \quad (t=0,1,2,\cdots),$$

$$(5.3.9)$$

其中 $v=(1+i_t)^{-1}$.

例 5.15 设有面值 100 元的 10 年期债券,半年换算名息率为 8%,按 90 元折价发行.计算半年换算名收益率.

解 已知 $k=-0.1$.

(1) 若采用券商算法,则有

$$i = [0.04+0.1/20]/[1+0.5(-0.1)] = 0.0474,$$

即所求名收益率约为 9.48%.

(2) 若采用更精确的公式(5.3.5),则有

$$i = [0.04+0.1/20]/[1+(21/40)(-0.1)] = 0.0475,$$

即所求名收益率约为 9.50%.

(3) 以 $i_0=0.0475$ 作为初值,用公式(5.3.8)进行迭代,有

$$i_1 = 0.04786, \quad i_2 = 0.04788, \quad i_3 = 0.04788,$$
即所求名收益率约为 9.576%.

(4) 以 $i_0 = 0.0475$ 作为初值,用 Newton-Raphson 算法(公式 (5.3.9))进行迭代,有
$$i_1 = 0.04788, \quad i_2 = 0.0478807, \quad i_3 = 0.0478807,$$
即所求名收益率约为 9.57614%.

由上述结果可见,近似公式(5.3.5)的效果比券商算法效果好.

例 5.16 如果例 5.15 中的债券是在 3 月 1 日发行的,且假定半年换算名收益率为 10.2694%,计算该债券在两年后的 5 月 15 日的市场价格.

解 首先,该债券在两年后的 3 月 1 日的市场价格为
$$100[1 + (g-i)a_{\overline{n-t}|i}] \text{元}$$
$$= 100[1 + (0.04 - 0.051347)a_{\overline{16}|0.051347}] \text{元}$$
$$= 100(1 - 0.011347 \times 10.7346) \text{元} = 87.8194 \text{元}.$$

从 3 月 1 日到 5 月 15 日共有 75 天,而从 3 月 1 日到 9 月 1 日共有 184 天,于是用半理论法计算,得到在 5 月 15 日的市场价格为
$$87.8194(1+0.051347)^{\frac{75}{184}} \text{元} - \frac{75}{184} \times 4 \text{元} = 87.9998 \text{元}.$$

§5.4 实例分析

本章前面几节的讨论主要是围绕中长期债券的价值计算进行的. 在资本市场中,除了债券产品还有一大类非常活跃的资产——股权资产. 本节的前两部分将简单介绍股权资产的基本特征.

5.4.1 优先股票和永久债券

优先股票是一类性质与债券类似的股权资产,其拥有者可以定期得到固定的回报. 这种定期的收益一般称之为**红利**. 但是,与债券不同的是,优先股票不是债务产品,所以它的持有者对股票的权益是部分的拥有;而债券持有者是所发行的债务的债权人,对这部分债券拥有完整的权利. 一般情况下,优先股票没有到期日,但是市场上偶

尔也会见到带赎回日的优先股票.

从持有资产的安全性考虑,优先股票的安全性仅次于债券等债务产品,因为对债权人的所有支付必须优先于股票的分红.但是,优先股票的安全性高于后面提到的普通股票.

如果将优先股票的兑现日看做未来的无穷点,那么,它在形式上与永久债券相同,都是拥有固定的永久收入.因此,它们的价格完全由它们的未来现金流红利收入(优先股票)或息票收入(永久债券)所决定.实际上,如果将未来的现金流统一用 Fr 表示,则优先股票和永久债券的收入形成了金额为 Fr 的永久年金.所以,在利率 i 的环境下,由第二章的式(2.1.7)得到它们的现值(价格)为

$$P = \frac{Fr}{i}. \tag{5.4.1}$$

5.4.2 普通股票

普通股票是一种收益型证券,这一点与优先股票相同,但是它不像优先股票那样有固定的分红比率.普通股票必须在清偿所有债券的利息和其他债务以及优先股票的分红完成之后才能参与分红.因此,红利水平具有较大的不确定性.因为普通股票的红利不确定,所以与债券或优先股票比较,它的价格也是多变的.但是,优先股票分红后的剩余利润完全属于普通股票的持有者.从这个意义上讲,普通股票可能有高于优先股票的红利.

普通股票的价格一般分为如下两种:

1. 股票上市时的价格

股票上市时的价格(也称**发行价格**或**理论价格**),它的值由今后可能的分红与收益率决定.有时称这种价格计算方法为**分红贴现模型**.如果假定首次(或当前的)分红为 D,然后以 k 的比例逐年增加(或减少),且收益率为 i,那么发行价格(理论价格)为

$$P = \frac{D}{i-k} \quad (-1 < k < i). \tag{5.4.2}$$

进一步也可以考虑分红比例有变化的情形.实际上,当企业经营了一段时间后,一般企业的盈利水平会相对稳定,因此分红比例也会稳定

下来. 所以, 这种价格是易于计算的.

例 5.17 某普通股票每股当前收益 4 元, 计划年底每股分红 2 元. 如果假定企业的利润以年 5% 的比例持续增加, 而且企业计划将收入的 50% 对普通股股东分红, 分别按年收益率 10%, 8% 和 6% 计算该股票的理论价格.

解 该股票的首次分红 D 为 2 元, 随后的年增比例 k 为 5%.

(1) 当收益率 i 为 10% 时, 由公式(5.4.2)得所有分红的现值为
$$\frac{2}{0.10-0.05} \text{元} = 40 \text{元}.$$
可见, 这时股票的理论价格 40 元是当前收益 4 元的 10 倍.

(2) 当收益率 i 为 8% 时, 由公式(5.4.2)得所有分红的现值为
$$\frac{2}{0.08-0.05} \text{元} = 66\frac{2}{3} \text{元}.$$
可见, 这时股票的理论价格是当前收益的 50/3 倍.

(3) 当收益率 i 为 6% 时, 由公式(5.4.2)得所有分红的现值为
$$\frac{2}{0.06-0.05} \text{元} = 200 \text{元}.$$
可见, 这时股票的理论价格是当前收益的 50 倍.

例 5.18 如果例 5.17 中前 5 年的收入增长比例为 5%, 第二个 5 年的比例为 2.5%, 然后收入固定, 同时假定年收益率为 10%, 计算该股票的理论价格.

解 前 5 年的分红形成了 5 年期比例变化年金, 由公式(2.3.12)得到现值为
$$\frac{2\left[1-\left(\frac{1+0.05}{1+0.10}\right)^5\right]}{0.10-0.05} \text{元} = 8.30 \text{元}.$$
按照类似的方法得第二个 5 年分红的现值为
$$(1+0.10)^{-5} \times 2 \times (1+0.05)^4 \times (1+0.025)$$
$$\times \frac{\left[1-\left(\frac{1+0.025}{1+0.10}\right)^5\right]}{0.10-0.025} \text{元} = 6.14 \text{元}.$$
而 10 年后所有分红的现值为

$$(1+0.10)^{-10} \times 2 \times (1+0.05)^4 \times (1+0.025)^5 \times \frac{1}{0.10} 元$$
$$= 10.60 元.$$

上面所有价格之和为 25.04 元,即为所求的理论价格.

2. 股票市场价格

股票市场价格是随着股票进入二级市场后的买卖情况而随时波动的,因此,它的计算常常需要采用特殊的方法. 另外,这种股票市场中的收益率与股票持有者的买卖策略有直接的紧密联系,很难用分红等长期的确定收益来衡量.

5.4.3 其他实例

例 5.19 世界银行所属的国际金融公司于 1998 年 4 月 1 日开始在香港发行 3 亿港元的 2 年期债券,年息率为 8.18%,以面值的 99.67% 折价出售. 计算该债券的年收益率 i.

解 已知 $g=8.18\%$,折价比 $k=-0.33\%$. 由公式(5.3.3)有
$$i = 8.18\% + \frac{0.33\%}{a_{\overline{2}|i}},$$
于是 $99.67i^2 + 191.16i - 16.69 = 0$,即 $i = 8.366\%$. 可见 $i > g$.

例 5.20 现有 10 年期面值 100000 元的年金债券,每半年收回 $\dfrac{100000}{a_{\overline{20}|0.05}}$ 元. 若认购人的预期收益率为 $i^{(2)} = 12\%$,计算该债券的认购价格和前两年的摊还本金量与利息量.

解 债券的认购价格为
$$\frac{100000}{a_{\overline{20}|0.05}} a_{\overline{20}|0.06} 元 = 92037.63 元.$$

每半年收回 $\dfrac{100000}{a_{\overline{20}|0.05}} 元 = 8024.26$ 元,前两年的摊还本金量与利息量如表 5-6 所示.

表 5-6 摊还本金量和利息量

时间/半年	1	2	3	4
本金量/元	3024.26	3175.47	3334.25	3500.96
利息量/元	5000.00	4848.79	4690.01	4523.30

例 5.21 现计划按照半年换算名息票率 5% 发行面值为 100 元的 3 年期债券,而目前市场已有如表 5-7 所示的零息票债券信息. 试利用此市场信息计算该债券的发行价格.

表 5-7 零息票债券信息

期限/年	0.5	1.0	1.5	2.0	2.5	3.0
半年名利率/%	2.25	2.50	3.00	3.50	4.00	4.50

解 这个计划发行的债券的未来现金流为每半年 2.5 元,第 3 年底 102.5 元. 所以,这个债券相当于 6 个期限不同的零息票债券. 根据题目的已知条件,这 6 个债券的价格分别为

$$2.5(1+0.0225/2)^{-1} \text{元} = 2.47 \text{元},$$
$$2.5(1+0.025/2)^{-2} \text{元} = 2.44 \text{元},$$
$$2.5(1+0.03/2)^{-3} \text{元} = 2.36 \text{元},$$
$$2.5(1+0.035/2)^{-4} \text{元} = 2.37 \text{元},$$
$$2.5(1+0.04/2)^{-5} \text{元} = 2.26 \text{元},$$
$$102.5(1+0.045/2)^{-6} \text{元} = 89.69 \text{元},$$

最后加和后的总价格为 101.594 元,即为所求的发行价格.

例 5.22 表 5-8 的数据为 2004 年 12 月 6 日上海证券交易所的国债示例(表中的当前价值为收盘价). 按这些数据计算这些债券的年实际收益率.

表 5-8 上海证券交易所的国债示例

债券名称	剩余期限/年	票面利率/%	面值/元	当前价值/元
04 国债(1)	0.270	0.00	100	99.36
96 国债(6)	1.521	11.83	100	113.90
99 国债(8)	4.795	3.30	100	94.20
04 国债(4)	6.466	4.89	100	100.51
02 国债(13)	12.787	2.60	100	77.47
21 国债(7)	16.648	4.26	100	91.33

数据来源:天相投资分析系统.

解 显然以上的 6 个债券在 2004 年 12 月 6 日的剩余期限都不是整数,所以需要调整为年收益率,具体计算方法如下:

04 国债(1)的实际年收益率 i 满足

$$99.36(1+i)^{0.27} = 100.$$

解得 $i=2.4\%$.

96 国债(6)的实际年收益率 i 满足

$$113.9 = 11.83(1+i)^{-0.521} + 111.83(1+i)^{-1.521}.$$

解得 $i=5.95\%$.

99 国债(8)的实际年收益率 i 满足

$$94.2 = (1+i)^{-0.795}(3.3 + 3.3\,a_{\overline{4}|i} + 100v^4).$$

解得 $i=4.85\%$.

04 国债(4)的实际年收益率 i 满足

$$100.51 = (1+i)^{-0.466}(4.89 + 4.89\,a_{\overline{6}|i} + 100v^6).$$

解得 $i=5.28\%$.

02 国债(13)的实际年收益率 i 满足

$$77.47 = (1+i)^{-0.787}(2.6 + 2.6\,a_{\overline{12}|i} + 100v^{12}).$$

解得 $i=5.10\%$.

21 国债(7)的实际年收益率 i 满足

$$91.33 = (1+i)^{-0.648}(4.26 + 4.26\,a_{\overline{16}|i} + 100v^{16}).$$

解得 $i=5.18\%$.

所以,更新后的债券收益信息如表 5-9 所示.

表 5-9 更新后的债券收益信息

债券名称	实际年收益率/%	剩余期限/年	票面利率/%	面值/元	当前价值/元
04 国债(1)	2.40	0.270	0.00	100	99.36
96 国债(6)	5.95	1.521	11.83	100	113.90
99 国债(8)	4.85	4.795	3.30	100	94.20
04 国债(4)	5.28	6.466	4.89	100	100.51
02 国债(13)	5.10	12.787	2.60	100	77.47
21 国债(7)	5.18	16.648	4.26	100	91.33

练 习 题

§5.1 固定收益证券的类型和特点

1. 已知某 10 年期零息票债券兑现值为 1000 元.

(1) 试对收益率为 10% 和 9% 分别计算当前价格;

(2) 如果收益率下调 10%,计算债券价格上涨的百分比.

2. 已知 26 周的短期国债发行价格为 9600 元,到期兑现 10000 元.

(1) 按短期国债计算天数的典型方法计算贴现率;

(2) 假定投资期恰为半年,计算年收益率.

3. 已知短期国债的贴现收益率均为 8%. 计算 52 周短期国债与 13 周短期国债的债券等价收益率之比.

§5.2 债券基本定价

4. 某 10 年期、面值 100 元的债券半年换算名息率为 10%,到期兑现 105 元. 如果半年换算名收益率为 8%,计算债券的买价.

5. 由债券价格计算公式给出以下导数的计算公式,并解释其含义:

(1) $\dfrac{\partial P}{\partial i}, \dfrac{\partial P}{\partial n}$ 和 $\dfrac{\partial P}{\partial g}$; (2) $\dfrac{\partial n}{\partial P}$ 和 $\dfrac{\partial n}{\partial g}$.

6. 现有两种面值 100 元、半年换算名息率 8% 的债券均以面值出售,其中第一种债券在 5 年后到期,第二种债券在 10 年后到期,且两者兑现值均为面值. 如果市场利率突然上升至半年换算名利率 10%,分别计算两种债券的价格变化百分比,并对你的结果给出一般的解释.

7. 现有两种面值 1000 元、半年实际收益率 4% 的债券,它们期限相同,且均以面值兑现. 已知第一种债券的半年实际息率为 5%,价格为 1136.78 元. 如果第二种债券的半年实际息率为 2.5%,计算第二种债券的价格.

8. 设有面值 1000 元的债券,半年换算名息率为 9%,经过一定时间后以 1125 元兑现. 已知半年换算名收益率为 10%,依此计算的兑现值的现值为 225 元. 计算该债券的价格.

9. 某 n 期债券面值为 1000 元,以面值兑现,每年息票为 100 元,买价为 1110 元. 如果兑现值的现值 $K=450$ 元,计算基值 G.

10. 某人现有面值 1000 元的 10 年期债券,其中半年换算名息率为 10%,名收益率为 7%,且债券以面值兑现. 若以相同的收益率和价格考虑购买半年换算名息率 6% 且以面值兑现的 8 年期债券，计算该 8 年期债券的面值.

11. 设有面值 1000 元的 n 年期债券，以面值兑现，半年换算名息率为 12%. 已知该债券以半年换算名收益率 10% 认购，且若债券的期限延长一倍，则认购价增加 50 元. 计算该 n 年期债券的认购价 P.

12. 已知一个标准货币单位债券的息率为收益率的 1.5 倍，溢价差为 p. 另有一个期限相同的标准货币单位债券，其息率为收益率的 75%. 计算其价格.

13. 已知某定期债券的溢价差为 5 元，实际利息收入占息票的 75%. 计算其息票值.

14. 某 10 年期半年付息票的债券按半年换算名收益率 9% 认购. 已知倒数第 2 次息票中折价差部分的金额为 8 元. 计算摊还表中前 4 年折价累积额的总和.

15. 现有面值 1000 元的 5 年期债券，其半年换算名息率为 10%，按面值兑现，以半年换算名收益率 12% 折价认购. 计算摊还表中利息部分的和.

16. 用直线法分别计算表 5-4 和表 5-5 的债券账面价值.

17. 证明: $B_{t+k}^f = (B_{t+1} + Fr)v^{1-k}$.

18. 运用三种方法计算表 5-5 中债券在认购两个月后的平价、应计息票和市场价格.

§5.3 广义债券定价与收益分析

19. 已知面值 100 元的 12 年期债券，其半年换算名息率为 10%，认购价为 110 元. 计算该债券半年换算名收益率.

20. 如果第 19 题中的债券的息票收入只能以半年换算名利率 7% 进行再投资，重新计算其收益率.

21. 现有两种 20 年期债券: 每半年付息票一次，以面值兑现，收益率相同. 又已知第一种债券面值为 500 元，息票为 45 元；第二种债券面值为 1000 元，息票为 30 元. 如果第一种债券的溢价差为第二种债券折价差的两倍，计算两种债券的半年换算名收益率.

22. 设有面值 100 元的债券，每年付息票，15 年后按面值兑现.

已知当收益率比息率高 1% 时,该债券的认购价格为 92 元. 计算其收益率.

23. 设有面值 100 元、半年换算名息率 10% 的债券,在第一次息票领取之后的价格为 110 元. 如果剩余的息票领取次数分别为 2,5,10,20 和 30,计算其半年换算名收益率.

24. 设有面值 1000 元的早赎债券,半年换算名息率为 8%,在认购后 10~15 年按面值兑现. 分别对半年换算名收益率 6% 和 10% 两种情况计算该债券的价格.

25. 如果第 24 题中第二种情况的债券实际上在第 10 年底赎回,计算其实际收益率.

26. 某面值 1000 元的债券,季换算名息率为 8%,可以在发行后第 5 年开始赎回. 如果该债券在第 10 年底以面值兑现,认购价格可以保证季换算名收益率为 6%. 为了保证相同的收益率,计算债券在第 5 年底赎回时的价值.

27. 某 10 年期面值 1000 元的债券,半年换算名息率为 4%,可以在第 4~6 年底以 1050 元提前赎回,在第 7~9 年底以 1025 元提前赎回,第 10 年底到期时以面值兑现. 为了保证该债券半年换算名收益率为 5%,计算投资者可接受的最高认购价格.

28. 某面值 1000 元的债券,半年换算名息率为 6%,可以在发行后的前 5 年内提前以面值赎回,在早赎条款下以保证半年换算名收益率为 7% 的价格发行. 如果 10 年后兑现,为了仍然保证 7% 的收益率,兑现值为 1000 元 + X. 计算 X.

29. 设有面值 10000 元的系列债券,在未来 5 年内,每半年兑现 1000 元本金,每半年以名利率 12% 按余额付利息一次. 若该债券半年换算名收益率为 8%,计算可接受的认购价格.

30. 某面值 10000 元的系列债券,在发行后第 6~25 年每年底兑现 500 元本金,以年利率 6% 每年按余额付利息一次. 如果以年收益率 10% 进行投资,计算可以接受的认购价格.

31. 某面值 100000 元的系列债券在发行后按以下方式兑现:第 5,8 和 11 年底兑现 10000 元本金;第 14 和 17 年底兑现 20000 元本金;第 20 年底兑现 30000 元本金. 已知该系列债券的收益率为息率的 1.25 倍(两者均为半年换算名义值),用年金现值符号表示这个系列债券的现值.

32. 某面值 78000 元的系列债券以年利率 4% 计算利息,并从发行的第 5 年底开始兑现本金:第 5 年底 12000 元,第 6 年底 11000 元,依此类推,直至全部兑现.为了保证 5% 的年收益率,计算债券的认购价格.

33. 已知 10 年期平价债券的半年换算名息率为 12%,面值为 1000 元,兑现值为 1050 元.试用券商算法计算该债券半年换算名收益率.

34. 某 10 年期、面值 1000 元的债券,到期以面值兑现,其季换算名息率为 8%,半年换算名收益率为 6%.计算该债券的认购价格.

35. 某面值 100 元的 n 年期债券,到期以 105 元兑现,其半年换算名息率为 4%,年收益率为 i. 如果该债券价格可以表示为 $(Av^n+B)/i^{(2)}$,计算 A 和 B.

36. 某面值 1000 元的 20 年期债券,到期以面值兑现,前 10 年年息率为 5%,后 10 年年息率为 4%. 如果该债券以收益率 $i^{(4)}$ 认购,给出认购价格的表达式.

37. 某 10 年期债券每年的息票为 10 元,9 元,8 元,$\cdots$,1 元,到期兑现 100 元. 如果该债券认购的收益率为 i,给出以下量的表达式:

(1) 第 5 次息票收入中的利息量;

(2) 第 5 次息票收入中的账面价值摊还量.

38. 某面值 100 元的债券,半年实际息率为 3%,兑现方式为:第 9 年底兑现 51 元;第 10 年底兑现 50 元. 证明:该债券的认购价格可以表示为

$$6\,a^{(2)}_{\overline{10}|}\ \text{元} + (101 + 51i - 3\,s^{(2)}_{\overline{1}|})v^{10}\ \text{元}.$$

§5.4 实例分析

39. 某种优先股票第 1 年底分红 10 元,然后每年以 5% 比例递增. 如果收益率 $i=12\%$,这相当于每年平均分红额为多少?

40. 某普通股票每年底分红,已知上一年底每股利润为 6 元,以后每年以 8% 比例递增,同时在今后 5 年内红利在利润中所占的比

例为 0，然后保持为 50%. 如果投资收益率为 15%，计算股票的理论价格.

41. 某普通股票的认购价格为当前利润的 10 倍，在前 6 年尽管利润以 6% 的比例增长，但是股票认购人不参加分红. 如果在第 6 年底股票以利润 15 倍的价格售出，计算投资者的年收益率.

42. 某养老基金在 5 年前投资 1000000 元购买公司债券：每份面值 1000 元，期限 20 年，年息率 4%，共计 1000 份；另投资 1000000 元于某种优先股票：每股面值 100 元，年红利 6%，共计 10000 股. 目前市场情况为：每份债券价格为 900 元，股票每股价格为 115 元. 按照以下几种情况，计算该养老基金目前的资产总额：

(1) 按市场价值计算；

(2) 按账面价值计算；

(3) 债券按账面价值计算，股票按市场价值计算；

(4) 所有资产按收益率 5% 的现值计算.

43. 设面值 1 元的债券在发行后的第 11~25 年每年底付息票 g，在第 25 年底兑现 1 元，收益率为 i. 若修正后的 Makeham 公式为 $K' + \frac{g}{i}(C' - K')$，试给出 K' 和 C' 的表达式.

44. 设有面值 100 元的 12 年期债券，其连续息率为 9%. 如果年收益率 i 对应的连续利息力为 δ，试用 δ 表示该债券的认购价格.

45. 设面值 1 元的债券认购价格为 1 元 + p. 如果息率减少一半，则债券价格变为 1 元 + q；如果息率加倍，则债券价格变为 1 元 + $Ap + Bq$. 计算 A 和 B.

46. 某企业发行 5 年期、年息率 6% 的债券，年收益率为 4%. 如果该企业计划发行另一种年息率 5% 的债券以替换前者，在收益率不变的条件下，后一种债券的期限为多少？

47. 某面值 1000 元的 20 年期债券每年付息，且第 20 年兑付的利息等于同期本金调整量的 70%. 如果息率比收益率多 3 个百分点，计算债券的最初认购价格.

48. 设有面值 1000 元的 20 年期债券，其半年换算名息率为 8%，认购价格为 1014 元. 如果息票收入可以再投资于半年换算名利率 6% 的项目，计算认购者的年收益率.

49. 现有甲、乙两种面值 1000 元的 n 年期息票债券,以相同的收益率定价. 已知甲债券半年换算名息率为 14%,买价为 1407.76 元;乙债券半年换算名息率为 12%,买价为 1271.80 元. 计算当甲、乙两债券的收益率都降低 1 个百分点时,甲、乙两种债券自身价格的变化率(新、旧价格之差与旧价格之比).

50. 已知某公司在 1985 年 5 月 1 日以 5% 的年收益率和 5.375% 的年息率发行债券,计划于 2000 年 5 月 1 日以 1.1 倍的面值兑现. 计算从 1990 年 5 月 1 日—1991 年 5 月 1 日的一年中对账面价值的上调量(以面值为单位).

第六章　实际应用

本章将讨论前面几章未涉及的利息计算的实际应用问题,但仍然主要围绕与计算有关的问题和方法.本章首先讨论一类非常重要的金融产品——**抵押贷款**(俗称**抵押按揭**,或简称**按揭**)中的基本计算问题;然后讨论在固定资产(如不动产)投资中的计算问题,主要是常用的固定资产折旧分析方法;随后讨论融资分析中常用的资本化成本分析,这也是资本预算分析的主要工作之一;最后,简单介绍一些特殊的金融投资操作和金融衍生产品的基本计算方法以及一些利息计算的实例.

§6.1　抵押贷款分析

商业贷款和消费贷款是一般企业经营活动和个人消费的主要融资方式,也是目前我国商业银行资产的重要组成部分.在发达的资本市场中,这些贷款可能会通过某种渠道进入资本市场,而资本市场的债务产品又可分为两大类:一类为国债和企业债券;另一类是各种形式的贷款,特别是消费贷款支持的资产证券化产品.第一类债务作为资本市场产品出现是自然而历史久远的;第二类债务则相对复杂、形式多样,不易形成标准的产品进行分析和交易.从现金流的角度看,两类产品最大的区别是:债券多为定期付利息,到期一次性偿还本金;贷款多为本金、利息同时逐期偿还.采用两种形式的主要原因是两类债务的信用程度的差异,前者一般信用较高,本金的支付量和支付时间都没有太多的信用风险;后者则不同,消费贷款大多为抵押贷款形式,而抵押贷款的借款一方是广大的消费者,他们在正常还贷和提前还款方面的表现是各式各样的,也可以说信用风险的表现很复杂,很难用规范标准的模式代表.

尽管存在上述的背景,抵押贷款分析中仍然有很多基本的计算问题. 本节将讨论其中有代表性的计算问题.

6.1.1 诚实贷款原则

对于消费信贷机构和商业银行,其最常见的计算应用是消费和商业信贷业务的利息计算.

在历史上,最初的贷款利息计算方法是非常直观的,在 19 世纪之前,常用的方法是所谓的**商人计息法**:以单利方式将贷款本利和还款本利累积到贷款期限结束时刻,然后计算未结利息和本金. 这个方法实质上就是单利计算,对于短期业务比较适用,但是对于长期贷款则可能会出现不合逻辑的结果(见例 6.1).

例 6.1 某 1000 元的 2 年期贷款,年利率为 9%. 如果第 1 年底还款 1085.00 元,问:若采用商人计息法,第 2 年底应还多少?

解 设第 2 年底应还款额为 K,用商人计息法,在第 2 年底有
$$1000(1+2\times 9\%)\text{元} = 1085.00(1+9\%)\text{元}+K,$$
即
$$1180\text{元}=1182.65\text{元}+K,$$
也即
$$K=-2.65\text{元}.$$
这样,借款人(债务人)变成了贷款人(债权人). 而实际上,第 1 年底的 1085.00 元还款并没有还清当时的应计本利之和.

针对这种问题才产生了一种新的算法,即所谓的**美国计息法**,它源自美国高等法院对一个案子的判决:借款一方的任何一次还款都应该首先用于偿还应计的利息(单利方式计算),如果还有剩余,再用来扣除贷款余额. 先偿还应计利息这一点与摊还和复利方式是一致的. 但是要注意,美国计息法在每次计算利息时,是以单利方式计算的. 如果用美国计息法考虑例 6.1,那么第 1 年底的贷款余额为 $1000\text{元}-(1085.00-1000\times 9\%)\text{元}=5\text{元}$,于是第 2 年底的还款至少应该为 $5(1+9\%)\text{元}=5.45\text{元}$. 这样就解决了例 6.1 出现的问题. 这个方法的要点是:

(1) 无论分期付款在何时进行都要进行利息结算,所以大多数情况下美国计息法与复利方法或者称精算方法是一致的;

(2) 因为结算方式为单利,所以最初约定的贷款利率在实际结算时的作用往往相当于单利率(见例 6.2);

（3）在分期付款的金额不足以支付当期的应计利息时，并不改变贷款余额（这点与复利方式不同，因复利方式是将不足部分加到贷款余额中，从而实际增加了贷款的余额）.

如果在例 6.1 中第 2 年的 8 月底增加了一次还款，但是只偿还 0.2 元，不足以支付当期的应计利息 $5 \times \frac{2}{3} \times 9\%$ 元 = 0.3 元，那么，依照美国计息法的要求（3），不足的部分 (0.3−0.2) 元 = 0.1 元也不用增加贷款余额，即这时的贷款余额仍然为 5 元. 于是在第 2 年底只需要偿还 $5 \times \left(1 + \frac{1}{3} \times 9\%\right)$ 元 = 5.15 元. 这时全年的总还款额为 (0.2+5.15) 元 = 5.35 元，将少于上面计算的年底一次偿还的金额 5.45 元. 这是美国计息法的不当之处，也是与摊还和复利方式不一致的地方.

例 6.2 某人借款 1000 元，利率为 10%，12 个月内还清. 若借款人在第 3 个月底还 200 元，在第 8 个月底还 300 元，分别用下列方法计算其第 12 个月底应还的金额：

（1）商人计息法； （2）美国计息法； （3）复利方式.

解 （1）在第 12 个月底应还的金额为

$$1000(1+10\%) \text{元} - 200\left(1 + \frac{3}{4} \times 10\%\right)\text{元}$$
$$- 300\left(1 + \frac{1}{3} \times 10\%\right)\text{元} = 575.00 \text{ 元}.$$

（2）在第 3 个月底的应计利息为

$$1000 \times \frac{1}{4} \times 10\% \text{ 元} = 25.00 \text{ 元},$$

因此，在第 3 个月底还的 200 元中有 25 元用于偿还利息，剩余的 175 元用于偿还本金. 这时的贷款余额为 1000 元 − 175 元 = 825 元. 在第 8 个月底的应计利息为 $825 \times \frac{5}{12} \times 10\%$ 元 = 34.38 元，因此，在第 8 个月底还的 300 元中有 34.38 元用于偿还利息，剩余的 265.62 元用于偿还本金. 这时的贷款余额为 825 元 − 265.62 元 = 559.38 元，于是在第 12 个月底的贷款余额，即应还的金额为

$$559.38\left(1+\frac{1}{3}\times 10\%\right)元 = 578.03 元.$$

(3) 在第 12 个月底应还的金额为

$$1000(1+10\%)元 - 200(1+10\%)^{3/4}元$$
$$- 300(1+10\%)^{1/3}元 = 575.50 元.$$

1968 年由美国国会通过的**消费信贷保护法案**是一项里程碑式的联邦立法,它建立各种规则,规定了贷款人在同借款人进行贷款交易时必须公开的一些信息(如规定必须将贷款年利率、可能付出的总成本和任何特殊的贷款条件告知借款人).这个法案中的第一条就是著名的**诚实贷款法案**,所以有时也将此法案简称为**诚实贷款法案**.这一法案由联邦储备银行实施,是消费信贷的基本法案,它指导着各种消费信贷的进行.所以,在进行消费信贷利息的计算之前,必须首先了解这个法案.下面说明该法案中一些与计算有关的条款和要求.

这个法案在实施时要求计算两个重要的指标:

(1) **融资费用**,指包括利息在内的由消费者为取得消费贷款而支出的所有费用.根据诚实贷款法案规定,融资费用必须事先明确告知客户.

(2) **年百分率**(常简称 APR),指用来表示消费者所支付的平均贷款成本的百分比.根据联邦诚实信贷法案的要求,每个消费贷款协议都必须醒目地标出年百分率.

实际上,在贷款之初,借款人为获得贷款必须付出一些固定的费用,例如:与贷款金额成比例的一部分费用(一般用点数表示),以及所有业务必须支出的固定费用(贷款手续费、服务费、信贷报告费和信用保险费等).在诚实贷款法案中规定的融资费用包括所有的应付利息,同时也包括前面所列费用的一部分(不一定是全部),具体要求由联邦储备委员会负责解释.

诚实贷款法案特别指出要采用**精算方法**计算 APR,也就是要采用复利方式的计算,而且还要用摊还表的方法将每次的分期还款分解为本金部分和利息部分.特别要注意的是,具体业务中的 APR 一般是用名利率方式标出的,它的换算周期对应于实际的还款周期.例如:两种贷款项目都标出"APR=12%",一种是按月还贷,另一种是按季还贷,那么,这两种贷款的实际贷款利率是不同的,第一种情况 $i^{(12)}=12\%$,对应于 $i=12.68\%$;第二种情况 $i^{(4)}=12\%$,对应于 $i=12.55\%$. 所以,不能直接用 APR 来比较贷款利率,还必须考察还贷周期. 在这个法案中,还贷周期称为**单位时间**.

诚实贷款法案还要求区分限额信贷和非限额信贷. 非限额贷款的实际背景为循环放款账户和信用卡等,是一种不定期的放款账户,一次性签订借款合同,在规定的时间内可多次借款,逐笔归还,定期结算的余额要支付融资费. 同时,它也代表这样一种约定:在规定的时期内(通常为一年),借款额不能超过约定的上限,且银行对这部分借款收取一定的费用. 从这个意义上讲,它也称为**开口信贷**. 对于开口信贷,只需在每次结算时计算融资费用即可,所以 APR 是未结贷款余额应付的名利率. 例如:某信用卡公司每月底对用户账面的余额按照 1.75% 计算当月利息,但是如果用 APR 表示则为 APR=21%. 而限额贷款顾名思义是贷款金额事先确定的贷款,也是最常见的贷款方式,它一般是以分期付款方式进行贷款的偿还.

下面开始介绍诚实贷款法案在一般的贷款业务中的应用. 首先引入下面的记号:

L ——贷款金额; $\qquad$ K ——融资费用;

R ——每次分期付款金额; $\qquad$ m ——每年的付款次数;

n ——贷款期限内总的付款次数; $\qquad$ i ——APR;

j ——每个付款周期的实际利率.

由上述记号的定义,容易得到下面的结论 6.1.

结论 6.1 在一般的贷款业务中,下列的关系式成立:

(1) $R a_{\overline{n}|j}=L$;

(2) $i=mj$;

(3) $K=nR-L$ 或 $\dfrac{K+L}{n}a_{\overline{n}|j}=L$.

在这里,可以用如下两个量表示融资(贷款)成本:APR 和 $\dfrac{K}{L}$ (称为**融资比**). 在大多数情况下,这两个量都度量了贷款的成本,但一般更侧重用 APR 来衡量贷款成本,因为 APR 不受期限和还款频率的影响,见例 6.3.

例 6.3 设 10000 元的 1 年期消费贷款每月偿还 860 元. 计算和分析该贷款的成本.

解 融资费用为
$$K = (12 \times 860 - 10000) \text{元} = 320 \text{元}.$$
如果用 j 表示每月的实际贷款利率,则有
$$860\, a_{\overline{12}|j} = 10000, \quad 即 \quad a_{\overline{12}|j} = 11.6279.$$
通过适当的数值计算,有
$$j \approx 0.5\%, \quad 即 \quad \text{APR} \approx 6\%.$$
也就是说,贷款年百分率为 6%;而另一方面,这个项目的融资费用 320 元占贷款额 10000 元的比例仅仅为 3.2%,看上去远远低于贷款年百分率. 该如何解释这种差异呢?该项目的贷款成本究竟应该如何度量呢?实际上,融资比虽然也在一定程度上反映了贷款的成本,但是,融资比也有一定的局限性,它可能无法区分不同的还款方式. 假定在本例中保持总的还款额 10320 元不变,如果还款的方式改为第 1 个月底一次还清,融资比仍然为 3.2%,月实际利率为 3.2%,对应的年百分率为 $12 \times 3.2\% = 38.4\%$;如果还款方式改为年底一次还清,那么融资比仍然为 3.2%,而年百分率为 3.2%. 显然,在这两种还款方式下借款人的成本是不同的,直观上看前一种要比后一种高很多. 所以,用年百分率表示贷款成本更为合理.

例 6.4 某人需要融资购买 20000 元的新车. 分销商考虑如下的两年逐月分期付款方式:

方式 A:APR 为 8%;

方式 B:APR 为 10%,同时按当前价格优惠 8%.

试分析两种方式的差异.

解 (1) 比较两种方式的月还款额.

若选择 A,则每月的还款额为
$$R_{\text{A}} = \frac{20000}{a_{\overline{24}|\frac{0.08}{12}}} \text{元} = \frac{20000}{22.1105} \text{元} = 904.55 \text{元};$$

若选择 B,则每月的还款额为
$$R_{\text{B}} = \frac{20000(1-0.08)}{a_{\overline{24}|\frac{0.1}{12}}} \text{元} = \frac{18400}{21.6709} \text{元} = 849.07 \text{元}.$$

从月还款看,方式 B 的购买成本要低于方式 A 的购买成本.

(2) 比较两种方式的融资费用.

若选择 A,则融资费用为
$$K_A = 24 \times R_A - 20000 \text{ 元} = 1709.2 \text{ 元},$$
即融资比例为 8.55%.

若选择 B,则融资费用为
$$K_B = 24 \times R_B - 18400 \text{ 元} = 1977.56 \text{ 元},$$
即融资比例为 10.75%.

从这个结果看,方式 A 有较低的融资成本,即方式 B 的融资成本高.这个结果与 APR 的比较是一致的.

注 产生上述不同结论的原因是购买成本与融资成本的不同.方式 B 的月还款比方式 A 少支付 55.48 元,看上去成本低,但条件是年百分率为 10%,即方式 B 节约(或零售商少得)的 24 次 55.48 元,是在年百分率为 10% 的条件下才等价于期初的 1600 元.总之,对购车人来说,从考虑购车成本的角度看,方式 B 的购买成本较小,应选择方式 B;从融资(20000 元或 18400 元)成本的角度看,方式 A 的成本较小.

6.1.2 不动产抵押贷款

一类特别重要的消费贷款是不动产抵押贷款(如住房抵押贷款).这类贷款的金额一般较大,它是许多家庭的最大一项支出,同时,它的期限也比较长,一般是 15~30 年.应用诚实贷款法案于非商业性的不动产抵押贷款与其他的消费贷款没有太大的差异,但也有一些特别之处.下面将讨论这种特别之处.

抵押贷款的还贷周期一般是 1 个月,且一般在月初偿还,其中偿还金额要由贷款金额决定.如果贷款的起始日期不是月初,一般要利用单利方式(时间用"实际天数/365"表示)将该月剩余时间的应付利息计算出来,并在贷款日支付.

不动产的所有权在法律上从一方转移到另一方的时间称为**结算日**.一般情况下,结算日就是贷款起始日期.在不动产抵押贷款的结算日要支付许多附加费用和手续费,其中最大的一部分是贷款的**始发手续费**.始发手续费一般用贷款额的点数表示:1 个点表示贷款额的

1%. 例如:如果 100000 元抵押贷款的始发手续费为 2 个点,则实际意味着要支付 2000 元. 此外,还有其他一些费用:信贷报告费用、调查费用、文件准备费用、所有权调查费用、记录费用、印花税票和不动产估价费用等. 依据诚实贷款法案,有些费用要摊在 APR 中,因此,实际的 APR 要高于原始贷款的年利率. 原始贷款的年利率只用于确定每月的还款金额和构造摊还表,有时称之为**市场贷款利率**.

下面介绍按诚实贷款法案的要求计算不动产抵押贷款的融资费用和 APR 的具体方法. 首先,给出一些记号:R, n, i 和 j 的含义如前面的定义;L 表示抵押贷款的申请金额. 同时,定义:

Q ——必须摊入 APR 中的贷款费用;

L^* ——由诚实贷款法案确定的实际融资金额;

i' ——市场贷款年利率(月换算名利率);

j' ——市场贷款月利率.

根据上述记号的定义,有

$$i' = 12j', \quad L^* = L - Q;$$

每月应还金额为

$$R = \frac{L}{\ddot{a}_{\overline{n}|j'}}; \tag{6.1.1}$$

融资费用为

$$K = nR - L^*; \tag{6.1.2}$$

实际的月利率 j 满足

$$R\ddot{a}_{\overline{n}|j} = L^*, \tag{6.1.3}$$

即

$$\frac{K + L^*}{n} \ddot{a}_{\overline{n}|j} = L^*. \tag{6.1.4}$$

比较式(6.1.1)与(6.1.3)易知,年百分率 $i=12j$ 大于市场贷款利率 i'.

例 6.5 某家庭计划购买价值 500000 元的住房,首次付款 20%,余额用 30 年抵押贷款方式逐月付清,其中贷款年利率为 8.1%. 已知结算时的费用为固定费用 800 元再加上 2 个点,其中的 1.5 个点和固定费用中的一半要摊在每年的 APR 中. 若购房日期为 7 月 12 日,试依据诚实贷款法案的要求给出贷款结算时所需要进行的各项计算.

解 首次付款金额为

$$500000 \times 20\% \ \text{元} = 100000 \ \text{元},$$

于是原始贷款金额为

$$L = (500000 - 100000) \ \text{元} = 400000 \ \text{元}.$$

7月份余下日子(共计20天)的应计利息(单利)为

$$\frac{20}{365} \times 0.081 \times 400000 \ \text{元} = 1775.34 \ \text{元}$$

(这笔费用也要在 7 月 12 日支付). 另外, 由 $i' = 0.081$ 有 $j' = 0.675\%$. 代入式(6.1.1), 得正常的月偿还(从 8 月 1 日开始, 期初方式)金额为

$$R = \frac{400000}{\ddot{a}_{\overline{360}|0.00675}} \ \text{元} = \frac{400000}{1.00675 \times 134.9987} \ \text{元} = 2943.12 \ \text{元}.$$

在结算日摊入 APR 的费用为

$$Q = \left(1.5\% \times 400000 + \frac{1}{2} \times 800\right) \text{元} = 6400 \ \text{元},$$

进而有

$$L^* = (400000 - 6400) \ \text{元} = 393600 \ \text{元}.$$

代入式(6.1.2), 得融资费用为

$$K = (360 \times 2943.12 - 393600) \ \text{元} = 665923.2 \ \text{元}.$$

实际的月利率 j 满足

$$2943.12 \ \ddot{a}_{\overline{360}|j} = 393600.$$

通过适当的数值计算, 最终得到 $j \approx 0.69\%$, 于是 APR = 8.28%. 可见, APR 大于市场贷款利率 8.1%.

在不动产抵押贷款的偿还中, 如果用摊还表来考虑, 可以发现, 前面的还款几乎全部用于还利息, 而后面的还款几乎完全用于还本金. 所以, 在购房抵押贷款中, 还贷款数年后, 不动产抵押的贷款余额基本上没有降低多少. 这就是所谓的贷款本金倾斜(向后)现象.

还有一种**可调利率抵押贷款**(简称 ARM), 它是与传统的抵押贷款(称**固定利率抵押贷款**)相对应的, 是经金融机构与不动产购置者双方协商同意, 以一定的时间间隔进行预定利率调整为条件而借贷的抵押贷款, 其中利率的调整权在贷款人手里. 这种抵押贷款利率往往参照一些不受银行或储蓄贷款机构控制的经济指数(如美国国库券利率

和平均国民贷款利率)周期地进行利率调整,其中周期通常为 1 年,3 年或 5 年. 作为承担了利率上升风险的一种补偿,借款人在取得可调利率抵押贷款之初所付利息比相同期限的固定利率抵押贷款利息要低.

这种贷款的出发点是:贷款人(银行)愿意在开始时提供低于固定抵押贷款利率的贷款利率. 这样做是可以理解的,因为贷款人可以预期其未来的实际利率在今后的 15~30 年至少达到固定抵押贷款的利率. 在利率上升期间,贷款人可将利率调整为稍低于同期的固定抵押贷款的利率;在利率下降期间,因为借款人可以通过用较低的利率对贷款或部分贷款进行再融资,故贷款人为了留住这些贷款又可以稍低于市场当时利率的水平进行调整. 从借款人一方看,可调利率抵押贷款也是有吸引力的,因为开始的利率较低,月偿还金额也就较低. 但是,也有利率和还款超过固定利率贷款的风险. 因此,固定利率贷款的利率波动风险是由贷款人承担的;而可调利率抵押贷款的利率波动风险被转嫁到借款人身上. 所以,担心利率急剧上升的购房者可能选择固定利率抵押贷款,而认为利率将会有节制地上升、保持平稳、或下降的人则选择可调利率抵押贷款. 有些人指责,这些可调利率抵押贷款可能会诱导年轻的购房者承担繁重的债务.

可调利率抵押贷款方式通常要给出浮动利率的上限或者是月偿还金额的上限. 一般称此上限为**帽子**. 前一种是规定一段时间内或各个贷款期限内的利率上涨的最大幅度,后一种是规定月偿还金额增加比例的上限.

例 6.6 某人贷款 65000 元,贷款期限为 30 年. 已知贷款为可调利率贷款,且第 1 年的利率为 8%. 如果从第 2 年开始利率增为 10%,计算月偿还金额的增长幅度.

解 按照期初年金方式,第 1 年的月偿还金额为

$$\frac{65000}{\ddot{a}_{\overline{360}|\frac{0.08}{12}}} \text{元} = \frac{65000}{\left(1+\frac{0.08}{12}\right) \times 136.2835} \text{元} = 473.79 \text{元},$$

利率调整后新的月偿还金额为

$$473.79 \frac{\ddot{a}_{\overline{348}|\frac{0.08}{12}}}{\ddot{a}_{\overline{348}|\frac{0.10}{12}}} \text{元} = 565.053 \text{元},$$

于是,月偿还金额的绝对增量为

$$473.79\left(\frac{\ddot{a}_{\overline{348}|\frac{0.08}{12}}}{\ddot{a}_{\overline{348}|\frac{0.10}{12}}} - 1\right)\text{元} = (565.053 - 473.788)\text{元} = 91.27\text{ 元},$$

月偿还金额的增长幅度为

$$\frac{\ddot{a}_{\overline{348}|\frac{0.08}{12}}}{\ddot{a}_{\overline{348}|\frac{0.10}{12}}} - 1 = \frac{91.27}{473.788} = 19.3\%.$$

也就是说,月偿还金额增加了 19.3%.

6.1.3 APR 的近似计算

本节的最后一个问题是 APR 的近似计算. 首先,由 6.1.1 小节知,对于一般的贷款,APR 的精确方程为

$$\frac{K+L}{n}a_{\overline{n}|j} = L \quad \left(j = \frac{\text{APR}}{m}\right), \tag{6.1.5}$$

其中 L 表示实际融资金额,K 表示融资费用,n 表示总的付款次数,m 表示每年的付款次数. 虽然当前计算机的发展使得 APR 的精确计算也不是非常困难,但是传统的近似计算方法不仅非常有效而且也可以帮助加强对基本概念的理解. 本节主要介绍四种近似计算 APR 的方法.

设每年分为 m 个时间段,APR 用 i 表示,则每个时间段内的实际利率为 $\frac{i}{m}$. 用 $B_{t/m}$ 表示在时刻 $\frac{t}{m}$ 的未结贷款余额,于是可以考虑对融资费用(近似)的另外一种计算思路:

$$\frac{i}{m}\sum B_{t/m} = K,$$

即融资费用 K 等于每个时间段内未结贷款余额的应计利息(依 $i =$ APR 计算)之和. 因此,APR 可以表示为

$$i = \frac{mK}{\sum B_{t/m}}. \tag{6.1.6}$$

下面介绍的四种近似计算 APR 的方法都是从公式(6.1.6)出发的,区别在于如何看待每次的分期付款中的偿还本金和所付利息,也就是如何计算未结贷款余额. 这些都具体反映在公式(6.1.6)的分

母计算上.

(1) **最大收益法**. 这种方法的结果从数值上看比其他结果都大,记为 $i^{\max}$. 它的基本思想是:每次的分期付款首先用于偿还本金,只有当本金全部还清后,再开始偿还利息. 若假定融资费用小于每次的付款金额,即 $K < \dfrac{K+L}{n}$,则这种方法的摊还表如表 6-1 所示.

根据表 6-1 可以得到未结贷款余额(表中的最后一列)的和为
$$\sum B_{t/m} = Ln - \frac{K+L}{n} \cdot \frac{n(n-1)}{2},$$
所以,有
$$i^{\max} = \frac{2mK}{L(n+1) - K(n-1)}. \tag{6.1.7}$$

公式(6.1.7)也可以通过假定整个贷款期间为单利方式得到. 当然,还可以计算融资费用大于每次还款额情形的相应公式.

表 6-1 最大收益法的摊还表

时刻	分期还款额	偿还利息量	偿还本金量	未结贷款余额
0	0	0	0	L
$\dfrac{1}{m}$	$\dfrac{K+L}{n}$	0	$\dfrac{K+L}{n}$	$L - \dfrac{K+L}{n}$
$\dfrac{2}{m}$	$\dfrac{K+L}{n}$	0	$\dfrac{K+L}{n}$	$L - 2\dfrac{K+L}{n}$
...	...	...	...	...
$\dfrac{n-1}{m}$	$\dfrac{K+L}{n}$	0	$\dfrac{K+L}{n}$	$L - (n-1)\dfrac{K+L}{n}$
$\dfrac{n}{m}$	$\dfrac{K+L}{n}$	K	$\dfrac{K+L}{n} - K$	0
总和	$L+K$	K	L	

(2) **最小收益法**. 这种方法的结果从数值上看比其他结果都小,记为 $i^{\min}$. 它的基本思想是:每次的分期付款首先用于偿还利息,只有当利息全部还清后,再开始偿还本金. 若假定融资费用小于每次的付款金额,即 $K < \dfrac{K+L}{n}$,则第 1 次的还款额至少要等于全部利息. 根据以上假定,可以得到这种方法的摊还表如表 6-2 所示. 由表 6-2 可以得到未结贷款余额的和为

$$\sum B_{t/m} = \frac{K+L}{n} \cdot \frac{n(n+1)}{2} - K,$$

所以,有

$$i^{\min} = \frac{2mK}{L(n+1)+K(n-1)}. \quad (6.1.8)$$

表 6-2 最小收益法的摊还表

时刻	分期还款额	偿还利息量	偿还本金量	未结贷款余额
0	0	0	0	L
$\frac{1}{m}$	$\frac{K+L}{n}$	K	$\frac{K+L}{n}-K$	$(n-1)\frac{K+L}{n}$
$\frac{2}{m}$	$\frac{K+L}{n}$	0	$\frac{K+L}{n}$	$(n-2)\frac{K+L}{n}$
...	...	...	...	...
$\frac{n-1}{m}$	$\frac{K+L}{n}$	0	$\frac{K+L}{n}$	$\frac{K+L}{n}$
$\frac{n}{m}$	$\frac{K+L}{n}$	0	$\frac{K+L}{n}$	0
总和	$L+K$	K	L	

(3) **固定比率法**. 这种方法的结果记为 i^{cr}. 它的基本思想是:每次付款中按一定比例偿还本金和利息. 若假定偿还本金与利息之比为 $L:K$,则可以得到这种方法的摊还表如表 6-3 所示. 根据表 6-3 可以得到未结贷款余额的和为

$$\sum B_{t/m} = L\frac{(n+1)}{2},$$

表 6-3 固定比率法的摊还表

时刻	分期还款额	偿还利息量	偿还本金量	未结贷款余额
0	0	0	0	L
$\frac{1}{m}$	$\frac{K+L}{n}$	$\frac{K}{n}$	$\frac{L}{n}$	$\frac{n-1}{n}L$
$\frac{2}{m}$	$\frac{K+L}{n}$	$\frac{K}{n}$	$\frac{L}{n}$	$\frac{n-2}{n}L$
...	...	...	...	...
$\frac{n-1}{m}$	$\frac{K+L}{n}$	$\frac{K}{n}$	$\frac{L}{n}$	$\frac{1}{n}L$
$\frac{n}{m}$	$\frac{K+L}{n}$	$\frac{K}{n}$	$\frac{L}{n}$	0
总和	$L+K$	K	L	

所以,有

$$i^{\mathrm{cr}} = \frac{2mK}{L(n+1)}. \qquad (6.1.9)$$

(4) **直接比率法**. 这种方法的结果记为 i^{dr}. 它的摊还表中的本金量和利息量非常接近精算方法的结果,且利息量随着时间的推移而递减,本金量随着时间的推移而递增. 下面举例说明这种方法. 考虑 1 年期的贷款. 因为数字 1 到 12 的和为 78,所以,直接比率法假定第 1 个月偿还融资费用的 12/78, 第 2 个月偿还融资费用的 11/78, $\cdots$, 最后 1 个月偿还融资费用的 1/78(有时也称这种方法为 **78 计算法**). 为此,引入记号

$$s_r = 1 + 2 + \cdots + r = \frac{r(r+1)}{2},$$

进而可以得到这种方法的摊还表如表 6-4 所示. 由表 6-4 可以得到未结贷款余额的和为

$$\sum B_{t/m} = \frac{K+L}{n} \cdot \frac{n(n+1)}{2} - K \frac{n(n+1)(n+2)}{6}$$
$$\div \frac{n(n+1)}{2},$$

所以,有

$$i^{\mathrm{dr}} = \frac{2mK}{L(n+1) + K\dfrac{n-1}{3}}. \qquad (6.1.10)$$

表 6-4 直接比率法的摊还表

时刻	分期还款额	偿还利息量	偿还本金量	未结贷款余额
0	0	0	0	L
$\dfrac{1}{m}$	$\dfrac{K+L}{n}$	$K\dfrac{n}{s_n}$	$\dfrac{K+L}{n} - K\dfrac{n}{s_n}$	$(n-1)\dfrac{K+L}{n} - K\dfrac{s_{n-1}}{s_n}$
$\dfrac{2}{m}$	$\dfrac{K+L}{n}$	$K\dfrac{n-1}{s_n}$	$\dfrac{K+L}{n} - K\dfrac{n-1}{s_n}$	$(n-2)\dfrac{K+L}{n} - K\dfrac{s_{n-2}}{s_n}$
$\cdots$	$\cdots$	$\cdots$	$\cdots$	$\cdots$
$\dfrac{n-1}{m}$	$\dfrac{K+L}{n}$	$K\dfrac{2}{s_n}$	$\dfrac{K+L}{n} - K\dfrac{2}{s_n}$	$\dfrac{K+L}{n} - K\dfrac{s_1}{s_n}$
$\dfrac{n}{m}$	$\dfrac{K+L}{n}$	$K\dfrac{1}{s_n}$	$\dfrac{K+L}{n} - K\dfrac{1}{s_n}$	0
总和	$L+K$	K	L	

例 6.7 用四种方法计算例 6.3 中分期付款贷款的利率.

解 例 6.3 的具体数据为 $m=12, K=320, L=10000, n=12$.

(1) 用最大收益法计算得

$$i^{\max} = \frac{2 \times 12 \times 320}{10000 \times 13 - 320 \times 11} = 6.07\%;$$

(2) 用最小收益法计算得

$$i^{\min} = \frac{2 \times 12 \times 320}{10000 \times 13 + 320 \times 11} = 5.75\%;$$

(3) 用固定比率法计算得

$$i^{\mathrm{cr}} = \frac{2 \times 12 \times 320}{10000 \times 13} = 5.91\%;$$

(4) 用直接比率法计算得

$$i^{\mathrm{dr}} = \frac{2 \times 12 \times 320}{10000 \times 13 + 320 \times \frac{11}{3}} = 5.85\%.$$

在有些贷款项目中,经过一段时间后,借款人可能希望加快还贷进程,或者是将余额一次还清,或者是对余额进行再融资. 无论怎样,原始融资费用中的一部分是借款人必须支付的,因为这部分费用是贷款人已经支出的费用,无论还贷时间长短都是要偿还的. 这部分有时称为**预收融资费用**. 如何计算这部分金额并没有一定的规律,只有一些基本的原则. 下面用一个例子来说明.

例 6.8 在例 6.3 的消费贷款中,如果只用上半年的 6 次分期付款就完成还贷,分别用精算方法和 78 计算法计算借款人的预收融资费用.

解 首先计算 APR. 选择例 6.7 中的直接比率法,有结果

$$i = 5.85\%.$$

(1) 采用精算方法计算. 在 6 月底的未结贷款余额为

$$860\, a_{\overline{6}|\frac{0.0585}{12}} \;\text{元} = 5073.09 \;\text{元}.$$

又后半年的计划还款总和为 6×860 元 $= 5160$ 元. 因此,两者的差为

$$(5160 - 5073.09) \;\text{元} = 86.91 \;\text{元}.$$

如果按照未结贷款余额提前还贷,这个差值是无法收回的,所以应该是一种预收融资费用.

(2) 采用 78 计算法计算. 已知 $s_6 = 21$, $s_{12} = 78$, 总的融资费用为 320 元, 按照比例, 可以得出后半年的预收融资费用为

$$\frac{21}{78} \times 320 \text{ 元} = 86.15 \text{ 元}.$$

6.1.4 抵押贷款债务的证券化

由抵押贷款债务产生的证券化产品也是资本市场的一类投资产品, 其现金流由支持它的抵押按揭合约决定. 它的基本原理是: 抵押按揭的贷款方(也可以是另外的发起人)将一定量的按揭合约汇集在一起形成资产池, 从资本市场(投资者)为这些债务合约进行融资, 同时承诺按一定的方式回报投资者. 从投资者一方看, 这类产品的信用风险比一般债券的信用风险要高, 收益相对也会有所提高. 另外, 由于按揭现金流的特点, 决定了抵押贷款债务证券产品的投资本金收回与投资收益过程是同时发生的.

抵押贷款债务产生的主要证券产品为**抵押支持证券**(简称 **MBS**)和**资产支持证券**(简称 **ABS**). 前者又包括: 抵押贷款转递证券、担保抵押贷款证券(简称 CMO)和剥离抵押贷款证券. 这三类 MBS 现金流的基本特征是: 第一类产品直接将按揭偿还的现金流转递到资本市场, 所以该证券产品的现金流模式与按揭偿还模式完全相同, 一般为月偿还方式, 偿还现金流由计划的偿还流和提前偿还流两部分组成, 且一般情况下将提前偿还流当做提前偿还本金; 后面的两类产品, 从某种角度看, 都是衍生产品, 它们可以改变原抵押按揭偿还现金流的方式, 构造在资本市场更可接受的现金流方式.

下面以抵押贷款转递证券为例介绍在抵押贷款债务的证券化过程中的主要计算问题, 具体为产品定价和价值评估中的计算. 关于抵押贷款债务证券化的详细内容请参见文献[4].

1. 提前偿还的模式分析

抵押按揭的提前偿还模式是影响抵押贷款转递证券现金流的重要因素, 而只对某个个体贷款合约进行提前偿还的现金流分析是没有意义的, 也是不可能很好把握的, 故这里说的提前偿还的模式分析是指对大量抵押按揭合约组成的资产池的提前偿还模式的分析.

首先给出如下的基本计算和说明:

(1) 时刻 t ($t=1,2,\cdots,n$) 以月为单位,B_t 表示正常偿还情形第 t ($t=1,2,\cdots,n$) 个月底的未结本金(贷款)余额;$\hat{B}_t$ 表示实际偿还(可能有提前偿还)后第 t ($t=1,2,\cdots,n$) 个月底的未结贷款余额,且一般假设 $\hat{B}_0=B_0$;R_t 表示未考虑提前偿还时计算的第 t ($t=1,2,\cdots,n$) 个月的计划偿还额. 由 $\hat{B}_t$ 的定义有

$$\hat{B}_{t-1} = R_t\, a_{\overline{n-(t-1)}|j} \quad (t=1,2,\cdots,n),$$

其中 j 为月实际利率.

(2) PR_t 表示第 t ($t=1,2,\cdots,n$) 个月底的提前偿还量,且一般直接用于扣除本金,所以有

$$PR_t = B_t - \hat{B}_t \quad (t=1,2,\cdots,n),$$
$$P_t + PR_t = \hat{B}_{t-1} - \hat{B}_t \quad (t=1,2,\cdots,n).$$

(3) 记 $Q_t = \dfrac{\hat{B}_t}{B_t}$,它表示在原计划 B_t 的条件下,第 t ($t=1,2,\cdots,n$) 个月底的剩余未偿还比例($1-Q_t$ 表示已被提前偿还的比例),且一般假设 $Q_0=1$. 例如:原计划 $B_t=99000$ 元,因提前偿还实际的余额为 $\hat{B}_t=90000$ 元,则剩余的未偿还比例为

$$Q_t = \frac{90000}{99000} = 90.9\%.$$

也就是说,还有原计划的 90.9% 没有提前偿还,原计划的 9.1% 已被提前偿还. 这个概念类似于条件概率的表示,自然有

$$\hat{B}_t \leqslant B_t \quad 和 \quad Q_t \leqslant 1 \quad (t=0,1,2,\cdots,n).$$

(4) 记

$$\text{SMM}_t = \frac{Q_{t-1}-Q_t}{Q_{t-1}} = 1 - \frac{Q_t}{Q_{t-1}} \quad (称为单月提前偿付率),$$

它表示在原计划 B_t 的条件下,第 t ($t=1,2,\cdots,n$) 个月初的 1 个货币单位本金余额在本月内被提前偿还(相当于结束一种状态)的可能性. 这个概念类似于生存分析中的死亡率概念. 一般有

$$0 < \text{SMM}_t < 1 \quad (t=1,2,\cdots,n).$$

另外,对任何 $n>m$,有

$$\prod_{t=m+1}^{n}(1-\text{SMM}_t) = \frac{Q_n}{Q_m}.$$

这形式上很像是一种贴现计算,SMM_t 类似于月实贴现率.

(5) 记
$$1 - CPR_t = (1 - SMM_t)^{12} \quad (t = 1, 2, \cdots, n),$$
其中 CPR_t 称为**有条件的提前偿付率**,它将提前偿付模式以年为单位表示,形式上很像是一种年贴现率.

在上述记号下,提前偿还模式分析也就是 $SMM_t(CPR_t)$ 和 Q_t 的模式分析. 对此,目前常用的方法主要是以下两种:

(1) 公共证券协会模式(简称 PSA 模式). 美国的公共证券协会提出了一种作为基准的提前偿还模式:

$$CPR_t = \min\left\{1, \frac{t}{30}\right\} \times 6\%$$

$$= \begin{cases} \frac{t}{30} \times 6\%, & t = 1, 2, \cdots, 30, \\ 6\%, & t = 31, 32, \cdots, n, \end{cases}$$

$$SMM_t = 1 - (1 - CPR_t)^{1/12} \quad (t = 1, 2, \cdots, n).$$

人们将此模式称为**标准 PSA 模式**,简称 100PSA. 在该模式下,前面 30 个月(近 3 年)内的有条件的提前偿付率按比例逐月增加,最初为 0.2%,直至第 30 个月的 6%,然后一直固定在 6%.

以标准 PSA 模式为基准,可以考虑其他偿还速度的模式. 这些偿还速度是以标准 PSA 的一定比例表示的. 例如:"50PSA"表示所有时刻的 CPR_t 为"100PSA"的一半,"150PSA"表示所有时刻的 CPR_t 为"100PSA"的 1.5 倍. 图 6-1 形象地说明了 PSA 模式.

(2) 常数 $CPR_t(SMM_t)$ 模式. 假设 CPR_t 为常数,记为 CPR:
$$1 - CPR = (1 - SMM)^{12},$$
或
$$SMM = 1 - (1 - CPR)^{1/12}.$$

在此模式下,对一切 $t = 1, 2, \cdots, n$,有
$$Q_t = Q_0(1 - SMM)^t = (1 - SMM)^t = (1 - CPR)^{t/12}.$$

2. 提前偿还的现金流分析

这里以常数 $CPR_t(SMM_t)$ 模式为例说明提前偿还出现时的现金流情况. 设 I_t 和 P_t 分别表示不存在提前偿还情形的第 t 个月的计

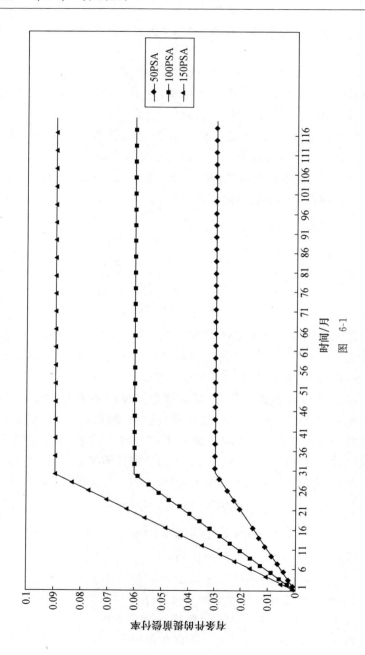

图 6-1

划偿还利息量和偿还本金量,$\hat{R}_t$ 和 $\hat{P}_t$ 分别表示有提前偿还情形的第 t 个月的实际偿还额(实际发生现金流)和偿还本金量,j 表示月实际利率(由证券的息票率决定),则有以下的递推算法:

当 $t=0$ 时,有
$$\hat{B}_0 = B_0 = L;$$

当 $t=1$ 时,有
$$R_1 = \frac{\hat{B}_0}{a_{\overline{n}|}}, \quad I_1 = j \times \hat{B}_0, \quad P_1 = R_1 - I_1,$$
$$B_1 = \hat{B}_0 - P_1, \quad PR_1 = \text{SMM} * B_1, \quad \hat{P}_1 = P_1 + PR_1,$$

于是实际现金流(不考虑转递手续费用)为
$$\hat{R}_1 = R_1 + PR_1,$$

进而有
$$\hat{B}_1 = (1+j) \times \hat{B}_0 - \hat{R}_1 = \hat{B}_0 - \hat{P}_1$$
$$= \hat{B}_0 - P_1 - PR_1;$$

对一般的 t $(t=1,2,\cdots,n)$,$\hat{B}_{t-1}$ 已知,有
$$R_t = \frac{\hat{B}_{t-1}}{a_{\overline{n-(t-1)}|}}, \quad I_t = j \times \hat{B}_{t-1},$$
$$P_t = R_t - I_t, \quad B_t = \hat{B}_{t-1} - P_t,$$
$$PR_t = (1 - Q_t) B_t = [1 - (1 - \text{SMM})^t] B_t,$$

于是实际现金流(不考虑转递手续费用)为
$$\hat{R}_t = R_t + PR_t,$$

进而有
$$\hat{B}_t = (1+j) \times \hat{B}_{t-1} - \hat{R}_t = \hat{B}_{t-1} - \hat{P}_t$$
$$= \hat{B}_{t-1} - P_t - PR_t.$$

因为只有将较多的贷款合并后才会表现出一定的提前偿还贷款的模式规律,下面以一定数量的抵押贷款组成的贷款池为例,具体说明前面介绍的提前偿还的现金流模式以及这些现金流模式对贷款余额的影响.

例 6.9 现有总额为 5000000 元的两种期限抵押贷款,如果贷款期限为 15 年,则月换算名利率为 6%,即月实际利率为 0.5%;如

果贷款期限为 30 年,则月换算名利率为 9%,即月实际利率为 0.75%. 假设月度提前偿还率(SMM$_t$)为固定的 0.5%,试分别对上述的两种贷款期限给出在提前偿还情况下的前 30 个月的现金流和余额表(按照计划偿还额 R_t,计划偿还利息量 I_t,计划偿还本金量 P_t,提前偿还量 PR_t,实际偿还额 $\hat{R}_t$ 和未结贷款余额 $\hat{B}_t$ 的顺序给出).

解 首先,考虑贷款期限为 15 年的情形.

当 $t=0$ 时,有
$$\hat{B}_0 = B_0 = 5000000 \text{ 元};$$

当 $t=1$ 时,有

$R_1 = \dfrac{5000000}{a_{\overline{180}|0.005}} \text{ 元} = 42192.84 \text{ 元},$

$I_1 = 0.005 \times 5000000 \text{ 元} = 25000 \text{ 元},$

$P_1 = (42192.84 - 25000) \text{ 元} = 17192.84 \text{ 元},$

$B_1 = (5000000 - 17192.84) \text{ 元} = 4982807.16 \text{ 元},$

$PR_1 = (0.005 \times 4982807.16) \text{ 元} = 24914.04 \text{ 元},$

$\hat{B}_1 = (5000000 - 17192.84 - 24914.04) \text{ 元} = 4957893 \text{ 元}.$

依此类推,可以得到表 6-5.

为了分析在不同的贷款期限下提前偿还的作用,表 6-5 的最后一列给出了利息偿还占实际偿还金额的比例.

从表 6-5 可以看出,在贷款偿还期的最初一段时间,利息偿还比例很高,本金偿还速度很慢,即使有提前偿还,第 30 个月底未结贷款的余额仍然高于 3800000 元.

其次,考虑贷款期限为 30 年的情形. 计算与上面 15 年的情形类似,结果列在表 6-6 中.

比较表 6-6 与表 6-5 可以发现,贷款期限的延长使得利息偿还的比例提高,进而本金偿还速度减慢,因此,提前偿还的作用相对降低.

§6.1 抵押贷款分析

表 6-5　15 年贷款提前偿付情形的前 30 个月的现金流和余额情况

时刻 t/月	计划偿还额 R_t/元	计划偿还利息量 I_t/元	计划偿还本金量 P_t/元	提前偿还量 PR_t/元	实际偿还额 $\hat{R}_t$/元	未结贷款余额 $\hat{B}_t$/元	现金流中利息比例
0	0.00	0.00	0.00	0.00	0.00	5000000	0.373
1	42192.84	25000.00	17192.84	24914.04	67106.88	4957893	0.372
2	41981.88	24789.47	17192.41	24703.50	66685.38	4915997	0.371
3	41771.97	24579.99	17191.98	24494.03	66265.99	4874311	0.370
4	41563.11	24371.56	17191.55	24285.60	65848.71	4832834	0.369
5	41355.29	24164.17	17191.12	24078.21	65433.51	4791565	0.368
6	41148.52	23957.82	17190.69	23871.87	65020.39	4750502	0.368
7	40942.77	23752.51	17190.26	23666.56	64609.33	4709645	0.367
8	40738.06	23548.23	17189.83	23462.28	64200.34	4668993	0.366
9	40534.37	23344.97	17189.40	23259.02	63793.39	4628545	0.365
10	40331.70	23142.72	17188.97	23056.78	63388.48	4588299	0.364
11	40130.04	22941.50	17188.54	22855.55	62985.59	4548255	0.363
12	39929.39	22741.27	17188.11	22655.33	62584.72	4508411	0.362
13	39729.74	22542.06	17187.68	22456.12	62185.86	4468768	0.362
14	39531.09	22343.84	17187.25	22257.90	61789.00	4429323	0.361
15	39333.44	22146.61	17186.82	22060.68	61394.12	4390075	0.360
16	39136.77	21950.38	17186.40	21864.44	61001.21	4351024	0.359
17	38941.09	21755.12	17185.97	21669.19	60610.28	4312169	0.358
18	38746.38	21560.85	17185.54	21474.92	60221.30	4273509	0.357
19	38552.65	21367.54	17185.11	21281.62	59834.27	4235042	0.356
20	38359.89	21175.21	17184.68	21089.29	59449.17	4196768	0.355
21	38168.09	20983.84	17184.25	20897.92	59066.00	4158686	0.354
22	37977.25	20793.43	17183.82	20707.51	58684.76	4120794	0.353
23	37787.36	20603.97	17183.39	20518.06	58305.41	4083093	0.352
24	37598.42	20415.46	17182.96	20329.55	57927.97	4045580	0.351
25	37410.43	20227.90	17182.53	20141.99	57552.42	4008256	0.351
26	37223.38	20041.28	17182.10	19955.37	57178.75	3971118	0.350
27	37037.26	19855.59	17181.67	19769.68	56806.95	3934167	0.349
28	36852.08	19670.84	17181.24	19584.93	56437.00	3897401	0.348
29	36667.82	19487.00	17180.81	19401.10	56068.92	3860819	0.347
30	36484.48	19304.10	17180.38	19218.19	55702.67	3824420	0.373

表 6-6 30 年贷款提前偿付情形的前 30 个月的现金流和余额情况

时刻 t/月	计划偿还额 R_t/元	计划偿还利息量 I_t/元	计划偿还本金量 P_t/元	提前偿还量 PR_t/元	实际偿还额 $\hat{R}_t$/元	未结贷款余额 $\hat{B}_t$/元	现金流中利息比例
0	0.00	0.00	0.00	0.00	0.00	5000000	
1	40231.13	37500.00	2731.13	24986.34	65217.48	4972283	0.575
2	40029.98	37292.12	2737.86	24847.72	64877.70	4944697	0.575
3	39829.83	37085.23	2744.60	24709.76	64539.59	4917243	0.575
4	39630.68	36879.32	2751.36	24572.46	64203.13	4889919	0.574
5	39432.52	36674.39	2758.13	24435.80	63868.33	4862725	0.574
6	39235.36	36470.44	2764.92	24299.80	63535.16	4835660	0.574
7	39039.18	36267.45	2771.73	24164.44	63203.63	4808724	0.574
8	38843.99	36065.43	2778.56	24029.73	62873.71	4781916	0.574
9	38649.77	35864.37	2785.40	23895.65	62545.42	4755235	0.573
10	38456.52	35664.26	2792.26	23762.21	62218.73	4728680	0.573
11	38264.24	35465.10	2799.14	23629.40	61893.64	4702252	0.573
12	38072.91	35266.89	2806.03	23497.23	61570.14	4675948	0.573
13	37882.55	35069.61	2812.94	23365.68	61248.23	4649770	0.573
14	37693.14	34873.27	2819.87	23234.75	60927.89	4623715	0.572
15	37504.67	34677.86	2826.81	23104.44	60609.11	4597784	0.572
16	37317.15	34483.38	2833.77	22974.75	60291.90	4571975	0.572
17	37130.56	34289.82	2840.75	22845.67	59976.24	4546289	0.572
18	36944.91	34097.17	2847.74	22717.21	59662.12	4520724	0.572
19	36760.19	33905.43	2854.76	22589.35	59349.53	4495280	0.571
20	36576.38	33714.60	2861.79	22462.09	59038.47	4469956	0.571
21	36393.50	33524.67	2868.83	22335.44	58728.94	4444752	0.571
22	36211.54	33335.64	2875.90	22209.38	58420.91	4419666	0.571
23	36030.48	33147.50	2882.98	22083.92	58114.39	4394700	0.570
24	35850.33	32960.25	2890.08	21959.05	57809.37	4369850	0.570
25	35671.07	32773.88	2897.20	21834.77	57505.84	4345118	0.570
26	35492.72	32588.39	2904.33	21711.07	57203.79	4320503	0.570
27	35315.25	32403.77	2911.48	21587.96	56903.21	4296004	0.569
28	35138.68	32220.03	2918.65	21465.42	56604.10	4271620	0.569
29	34962.98	32037.15	2925.84	21343.47	56306.45	4247350	0.569
30	34788.17	31855.13	2933.04	21222.09	56010.26	4223195	0.569

§6.2 固定资产折旧分析

固定资产是指可供长期使用,并在其使用过程中保持原有物质形态的劳动资料和生产资料,例如厂房、设备、不动产和运输工具等. 固定资产是个人和企业为了商业投资或消费而购买的产品,分为生产性固定资产和非生产性固定资产两种. 固定资产一般的使用寿命很长,其价值一般将随着使用期限的增加而降低. 当然也有例外,例如某些不动产的价值则有可能会逐渐增加. 但是,无论是增加还是降低,在固定资产的使用期间其价值会变化. 这一点类似于债券价值的变化. 所以,也需要对固定资产在各个时期的价值进行评估. 通常称这种价值评估为**折旧分析**.

首先定义描述固定资产折旧的一些量:

n——计算期间的利息转换次数(常常就是固定资产的使用寿命);

A——资产的原始价值(通常为最初的买价,或称原始成本);

S——资产在计算结束时的残值(S可以为负数或零);

R——资产在扣除支出后的定期收益;

B_t——在时刻 t ($t=0,1,2,\cdots,n$)投资者账面上该资产的价值(简称账面价值);

D_t——从时刻 $t-1$ 到时刻 t ($t=1,2,\cdots,n$)的折旧费;

i——资产在每个利息换算期内的预期收益率.

这些记号之间有以下关系:

$$B_0 = A, \quad B_n = S, \tag{6.2.1}$$

$$D_t = B_{t-1} - B_t \quad (t=1,2,\cdots,n), \tag{6.2.2}$$

$$B_t = A - \sum_{r=1}^{t} D_r \tag{6.2.3}$$

$$= S + \sum_{r=t+1}^{n} D_r \quad (t=1,2,\cdots,n-1). \tag{6.2.4}$$

一般情况下,固定资产都是会升值或贬值的. 若 $A<S$,则称之为**增值资产**(例如不动产);若 $A>S$,则称之为**贬值资产**(例如机器设备等).还有一种非常特殊的情形,就是 $A=S$,即资产既不升值也不贬值,该资产在每个时刻的价值均为 A,折旧费为零,且有

$$i = \frac{R}{A}. \tag{6.2.5}$$

对增值资产和贬值资产的数学处理没有实质的区别,这里就贬值资产进行讨论,其所有结论可以推广到增值情况.对贬值资产,整个使用过程可以表示为:初始投入 A,定期收益 R,最终一次性"收回"S,或者说是最终拥有价值为 S 的资产.在分析这个过程时,除了从会计角度考虑外,税收因素也是非常重要的一点.下面介绍四种常见的计算折旧费和账面价值的方法,并从中考察固定资产的价值是如何从 A 变为 S 的.

1. 偿债基金法

这里将收益 R 分解为两个部分:

(1) 资产的原始价值 A 的自然增长(考虑通胀因素等)部分,可以用 iA 表示;

(2) 剩余部分,它的数值恰好可以用于建立累积金额为 $A-S$ 的偿债基金,以补偿折旧造成的损失.

如果偿债基金的利率用 j 表示,则有

$$R = iA + \frac{A-S}{s_{\overline{n}|j}}, \tag{6.2.6}$$

即

$$A = \frac{Ra_{\overline{n}|j} + Sv^n}{1+(i-j)a_{\overline{n}|j}}, \quad v = (1+j)^{-1}. \tag{6.2.7}$$

如果 $i=j$,则式(6.2.7)变为

$$A = Ra_{\overline{n}|i} + Sv^n, \quad v = (1+i)^{-1}.$$

若假设 $A=P$, $R=Fr$, $S=C$,则上式与债券价格的基本计算公式相同.

因此,在时刻 t ($t=1,2,\cdots,n$),资产的账面价值为

$$B_t = A - \frac{A-S}{s_{\overline{n}|j}} s_{\overline{t}|j} \tag{6.2.8}$$

或

$$B_t = S + \frac{A-S}{a_{\overline{n}|j}} a_{\overline{n-t}|j}$$

(它满足 B_0 与 B_n 的条件),折旧费为

$$D_t = \left(\frac{A-S}{s_{\overline{n}|j}}\right)(s_{\overline{t}|j} - s_{\overline{t-1}|j})$$

$$= \left(\frac{A-S}{s_{\overline{n}|j}}\right)(1+j)^{t-1}. \quad (6.2.9)$$

显然,式(6.2.9)表示折旧费用随着资产使用时间的推移而增加. 这种计算在某些情况下是合适的,例如:写字楼的折旧费在前几年比较低,在使用的后期折旧费增加得很快. 但是这种方法不适于汽车等交通工具的折旧计算. 应该强调的是,折旧方法的选择并不是通过分析哪种方法能得到最理想的资产账面价值来实现的. 对许多企业和个人来说,最重要的是,在可选的方法中哪种方法从税收方面考虑最为有利. 如果他们希望在前几年有较大的免税优惠,可能不愿意用上述方法. 另外,虽然称之为偿债基金法,实际上并不会真正建立偿债基金.

2. 直线法

直线法非常直观和简单,也是目前实际部门最常用的一种方法. 这种方法的出发点是:将资产的全部贬值量 $A-S$ 按时间平均得到每个时刻的折旧费. 按这种方法有

$$D_t = \frac{A-S}{n} \quad (t=1,2,\cdots,n), \quad (6.2.10)$$

$$B_t = \left(1-\frac{t}{n}\right)A + \frac{t}{n}S \quad (t=1,2,\cdots,n), \quad (6.2.11)$$

$$R = iA + \frac{A-S}{n}. \quad (6.2.12)$$

式(6.2.12)中右边的第二项可以理解为建立 $j=0$ 的偿债基金的存款. 实际上,还可以看出,式(6.2.11)就是式(6.2.8)在 $j=0$ 时的结果.

3. 余额递减法

余额递减法(也称固定百分率法或复贴现法)的出发点是:每段时间的折旧费按当时的资产账面价值比例计算,其中比例系数(也称折旧因子,记为 d)根据具体情况给出. 按这种方法有

$$D_t = d \times B_{t-1} \quad (t=1,2,\cdots,n), \quad (6.2.13)$$

$$B_t = (1-d)B_{t-1} = (1-d)^t A \quad (t=1,2,\cdots,n), \quad (6.2.14)$$

$$D_t = d(1-d)^{t-1}A \quad (t=1,2,\cdots,n). \quad (6.2.15)$$

由式(6.2.14)可以理解为什么有时称这种方法为复贴现法,因为从形式上可以将 d 看成贴现因子.对于折旧因子 d,可以有多种方法确定它的数值.如果考虑折旧费用的一致性,在 S,A 和 n 已知的情况下,可取

$$d = 1 - \left(\frac{S}{A}\right)^{1/n}. \qquad (6.2.16)$$

可以看出,这种方法的折旧费是随着时间的推移而逐渐减少的,同时它也要求 S 为正数.当然也可以考虑其他的折旧因子.实际上,常常将 d 取为 $\frac{1}{n}$ 的倍数(如 1.25 倍,1.5 倍或 2 倍),即

$$d = \frac{k}{n} \quad (k \text{ 为常数}), \qquad (6.2.17)$$

然后,仍然用公式(6.2.14)和(6.2.15)进行计算.只是这样到最后一个时刻,账面价值可能会不等于 S.这个问题可以通过对 D_n 的适当调整来解决.

4. 年限总和折旧法

年限总和折旧法是一种加速折旧的方法,在实际中常常称之为**加速折旧法**.它是将固定资产的原始价值扣除残值后的余额,按逐年递减(折旧比例为固定资产的剩余使用年限与资产寿命年限总和之比)计算折旧费的方法.它类似于前面介绍的 78 计算法,也是用数字和 $s_r(r=1,2,\cdots)$ 作为加权因子.按这种方法有

$$D_t = \frac{n-t+1}{s_n}(A-S) \quad (t=1,2,\cdots,n), \qquad (6.2.18)$$

$$B_t = S + \frac{s_{n-t}}{s_n}(A-S) \quad (t=1,2,\cdots,n). \qquad (6.2.19)$$

与"折旧"一词对应的还有"折耗"一词,指对自然资源(如原始森林、煤和石油等)供应的损耗.对某些自然资源的不断开采和出售而引起的资产数量和价值的日益减少也要通过折耗费进行计算.这种计算在数学方法上与折旧费的计算没有本质的区别.

例 6.10 某种机器的原始买价为 10000 元,使用寿命为 5 年,残值为 1000 元.分别用下列四种方法计算各年的折旧费和账面价值:

§6.3 资本化成本计算   **215**

(1) $j=0.05$ 的偿债基金法； (2) 直线法；

(3) 余额递减法 $\left(\text{分别用 } d=1-\left(\dfrac{S}{A}\right)^{1/n} \text{和 } d=\dfrac{2}{5}=0.4 \text{ 计算}\right)$；

(4) 年限总和折旧法.

解 首先有

(1) $\dfrac{A-S}{s_{\overline{n}|j}} = \dfrac{10000-1000}{s_{\overline{5}|0.05}} \text{元} = 1628.775 \text{元}$；

(2) $\dfrac{A-S}{n} = 1800 \text{元}$；

(3) $d = 1-\left(\dfrac{S}{A}\right)^{1/n} = 1-(0.1)^{1/5} = 1-0.631 = 0.369$；

(4) $s_5 = 15$.

进一步通过计算得到四种方法计算折旧费和账面价值的结果如表 6-7 所示.

表 6-7 四种方法计算折旧费和账面价值的结果

时刻 t/年	方法 1		方法 2		方法 3($d=0.369$)		方法 3($d=0.4$)		方法 4	
	D_t/元	B_t/元	D_t/元	B_t/元	D_t/元	B_t/元	D_t/元	B_t/元	D_t/元	B_t/元
0		10000		10000		10000		10000		10000
1	1629	8371	1800	8200	3690	6310	4000	6000	3000	7000
2	1710	6661	1800	6400	2328	3982	2400	3600	2400	4600
3	1796	4865	1800	4600	1470	2512	1440	2160	1800	2800
4	1886	2979	1800	2800	927	1585	864	1296	1200	1600
5	1979	1000	1800	1000	585	1000	296	1000	600	1000

§6.3 资本化成本计算

在实际应用中,固定资产投资的另一个重要方面是比较各种固定资产的投资成本.这种投资成本有时也称为**资本化成本**.一般情况下,固定资产的投资成本有如下三项:买入固定资产的原始投资在每年的利息损失、折旧费和保养费.一般用**定期费用**表示单位资产在单位时间内以上三项费用之和.如果用 H 表示每期(如一年)的定期费用,用 M 表示定期保养费,而 A,S,i,j,n 与上一节中的定义相同,

则每期的费用由应计利息、折旧费和保养费构成（现金流组成），可表示为

$$H = Ai + \frac{A-S}{s_{\overline{n}|j}} + M. \qquad (6.3.1)$$

在这种情况下，若定义固定资产的资本化成本为所有定期费用的现值之和，则它是单位资产 H 永久运转下去（相当于永久年金）的现值. 如果用 K 表示这个量，则有

$$K = H a_{\overline{\infty}|i} = \frac{H}{i} = A + \frac{A-S}{i\, s_{\overline{n}|j}} + \frac{M}{i}. \qquad (6.3.2)$$

在比较不同资产的投资成本时，既可以比较定期费用，也可以比较资本化成本. 如果采用资本化成本进行比较，还要考虑下面两种实际因素：

（1）不同资产在每期的产出量. 如果用 $U_k(k=1,2)$ 表示第 k 个资产单位时间内的产出量，那么两种资产每期单位成本等价的公式为

$$\frac{A_1 i + \dfrac{A_1-S_1}{s_{\overline{n_1}|j}} + M_1}{U_1} = \frac{A_2 i + \dfrac{A_2-S_2}{s_{\overline{n_2}|j}} + M_2}{U_2}, \qquad (6.3.3)$$

其中 $A_k, S_k, M_k, n_k (k=1,2)$ 的含义依次与前面的 A, S, M, n 相同，而下标 k 表示其为第 k 个资产对应的量. 如果有 $i=j$，则式 (6.3.3) 可以化简为

$$\frac{\dfrac{A_1}{a_{\overline{n_1}|}} - \dfrac{S_1}{s_{\overline{n_1}|}} + M_1}{U_1} = \frac{\dfrac{A_2}{a_{\overline{n_2}|}} - \dfrac{S_2}{s_{\overline{n_2}|}} + M_2}{U_2}. \qquad (6.3.4)$$

（2）通货膨胀因素. 如果已知单位时间内的通货膨胀率为 r，资本化成本就不能简单地用公式 (6.3.2) 来计算. 这时，在第二个 n 年期间，原始资产价值为 $A(1+r)^n$，残值为 $S(1+r)^n$，保养费 M 以 $1+r$ 逐年递增. 同时，这种变化将以 n 年为周期不断进行下去.

例 6.11 机器 A 售价为 100000 元，年保养费为 2500 元，使用寿命为 25 年，残值为 2000 元；机器 B 年保养费为 5000 元，使用寿命为 20 年，残值为零. 如果年利率为 5%，机器 B 的产量是机器 A 的 3 倍，且假设两种机器的投资是等价的，计算机器 B 的可接受

价格.

解 设机器 B 的可接受价格为 A_2,则由两种投资等价知

$$\frac{\dfrac{100000}{a_{\overline{25}|}} - \dfrac{2000}{s_{\overline{25}|}} + 2500}{1} \text{元} = \frac{\dfrac{A_2}{a_{\overline{20}|}} + 5000}{3} \text{元},$$

进而得到

$$A_2 = 12.4622\{3[100000 \times 0.070952 - 2000 \\ \times 0.020952 + 2500] - 5000\} \text{元} = 294854 \text{元},$$

即机器 B 的可接受价格近似为 290000 元,接近机器 A 价格的 3 倍.

机器 A 和机器 B 的实际现金流如表 6-8 所示. 表 6-8 的结果表明: 机器 B 将产量提高 2 倍的代价是, 初始投资增加近 2 倍, 每期维护费用增加 1 倍, 同时期限缩短 20%.

表 6-8 机器 A 和机器 B 的实际现金流

机器	价格/元	每年维护费用/元	期限/年	残值/元	产量(单位化)
A	100000	2500	25	2000	1
B	294854	5000	20	0	3

例 6.12 某种零件的单位价格为 10 元,有效期为 14 年,残值为零,年利率为 4%. 现希望将使用寿命延长 8 年,且年保养费不变. 问: 可接受的价格上涨比例为多少?

解 可把零件在其寿命延长前后看做两种不同的资产,且两种资产每期单位成本等价. 已知 $S_1 = S_2 = 0$ 元, $M_1 = M_2$, $U_1 = U_2$, $n_1 = 14$, $n_2 = 22$, $A_1 = 10$ 元.

设 $A_2 = 10$ 元 $+ X$,则价值方程为

$$\frac{10 \text{元}}{a_{\overline{14}|0.04}} = \frac{10 \text{元} + X}{a_{\overline{22}|0.04}}.$$

因此有

$$X = 10\left(\frac{a_{\overline{22}|0.04}}{a_{\overline{14}|0.04}} - 1\right) \text{元} = 3.68 \text{元},$$

即价格上涨 36.8%.

§6.4 实例分析

本书截至目前主要围绕金融中的利息计算问题展开,有时也称之为投资收益的计算.在金融实践中,还有一些特殊的投资方式或产品,标准的收益率计算可能不适用于这些问题.本节将摘取一些有代表性的问题进行介绍.

6.4.1 其他投资产品和套期保值产品

在一般的证券业务中,投资者大多数是通过先买后卖进行投资的.这种先买后卖的投资方式有时也称为**买空**.但是,也有一些证券市场允许投资者以先卖后买的方式进行投资,通常称之为**卖空**.卖空的具体操作是:如果投资者认为某种证券的价格在今后一段时间内将要下跌,而他手中又没有这种证券可供卖出,他可以从第二者(一般是证券公司或证券商)手中"借得"(形式上)这种证券,紧接着在市场中将其卖出,经过一段时间后,投资者认为合适的时刻,再从市场中将这种证券买回(希望以比较低的价格)并还给第二者.这种买回证券的过程称为**空头方补进**.

卖空业务的收益率计算是相当复杂的,因为这种业务的操作受许多因素的影响,而且还要考虑计算的方法.下面看一个例子.

例 6.13 某人以 10 元的价格将某种股票空头卖出 100 股,在一年后,以每股 8 元的价格将 100 股买进.试分析该操作的收益率.

解 显然,净收入为 200 元.如果直接用价值方程计算,有
$$1000(1+i) = 800.$$
解得 $i = -20\%$.显然这个结果不合理.

如果将时间换一个方向,则价值方程为
$$800(1+i) = 1000.$$
解得 $i = 25\%$.但是,这个结果表示 800 元的投入所产生的收益,而在这种情况下,卖空者并没有任何投资.

事实上,在允许卖空的市场,对卖空业务的投资人必须要有一些基本的约束,例如:美国的有关法规要求卖空者在进行卖空业务时,必须在其证券账户中存入一定的储蓄金(一般称为保证金).同时,规

定这笔保证金在空头被完全补平之前不能动用,且保证金户头的价值应达到卖空售价的一定比例(这种保证金的比例可以由市场监管者随时调整,如果市场监管者认为股票交易活动和交易价格因为对借贷业务的放松而过分活跃时,就会提高保证金的比例,从而减少购买股票的借贷资金;另一方面,如果市场监管者希望将刺激市场作为其货币政策的一部分,就会减少这种保证金的比例要求)。在上面的例 6.13 中,如果保证金比例为 50%,则在进行卖空业务之初必须在户头上存入 500 元,因此,200 元的空头收益可以看做 500 元投入的结果,收益率为 40%. 因为有保证金的投入,在计算收益时,通常也要考虑这部分的利息收入. 如果在上例中保证金户头的利率为 2%,那么总收益为 200 元 + 0.02 × 500 元 = 210 元,进而得到收益率为 42%.

有时,卖空者还要向证券的买方支付股票分红或债券的利息. 如果在上面的例子中,股票分红的支出为 60 元,那么总收益为 210 元 − 60 元 = 150 元,进而得到收益率为 150/500 = 30%.

2010 年 3 月 31 日,我国融资融券交易在上海证券交易所试点启动. 上海证券交易所对融资融券交易的正式定义为:**融资融券交易**,是指投资者向具有本所会员资格的证券公司提供担保物,借入资金买入本所上市证券或借入本所上市证券并卖出的行为. 显然,并不是所有的上市交易证券都可以作为融资融券的交易证券(称之为标的证券). 上海证券交易所选择融资融券标的证券的相关规定是:满足一定的基本要求并按照一定的评价指标位于前列的证券. 上海证券交易所会随时发布关于融资融券标的证券的调整信息. 例如:在 2013 年 1 月 25 日即公布了 300 个符合规定的融资融券标的证券名单以及 5 个作为融资融券标的的交易型开放式指数基金的名单. 若某证券被实施退市风险警示,则该证券将被从融资融券标的证券名单列表中调整出去,也可能根据规则将某个证券加入融资融券标的证券名单中.

另外,上海证券交易所还规定了可充抵保证金的证券和折算率,见表 6-9.

表 6-9 可充抵保证金的证券和折算率

可充抵保证金证券品种		折算率
A 股	上证 180 指数成分股	不超过 70%
	非上证 180 指数成分股	不超过 65%
	被实行特别处理和被暂停上市的 A 股	0%
基金	交易所交易型开放式指数基金(ETF)	不超过 90%
	其他上市基金	不超过 80%
债券	国债	不超过 95%
	其他上市债券	不超过 80%
权证	权证	0%

比卖空技术更加一般的方法是所谓的**套利**,它表示在证券市场中稳赚的投资组合. 这里的"组合"一词既包括对证券品种和数量的组合,也包含对投资时机的选取. 所以,经常用套利机会表示一种肯定盈利的证券投资选择. 当前,投资策略的技术已经越来越先进,可以将短期和长期业务组合投资. 相应地,更为常用的一个术语是**套期保值**,或者称**对冲**,指利用一切可能的机会来构造有套利的投资组合.

6.4.2 衍生金融产品

随着金融市场的发展和现代科技的发展,目前金融市场中出现了许多金融衍生产品. 一般情况下,金融衍生产品是对原有(基础)金融产品的再创造,或者说是以传统金融产品为对象的金融创新产品,其价值依赖于它所依附的基础金融产品的价值. 这里,只介绍两种非常普通的衍生产品——远期合约和期货合约,第八章中还将详细介绍一类有代表性的衍生产品——期权.

1. 远期合约

远期合约是指在某个时刻 t 生效的一种合约,这种合约对未来某个时刻 $T(T>t)$ 发生的交易进行规定,包括对交易货物本身和具体交易的细节的规定. 一般称这些交易的货物为**标的资产**. 标的资产可以是一般商品、金融资产(如股票和债券)、指数或汇率. 因为本书的内容是围绕金融市场进行的,所以这里只考虑以金融资产为标的资产的远期合约. 通常称在远期合约中规定的标的资产的未来交易价格为**交割价格**.

远期合约通常是为两个当事人一对一专门定制的合约,并不公开在市场上交易(这类交易对应的市场称为**场外交易市场**,简称OTC). 一般我们将远期合约中同意在 T 时刻以约定的价格购买标的资产的一方称为**多头**,而将合约中同意在该时刻以同样的价格出售该标的资产的另一方称为**空头**.

一般情况下,可以从标的资产的现货市场得知所交易资产的当前(t 时刻)价格 S_t(称为即期价格)以及其他相关信息. 若合约中承诺在 T 时刻以价格 $F(t,T)$(称为远期价格)交易,在时间越来越接近 T 时刻时,标的资产的市场价格将接近 S_T,这时,即使这个市场价格低于 $F(t,T)$(即 $S_T < F(t,T)$),远期合约的多头方也必须以价格 $F(t,T)$ 购买该标的资产;反之,即使现货市场出现对多头方有利的更高的价格时,远期合约的空头方也不得不以较低的价格 $F(t,T)$ 出售(交割)该标的资产. 所以,远期合约的多头和空头双方都有可能发生损失和得到收益. 因此,只要价格 $F(t,T)$ 对双方可以接受,远期合约本身是不需要支付成本的.

选择远期合约一般出于以下两个方面的考虑:一是保护有进出口贸易的企业免受汇率市场波动的影响,例如银行与企业签订的远期汇率合约;二是为防范利率风险而通过合约锁定未来的利率(或固定收益资产的收益率).

因为远期合约本身没有价格计算问题,所以围绕远期合约的计算问题主要是分析标的资产的当前(t 时刻)价格 S_t(现货市场已知)和远期价格 $F(t,T)$(远期合约规定)的关系. 为了得到两者的关系,考虑以下两种在 t 时刻的投资策略:

第一种策略是在现货市场以价格 S_t 买入一份标的资产,这可以向持有者提供红利、息票或其他现金流,但也可能需要持有者有一定的现金流支付,如存储成本. 假设在 t 时刻已经知道这些现金流发生的时刻和金额,并且已知这些(净)现金流(红利收益为正)在

T ($T>t$) 时刻的累积总价值为 $D(t,T)$. 这样,该策略下在 T 时刻的资产最终的总价值为 $S_T+D(t,T)$.

第二种策略是持有一份远期合约(无须支付成本)的多头,在 T 时刻将以价格 $F=F(t,T)$ 买入上述标的资产,同时在储蓄账户(以年利率 $r=R(t,T)$ 累积利息)中存入一定的金额,其数额应为标的资产的未来交易价格的现值与 $D(t,T)$ 的现值之和. 也就是说,在 t 时刻的储蓄金额为

$$[F(t,T)+D(t,T)]\mathrm{e}^{-(T-t)r}.$$

这笔资金可以保证在 T 时刻以价格 $F=F(t,T)$ 买入市场价格为 S_T 的标的资产.

在第二种策略下,在 T 时刻同样拥有 $S_T+D(t,T)$ 的市场价值. 这样,两种策略在 T 时刻有相同的价值,所以,可以约定在 t 时刻两种策略一定有相同的价格成本. 由此可得

$$[F(t,T)+D(t,T)]\mathrm{e}^{-(T-t)r}=S_t,$$

即

$$F(t,T)=S_t\mathrm{e}^{(T-t)r}-D(t,T). \tag{6.4.1}$$

这就是人们熟知的远期价格与即期价格之间的持有成本关系式.

2. 期货合约

远期合约常常是因当事双方的特殊要求而定制的,这就使其很难及时改变合约的结构和形式. 期货合约与远期合约类似,都是规定了未来发生的交易的价格,且期货价格 $F(t,T)$ 与现货价格 S_t 的关系与式(6.4.1)相同. 但是,期货合约与远期合约在其他方面并不相同,见表 6-10. 可见,期货合约是由交易所提供的,并且在到期日、合约的大小和标的资产(或标的指数)方面都是标准化的.

表 6-10 远期合约与期货合约的比较

比较的内容	远期合约	期货合约
交易方式	代理人或经纪人	交易所
流动性	低	高
合约形式	专门定制的	标准的

§6.4 实例分析

在发达国家,金融期货产品已经发展得比较成熟,可以说对大多数需要保护的金融资产(包括指数)都有对应的期货市场.下面参考文献[5]的讨论,以美国的短期国债期货为例简单介绍期货合约相关的基本计算.

考虑这样的一个期货合约:在 5 月份生效,规定在 7 月份交割价值 1000000 美元的还有 3 个月到期的国债(也称为 90 天国债或 13 周国债).下面分别讨论期货价格与现货价格的关系式(式(6.4.1))中各项的计算:

(1) 现货价格 S_t.这里的现货是还有 2+3=5 个月(150 天)到期的国债,若通过市场观察其报价为 95 美元,或者称以年贴现率 5% 出售,则价格 95 美元对应的期货合约的标的资产 1000000 美元的当前价格是

$$S_t = 1000000\left(1 - 0.05 \times \frac{150}{360}\right) \text{美元} = 979167 \text{美元}.$$

(2) 标的资产现金流在 T ($T>t$) 时刻的累积总价值 $D(t,T)$.假设在这 5 个月期间没有息票收入发生,而且持有成本是 0 美元,则有

$$D(t,T) = 0 \text{美元}.$$

(3) 期货合约生效期间的无风险利率 r.这个利率可以用 7 月份到期的(或剩余期限 2 个月的)短期国债的当前价格来决定.假设这种短期国债的年收益率是 4%,由此可推出在 5 月份至 7 月份的 2 个月期间有

$$e^{r(T-t)} = \frac{1}{1 - 0.04 \times \frac{60}{360}} = 1.00671.$$

(4) 将上述各项代入价格关系式(6.4.1),可以得到

$$F = S_t e^{r(T-t)} = 979167 \times 1.00671 \text{美元} = 985739 \text{美元}.$$

假设报价是以年度为单位的,可以利用短期国债的价格和收益率之间的关系式,得到相应的期货合约标的资产(3 个月债券)的收益率应满足的关系式

$$\text{期货价格} = \text{面值} \times \left(1 - \text{年收益率} \times \frac{\text{未到期天数}}{360}\right).$$

于是,若设上述讨论的期货合约标的资产的收益率为 y,则有

$$985739 = 1000000\left(1 - y\frac{90}{360}\right).$$

解得 $y=5.70\%$,即 100 美元面值债券的折价为

$$(100-5.70) \text{美元} = 94.30 \text{美元}.$$

如果从市场上观察到的期货价格与这个结果不同,那么就一定会存在产生利润的交易机会(忽略交易成本).例如:假如市场上的期货价格很低,为 93 美元,它相对于 7 月份到期的现货价格 99 美元和 10 月份到期的现货价格 95 美元都低,那么,我们持有价格为 93 美元的期货的同时在现货市场以 95 美元的价格出售,将得到的 979167 美元现金用于投资到期价值为 100 万美元的 7 月份到期的 2 个月国债.在 7 月份到期时,可以得到现金 $979167 \times \frac{1000000}{9933333}$ 美元=985739 美元.这时候也正好是期货合约交割的时间.另外,我们要为 90 天的短期国债支付 $1000000\left(1-0.07\times\frac{90}{360}\right)$ 美元=982500 美元,因此,还剩余(985739-982500)美元=3239 美元的现金.这时通过期货合约的交割我们还持有 10 月份到期的 3 个月国债,它可以代替 5 月份出售的国债,正好使得我们资产组合中的国债结构不变.这就是一种套利机会,即任何持有 10 月份到期国债的投资人,只要在 5 月份采用上述策略就肯定可以在 7 月份实现 3239 美元的利润,并同时继续按照市场价值持有国债.这也会使原来持有的 10 月份到期的国债得到升值.当然,在现实的市场中一旦这种套利机会被发现,价格就会被调整,那么按照有效市场的理论,这些套利机会就会消失.

目前我国的金融期货产品主要为在中国金融期货交易所交易的期货.中国金融期货交易所于 2006 年 9 月 8 日在上海成立.中国金融期货交易所采用电子化交易方式,不设交易大厅和出市代表,其金融期货产品的交易均通过交易所计算机系统进行竞价,由交易系统按照价格优先、时间优先的原则自动撮合成交.目前中国金融期货交易所的上市品种只有"沪深 300 指数期货合约",具体信息见表 6-11.

表 6-11　沪深 300 指数期货合约表

期货合约标的	沪深 300 指数
合约乘数	每点 300 元
报价单位	指数点
最小变动价位	0.2 点
合约月份	当月、下月及随后两个季月
交易时间	上午：9：15—11：30，下午：13：00—15：15
最后交易日交易时间	上午：9：15—11：30，下午：13：00—15：00
每日价格最大波动限制	上一个交易日结算价的 $\pm 10\%$
最低交易保证金	合约价值的 12%
最后交易日	合约到期月份的第三个周五，遇国家法定假日顺延
交割日期	同最后交易日
交割方式	现金交割
交易代码	IF
上市交易所	中国金融期货交易所

股指期货的合约月份是股指期货合约到期交割结算的月份. 例如：在 2013 年 5 月 6 日星期一，市场上共有 IF1305，IF1306，IF1309 和 IF1312 四个品种进行交易，其中 IF1305 表示将于 2013 年 5 月到期交割的合约（2013 年 3 月 18 日上市交易），IF1306 表示将于 2013 年 6 月到期交割的合约（2012 年 10 月 22 日上市交易），IF1309 表示将于 2013 年 9 月到期交割的合约（2013 年 1 月 21 日上市交易），IF1312 表示将于 2013 年 12 月到期交割的合约（2013 年 4 月 22 日上市交易）. 采用近月合约与季月合约相结合的方式，在半年左右的时间内共有四个合约同时交易，具有长短兼济、相对集中的效果.

6.4.3　其他实例

例 6.14　某业务的现金流为：当前存款 200 元，在第 1 年底取款 1000 元，在第 2 年底存款 1000 元.

（1）计算这个交易的收益率；

（2）计算 APR.

解　（1）计算年收益率 i：

$(1+i)^2 - 5(1+i) + 5 = 0 \Longrightarrow i = 2.618$ 或 0.38197.

(2) 计算 APR. 已知

$L = 1000$ 元， $K = (200 + 1000 - 1000)$ 元 $= 200$ 元.

按照 2 年投资期计算：

$$\frac{K+L}{n} a_{\overline{2}|\text{APR}} = L \Longrightarrow 600 a_{\overline{2}|\text{APR}} = 1000 \Longrightarrow \text{APR 不存在};$$

按照 1 年投资期计算：

$$\frac{K+L}{1} a_{\overline{1}|\text{APR}} = L \Longrightarrow 1200 a_{\overline{1}|\text{APR}} = 1000 \Longrightarrow \text{APR} = 20\%.$$

在这种情况下，很难用一个收益率或年百分率来表示投资的收益.

例 6.15 某企业计划发行 20 年期兑现值为 1000000 元的零息票债券，按年利率 9% 计算. 企业希望将利息部分用直线法平均摊入每年，但是，税务部门坚持用精算方法确定每年的利息. 问：这 20 年间，两种方法的利息分别为多少？在哪一年，两种方法的结果最接近？

解 债券的发行价格为

$$P = 1000000(1 + 9\%)^{-20} \text{元} = 178430.89 \text{元},$$

于是总的利息收入为

$$I = (1000000 - 178430.89) \text{元} = 821569.11 \text{元}.$$

本例题的问题是对投资人的上述总利息收入如何计算利息税.

(1) 按企业的利息分配方法（直线法）计算：

$$每年利息 = \frac{821569.11}{20} \text{元} = 41078.46 \text{元}.$$

(2) 按税务部门的利息分配方法（精算方法）计算：

第 t 年利息 $= 9\% \times$ 上期余额

$$= 9\% \times 178430.89 \times (1+9\%)^{t-1} \text{元} \quad (t = 1, 2, \cdots, 20),$$

得年利息变化范围：$16058.78 \sim 82568.81$ 元.

经计算，两种方法的结果最接近的时刻是第 12 年.

例 6.16 在银行业务中有一类豁免审批限额贷款，即在一定时间内的规定限额以下的贷款不必审批. 已知这种账户的年单利率为 15%，银行将在每月的最后一天和最后一次还贷的日期计算利息. 假

§6.4 实例分析

设某账户的有效期为 1 月 1 日—8 月 15 日,最大限额为 5000 元,账户的实际明细如下:在 1 月 15 日借款 1000 元,在 3 月 1 日借款 500 元,然后分别在 3—7 月的每月 15 日还款 250 元. 分别用银行计息法、美国计息法和商人计息法计算该账户在 8 月 15 日还清贷款应该偿还的金额.

解 (1) 按银行计息法计算的账户余额情况如表 6-12 所示. 可见,按银行计息法计算,该账户在 8 月 15 日应偿还 327.79 元.

表 6-12 按银行计息法计算的账户余额

日期	1月31日	2月28日	3月31日	4月30日	5月31日	6月30日	7月31日	8月15日
余额/元	1006.57	1018.15	1285.64	1049.95	811.69	570.16	325.78	327.79

(2) 按美国计息法计算的账户余额情况如表 6-13 所示. 可见,按美国计息法计算,该账户在 8 月 15 日应偿还 328.39 元.

表 6-13 按美国计算法计算的账户余额

日期	3月1日	3月15日	…	7月15日	8月15日
余额/元	1518.75	1278.13	…	324.33	328.39

(3) 按商人计息法计算,该账户在 8 月 15 日应偿还的金额为
$$1000\left(1+0.15\times\frac{212}{365}\right)元 + 500\left(1+0.15\times\frac{167}{365}\right)元$$
$$-250\left(1+0.15\times\frac{153}{365}\right)元 - 250\left(1+0.15\times\frac{122}{365}\right)元$$
$$-250\left(1+0.15\times\frac{92}{365}\right)元 - 250\left(1+0.15\times\frac{61}{365}\right)元$$
$$-250\left(1+0.15\times\frac{31}{365}\right)元 = 324\ 元.$$

从计算结果看,前两者差异不大,而商人计息法的结果远低于前两者.

例 6.17 假定在 $t_0 = 0$ 时刻贷款为 L,在 $t_1, t_2, \cdots, t_{n-1}$ $(0 < t_1 < t_2 < \cdots < t_{n-1})$ 时刻分别还款 $A_1, A_2, \cdots, A_{n-1}$. 已知 $i > 0$,A_k 大于相

应的应付利息($k=1,2,\cdots,n-1$),且有 $\sum_{k=1}^{n-1}A_k < L$. 若记 A_n 为最后一次还款(在 t_n 时刻)的金额,证明:由美国计息法计算的 A_n 大于由商人计息法计算的 A_n.

证明 设按美国计息法计算 A_n 所得的结果记为 A_n^{U},按商人计息法计算 A_n 所得的结果记为 A_n^{M},则有

$$A_n^{\mathrm{U}} = L\prod_{r=1}^{n}[1+(t_r-t_{r-1})i] - \sum_{k=1}^{n-1}A_k\prod_{r=k+1}^{n}[1+(t_r-t_{r-1})i],$$

$$A_n^{\mathrm{M}} = L(1+it_n) - \sum_{k=1}^{n-1}A_k[1+i(t_n-t_k)].$$

于是

$$A_n^{\mathrm{U}} - A_n^{\mathrm{M}} = L\left\{\prod_{r=1}^{n}[1+(t_r-t_{r-1})i] - (1+it_n)\right\}$$

$$- \sum_{k=1}^{n-1}A_k\left\{\prod_{r=k+1}^{n}[1+(t_r-t_{r-1})i] - [1+i(t_n-t_k)]\right\}$$

$$\underset{\left(L>\sum_{k=1}^{n-1}A_k\right)}{\geqslant} \sum_{k=1}^{n-1}A_k\left\{\prod_{r=1}^{n}[1+(t_r-t_{r-1})i]\right.$$

$$\left. - \prod_{r=k+1}^{n}[1+(t_r-t_{r-1})i] - it_k\right\}.$$

另外,有

$$\prod_{r=1}^{n}[1+(t_r-t_{r-1})i] - \prod_{r=k+1}^{n}[1+(t_r-t_{r-1})i] - it_k$$

$$= \prod_{r=k+1}^{n}[1+(t_r-t_{r-1})i]\left\{\prod_{r=1}^{k}[1+(t_r-t_{r-1})i] - 1\right\} - it_k$$

$$> \prod_{r=1}^{k}[1+(t_r-t_{r-1})i] - 1 - it_k$$

$$\geqslant 1 + \sum_{r=1}^{k}i(t_r-t_{r-1}) - 1 - it_k = 0,$$

所以 $A_n^{\mathrm{U}} - A_n^{\mathrm{M}} > 0$,即由美国计息法计算的 A_n 大于由商人计息法计算的 A_n.

练 习 题

§6.1 抵押贷款分析

1. 现有期限为 18 个月的贷款,融资费用为贷款额的 12%,还款方式为逐月偿还.计算该贷款的 APR.

2. 某金融机构提供的贷款方式为:每 100 元的期限为 16 个月的贷款,每月需偿还 7.66 元.计算贷款实利率.

3. 现有 1 年期的 12000 元贷款,可以在以下两种偿还方式中任选一种进行还贷:

方式 A:在贷款获得批准时,支付 1000 元融资费用,每月偿还 1000 元;

方式 B:以 $i^{(12)}=12\%$ 的利率逐月摊还.

(1) 计算两种方式的 APR; (2) 计算两种方式的总利息之差.

4. 某人走访了三家银行了解汽车贷款的报价,其中还贷方式为两年内逐月偿还.第一家银行每月偿还 X,融资费用为原始贷款额与还贷年限的乘积再乘以 6.5%;第二家银行每月偿还 Y,实利率为 12.6%;第三家银行每月偿还 Z,月换算名利率为 12%.试比较 X,Y 和 Z 的大小.

5. 某年利率为 12% 的 8000 元贷款通过下面的 3 次还款偿还:3 月底还 2000 元;9 月底还 4000 元;12 月底还 X.试分别用美国计息法和商人计息法计算 X.

6. 甲以实利率 10% 借款 10000 元,2 年偿还.甲计划在每年底支付利息,到期一次还本金.实际上,第 1 年底甲只还了 500 元.分别用精算方法和美国计息法计算甲应该在第 2 年底一次性偿还的金额.

7. 某家庭计划购买一套价值 1600000 元的住房,首期支付房款的 25%,余款以 30 年 9% 的利率抵押贷款付清.如果结算日为 9 月 16 日,融资费用为 2 个点,其中 1.5 个点计入摊还利息,计算本年度内偿还利息的总和以及 APR.

8. 某 15 年的抵押贷款,原计划每月偿还 1000 元,按月计息.

实际上,除了每月的正常还款外,借款人每月都多偿还了一定金额,多还的部分恰好等于下一次正常还款的本金.因此,只过了 90 个月,贷款提前还清.试证明:上述提前偿还方式节省的利息为

$$\left(90000 - 1000\frac{\ddot{a}_{\overline{180|}}}{s_{\overline{2|}}}\right)元.$$

9. 某建筑承包商获得总额为 2000000 元的建筑贷款,分 3 次拨款:当前可得 1000000 元,然后每隔 6 个月得到 500000 元,利息按半年换算名利率 15% 计算,直至第 1 年底.从第 2 年初开始,上述所有的累积本金和利息按 30 年月换算名利率 12% 的抵押贷款进行逐月偿还.已知还贷方式为:期末付款,前 5 年的月偿还金额为以后各年的一半.计算第 12 次偿还的金额.

10. 已知 100000 元的贷款计划 30 年内按年度偿还,年利率为 8%,结算日支付的融资费用为贷款额的 2%,且融资费用不计入贷款.实际上,在第 2 年底的正常还贷后,借款人将余额一次性还清.考虑融资费用和提前还贷因素计算该贷款的实际年利率.

11. 现有 10 年期可调利率抵押贷款,每季度偿还 1000 元.最初的季换算名利率为 12%,从第 13 次还款后开始季换算名利率调整为 14%.计算第 24 次还款后的未结贷款余额.

12. 现有 30 年期 100000 元抵押贷款按以下方式逐年偿还:前 5 年每年底的偿还金额比前一年增加 5%,从第 6 年开始还款金额固定为第 5 年的还款金额,实利率为 9%.

(1) 计算第 1 年底的偿还金额; (2) 是否会出现负摊还的情况?

13. 某家庭购买了 1200000 元的住房,首期付款 15%.假定该家庭在 10 年前已经申请了 600000 元、年利率为 8% 的 30 年期抵押贷款.现在开始将新贷款合并,仍然按原计划的时间偿还,但是年还款额以年利率 10% 计算.计算总的年还款额.

14. 某退休夫妇拥有一套价值 1000000 元的住房.若将此住房抵押用于月换算名利率为 12% 的年金方式(反向)抵押贷款,则该夫妇每月可得退休金 5000 元.如果房子本身以 6% 的比例逐年升值,计算第 5 年底该夫妇对这套房子拥有的价值.

15. 现有 1200 元的贷款,融资费用为 108 元,计划在 1 年内按

月等额偿还. 分别用四种 APR 的近似方法计算第 4 次还款后的未结贷款余额.

16. 已知某贷款按直接比率法计算 APR, 且计划在 9 个月内偿还贷款. 如果第 2 次还款中的利息量为 20 元, 计算第 8 次还款中的利息量.

17. 总额为 690 元的贷款计划在 12 个月内按月偿还. 若前 6 次每次还 50 元, 后 6 次每次还 75 元, 试用固定比率法近似计算贷款利率.

18. 如果某贷款用最大收益法计算的 APR 为 20%, 按最小收益法计算的 APR 为 12.5%, 试计算用直接比率法的结果.

19. 已知某贷款在 5 年内按年度偿还, 每次偿还 P, 且此贷款按直接比率法以年利率 i 摊还. 另有一笔贷款具有相同的还款时间和金额, 当时贷款按精算方法以年利率 5% 摊还. 如果第 2 年底两种方法的未结贷款余额相同, 计算 $a_{\overline{5}|i}$.

§6.2 固定资产折旧分析

20. 某资产的折旧期为 10 年, 残值为 0 元. 如果第 3 年的折旧费为 1000 元, 试分别用偿债基金法 ($j=0.05$)、直线法和年限总和折旧法计算第 9 年的折旧费和资产的最初价值, 并说明为什么余额递减法在这里不适用.

21. 同时购买两台机器, 买价均为 40000 元, 折旧期均为 20 年. 第一种机器按年限总和折旧法计算得折旧后的残值为 5000 元; 第二种机器按偿债基金法计算得折旧 ($j=3.5\%$) 后的残值为 S. 如果在第 18 年底两种机器的账面价值相等, 计算 S.

22. 某种设备的买价为 15000 元, 15 年后的残值为 2000 元. 开始其账面价值按复利方式进行折旧计算, 年利率为 5%, 从第 10 年底起折旧计算的方法改为直线法. 计算第 12 年底该设备的账面价值.

23. 某企业购买了甲、乙两种机器, 预计寿命均为 14 年, 残值均为 1050 元. 已知机器甲的买价为 2450 元, 机器甲按直线法折旧, 机器乙按年限总和折旧法折旧. 如果甲、乙两种机器各年折旧费的现值之和以年利率 10% 计算之结果相同, 计算机器乙的买价.

24. 某新机器价值为 11000 元,残值为 900 元,使用年限为 100 年. 如果设

$BVSL_t =$ 按直线法折旧在第 t 年底的账面价值,

$BVSD_t =$ 按年限总和折旧法折旧在第 t 年底的账面价值,

问:t 取何值时,$BVSL_t - BVSD_t$ 达到最大?

25. 假定某资产的最初价值为 5000 元,n 年后的残值为 2000 元. 如果按年限总和折旧法计算,第 12 年的折旧费为 100 元,计算 n.

26. 假定寿命为 n 年的资产在 t ($0 \leqslant t \leqslant n$)时刻的账面价值为 t 的连续函数 B_t. 如果按直线法计算的 B_t 与按固定比率法计算的 B_t 在 t_0 时刻的差异最大,试用 n, A 和 S 表示 t_0.

§6.3 资本化成本计算

27. 某机器的买价为 10000 元,10 年后的残值为 1000 元,每年的维护费用为 500 元,年利率为 5%. 计算:

(1)定期费用; (2)资本化成本.

28. 机器甲买价为 1000 元,9 年后的残值为 50 元;机器乙买价为 1100 元,9 年后的残值为 200 元. 如果假定两种机器每年的维护费用相同,问:在什么利率水平时两种机器的资本化成本无差异?

29. 某种塑料托盘的使用寿命为 8 年,单价为 20 元;某种金属托盘的使用寿命为 24 年. 有用户需要这种金属托盘产品使用 48 年,同期的通货膨胀使托盘价格以 5% 的比例逐年上升. 在年利率为 10.25% 的条件下,计算使两种托盘的资本化成本等价的金属托盘单价.

30. 某建筑企业购得价值 1000 元的木料,10 年后的残值为 50 元,年利率为 3.5%. 计算企业为了将木材的使用寿命从 10 年延长到 15 年(残值不变)所能接受的每年最大额外支出.

31. 机器甲买价为 100000 元,第 1 年初的维护费用为 3000 元,使用寿命为 20 年,残值为 0 元;机器乙第 1 年初的维护费用为 10000 元,使用寿命为 15 年,残值为 0 元. 预计两种机器的年初维护费用将以 4% 的速度逐年上升,且机器乙的产量为机器甲的两倍. 如果年利率为 8%,且两种机器的资本化成本等价,计算机器乙的买价.

第七章 利率风险分析

到本章为止的讨论,都是在利率(或收益率)水平固定(静态)的环境中进行的.而现实的金融市场中,利率一般是随时间变化的.这种变化一方面表现为不同历史时期的不同利率水平,另一方面表现为同一历史时期不同投资期限对应的不同利率水平.我们将利率的这种不确定性统称为**利率风险**.考虑到现实金融市场中利率环境的这种特点,一般可以将围绕利率的研究问题分为两个大的方面:一是研究利率本身的变化规律;二是研究受利率影响的金融产品和市场的变化规律.通过这些研究,可以分析影响利率水平的各种因素,以及在进行具体的金融计算时,如何选取适用的利率模型.

§7.1 利率风险的一般分析

利率的不确定性首先表现为利率水平的不确定性.从历史看,利率水平在各个时期出现了很大的变化.第二次世界大战结束后,各国为了刺激经济发展,大多数采用较低的利率水平.例如,在 1945 年,美国政府债券的收益率水平仅为 1% 左右,而到了上世纪 80 年代,多数国家的利率水平都超过了 6%.我国的市场经济是在上世纪 80 年代改革开放之后才开始的.在过去的三十多年里,利率水平也出现了大幅的变化.以商业银行人民币储蓄利率为例,1 年期储蓄利率的最高点为 1989 年 2 月 1 日公布的 11.57%,而最低曾到达 2002 年 2 月 21 日的 1.98%,而且由 §7.2 中给出的图 7-4 可以看出,我国的银行储蓄利率在上世纪 80 年代后期和 90 年代中期经历了利率水平的高峰期.

基本的经济学原理认为:利率水平从某种意义上讲是一种价格,应该由供求平衡来决定它的取值.如果借款的需求很大,利率将上升;反之,如果这种需求不是很强,利率将下降.这一点直观看很简单,但是,实际经济生活中的利率水平是多种因素综合作用的结果.

下面列出了一些影响利率水平的因素：

（1）**内在的纯利率**．许多经济学者和金融理论家都认为存在一个内在的纯利率，它与长期的经济发展水平有关．如果不考虑通货膨胀因素，这个利率将代表无风险投资的收益率．一般这种利率会稳定很长时间．例如：美国20世纪的几十年间，这个利率一直介于2％与3％之间．

（2）**通货膨胀率**．利率计算中对应的利息和本金都是用货币表示的，而因为通货膨胀的存在，使得货币的购买力在不同的时期是不同的．而且，从历史上看，各个国家的通货膨胀率也是不断变化的．

（3）**风险**．利率是对各种投资收益率的统称，而在许多的投资中，未来的投资收益都具有不确定性，或称之为存在风险．

（4）**投资期限**．现实的各项具体投资都会有明确的投资期限，而这个期限显然会对投资收益产生影响．例如，1年期的银行定期储蓄的利率一般会低于2年期的利率．

（5）**信息的容量**．金融理论认为，在一个有效的金融市场中，买、卖双方应该拥有相同容量的市场信息，而利率正是在此基础上形成的．但实际上，即使有现代化的通讯和数据处理设备与工具，仍然有一些市场中的死角将影响利率的水平．

（6）**法律的约束**．有时政府会对利率水平做一些限制．在美国近几年有放松管制的趋势，所以这种因素的影响较过去已降低许多．但是，某些利率仍然受到法规的限制．

（7）**政府的政策**．政府的宏观政策也可以对利率产生影响．例如：美国联邦政府通过实施货币政策和财政政策对总体的利率水平加以影响，甚至是控制（基本的控制手段是：美联储对货币供应量的调整）．同时，政府的赤字或盈余也对信贷市场的需求产生重要影响．

在实际业务中常常有一些表示利率变动的术语：

（1）**基点**（简称bp），是计算利率变动的计量单位，其中100个基点表示1％．例如：利率从9％涨到9.25％，就可以称利率上涨了25个基点．

（2）**利差**，是用于比较两种利率的差．在投资问题中常常以国债的收益率作为比较的基础，如果1年期国债的收益率为3.25％，而另外有一种金融产品的收益率为4.50％，则一般表述为：与1年期国债的利差为 125 个基点.

在以上列出的诸多因素中,下面只对其中的通货膨胀率和风险两个因素做进一步的分析.

7.1.1 通货膨胀率与利率

利率与通货膨胀率的关系也是随着时间变化而变化的. 从世界范围看,在第二次世界大战之前,这两者的关系并不明了. 事实上,从 19 世纪 20 年代到第二次世界大战之前,都很难说通货膨胀的预期对利率有系统的影响. 第二次世界大战结束后,两者开始显现一种关系,利率对通货膨胀有着正面的积极的影响.

金融市场的公布利率与通货膨胀率一般是正相关的,即这两个量随着时间的推移将沿着相同的方向变化. 这一点从表面上看似乎是合理的,因为通货膨胀率表示货币的购买能力因时间的推移而造成的损失,而贷款人至少要通过利率以补偿其在资本购买力上的损失. 实际上,若将这种直观的感觉做进一步的分析,还可以发现以上所谓的正相关关系只对同样时期的利率和通货膨胀率成立. 所以,如果要考虑通货膨胀率因素,那么同一时期的利率应高于通货膨胀率,这样才能保证实质上的利息收入.

一般情况下,我们称扣除了通货膨胀影响后所得到的利率为**实际利率**,用 i' 表示. 相应地,市场中的现行利率,我们称之为**名义利率**,用 i 表示. 如果用 r 表示同期的通货膨胀率,则自然有以下的关系
$$1+i = (1+i')(1+r), \qquad (7.1.1)$$
进而有
$$i = i' + r + i'r, \qquad (7.1.2)$$
即名义利率等于实际利率与通货膨胀率及两者的乘积之和. 因为一般情况下利率均为较小的数值,所以有时将式 (7.1.2) 中的乘积项 $i'r$ 省略,进而得到常见的结论:名义利率为实际利率与通货膨胀率之和,即
$$i = i' + r. \qquad (7.1.3)$$
这也就是著名的 **Fisher 效应**.

可见,如果在一定的时期内实际利率的水平变化不大,则市场上

的名义利率的变化与通货膨胀率的变化是同步的.

当然,也可以通过定义反解出实际利率 i':

$$i' = \frac{i-r}{1+r} \quad \text{或} \quad 1+i' = \frac{1+i}{1+r}. \tag{7.1.4}$$

在考虑通货膨胀率的情况下,价值计算会有一些变化.下面具体分析.

1. 现值计算

考虑 n 期期末年金的现值.如果年金的金额随着通货膨胀率同步递增(这是保值常用的一种方式,或者称之为扣除通货膨胀影响的方式),首次付款用 $R(1+r)$ 表示,则以名义利率计算的现值公式为

$$R[(1+r)v + (1+r)^2 v^2 + \cdots + (1+r)^n v^n]$$

$$= R(1+r)\frac{1-\left(\frac{1+r}{1+i}\right)^n}{i-r}. \tag{7.1.5}$$

如果用 i' 表示上式,则有

$$R[(1+i')^{-1} + (1+i')^{-2} + \cdots + (1+i')^{-n}] = R\,a_{\overline{n}|i'}. \tag{7.1.6}$$

2. 终值计算

假设某投资者以利率 i 投资 A,投资时间共 n 期,则到期时的收益为 $A(1+i)^n$.但是,如果考虑通货膨胀因素,这笔投资在到期时的实际收益为 $A\dfrac{(1+i)^n}{(1+r)^n} = A(1+i')^n$.因此,必须区别名义投资收益和实际投资收益.

例 7.1 某保险公司在人身意外伤害保险的赔付条款中采用了年金赔付方式:首次赔付 24000 元,余额按 10 年期末年金方式赔付,且从第 1 次年金赔付开始赔付金额按照零售物价指数 5% 逐年递增(即通货膨胀率为 5%).如果同期市场年利率为 8%,计算年金赔付责任的现值.

解 已知 $i=0.08$, $r=0.05$,于是由公式(7.1.4)有

$$i' = (0.08-0.05)/(1+0.05) = 0.028571.$$

再由公式(7.1.5)和(7.1.6)可得年金赔付的现值为

$$24000(1+0.05)\frac{1-\left(\frac{1+0.05}{1+0.08}\right)^{10}}{0.08-0.05} \text{ 元}$$

$$= 24000\, a_{\overline{10}|0.028571}\, 元 = 206226.00\, 元,$$

所以,该保单的合计赔付金额即所求现值为

$$(24000 + 206226.00)\, 元 = 230226.00\, 元.$$

7.1.2 风险与利率

本书截至目前的所有讨论,都假定未来现金流的金额和时间是确定的,这些假定当然为计算带来了一些简便,但显然与现实的许多情况是不符的. 在现实中,常常存在现金流发生的时间和数量不确定的情况. 例如,在简单的借贷业务中,也会出现以下的情况:不能按期支付或提前支付,还有就是对抵押贷款进行再融资时再投资利率的变化以及贷款出现早赎的情形等. 这些现象的基本特征具有不确定性,即在事前无法确定它的发生,这也就是人们常说的风险,对它的刻画和分析需要一些特殊的方法和工具.

一般情况下,有两种影响利率相关的金融资产市场价值的主要风险:一是市场风险,指金融市场的变化(表现为不同的到期收益率)引起现金流价值的变化;二是信用风险,指金融产品本身的风险行为. 例如:考虑 A 和 B 两种溢价债券,它们有相同的息票收入、兑现值和到期日,其中 A 是由政府财政部发行的国债,B 是一种高风险的企业债券. 显然,这两种债券的市场风险是相同的. 但是,从产品本身的内在风险因素考虑,B 在市场中的售价应低于 A,即 B 的到期收益率应高于 A. A 与 B 的价格之差是对企业债信用风险的度量.

如果在评估含信用风险的债券时,仍然采用收益率作为评估的方法,这种收益率计算将比无风险情形的收益率计算复杂得多. 下面用一个例子来说明这种情况下问题的复杂之处,请读者仔细体会这种收益率的真正意义.

为了区别是否为有风险的债券,在一般的市场中都会确定或假设一个无风险收益率,这个收益水平是指在任何情况下都不会违约的有确定收益的投(融)资水平.

例 7.2 现有面值 1000 元的 1 年期债券,年息率为 8%,到期按照面值兑现,且如果目前市场的无风险投资的收益率为 8%,则按面值出售. 另有一种债券,是一个处于成长期的企业发行的,面值为

1000 元,年息率为 8%,售价为 940 元,但到期兑现本金是有条件的:如果企业运行良好,则按照面值兑现且支付息票;否则不兑现本金和息票. 试评估后一种债券的收益率.

解 如果按以前的方法认为后一种债券在 1 年后的现金流为 1080 元,则其年收益率 i 满足

$$940 = 1080(1+i)^{-1}.$$

解得 $i=14.89\%$. 它表示一种风险投资的收益率,看上去这个收益率比无风险债券的收益率高出 6.89%,但实际上这种"高收益"是不确定的. 事实上,14.89% 的收益率代表不违约情况的收益率,一旦发生全额(本金和息票)违约,投资者的收益率为 -100%(940 元的投资全部损失);如果发生部分违约,收益率将介于 -100% 与 14.89% 之间.

定义 7.1 除违约风险外其他条件不变时,某资产的风险收益率与无违约风险的收益率的差,称为**风险报酬**或**风险溢价**.

由定义 7.1 可知,例 7.2 中的 6.89% 可以看做一种风险报酬. 所以,可以认为 940 元的买价既包括预期收益率的成分也包括对未来违约风险的估计,也可以说,60 元的差价是考虑后一种债券存在的违约风险后对购买者的风险补偿. 换句话说,现在的买价是对未来收益现值的预期结果(简称 EPV). 用概率论的语言可以将例 7.2 的问题描述如下:

未来收益的现值用随机变量 X 表示,考虑它有两种可能的取值: $1080(1+0.08)^{-1}$ 元(不发生违约)和 0 元(全部违约). 若两种取值的概率分别为 p 和 $1-p$,则 X 的数学期望为 $1080(1+0.08)^{-1}p$ 元. 如果假定买价为未来收益现值的数学期望,那么有

$$940 = 1080(1+0.08)^{-1}p.$$

解得 $p=94\%$,即没有任何收益的风险发生概率为 6%. 另一方面,前面的高收益率 14.89% 与概率 6% 及无风险利率 8% 之间的关系为

$$14.89\% \times 0.94 + (-100\%) \times 0.06 = 8\%.$$

这表明,存在无风险利率 8% 的投资条件下,考虑投资于违约风险为 6% 的投资是不一定合算的,很难说后一种债券是较好的选择.

更一般的情况,可以考虑如下情形:在 $1, 2, \cdots, n$ 时刻的预计收益现金流分别为 $R_1, R_2, \cdots, R_n$;实际(随机)现金流分别为 X_1,

$X_2,\cdots,X_n$;能够正常得到这些收益的概率(且互相独立)分别为 p_1, $p_2,\cdots,p_n$,其中 p_t 表示可以得到收益 R_t 的可能性,$1-p_t$ 表示收益为零的可能性,用概率论的语言可表示为

$$p_t = \Pr(X_t = R_t) = 1 - \Pr(X_t = 0) \quad (t = 1, 2, \cdots, n).$$

如果市场的无风险利率为 i,那么这组收益现值的预期结果为

$$\text{EPV} = \sum_{t=1}^{n} R_t(1+i)^{-t} p_t. \tag{7.1.7}$$

这时候,对应的风险投资收益率 i_p 为满足下面方程的解:

$$\sum_{t=1}^{n} R_t(1+i)^{-t} p_t = \sum_{t=1}^{n} R_t(1+i_p)^{-t}.$$

显然有 $i_p > i$.

结论 7.1 如果概率 $p_t = p^t (t=1,2,\cdots,n)$,则有式(7.1.7)的特殊表达:

$$\text{EPV} = \sum_{t=1}^{n} R_t \left(\frac{p}{1+i}\right)^t = \sum_{t=1}^{n} R_t (v_{p,i})^t,$$

其中 $v_{p,i} = \dfrac{p}{(1+i)} < v = \dfrac{1}{(1+i)}$,为经过某种修正后的新的贴现因子.

证明 直接可由条件得到结论.

结论 7.2 在结论 7.1 的条件下,对应的风险溢价为

$$\frac{1-p}{p}(1+i);$$

而且给定风险溢价水平,也可以反解出单位时间的风险不发生概率

$$p = \frac{1+i}{\text{风险溢价} + (1+i)}.$$

证明 若形式上将 $v_{p,i}$ 看做贴现因子,则对应的风险收益率为

$$i_p = v_{p,i}^{-1} - 1 = \frac{i}{p} + \frac{1-p}{p} > i.$$

这意味着,在上述风险形式下的收益率与现金流形式无关,而且一定大于无风险收益率. 这时的风险溢价为

$$i_p - i = \frac{i}{p} + \frac{1-p}{p} - i = \frac{1-p}{p}(1+i).$$

风险不发生的概率根据溢价公式可直接得到.

注 上述结论表明:在无风险利率水平固定时,风险溢价水平随风险程度的下降(p 上升)而下降,直至为零.

例 7.3 已知 2 年期无风险利率为 2.40%.

(1) 现有如下 2 年期的公司债券:第 1 年底息票收入不发生违约的概率为 95%,且无论第 1 年是否违约,第 2 年底息票与本金收入不发生违约的概率为 90.25%. 计算该公司债券的风险溢价和风险收益率.

(2) 若已知上述产品的风险溢价为 8%,第 1 年底息票收入不发生违约的概率为 p,且无论第 1 年是否违约,第 2 年底息票与本金收入不发生违约的概率为 p^2,计算 p.

解 (1) 因 $90.25\% = (95\%)^2$,故由结论 7.2 有
$$\text{风险溢价} = \frac{1-95\%}{95\%}(1+2.40\%) = 5.39\%.$$
该公司债券的风险收益率为
$$2.40\% + 5.39\% = 7.79\%.$$

(2) 由结论 7.2 有
$$p = \frac{1+2.4\%}{8\% + (1+2.40\%)} = 92.75\%.$$

这说明:若上述产品按照 10.40% 的风险收益率出售,则第 1 年底息票收入不发生违约的概率为 92.75%,第 2 年底息票与本金收入不发生违约的概率为 86.03%.

§7.2 利率的期限结构

7.2.1 利率的期限结构的定义

定义 7.2 含固定期限和收益的投资的到期收益率随投资期限而变化的结构,称为**利率的期限结构**.

在金融市场中,有固定期限的投资往往对应与期限相关的收益水平,因此,在每个时刻观测的市场中固定收益资产的到期收益率都是随期限变化的一组利率,表示不同投资期限对应的利率.大多数债券市场发达的资本市场都以国债或信用等级最高的债券的收益率作

为市场无风险利率（简称利率）的代表.我国的情况比较特殊,这里我们先以中国人民银行公布的金融机构人民币存款基准利率为例分析利率的期限结构.以这种利率为例进行期限结构分析并不一定很合适,但这些数据是最公开和便于获取的.通过简单的分析可以发现,我国的利率期限结构还是有不同的历史表现.例如：表 7-1 与图 7-1 所示的人民币存款的基准利率为 2002 年 2 月 21 日和 2012 年 7 月 6 日两个时间点的利率水平和期限结构：2012 年的 5 年期与 1 年期的利差约为 1.35%,2002 年的 5 年期与 1 年期的利差约为 0.67%,后者约为前者的一半,这表明两个时间点的期限结构存在很大的差异,前者不仅在利率水平而且在期限结构的斜率上均远高于后者.这些现象就是利率的期限结构.另一个描述这种现象的术语是"收益率曲线"（也称利率曲线）,它是指某个时刻各种期限的零息票国债的到期收益率用期限表示的曲线.

从本世纪开始,除了金融机构人民币存款基准利率外,我国也逐步开始形成一些市场化的利率,常见的有：

(1) 中央国债登记结算有限责任公司基于国债的发行和二级市场数据编制的各种中债收益率曲线,如中国固定利率国债收益率曲线,具体示例见图 7-2（2013 年 4 月 1 日的数据）.

(2) 以位于上海的全国银行间同业拆借中心为技术平台计算、发布并命名的上海银行间同业拆放利率（Shanghai Interbank Offered Rate,简称 SHIBOR）,它是由信用等级较高的银行组成报价团自主报出的人民币同业拆放利率计算确定的算术平均利率,是单利和无担保、批发性利率.目前对社会公布的 SHIBOR 品种包括隔夜、1 周、2 周、1 个月、3 个月、6 个月、9 个月及 1 年等期限的利率,具体示例见图 7-3（2013 年 4 月 1 日的数据）.

下面从几个角度具体说明利率的期限结构.

1. 在固定时点的利率状况

在不同的历史时期,因为经济和金融状况的不同,利率的期限结构的状况也是不同的.表 7-1 选取了 2002 年 2 月 21 日和 2012 年 7 月 6 日两个时间点的金融机构人民币存款基准利率（数据来源：中国人民银行网站）,图 7-1 为表 7-1 对应的利率与期限的关系图.从中可明显看出，在相隔10年的两个时间点，金融机构的人民币存款基准利率无论是利率水平还是期限结构都出现了上升的趋势，1年期年实利率上升了102个基点，5年期年实利率则大约上升了171个基点。

表 7-1　利率期限结构示例

	期限/年	0.5	1	2	3	5
2002年2月21日起执行	公布年利率/%	1.89	1.98	2.25	2.52	2.79
	年实利率/%	1.899	1.980	2.225	2.459	2.646
2012年7月6日起执行	公布年利率/%	2.80	3.00	3.75	4.25	4.75
	年实利率/%	2.82	3.00	3.68	4.08	4.35

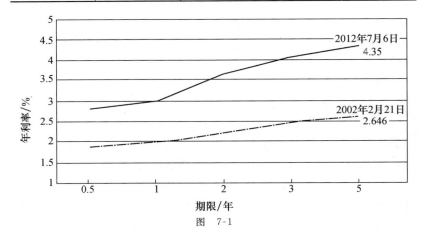

图 7-1

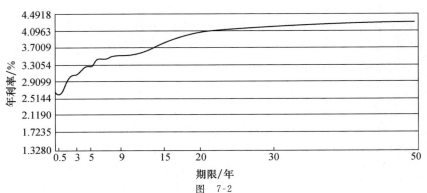

图 7-2

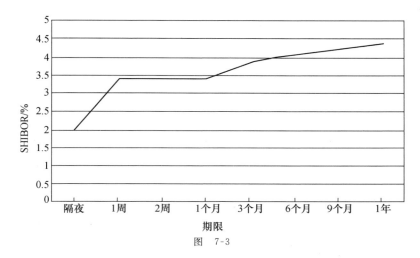

图 7-3

2. 利率的整体期限结构

利率的期限结构在整体上也会表现出变化的趋势. 表 7.2 为我国 1980—2012 年金融机构人民币存款基准利率的汇总数据(数据来源:中国人民银行网站). 为了大致描述利率整体的变化趋势,图 7-4 给出了 1980—2012 年各个年份的 1 年期、3 年期和 5 年期存款基准利率的走势图. 从中可以发现,自本世纪开始,整体的利率水平上升,3 年期与 1 年期的利差明显加大,5 年期与 3 年期的利差则相对较小,在 2008 年左右有一次整体利率水平的下调,但结构没有很大改变.

表 7-2　1980—2012 年金融机构人民币存款基准利率表　　单位:%

期限 调整日期	活期	定期						
		3 月	6 月	1 年	2 年	3 年	4 年	5 年
2012-07-06	0.35	2.6	2.8	3	3.75	4.25	4.5	4.75
2012-06-08	0.4	2.85	3.05	3.25	4.1	4.65	4.875	5.1
2011-07-07	0.5	3.1	3.3	3.5	4.4	5	5.25	5.5
2011-04-06	0.5	2.85	3.05	3.25	4.15	4.75	5	5.25
2011-02-09	0.4	2.6	2.8	3	3.9	4.5	4.75	5
2010-12-26	0.36	2.25	2.5	2.75	3.55	4.15	4.35	4.55

(续表)

期限 调整日期	活期	定期						
		3月	6月	1年	2年	3年	4年	5年
2010-10-20	0.36	1.91	2.2	2.5	3.25	3.85	4.025	4.2
2008-12-23	0.36	1.71	1.98	2.25	2.79	3.33	3.465	3.6
2008-11-27	0.36	1.98	2.25	2.52	3.06	3.6	3.735	3.87
2008-10-30	0.72	2.88	3.24	3.6	4.14	4.77	4.95	5.13
2008-10-09	0.72	3.15	3.51	3.87	4.41	5.13	5.355	5.58
2007-12-21	0.72	3.33	3.78	4.14	4.68	5.4	5.625	5.85
2007-09-15	0.81	2.88	3.42	3.87	4.5	5.22	5.49	5.76
2007-08-22	0.81	2.61	3.15	3.6	4.23	4.95	5.22	5.49
2007-07-21	0.81	2.34	2.88	3.33	3.96	4.68	4.95	5.22
2007-05-19	0.72	2.07	2.61	3.06	3.69	4.41	4.68	4.95
2007-03-18	0.72	1.98	2.43	2.79	3.33	3.96	4.185	4.41
2006-08-19	0.72	1.8	2.25	2.52	3.06	3.69	3.915	4.14
2004-10-29	0.72	1.71	2.07	2.25	2.7	3.24	3.42	3.6
2002-02-21	0.72	1.71	1.89	1.98	2.25	2.52	2.655	2.79
1999-06-10	0.99	1.98	2.16	2.25	2.43	2.7	2.79	2.88
1998-12-07	1.44	2.79	3.33	3.78	3.96	4.14	4.32	4.5
1998-07-01	1.44	2.79	3.96	4.77	4.86	4.95	5.085	5.22
1998-03-25	1.71	2.88	4.14	5.22	5.58	6.21	6.435	6.66
1997-10-23	1.71	2.88	4.14	5.67	5.94	6.21	6.435	6.66
1996-08-23	1.98	3.33	5.4	7.47	7.92	8.28	8.64	9
1996-05-01	2.97	4.86	7.2	9.18	9.9	10.8	11.43	12.06
1993-07-11	3.15	6.66	9	10.98	11.7	12.24	13.05	13.86
1993-05-15	2.16	4.86	7.2	9.18	9.9	10.8	11.43	12.06
1991-04-21	1.8	3.24	5.4	7.56	7.92	8.28	8.64	9
1990-08-21	2.16	4.32	6.48	8.64	9.36	10.08	10.8	11.52
1990-04-15	2.88	6.3	7.74	10.08	10.98	11.88	12.78	13.68
1989-02-01	2.88	7.56	9	11.34	12.24	13.14	14.04	14.94
1988-09-01	2.88		6.48	8.64		9.72	10.26	10.8
1985-08-01	2.88		6.12	7.2		8.28	8.82	9.36
1982-04-01	2.88		5.4	6.84		7.92	8.1	8.28
1980-04-01	2.16		4.32	5.76		6.84	7.38	7.92

§ 7.2 利率的期限结构

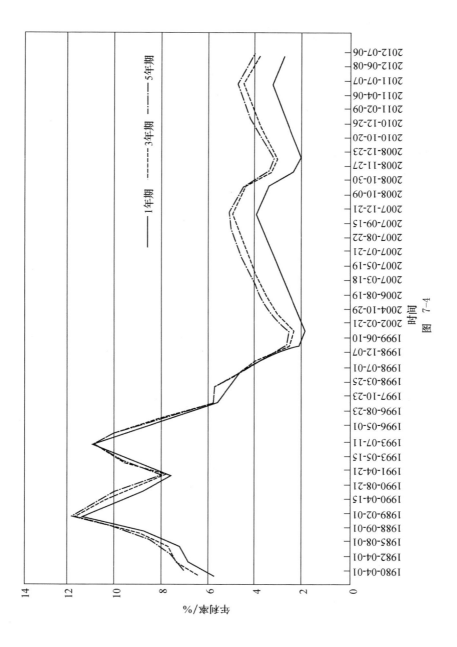

图 7-4

当然,在自由竞争的市场中也会极其偶然地出现短期利率超过长期利率的颠倒现象,如德国和法国在 1993 年 3 月 17 日从隔夜利率到 5 年期利率的收益率曲线就出现了颠倒的现象,还有美国在 20 世纪 80 年代初期的收益率曲线也是颠倒的. 通常将出现颠倒现象的收益率曲线称为**颠倒的收益率曲线**. 对这种颠倒现象的一种解释是:短期利率过高通常归于政府紧缩的货币政策或通货膨胀率较高,而长期利率则更侧重对正常收益的期望. 另一种常见的模式是**无息收益率曲线**,从图形上看是一条与时间轴平行的直线,表明在这段时间内投资者不希望投资市场或通货膨胀率在今后一段时间内出现戏剧性的变化.

3. 即期利率与远期利率

定义 7.3 在当前时刻的(利率表)收益率曲线上给出的利率称为**即期利率**,与之对应的是所谓的**远期利率**,它表示在未来某个时刻的收益率曲线上给出的利率.

根据定义 7.3 可知,即期利率只需一个时间坐标表示,而远期利率需要两个时间坐标(利率的观测时刻和投资期限)表示. 所以,在远期利率的描述上,必须指明递延的时间和利率的期限. 例如:今后第 3 年到第 8 年间的远期利率表示递延 3 年的 5 年远期利率.

如果用 i_t 表示期限为 t 的即期利率,f_t 表示第 t 年期限为 1 年的远期利率,则在没有套利机会的市场中应该有如下的关系:

$$(1+i_t)^t = \prod_{s=1}^{t}(1+f_s).$$

这里 f_t 既表示了利率的期限变化,也表示了时间变化. 显然,f_t 是由一组即期利率 i_t 决定的. 也就是说,市场上公布的一组即期收益率中包含了对远期收益率的预测.

所以,利率的期限结构可以指即期利率的投资期限结构(如图 7-1 中的曲线),也可以指远期利率的期限结构,也就是由不同期限的远期利率构成的曲线. 表 7-3 选取了我国 1998—2012 年金融机构人民币存款基准利率计算的远期利率,图 7-5 为这些时刻的远期利率的曲线,可以明显看出该图与图 7-1,图 7-2 和图 7-3 所示的即期利率曲线的差异. 远期利率的期限结构大多数会出现折线的情况,也就是说,远期利率不一定随期限上升.

表 7-3 远期利率示例　　　　　　　　单位：%

生效时间	2012-07-06		2007-12-21		2002-02-21		1999-06-10		1998-07-10		1998-03-25	
期限/年	年实利率	远期利率	年实利率	远期利率	年实利率	远期利率	年实利率	远期利率	年实利率	远期利率	年实利率	远期利率
1	3		4.14		1.98		2.25		4.77		5.22	
2	3.68	4.36	4.58	5.02	2.23	2.48	2.4	2.3	4.75	4.73	5.43	5.64
3	4.08	4.88	5.13	6.24	2.46	2.92	2.63	3	4.68	4.54	5.8	6.54
5	4.35	4.76	5.27	5.48	2.65	2.94	2.73	2.93	4.75	4.86	5.92	6.1

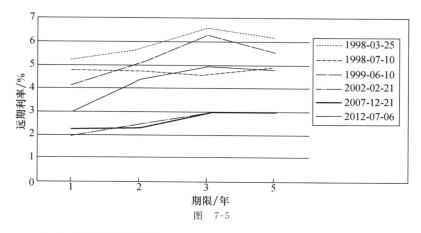

图 7-5

在考虑利率期限结构的前提下计算投资收益,将使问题复杂许多. 例如：在以贴现现金流方法计算 IRR 时,如果用即期利率进行计算,那么净现值公式为

$$\text{NPV} = \sum_{t=1}^{n} R_t (1+i_t)^{-t}, \quad (7.2.1)$$

其中 i_t 表示期限为 t 的即期利率.

希望大家仔细体会上面这个现值公式与前面 DCF 技术现值公式的区别. 大多数情况下,用这种变化利率分析的结果要比用一个固定利率分析的结果更加精细. 下面通过一个例子来具体说明.

例 7.4 现有两种 5 年期的债券 A 和 B,面值相同,其中债券 A 的年息率为 5%,债券 B 的年息率为 10%. 基于表 7-4 所示的利率,分析 A 和 B 两种债券的收益情况.

表 7-4 例 7.4 的利率表

投资期限/年	即期年利率/%
1	7.00
2	8.00
3	8.75
4	9.25
5	9.50

解 首先,直观地看,债券 B 的年息票收入要优于债券 A,因债券 B 每年可以收回面值的 10%,而债券 A 每年只能收回面值的 5%.

但是,如果用相同的年收益率定价(例如 7%),两种债券对投资者来说是无差异的. 事实上,若设面值为 1 个货币单位的债券 A 和 B 对应的认购价格分别为 P_A 和 P_B,取表 7-4 的利率的平均值 8.5% 进行计算,有

$$P_A = 1 + (0.05 - 0.085) a_{\overline{5}|0.085} = 0.862078,$$

$$P_B = 1 + (0.10 - 0.085) a_{\overline{5}|0.085} = 1.012931.$$

也就是说,虽然债券 B 的年息票收入要优于债券 A,但是当初的价格也是高的.

如果用即期利率(例如表 7-4 所示的利率)进行分析,又会有更合理的解释:

$$P_A = 0.05[(1+0.07)^{-1} + (1+0.08)^{-2} + (1+0.0875)^{-3}$$
$$+ (1+0.0925)^{-4} + (1+0.095)^{-5}] + (1+0.095)^{-5}$$
$$= 0.830559,$$

$$P_B = 0.1[(1+0.07)^{-1} + (1+0.08)^{-2} + (1+0.0875)^{-3}$$
$$+ (1+0.0925)^{-4} + (1+0.095)^{-5}] + (1+0.095)^{-5}$$
$$= 1.025891.$$

如果还要考虑远期利率,收益计算将更加复杂. 下面用一个例子来说明.

例 7.5 某企业需要一笔大额借款,期限为 2 年,利率如表 7-4 所示.这个企业有两种选择:

方式 A:以当前的 2 年期贷款利率 8% 借款 2 年;

方式 B:先以利率 7% 借款 1 年,1 年后再以当时的 1 年期即期利率借款 1 年.

讨论在什么情况选择方式 A,什么情况下选择方式 B.

解 如果用 f_2 表示第 2 年的 1 年期远期利率,则有
$$(1+0.08)^2 = (1+0.07)(1+f_2),$$
即 $f_2 = 0.0901$. 所以,如果企业认为 1 年后的当时 1 年期即期利率将超过 9.01%,则选择方式 A;不然则选择方式 B.

在利率的期限结构中采用即期利率和远期利率的计算,导致了投资和借贷的更复杂的分析方法,这已成为许多复杂的现代金融业务的基础,包括更全面的套期保值策略.

例 7.6 利用表 7-4 中的即期利率计算每年底 1000 元,共计 5 年的年金的现值,并计算该年金现值对应的年收益率.

解 所求的年金现值为
$$1000[(1+0.07)^{-1} + (1+0.08)^{-2} + (1+0.0875)^{-3}$$
$$+ (1+0.0925)^{-4} + (1+0.095)^{-5}] 元 = 3906.63 元.$$
对应的收益率 i 满足方程
$$a_{\overline{5}|i} = 3.90663.$$
用迭代法求得 $i = 8.83\%$.

通过以上的讨论可以看出,利率的期限结构对投资收益的计算有很大的影响.

7.2.2 期限结构的理论

对于利率存在期限结构的现象,有许多理论上的定性研究和实证方面的模型研究,特别是 1980 年以来,构造利率期限结构数学模型的研究非常活跃.下面介绍一些重要的理论.

1. 理性预期理论

理性预期理论认为,利率的期限结构反映了市场对未来利率走势的看法.该理论的一般形式为:长期零息票债券的到期年收益率

y 是远期利率 f_t 的几何平均. 实际上, 因为收益率 y 与远期利率 f_t 满足

$$(1+y)^n = (1+f_1)(1+f_2)\cdots(1+f_n)$$
$$= \prod_{t=1}^{n}(1+f_t), \quad (7.2.2)$$

所以有

$$y = \sqrt[n]{\prod_{t=1}^{n}(1+f_t)} - 1.$$

如果用 $S_n\,(S_0=1)$ 表示 n 期单位零息票债券的到期总收益, 则远期利率可以表示为

$$f_t = \frac{S_t}{S_{t-1}} - 1 \quad (t=1,2,\cdots,n). \quad (7.2.3)$$

例 7.7 在例 7.6 中, 如果后 3 年的 1 年期远期利率都比表 7-4 中给出的水平高 1%, 计算年金在 0 时刻的现值及收益率, 并与例 7.6 的结果进行比较.

解 首先计算表 7-4 在后 3 年的 1 年期远期利率 f_t 以及提高后的远期利率 $\tilde{f}_t\,(t=3,4,5)$:

$$f_3 = \frac{(1+0.0875)^3}{(1+0.08)^2} - 1 = 0.1026, \quad \tilde{f}_3 = 0.1126;$$

$$f_4 = \frac{(1+0.0925)^4}{(1+0.0875)^3} - 1 = 0.1076, \quad \tilde{f}_4 = 0.1176;$$

$$f_5 = \frac{(1+0.095)^5}{(1+0.0925)^4} - 1 = 0.1051, \quad \tilde{f}_5 = 0.1151.$$

然后计算后 3 年新的即期利率 $\tilde{i}_t\,(t=3,4,5)$:

$$\tilde{i}_3 = \sqrt[3]{(1+0.08)^2(1+0.1126)} - 1 = 0.0908;$$

$$\tilde{i}_4 = \sqrt[4]{(1+0.08)^2(1+0.1126)(1+0.1176)} - 1 = 0.0974;$$

$$\tilde{i}_5 = \sqrt[5]{(1+0.08)^2(1+0.1126)(1+0.1176)(1+0.1151)} - 1$$
$$= 0.1009.$$

最后, 所求年金的现值为

$$1000[(1+0.07)^{-1} + (1+0.08)^{-2} + (1+0.0908)^{-3}$$
$$+ (1+0.0974)^{-4} + (1+0.1009)^{-5}] \text{元} = 3870.30 \text{元}.$$

对应的收益率 i 满足方程
$$a_{\overline{5}|i} = 3.87030.$$
用迭代法求得 $i=9.19\%$.

在例 7.6 中,现值为 3906.63 元,收益率为 8.83%. 显然,后 3 年利率的提高使得现值降低,收益率提高,但这两个方面的变化幅度却不同,现值降低了 $\dfrac{3906.63-3870.30}{3906.63} \approx 0.93\%$,而收益率提高了 $\dfrac{9.19\%-8.83\%}{8.83\%} \approx 4.08\%$.

2. **流动性偏好理论**

J. R. Hicks(1939)和 J. M. Culbertson(1957)对理性预期理论进行了修正,提出了流动性偏好理论,认为长期利率是预期短期利率与对流动性的补偿之和. 所谓的流动性补偿,是指大多数投资者偏好持有短期债券,为了吸引投资者持有期限较长的债券,必须给他们一定的补偿. 现实生活中,个人和企业都更偏好于短期投资,以便能尽快收回他们的资金,保持资金的流动性. 因此,长期投资应该以较高的利率吸引投资者.

3. **通货膨胀风险报酬理论**

通货膨胀风险报酬理论的基本考虑是:一般情况下,投资者对未来的通货膨胀情况的不确定性会有所担忧,需要更高的长期利率来弥补这种风险. 因此,直观的考虑是,通货膨胀率上升,则一定有利率的上升,进而会使固定收益资产的价值下降. 所以,长期资产的价值比短期资产的价值会更多地受到利率波动的影响,最终形成期限结构.

7.2.3 期限结构的模型

现实中存在着不同用途的利率期限结构. 由于政府债券没有违约风险,交易量大,流动性好,所以其在二级市场上的交易价格往往可用于估计收益率曲线. 这条估计出的收益率曲线称为市场上的基准收益率曲线,用来反映市场上的利率期限结构的信息.

一般来说,我们所要构造的收益率曲线模型需要满足以下五点

要求:

(1) 曲线处处连续光滑;
(2) 能够由该曲线方便地计算出任一时刻的贴现函数;
(3) 模型能够适应不同形状的曲线模式;
(4) 不要过分依赖数据;
(5) 具有一定的稳定性.

如果市场上存在着足够多的零息债券,并且其剩余期限的分布比较均匀,那么收益率曲线的估计是非常容易的,只需计算出不同时刻到期的零息债券的收益率,再将这些点连接成一条光滑的曲线即可. 但现实基本上没有这种理想的情况. 通常情况下,一个债券市场上往往是中短期债券较多,长期债券较少,带息债券远多于零息债券,并且零息债券的期限都比较短. 这就需要由市场上交易的带息债券,运用本息分离的方法,估计出其隐含的零息债券的收益率曲线. 在美国,债券市场高度发达,并且存在着**本息分离债券**(简称 STRIPS)这样的市场,因此可以将其等同于零息债券,从而去估计收益率曲线. 但在大多数发展中国家的债券市场都没有 STRIPS 产品,这就需要我们去考虑由带息债券估计收益率曲线的技术.

目前国际上(尤其是中等规模的债券市场)比较常用的方法是,用市场上交易的带息债券的价格估计出市场上的收益率曲线,其共同的框架为:

(1) 首先假设收益率曲线具有某个特定的函数形式(通常是一种参数模型);
(2) 如果将带息债券未来不同时刻的利息和本金看做在不同时刻到期的一系列零息债券,那么该带息债券的价格就应当是这些零息债券在收益率曲线基础上的贴现价格之和;
(3) 模型参数的估计原则是,使得以估计的收益率曲线为基础所计算得到的债券价格与市场交易价格误差的平方和最小.

考虑完全连续的情形,记当前时刻为 0 时刻,并用 $f(t)$ 表示 t 时刻的远期利率,那么当前时刻的 t 期即期利率为

$$r(t) = \frac{1}{t}\int_0^t f(s)\mathrm{d}s.$$

于是,面值为 1,在 s 时刻到期的零息债券的当前价格应为

$$P(t) = e^{-\int_0^t f(s)ds} = e^{-tr(t)}.$$

设市场上目前有 N 个债券,其中第 i 个债券的未来 n_i 期现金流和对应的现金流所发生的时刻分别为 $C_1^i, C_2^i, \cdots, C_{n_i}^i$ 和 $t_1^i, t_2^i, \cdots, t_{n_i}^i$ ($i=1,2,\cdots,N$),则 N 个债券的当前价格应为

$$P^i = \sum_{j=1}^{n_i} C_j^i \exp\left\{-\int_0^{t_j^i} f(s)ds\right\} \quad (i=1,2,\cdots,N).$$

为了找到债券市场的收益率曲线,我们需要估计 $f(t)$. 考虑这样的模型:

$$P^i = \hat{P}^i + \varepsilon_i = \sum_{j=1}^{n_i} C_j^i \exp\left\{-\int_0^{t_j^i} \hat{f}(s)ds\right\} + \varepsilon_i \quad (i=1,2,\cdots,N),$$

(7.2.4)

其中残差项 $\varepsilon_i \sim N(0, \sigma^2)$ ($i=1,2,\cdots,N$),且相互独立;$\hat{f}(t)$ 是 $f(t)$ 的最优估计,通常采用极小化残差项平方和来得到,即通过 $\min\left\{\sum_{i=1}^N \varepsilon_i^2\right\}$ 来得到收益率曲线的估计.

由于剩余期限长的债券价格比剩余期限短的债券价格有着更高的波动率(这也称为波动率的期限结构),我们可以进一步将式 (7.2.4) 的残差项满足的条件修改为异方差假设:

$$E(\varepsilon_i^2) = \sigma^2 \left(\frac{\partial P^i}{\partial y}\right)^2 \quad (i=1,2,\cdots,N),$$

其中 y 为债券的内部收益率. 在实际使用中,我们可以将债券的修正久期(参见 7.2.4 小节)和价格价的乘积作为 $\frac{\partial P^i}{\partial y}$ 的代替变量. 该模型下的异方差假设相当于在债券样本中给予短期债券更多的权重,所以在短期债券较多的情形下,效果会更加理想.

$\hat{f}(t)$ 函数形式的选取基本上都是参数模型,目前国际上使用比较广泛的选取方法有如下几种:

1. 平滑样条函数法

样条函数法将所要估计的收益率曲线的时间 $[0,T]$ 分为 k 段,假设在每一个区间 $[t_{j-1}, t_j]$ ($0 < t_1 < t_2 < \cdots < t_{k-1} < T$) 内函数的形

式,然后再将这些分段函数逐段拼接起来,并且在节点处保证连续性和光滑性甚至更高的平滑性.最常采用的样条函数形式为三次多项式函数.例如:将 20 年的期限分为三个区间$[0,5)$,$[5,10)$ 和 $[10,20]$,并设

$$f(t) = \begin{cases} a_1 + b_1 t + c_1 t^2 + d_1 t^3, & t \in [0,5), \\ a_2 + b_2 t + c_2 t^2 + d_2 t^3, & t \in [5,10), \\ a_3 + b_3 t + c_3 t^2 + d_3 t^3, & t \in [10,20]. \end{cases}$$

为保证在节点"5 年"和"10 年"时刻的连续性和光滑性,对参数建立适当的约束后,在约束范围内进行参数估计,所估计出来的分段函数就是我们所要的收益率曲线.

除了采用多项式函数外,使用较多的样条函数还有指数函数或列线性与指数乘积的函数逐段拼接而成的函数.

但是按这种逐段拼接的样条函数法得到的函数往往表现得不够平滑,尤其在节点处,虽然我们通过增加约束条件能保证其在节点处连续可微.在数学上,常常用 $\int_0^T [f''(s)]^2 \mathrm{d}s$ 来刻画函数 $f(t)$ 的平滑程度,那么利率的期限结构平滑问题便成了一个求极值最优的问题:

$$\min \left\{ \int_0^T [f''(s)]^2 \mathrm{d}s \right\}.$$

如果我们最后需要的远期利率曲线为 $f(t)$,那么 $f(t)$ 的选择要使得下面的表达式达到最小值:

$$\sum_{i=1}^N [P_i - \hat{P}_i(f)]^2 + \int_0^T \lambda(s) [f''(s)]^2 \mathrm{d}s.$$

这说明 $f(t)$ 的选择要在数据的拟合程度和函数的平滑性上做一个权衡,其中 $\lambda(t)$ 是权重函数,其值越大,则说明函数在平滑性上考虑的程度越高.同时,$\lambda(t)$ 要求是正值函数,最简单的函数形式是常数函数,例如 $\lambda(t) = 1$.通常将 $\lambda(t)$ 取成单调递增的连续函数或者阶梯函数,这样能保证对短期债券有更好的拟合.Waggoner 给出的一个例子(见文献[6])为

$$\lambda(t) = \begin{cases} 0.1, & 0 \leqslant t < 1, \\ 100, & 1 \leqslant t < 10, \\ 100000, & 10 \leqslant t. \end{cases}$$

总之,这种平滑样条函数法虽发展得比较成熟,但方法过于复杂,形式也不够简洁.接下来介绍两种形式简洁、使用广泛的参数化模型.

2. N-S 法

N-S 法由 Charles R. Nelson 和 Andrew F. Siegel 于 1987 年提出(见文献[7]),并得到了广泛的使用.该方法假设远期利率具有如下的函数形式:

$$f(t) = \beta_0 + \beta_1 \exp\left(-\frac{t}{\tau}\right) + \beta_2 \frac{t}{\tau} \exp\left(-\frac{t}{\tau}\right).$$

于是,按 N-S 法有

$$r(t) = \frac{1}{t}\int_0^t f(s)\mathrm{d}s$$

$$= \beta_0 + (\beta_1 + \beta_2)\frac{\left[1-\exp\left(-\frac{t}{\tau}\right)\right]}{\frac{t}{\tau}} - \beta_2\exp\left(-\frac{t}{\tau}\right).$$

N-S 法使用较少的参数(只有四个:$\beta_0, \beta_1, \beta_2, \tau$),但能够适应绝大部分收益率曲线的形态,而且 N-S 法很简洁地用下面三个"因素"构建出了收益率曲线的基本形态:

(1) β_0 项代表了远期利率曲线的总体水平;

(2) $\beta_1 \exp\left(-\dfrac{t}{\tau}\right)$ 代表了远期利率曲线倾斜的程度;

(3) $\beta_2 \dfrac{t}{\tau}\exp\left(-\dfrac{t}{\tau}\right)$ 代表了远期利率曲线扭曲的程度.

在实际中,N-S 法确实非常灵活,对于数据拟合情况较好,但如果在样本较少的情形下,仍然会出现过度拟合数据的现象.

3. Svensson 法

Svensson 在 1994 年将 N-S 法进行了推广,使其能更好地适应更加复杂的收益率曲线的形状.推广后的 N-S 法即 Svensson 法,假设远期利率具有如下的函数形式:

$$f(t) = \beta_0 + \beta_1 \exp\left(-\frac{t}{\tau_1}\right) + \beta_2 \frac{t}{\tau_1}\exp\left(-\frac{t}{\tau_1}\right) + \beta_3 \frac{t}{\tau_2}\exp\left(-\frac{t}{\tau_2}\right).$$

可见，Svensson 法比 N-S 法多了两个参数，也就是增加了一项用来刻画收益率曲线扭曲的情形，所以该方法具有更好的灵活性.

根据国际清算银行（简称 BIS）的调查（见文献[8]），西方主要国家的中央银行在估计利率的期限结构时，无一例外地采用了上述介绍的三种方法（见表 7-5）. 我国目前采用赫尔米特三次多项式方法.

表 7-5　部分国家中央银行采用的利率期限结构拟合方法

国家	拟合方法	国家	拟合方法
比利时	N-S 法, Svensson 法	日本	平滑样条函数法
加拿大	Svensson 法	挪威	Svensson 法
芬兰	N-S 法	西班牙	N-S 法（1995 年前），Svensson 法
法国	N-S 法, Svensson 法	瑞典	Svensson 法
德国	Svensson 法	英国	Svensson 法
意大利	N-S 法	美国	平滑样条函数法

7.2.4　利率风险的度量

利率的不确定性使得持有利率敏感的资产或负债的金融机构面临着损失的可能. 利率风险一般指因市场利率变化而产生损失的可能性，具体可以分为：因利率上升而产生的资产贬值风险和因利率下降而产生的再投资风险. 由于投资期限的加长会增加对利率风险的暴露，所以未来现金流的时间性在利率敏感分析中起着重要的作用. 直观上看，现金流发生的时间越远，对利率变化越敏感，因此，需要用一个量表示现金流的这种时间性质.

1. 等价时间

描述金融产品时效性的一个基本指标是到期期限，但是仅凭此还不能完全区别不同金融产品的时间跨度. 为此，进一步考虑用**等价时间法**刻画现金流的投资期限. 等价时间法的基本思想是：将现金流的发生时刻以流量为权重进行加权平均，得到一个等价时间 $\bar{t}$. 设 $R_1, R_2, \cdots, R_n$ 分别为 $1, 2, \cdots, n$ 时刻的一组同方向的现金流，则这一组现金流的等价时间为

$$\bar{t} = \frac{\sum_{t=1}^{n} t R_t}{\sum_{t=1}^{n} R_t}. \qquad (7.2.5)$$

从表达式(7.2.5)看,$\bar{t}$ 既是对时间的一种加权平均(权重为每个时刻的现金流金额),也是对投资期限的一种刻画,它必然小于最后一次现金流发生的期限,而且现金流越大的时刻对这个等价时间的贡献越大.

例 7.8 对下列两种 5 年期债券计算等价时间:债券 A 的年息率为 5%;债券 B 的年息率为 10%.

解 债券 A 的年息率为 5%,所以将形成息票和本金的现金流,由公式(7.2.5)有

$$\bar{t}_A = \frac{\sum_{t=1}^{5} 5t + 5 \times 100}{5 \times 5 + 100} = 4.60.$$

债券 B 年息率为 10%,相应地有

$$\bar{t}_B = \frac{\sum_{t=1}^{5} 10t + 5 \times 100}{5 \times 10 + 100} = 4.33.$$

也可以说,债券 A 的平均回收期为 4.6 年,债券 B 的平均回收期为 4.3 年,即无论什么收益率环境,5% 息率的债券比 10% 息率的债券的平均回收期要长.

2. 久期

1) 久期的概念

将上面的思想进一步深入,就有所谓的投资**久期**的概念.关于久期的经典讨论参见文献[9].久期的基本思想是:以投资期限的某种加权平均来刻画投资的内在时间长短.有各种关于久期的定义,最常见的是 **Macaulay 久期**,记做 $\bar{d}$,且定义

$$\bar{d} = \frac{\sum_{t=1}^{n} t R_t v^t}{\sum_{t=1}^{n} R_t v^t}, \quad v = (1+i)^{-1}. \qquad (7.2.6)$$

显然 $\bar{d}$ 是实利率 i 的函数(注意：这里又回避了即期利率和远期利率的问题)，故也通常用符号 $\bar{d}(i)$ 来表示久期. 而且,基于投资期限越短,利率风险越小的基本理念,$\bar{d}(i)$ 越小说明对利率风险越不敏感.

结论 7.3 (1) 若 $i=0$，则有 $\bar{d}(i)=\bar{t}$，即 $\bar{d}(i)$ 退化为等价时间.

(2) 若 $R_k=0$ ($0<k<n$),$R_n\neq 0$，即现金流只有一次发生,则 $\bar{d}(i)$ 退化为 n. 一般有 $0<\bar{d}(i)\leqslant n$.

证明 由公式(7.2.6)可直接得到结论.

结论 7.4 $\bar{d}(i)$ 是 i 的递减函数,并且

$$\frac{d\bar{d}}{di}=-v\sigma_i^2,$$

其中

$$\sigma_i^2=\frac{\sum_{t=1}^{n}t^2R_tv^t}{\sum_{t=1}^{n}R_tv^t}-[\bar{d}(i)]^2.$$

证明 由公式(7.2.6)有

$$\frac{d\bar{d}}{di}=-v\left[\frac{\sum_{t=1}^{n}t^2R_tv^t}{\sum_{t=1}^{n}R_tv^t}-\left(\frac{\sum_{t=1}^{n}tR_tv^t}{\sum_{t=1}^{n}R_tv^t}\right)^2\right]=-v\sigma_i^2.$$

注 记号 σ_i^2 是延用概率统计中方差的概念,具体说明如下:

考虑取值于 $\{1,\cdots,t,\cdots,n\}$ 上的随机变量 X^i (i 表示对应的收益率),而且有

$$\Pr(X^i=t)=\frac{R_tv^t}{\sum_{t=1}^{n}R_tv^t} \quad (t=1,2,\cdots,n),$$

则有

$$E(X^i)=\bar{d}(i), \quad D(X^i)=\sigma_i^2.$$

结论 7.5 关于各种典型的金融产品(现金流模式)的久期有如下结论:

(1) 对于零息票债券,有 $\bar{d}(i)=n$;

(2) 对于息票债券,有

$$\overline{d}(i) = n\left[1 + \frac{\ddot{a}_{\overline{n}|i} - 1}{1 + (g-i)a_{\overline{n}|i}}\frac{g}{i}\right];$$

(3) 对于固定年金,有

$$\overline{d}(i) = \frac{(Ia)_{\overline{n}|i}}{a_{\overline{n}|i}};$$

(4) 对于永久年金,有

$$\overline{d}(i) = \frac{(Ia)_{\overline{\infty}|i}}{a_{\overline{\infty}|i}} = \frac{1}{d} = 1 + \frac{1}{i} > 1.$$

证明 (1) 对于零息票债券,当 $1 \leqslant t < n$ 时,有 $R_t = 0$;当 $t = n$ 时,有 $R_t = C$. 所以,由公式(7.2.6)可得

$$\overline{d}(i) = n.$$

(2) 设 $C=1$,有

$$R_t = g \ (1 \leqslant t \leqslant n-1), \quad R_n = 1 + g,$$

于是

$$\sum_{t=1}^{n} tR_t v^t = nv^n + g(Ia)_{\overline{n}|i}.$$

所以由公式(7.2.6)可得

$$\overline{d}(i) = n\left[1 + \frac{\ddot{a}_{\overline{n}|i} - 1}{1 + (g-i)a_{\overline{n}|i}}\frac{g}{i}\right].$$

可以发现,这个结果对任意的兑现值都是相同的,这里不再详细证明. 这表明债券的久期与兑现值无关.

(3) 对固定年金,有 $R_t = R\ (1 \leqslant t \leqslant n)$,代入公式(7.2.6)可得结论.

(4) 由(3),令 $n \to \infty$ 即可得结论.

由上述结论还可以进一步证明:在投资额相同和期限相同的条件下,年金方式的久期小于息票债券方式的久期. 这表明年金方式比债券方式有更低的利率风险. 实际上,从摊还分析看,对于相同的投资额,年金方式偿还本金的速度比债券方式要快,因为前者是逐期偿还,后者是最终一次性偿还. 按照期限越长利率风险越大的基本理念,以年金方式收回投资的利率风险应比债券方式小,这与上面的久

期分析结论相同.

为了进一步理解 $\bar{d}$ 的含义和作用,请看下例.

例 7.9 假设年实利率为 8%,计算以下投资模式的久期:

(1) 10 年期零息票债券;

(2) 年息率为 8% 的 10 年期债券;

(3) 固定偿还金额的 10 年期抵押贷款;

(4) 红利固定的优先股票.

解 对于(1),显然有 $\bar{d} = 10$.

对于(2),以单位兑现值计算:

$$\bar{d} = \frac{0.08\,(Ia)_{\overline{10|}} + 10v^{10}}{0.08\,a_{\overline{10|}} + v^{10}} = 7.25.$$

这个结果与兑现值无关.

对于(3),以单位固定收入计算:

$$\bar{d} = \frac{(Ia)_{\overline{10|}}}{a_{\overline{10|}}} = 4.87.$$

这个结果与收入的数量无关.

对于(4),以单位红利计算:

$$\bar{d} = \frac{(Ia)_{\overline{\infty|}}}{a_{\overline{\infty|}}} = 13.5.$$

这个结果与红利水平无关.

比较以上结果可以发现,优先股票是所有投资中久期最长的,而抵押贷款的收回是所有投资中久期最短的. 这与直观的长线投资和短线投资的情况恰好吻合.

2) 利率风险最小的近似计算

对于给定的现金流 $R_1, R_2, \cdots, R_n$,若将 $\bar{d}(i)$ 在 $i = 0$ 点做一阶展开,得

$$\bar{d}(i) \approx \bar{d}(0) + \bar{d}'(0)i, \qquad (7.2.7)$$

其中

$$\bar{d}(0) = \frac{\sum_{t=1}^{n} tR_t}{\sum_{t=1}^{n} R_t},$$

$$\overline{d}'(0) = -\left[\left(\frac{\sum_{t=1}^{n} t^2 R_t}{\sum_{t=1}^{n} R_t}\right) - \left(\frac{\sum_{t=1}^{n} t R_t}{\sum_{t=1}^{n} R_t}\right)^2\right] = -\sigma_0^2 < 0,$$

则有
$$\overline{d}(i) \approx \overline{d}(0) - i\sigma_0^2.$$

若取
$$i_0 = \frac{\overline{d}(0)}{\sigma_0^2} = \frac{\sum_{t=1}^{n} tR_t \sum_{t=1}^{n} R_t}{\sum_{t=1}^{n} R_t \sum_{t=1}^{n} t^2 R_t - \left(\sum_{t=1}^{n} tR_t\right)^2}, \quad (7.2.8)$$

适当选取 n 后，一般有 $0 < i_0 < 1$. 当利率 i（从左边）接近 i_0 时，$\overline{d}(i)$ 近似为零，即在 i_0 附近的利率风险最小.

对于债券方式和年金方式现金流的 i_0，有下面的结论 7.6.

结论 7.6 （1）对于期限较长（$n > 7$）的年金现金流模式，利率风险最小的收益率水平为

$$i_0 = \frac{6}{n-1};$$

（2）对于息票债券现金流模式，利率风险最小的收益率水平为

$$i_0 = \frac{6n(n-1)g^2 + 6(3n+1)g + 12}{g(n-1)[n(n+1)g + 2(2n-1)]}, \quad n \geqslant 2.$$

证明 （1）对于年金，有

$$\sum_{t=1}^{n} R_t = nR, \quad \sum_{t=1}^{n} tR_t = \frac{n(n+1)}{2}R,$$

$$\sum_{t=1}^{n} t^2 R_t = \frac{n(n+1)(2n+1)}{6}R.$$

代入公式 (7.2.8) 得

$$i_0 = \frac{6}{n-1}.$$

（2）对于息票债券，不妨设 $C=1$，则有 $R_t = g$（$1 \leqslant t \leqslant n-1$），$R_n = 1 + g$，那么

$$\sum_{t=1}^{n} R_t = ng + 1, \quad \sum_{t=1}^{n} tR_t = \frac{n(n+1)}{2}g + n,$$

$$\sum_{t=1}^{n} t^2 R_t = \frac{n(n+1)(2n+1)}{6}g + n^2.$$

代入公式(7.2.8)得

$$i_0 = \frac{6n(n-1)g^2 + 6(3n+1)g + 12}{g(n-1)[n(n+1)g + 2(2n-1)]}.$$

3) 投资组合久期与组合中各种资产久期的关系

设有 m 种资产的投资组合,$w_1, w_2, \cdots, w_m$ 表示各种资产的投资单位数,第 $k(k=1,2,\cdots,m)$ 种资产单位投资的回报现金流为 $R_1^k, R_2^k, \cdots, R_n^k$(允许 $R_t^k(t=1,2,\cdots,n)$ 为零). 如果所有资产均以利率 i 贴现,则第 $k(k=1,2,\cdots,m)$ 种资产的久期为

$$\bar{d}_k(i) = \frac{\sum_{t=1}^{n} t R_t^k v^t}{\sum_{t=1}^{n} R_t^k v^t}, \quad v = (1+i)^{-1}.$$

这时投资组合的现金流为 $R_t = \sum_{k=1}^{m} w_k R_t^k (t=1,2,\cdots,n)$,投资组合的久期为

$$\bar{d}(i) = \frac{\sum_{t=1}^{n} t R_t v^t}{\sum_{t=1}^{n} R_t v^t} = \frac{\sum_{t=1}^{n} t \left(\sum_{k=1}^{m} w_k R_t^k\right) v^t}{\sum_{t=1}^{n} \left(\sum_{k=1}^{m} w_k R_t^k\right) v^t} = \frac{\sum_{k=1}^{m} w_k \sum_{t=1}^{n} t R_t^k v^t}{\sum_{k=1}^{m} w_k \sum_{t=1}^{n} R_t^k v^t}$$

$$= \frac{\sum_{k=1}^{m} w_k \bar{d}_k(i) \sum_{t=1}^{n} R_t^k v^t}{\sum_{k=1}^{m} w_k \sum_{t=1}^{n} R_t^k v^t}, \quad v = (1+i)^{-1}.$$

记 $\widetilde{w}_k = w_k \sum_{t=1}^{n} R_t^k v^t (k=1,2,\cdots,m)$. 如果所有资产都是以利率 i 定价的,则 $\widetilde{w}_k$ 就是第 $k(k=1,2,\cdots,m)$ 种资产的初始投资额,而 $\widetilde{w}_k \Big/ \sum_{t=1}^{m} \widetilde{w}_k$ 即为第 $k(k=1,2,\cdots,m)$ 种资产的投资额在投资组合总投资额中的比例. 所以,上面的计算表明

$$\overline{d}(i) = \frac{1}{\sum_{k=1}^{m} \widetilde{w}_k} \sum_{k=1}^{m} \widetilde{w}_k \overline{d}_k(i),$$

即投资组合久期为组合中各种资产久期的加权平均,权重为各种资产的投资比例.

3. 净现值波动率

另一种考虑利率的投资影响的直观分析是:观察利率变化对净现值的影响(也可以说是对即期利率的另一种反映). 为此,引入净现**值波动率**的概念,用 $\overline{v}$ 表示:

$$\overline{v} = -\frac{P'(i)}{P(i)}. \tag{7.2.9}$$

因为 $P'(i)$ 是对利率变化造成的净现值变化的度量, 而 $\frac{P'(i)}{P(i)}$ 则将这个度量相对化和单位化, 所以, $\overline{v}$ 类似于连续贴现力的概念, 是对现值的变化的一种相对度量. 另外, 通过适当的公式推导, 有以下关系:

$$\overline{v} = \frac{\overline{d}}{1+i}. \tag{7.2.10}$$

从这个意义上讲,常常称净现值波动率为**修正久期**.

投资久期和修正久期的概念提供了对平均投资期的描述方法,这在考虑再投资风险时非常有用. 例如:D 和 C 是两种投资收益率相同的债券,但是 C 的久期为 5,D 的久期为 10,这意味着:一方面,D 能够比 C 多一倍的时间保证这种预期的投资收益率,降低了再投资利率下降的风险;另一方面,C 比 D 更具有流动性,也就是说能够较早地收回资金.

4. 久期在实际应用中的计算

久期和修正久期的应用最为广泛的是在债券的利率风险管理领域,它们已成为债券风险评估的主要工具之一. 在这种评估中有一些约定俗成的计算,现介绍如下:

1) 债券久期的近似计算

债券久期近似计算的基本公式为

$$\text{债券久期} = \frac{\text{收益率下降后的价格} - \text{收益率上升后的价格}}{2(\text{初始价格}) \cdot (\text{收益率的变化量})}.$$

若用 Δi 表示收益率的变化量(非负),P_0 表示由初始收益率 i 计算的价格,P_+ 表示收益率增加 Δi 后的价格,P_- 表示收益率减少 Δi 后的价格,则有

$$债券久期 = \frac{P_- - P_+}{2P_0 \cdot \Delta i}. \tag{7.2.11}$$

一般也称由式(7.2.11)得到的久期为**有效久期**. 这个方法是基于以下的近似方法:

$$P'(i) \approx \frac{P(i+\Delta i) - P(i-\Delta i)}{2\Delta i},$$

那么,式(7.2.11)可近似表示为

$$债券久期 \approx -\frac{P'(i)}{P_0},$$

这个表达式与式(7.2.9)相同.

2) 债券价格变化的百分比

如果不考虑价格上升和下降两个方向的区别,也就是不区分 $\frac{P_- - P_0}{P_0}$ 与 $\frac{P_0 - P_+}{P_0}$ 的差别,则有

$$价格变化百分比 = \frac{1}{2}\left(\frac{P_- - P_0}{P_0} + \frac{P_0 - P_+}{P_0}\right) = 有效久期 \times \Delta i.$$

这种近似计算在实际的债券利率风险分析中非常方便. 例如:息率为 9% 的 20 年期美式债券,以收益率 6% 计算的价格为 134.67 元. 如果考虑收益率变化 20 个基点,即收益率升至 6.2% 或降至 5.8%,则价格分别变为 131.84 元和 137.59 元. 计算得到久期为 10.66(注意与债券期限 20 年的差异). 这一方面表示该债券的平均收回期为 10 年;另一方面表示,如果收益率变化 100 个基点,价格将变化(上升与下降同等对待)10.66%.

§7.3 资产负债管理

截至目前,我们所进行的计算中都没有特别明确这些现金流(年金、债券等)本身的背景,也就是说,并不区分它是资产还是负债. 例如:债券对发行者是一种负债,对债券市场的投资方是一种资产,而

在我们的分析中并没有区分两者.但对于大多数金融机构而言,对资产和负债两方面的管理是不同的问题.例如:从某种角度看,商业银行的资产大多数是以贷款合约体现的,负债则是以存款合约代表的;基金管理的资产是它的投资资产,负债为它对基金投资人承诺的资本赎回和收益;在养老金管理中,资产为养老金的当期缴费和投资资产,负债为养老金未来的领取.资产负债管理的目标是:保证资产能够及时、准确地匹配对机构的负债要求.资产负债管理的具体过程无非是从资产和负债两个方面进行调整,而大多数情况的负债现金流模式是事先给定的,或者不容易进行调整,所以资产负债管理更多的是落实在对资产的管理上.

对资产的管理是多目标的,至少要考虑收益和对负债的保证这两个方面.为此,金融机构(银行、保险公司或养老基金等)必须研究资产与负债的内在关系,研究这两个方面面临的风险.如果将净现金流定义为资产现金流和负债现金流的差,那么正的净现金流就意味着资产现金流超过了负债现金流,从而产生了需要进行再投资的溢额现金.若在净现金流为正的情形利率下降,则不得不以比初始利率低的水平进行再投资.一般称这种现象的风险为**再投资风险**.另一方面,负的净现金流意味着匹配负债责任所需的现金不足,则需要变现资产或者从公司内部或外部借款.如果在净现金流为负的情形利率上升,那么对债券或其他资产的变现将导致资本损失,因为为利率上升使得这些债券或证券的价值下降了.一般称这种情形下的风险为**抽回投资风险**或**价格风险**.

下面举例说明资产和负债现金流不匹配的问题.某金融机构准备连续发行一种 1 年期的金融产品(如短期债券、定期存单),利率固定.该机构在对这些融资资金进行投资时,面临以下风险:无论是选择长期投资还是短期投资,当金融市场利率变化时,该机构本身都存在投资收益率损失的风险.具体分析如下:

(1) 若进行长期投资,如平均投资期为 2 年,即 $\bar{d}=2$,那么,当市场利率上升时,原产品的认购者自然会在 1 年后要求收回资金.因此,该机构不得不转卖(以较低的价格)其资产以支付这些合同(责任),进而造成资产价值的损失.这表明,在市场利率上升时期,对短期负债选择资产的长期投资,将有利率损失的风险,或称资产负债的不匹配.

(2) 若进行短期投资,如平均投资期不到 1 年,即 $\bar{d}<1$,则这时的风险为市场利率下调. 如果市场利率下调,因为所选择的投资要在 1 年内进行再投资,所以,利息收入将相对有所下降,也许不足以偿还原金融产品的应付利息.

以上两种情况都出现了资产的收益不能保证负债的问题.

适当简化后,用现金流 $A_1, A_2, \cdots, A_n$ 分别表示 $1, 2, \cdots, n$ 时刻发生的资产流,用现金流 $L_1, L_2, \cdots, L_n$ 分别表示 $1, 2, \cdots, n$ 时刻发生的负债流,现在的核心问题是:如何在这两组现金流之间达到均衡,或者保持余额(资产与负债的差)在安全的范围内. 对此,本节主要介绍目前常用的两种技术.

7.3.1 免疫技术

"免疫"这个词是由英国精算师 Frank M. Redington 于 1952 年在一篇名为"寿险公司评估原则回顾"的文章中提出的,他当时是英国保诚保险公司的首席精算师. 从文章的题目可以看出其侧重于评估而不是资产与负债的匹配策略. 在这篇历史性的文献中,Redington 提出精算师对资产和负债的评估应该采取类似的基本原理. 他提议,为了使一组业务的盈余价值对利率波动"免疫",应该使资产的平均期限与负债相等,同时使资产的现金流比负债的现金流更分散.

免疫技术是这样的一种技术方法,它通过对资产和负债的调整,使得无论市场利率在某个收益率附近如何波动(上升或下降),最终的总体盈余(资产与负债的差)都不会下降. 也就是说,希望通过免疫技术达到总体盈余不降低的目标. 从具体操作上看,免疫技术通常会最终表示为一种数学优化问题. 而且,大多数情况下,免疫技术的调整主要是针对资产进行的,所以有时也称免疫技术得到的投资策略为**免疫策略**.

下面具体用函数关系来表达这种对资产负债不匹配风险的处理方法. 首先,用 $R_t(t=1, 2, \cdots, n)$ 表示 t 时刻的净收入,则
$$R_t = A_t - L_t \quad (t = 1, 2, \cdots, n).$$

记 i_0 为方程

$$P(i) = \sum_{t=1}^{n} R_t v^t = 0$$

的解,即 i_0 也就是一般常说的预期收益率. 当实际收益率 i 在 i_0 附近波动时,即当 $i = i_0 + \varepsilon$ (其中 ε 为绝对值充分小的实数)时,利用 Taylor 展开,有

$$P(i_0 + \varepsilon) = P(i_0) + \varepsilon P'(i_0) + \frac{\varepsilon^2}{2} P''(i_0 + \xi) \quad (7.3.1)$$
$$(0 < |\xi| < |\varepsilon|).$$

由式(7.3.1)知,如果 i_0 满足 $P'(i_0) = 0$, $P''(i_0) \geqslant 0$, 则 i_0 为 $P(i)$ 的局部最小值点,即 $\exists \varepsilon > 0$, 使得对所有 $|i - i_0| < \varepsilon$ 有 $P(i) \geqslant P(i_0)$. 因此,当利率 i 在 i_0 附近波动时,净收入的现值永远也不会低于零,也就达到了免疫技术的目的. 通常也称 i_0 满足的两个条件 $P'(i_0) = 0$ 和 $P''(i_0) \geqslant 0$ 为**免疫条件**.

如果定义任意现金流净现值的二阶导数(标准化之后)为**凸值**,记做 $\bar{c}$, 即

$$\bar{c} = \frac{P''(i)}{P(i)}, \quad (7.3.2)$$

则关于净现金流的两个免疫条件可以表述如下:

(1) 净收入在 i_0 的修正久期为零;

(2) 净收入在 i_0 的凸值非负.

在现实问题中,负债现金流在很大程度上是由企业的外部环境决定的,因此,免疫技术从定义上虽然是对资产和负债两方面的调整,而实际的操作目标是调整资产的结构. 由定义有

$$P(i) = PVA(i) - PVL(i),$$
$$P'(i) = PVA'(i) - PVL'(i),$$
$$P''(i) = PVA''(i) - PVL''(i),$$

其中的 $PVA(i)$ 和 $PVL(i)$ 分别表示资产流和负债流的现值,所以,一般情况下,可以将免疫技术的主要内容表述如下:

适当调整资产结构,使得

(1) 资产收益现金流的净现值不小于负债流出现金流的净现值;

(2) 资产的修正投资久期与负债的修正投资久期相等;

(3) 在资产收益现金流的净现值等于负债流出现金流的净现值的条件下,资产的凸值应该大于负债的凸值.

以上三条只是免疫技术的基本原则,在实际问题中必须灵活掌握.

例 7.10 甲向乙借款 1000 元,并承诺在一年后付给乙 1100 元. 现在考虑甲对 1000 元的投资选择:短期资金市场,其隔日变动的当前利率为 10%;另有收益率为 10% 的 2 年期无息票债券. 假定预期收益率为 10%. 试基于免疫技术给出一种较优的投资策略,并计算与这种投资策略相关的修正投资久期和凸值.

解 设 X 表示投资短期资金市场的金额,Y 表示投资债券的金额,则有

$$P(i) = X + (1+0.1)^2 \times Y \times (1+i)^{-2} - 1100 \times (1+i)^{-1} 元,$$
$$P'(i) = -2.42 \times Y \times (1+i)^{-3} + 1100 \times (1+i)^{-2} 元,$$
$$P''(i) = 7.26 \times Y \times (1+i)^{-4} - 2200 \times (1+i)^{-3} 元,$$

进而由预期收益率满足的方程及免疫条件有

$$P(0.1) = X + (1+0.1)^2 \times Y \times (1+0.1)^{-2}$$
$$- 1100 \times (1+0.1)^{-1} 元 = 0 元,$$
$$P'(0.1) = -2.42 \times Y \times (1+0.1)^{-3}$$
$$+ 1100 \times (1+0.1)^{-2} 元 = 0 元.$$

通过对上面两个方程的简单计算,得到 $X = Y = 500$ 元. 而对于这个策略(短期资金市场和 2 年期债券各投资 50%)的免疫条件的验证如下:

$$P''(0.1) = 7.26 \times 500 \times (1+0.1)^{-4} 元$$
$$- 2200 \times (1+0.1)^{-3} 元$$
$$= 826.45 元 > 0 元,$$
$$P(0.11) = 0.0406 元 > 0 元,$$
$$P(0.09) = 0.0421 元 > 0 元.$$

下面计算与这种投资策略相关的修正投资久期和凸值:

§7.3 资产负债管理   **269**

(1) 关于修正投资久期,利用资产部分的表达式,有

$$\widetilde{P}(0.1) = PVA(0.1)$$
$$= X + (1+0.1)^2 \times Y \times (1+0.1)^{-2}$$
$$= 1000 \text{ 元},$$

$$\widetilde{P}'(0.1) = -2.42 \times Y \times (1+0.1)^{-3} = -909.09 \text{ 元},$$

所以

$$\bar{v} = -\frac{\widetilde{P}'(i)}{\widetilde{P}(i)} = 0.90909.$$

另外,也可以分别对短期资金市场和债券计算修正投资久期:

$$\bar{v}_1 = 0, \quad \bar{v}_2 = \frac{2}{1.1} \approx 1.82.$$

上述投资策略的修正投资久期可通过加权平均计算:

$$\bar{v} = \frac{1}{2} \times 0 + \frac{1}{2} \times \frac{2}{1.1} = 0.90909.$$

(2) 关于凸值,同样利用资产部分的表达式,有

$$\widetilde{P}''(0.1) = 7.26 \times Y \times (1+0.1)^{-4} = 2479.34 \text{ 元},$$

于是

$$\bar{c} = \frac{\widetilde{P}''(0.1)}{\widetilde{P}(0.1)} = 2.47934.$$

例 7.11 已知 30 年期住房抵押贷款按月偿还,月换算名利率为 10.2%. 计算:

(1) 还贷现金流的修正投资久期;

(2) 还贷现金流的凸值.

解 (1) 月实际利率为

$$\frac{0.102}{12} = 0.0085.$$

将还款金额单位化以后,有

$$\bar{v} = \frac{(Ia)_{\overline{n}|i}}{a_{\overline{n}|i}} \cdot v \quad (n = 360, \ i = 0.0085),$$

进而计算得

$$\bar{v} = \frac{11283.7992}{112.0591} \cdot \frac{1}{1+0.0085} = 99.8464.$$

因此,修正的投资久期近似为 100 个月,而实际还款期为 360 个月.

(2) 首先,计算二阶导数:

$$P''(i) = \sum_{t=1}^{n} t(t+1)(1+i)^{-t-2} = v^2 \sum_{t=1}^{n} (t^2+t)v^t,$$

其中

$$\sum_{t=1}^{n} t^2 v^t = \frac{1}{i}\left\{\left(1+\frac{3}{i}+\frac{2}{i^2}\right) - v^n\left[(n+1)^2 + \frac{2n+3}{i} + \frac{2}{i^2}\right]\right\};$$

然后,有

$$\bar{c} = \frac{P''(i)}{P(i)} = \frac{v^2\left[\sum_{t=1}^{n} t^2 v^t + (Ia)_{\overline{n}|}\right]}{a_{\overline{n}|}}$$

$$= \frac{1940079 + 11283.80}{(1+0.0085)^2 \times 112.0591} = 17121.$$

7.3.2 资产负债匹配技术

自从前面介绍的传统免疫技术产生以来,又陆续涌现了一些其他的管理资产负债匹配的方法. 所有这些方法的基本目标是一致的,都是在给定负债结构的前提下,找到一种资产的配置,使得利率波动风险对资产匹配负债的影响尽可能的小. 下面介绍两种确定的资产负债匹配方技术.

1. 绝对匹配法

绝对匹配法(或称**专门供给法**)的基本思想是:构造一种资产组合,使其收入的现金流在每个时期均与负债的现金流相匹配. 例如:养老基金将为退休人员以固定的方式和金额发放退休金,为此,养老基金一般选择等级较高的无早赎债券的投资组合(如一系列零息票债券),使其收益现金流与养老金的发放完全匹配. 这种投资常常称为**专门的债券组合**. 一旦达到了这种完全匹配,就不需要进一步的分析和计算了. 但是,现实情况中,往往难于或根本无法做到这种匹配.

例 7.12 设有如表 7-6 所示的资产与负债数据,前 3 年的资产负债现金流并不匹配. 现有以下可选的投资资产,均为年付息票:

(1) 90 天的 T-Bill;

(2) 年息率为 5% 的 2 年期政府债券;

(3) 年息率为 6% 的 3 年期政府债券;
(4) 年息率为 10% 的 5 年期政府债券.
从资产负债现金流匹配的角度确定对资产的重新配置.

表 7-6 资产与负债的数据

负债与资产	久期/年	预测的现金流				
		第1年	第2年	第3年	第4年	第5年
负债	4.2	210元	69元	445元	180元	1980元
资产	4.3	194元	254元	41元	200元	2200元

解 为了达到现金流的匹配,每项负债现金流都必须有充分匹配的资产.考虑到含息票的债券投资额会对债券有效期内每次付息票时刻的资产现金流都有影响,为此,首先从期限最长的负债开始,然后逐步后退回来.

第 5 年:现有的资产>负债,所以需要出售一些 5 年期的资产.由于

$$资产 - 负债 = 债券的息票收入 + 债券的到期本金$$
$$= 面值 \times (1 + 息率),$$

所以

$$5 \text{ 年期债券的出售面值} = \frac{A_5 - L_5}{1 + 息率} = \frac{2200 - 1980}{1 + 10\%} 元 = 200 元.$$

因为 5 年期债券为息票债券,因此出售了 200 元面值的 5 年期债券后,资产与负债的现金流模式如下表 7-7 所示.

表 7-7 第 5 年资产与负债的现金流模式

负债与资产	现金流				
	第1年	第2年	第3年	第4年	第5年
负债/元	210	69	445	180	1980
原资产/元	194	254	41	200	2200
售出的资产/元	−20	−20	−20	−20	−220
调整后的资产/元	174	234	21	180	1980

第 4 年:资产与负债的现金流已经匹配.
第 3 年:现有的负债>资产,所以需要购入一些 3 年期的资产:

3 年期债券的购入面值 $= \dfrac{L_3 - A_3}{1 + 息率} = \dfrac{445 - 21}{1 + 6\%}$ 元 $= 400$ 元.

购入了 400 元面值的 3 年期债券后,资产与负债的现金流模式如表 7-8 所示.

表 7-8 第 3 年资产与负债的现金流模式

负债与资产	现金流				
	第 1 年	第 2 年	第 3 年	第 4 年	第 5 年
负债/元	210	69	445	180	1980
原资产/元	174	234	21	180	1980
购入的资产/元	+24	+24	+424	0	0
调整后的资产/元	198	258	445	180	1980

第 2 年:现有的资产>负债,所以需要出售一些 2 年期的资产:

2 年期债券的出售面值 $= \dfrac{A_2 - L_2}{1 + 息率} = \dfrac{258 - 69}{1 + 5\%}$ 元 $= 180$ 元.

出售了 180 元面值的 2 年期债券后,资产与负债的现金流模式如表 7-9 所示.

表 7-9 第 2 年资产与负债的现金流模式

负债与资产	现金流				
	第 1 年	第 2 年	第 3 年	第 4 年	第 5 年
负债/元	210	69	445	180	1980
原资产/元	198	258	445	180	1980
售出的资产/元	−9	−189	0	0	0
调整后的资产/元	189	69	445	180	1980

第 1 年:现有的负债>资产,所以需要购入一些 1 年期的资产,但是没有 1 年期的资产,可以选择购入 21 元(210 元−189 元)的 90 天短期政府债券,也可以考虑短期债券与 2 年期债券的组合.

2. Tilley 法

前面介绍的绝对匹配法的基础是已知负债的现金流,而现实中有些情形的负债现金流与当时的利率环境是相互关联的. 另外,在资产一方,当利率上升时,持有长期资产会面临资产贬值和失去较高再投资收益机会的风险;当利率下降时,持有短期资产会面临再投资收益降低的风险.这些问题都是绝对匹配法没有考虑的.对这些风险的考虑也会最终体现在对长期和短期资产的配置比例的选择上,J. A. Tilley 提出了著名的 Tilley 法(见文献[10]).这种方法本身较为复杂,但基本原则是:找到可行的组合策略(各种资产类的投资比例),使得在任何已知的利率变化模式下,都可以保证最终资产与负债的差非负.当然,Tilley 法也是有许多前提条件的,一般应已知:

(1) 负债在各个年度的基本现金流模式;

(2) 利率在投资期间的变化模式,包括新利率的情况;

(3) 可选的资产类,以及各个资产类在未来的利息收入和本金收回模式;

(4) 随后年份的再投资或对已收回资产的可能投资模式.

所以 Tilley 法更多的是给出了一种分析和决策的理念.下面通过对一个简单实例的分析来说明这种方法的具体做法.

例 7.13 某金融机构现有年利率为 8% 的 2 年定期存款,利息按照复利方式计算,不考虑利息税.若提前支取,利率不变,而且假设储户的提前支取行为简化为只在第 1 年底发生.已知机构可能的投资工具为:

债券 A:年利率为 8% 的 1 年期国债;

债券 B:年利率为 8.5% 的 2 年期零息国债.

试分析对 A 和 B 两种债券的投资比例.

解 设 s_1 和 s_2 分别表示储户在第 1,2 年底的支取金额.如果考虑单位储蓄,则有

$$1 = (1+0.08)^{-1} s_1 + (1+0.08)^{-2} s_2,$$

即
$$s_2 = (1+0.08)^2 - (1+0.08) s_1.$$

设 p_1 和 p_2 分别表示银行投资于两种债券的比例,则显然有 $p_1 + p_2 = 1$.令 f 表示 1 年后的 1 年远期利率,A_2 表示银行在第 2 年底的余额,于是

$$A_2 = [p_1(1+0.08) - s_1](1+f) + [p_2(1+0.085)^2 - s_2]$$
$$= [(1+0.08)(1+f) - (1+0.085)^2] p_1 + s_1(0.08 - f)$$
$$+ (1+0.085)^2 - (1+0.08)^2.$$

目标是:适当选取 p_1,使得无论 s_1 和 f 如何变化,都有 $A_2 > 0$.

需要分析 f 的波动对 A_2 的影响,进而做出对 p_1 的选择. 在这里, p_1, s_1 和 f 都是未知的,问题是:如何选择 p_1 和 s_2,使 f 在一定的范围内波动时 A_2 都是非负的. 当然,这个问题的结论可能是多种多样的,必须在一定的假设条件下进行决策. 下面给出一种分析:

(1) 若远期利率下降,如设 $f=7\%$,这意味着第 1 年底的提前支取的可能性不是很大,假定 $s_1=10\%$,则有
$$A_2 = -0.021625 p_1 + 0.011825.$$
为了使 $A_2 > 0$,必须要求 $p_1 < 0.5468$.

(2) 若远期利率上升,如设 $f=9.5\%$,这意味着第 1 年底的提前支取的可能性很大,假定 $s_1=90\%$,则有
$$A_2 = 0.005375 p_1 - 0.002675.$$
为了使 $A_2 > 0$,必须要求 $p_1 > 0.4977$.

综上所述, p_1 的选择范围是 $0.4977 < p_1 < 0.5468$. 相应地,也可以得到 p_2 的范围. 但是,正如前面已说明的,这个问题可以有很多的解,上面这个解域只是为了说明方法.

练 习 题

§7.1 利率风险的一般分析

1. 现有 10 年期的定期存款,且已知名义年利率为 8%,通货膨胀率为 5%.

(1) 按当前货币价值计算 10 年底的实际总收益,记为 A;

(2) 以实际利率计算第 10 年底的实际总收益,记为 B;

(3) 给出 A 与 B 的比值.

2. 如果第 1 题中的定期存款改为以标准期末年金方式存款,计算 A 与 B 的比值.

3. 已知 5 年期定期储蓄的年实利率为 7%,通货膨胀率为 10%. 计算在此期间实际购买力下降的比例.

4. 某人计划投资于年利率为 8% 的基金,20 年后退休时一次性受益. 已知利息收入的税率是 25%,且有以下两种付税方式:

方式 A:投资结束时一次性付税; 方式 B:每年按时付税.

计算这两种方式下最终收益的比值.

5. 10 年前某投资者将 10000 元投资于某项目,每年底得到回报 1500 元. 目前,项目失败,10000 元投资已无法追回. 若该投资者将前 10 年的回报分别存入年利率为 8% 的基金,计算该投资者这 10 年的收益率.

6. 设面值为 1000 元、息率为 8% 的 10 年期债券以预期收益率 12% 出售. 假定息票收入是确定的,但是,到期的兑现有 2% 的违约可能. 用现值的数学期望计算债券价格.

7. 已知某项目在 1 年后能够收回 1000 元的可能为 90%,无任何收入的可能为 10%. 若年利率为 2.5%,计算投资收益现值的数学期望、标准差以及风险溢价.

8. 设有面值 1000 元的 20 年期债券,其每年息票收入为 87.50 元,预期收益率为 9.5%. 如果无风险利率为 8.75%,计算年违约概率以及风险收益率.

9. 某公司签发 1000000 元 2 年期贷款,年利率为 8%,还贷方式为: 每年底等额偿还本金和应计利息. 假定对借款人在第 1 年底的提前还贷没有处罚. 已知第 1 年底的 1 年期远期利率可能为 6% 或 10%,贷款将以这个利率进行第 2 年的再投资. 计算:

(1) 贷款人收回的贷款在第 2 年底终值的数学期望和标准差;

(2) 期望收益率.

10. 设有 15 年期贷款,年利率为 12%,每年底等额还贷,每年的违约概率为 1%,还款现金流现值的数学期望为 150000 元.

(1) 如果年违约概率加倍,计算对应的数学期望;

(2) 如果同时将利率提高到 14%,计算对应的数学期望.

11. 某人购买 1000 元 10% 息率的早赎债券: 10 年到期时以面值赎回,或者在第 5 年底以 1050 元赎回. 这 10 年中可能的再投资利率为 7%. 如果债券的出售价格为 1100 元,早赎概率为 0.25,计算收益率.

§7.2 利率期限结构

12. 现有面值为 1000 元,息率分别为 5% 和 10% 的 5 年期债券,利用表 7-1 的利率计算它们的价格(4 年期利率是 3 年期利率和 5 年期利率的平均).

13. 计算第 12 题中两种债券的收益率.

14. 根据表 7-1 的利率计算以下远期利率:一年后的 2 年期远期利率;两年后的 3 年期远期利率.

15. 已知面值为 100 元、年息率为 6% 的 6 年期债券的价格为 90 元;另有年息率为 12% 的同面值 6 年期债券的价格为 115 元. 计算 6 年期的即期利率.

16. 某人计划将 100000 元投资 3 年,并在第 1,2 年底将投资账户的余额进行再投资. 已知第 1 年的即期利率如表 7-1 所示,而第 2,3 年的收益曲线将分别比上一年整体上升 2%. 分析所有可能的投资模式,并计算第 3 年底的最小和最大投资终值.

17. 现有如下的现金流:当 $t=1,3,5,\cdots,19$ 时为 100 元;当 $t=2,4,6,\cdots,20$ 时为 200 元. 计算 t^* 时刻,使 t^* 时刻的 3000 元现金流与上述现金流具有相同的等价时间.

18. 已知某种股票的分红以 4% 的比例逐年递增. 若实利率为 8%,计算投资久期.

19. 给出年金 $a_{\overline{n}|i}$ 的修正投资久期的计算表达式.

20. 证明:期末永久年金的修正投资久期等于该年金的现值.

21. 某贷款的偿还现金流为:第 1 年底 1000 元;第 2 年底 2000 元;第 3 年底 3000 元. 若实利率为 25%,计算贷款额、投资久期、修正投资久期和波动率.

§7.3 资产负债管理

22. 如果 $\bar{c}$ 可以用 σ_i^2(具体表达式见 §7.2)表示为 $\bar{c}=a(i)\sigma_i^2+b(i)$,试给出 $a(i)$ 和 $b(i)$ 的表达式.

23. 假设在例 7.5 中投资者的投资方式为:

方式 A:600 元投资于短期资金市场,400 元投资于 2 年期债券;

方式 B:400 元投资于短期资金市场,600 元投资于 2 年期债券.

计算 $P(0.09),P(0.10)$ 和 $P(0.11)$,并将这两种投资组合与例 7.5

的结果进行比较.

24. 已知年利率为 8%, 计算以下投资组合的凸值: 短期资金市场, 10 年期零息票债券和红利固定的优先股票.

25. 如果 n 期贷款的利率为零, 计算分期等额还贷的凸值.

26. 某金融机构收到 85000 元的定期储蓄, 10 年后以年利率 8% 按复利方式偿还本息. 该机构可能的投资工具为: 收益率均为 8% 的 5 年期零息票债券和优先股票. 如果零息票债券的投资期限为 5 年, 优先股票的投资期限为 13.5 年, 将以上的期限加权平均后有

$$\text{零息票债券的投资额} = \frac{13.5 - 10}{13.5 - 5} \times 85000 \text{元} = 35000 \text{元},$$

$$\text{优先股票的投资额} = \frac{10 - 5}{13.5 - 5} \times 85000 \text{元} = 50000 \text{元}.$$

证明: 用免疫技术进行分析, 上述投资组合为最优组合.

27. 某金融机构当前收到 37908 元, 需要在今后的 5 年内每年底支付 10000 元. 该机构可选的投资工具为 1 年期, 3 年期和 5 年期的零息票债券, 收益率均为 10%. 该机构考虑最初在三种债券上的投资相同, 所以三种债券的投资额均为 12636 元. 用免疫技术说明这个投资策略并不是最优的, 并找到一个更优的策略.

28. 证明: 在第 27 题中, 如果市场中还有收益率为 10% 的 2 年期和 4 年期的零息票债券, 则存在绝对匹配的投资策略. 并给出这个策略下的 37908 元的投资方式.

29. 某金融机构收到某客户的 20000 元存款, 存期为 2 年, 利率为 10%, 且客户希望在第 1 年底支取一半的金额. 该金融机构可选的投资工具有: 收益率为 10% 的 1 年期零息票债券和收益率为 11% 的 2 年期零息票债券. 该机构分析了如下两种选择:

方式 A: 绝对匹配;

方式 B: 完全投资于 2 年期的债券以获得最大的收益率.

(1) 计算方式 A 的最初利润;

(2) 若方式 A 与 B 等价, 计算 1 年期债券在 1 年后的 1 年远期利率.

30. 对例 7.13 考虑以下几种情况的结果：

(1) 远期利率分别为 7.5% 和 9%；

(2) 远期利率分别为 6.5% 和 10%；

(3) s_1 分别为 20% 和 80%；

(4) s_1 分别为 0 和 100%.

第八章 随机模型

在现实的金融产品计量中,已经很难找到那种典型的确定性利率模型或资产价格模型,这种情况的出现一方面是由于市场本身的不断发展,另一方面是由于计算技术和方法的强有力支持.在金融市场中的量化模型大多为随机模型,同时模型的建模和分析也是以概率统计为基础的.所谓的随机模型是指模型所描述的现象为随机和不确定的,用金融的语言表述就是带风险的现象.也有观点认为,21世纪的金融定量风险分析将进入随机和动态方法的时代.笔者认为,金融数学中最精彩的部分往往是以随机模型表述的.本章只是对金融数学中的随机模型进行简单的介绍,借此帮助读者了解本书前面的章节与今后进一步的金融数学的学习之间的关系,使读者对金融数学这个广阔的、充满挑战的领域有一些初步的感受.

§8.1 随机利率基本模型

这部分将利率看做一个随机变量或过程,进而考虑以下几种数学处理方法:

(1) 用同一个年利率随机变量 i 代表各种期限的即期年利率,这相当于将不同投资期限的不确定年利率用一个平均的相同的随机变量来代表.例如:5 年期投资的平均年收益率为随机变量 i,而且假设 $i=7\%,8\%$ 或 9% 的可能性相同,均为 $1/3$.

(2) 用 i_t 表示从时刻 $t-1$ 到时刻 t ($t=1,2,\cdots,n$)的实利率随机变量,且假设不同时刻的利率互相独立.例如:$i_1,i_2,\cdots,i_n$ 为独立同分布的随机变量序列,共同分布为 $(i-\alpha,i+\alpha)$ ($i,\alpha>0$ 为常数)上的均匀分布(一般表示为 $i_t \sim U(i-\alpha,i+\alpha), t=1,2,\cdots,n$).

(3) 假设不同时刻的利率 i_t 互相不独立,或者称它们是相互依赖的,这时一般采用时间序列模型.例如:假设 $\{i_t; t=1,2,\cdots,n\}$ 为一阶自回归时间序列.

(4) 假设连续利息力 $\{\delta_t; t \geq 0\}$ 为某个特定的随机过程,例如标准的平稳过程.

由于利率具有随机性,与之相联系的许多计算从性质上也会发生根本的改变. 这一点将通过下面的具体问题逐渐表现出来.

8.1.1 随机利率无期限结构的情形

首先考虑在相同的随机实利率情况下,货币的累积和贴现过程会发生怎样的变化. 依然用 i 表示年实利率,只是在这里它是一个随机变量,所以累积值和现值都是随机变量. 这时在分析累积和贴现的效果时,有两种不同的算法:

(1) 对累积值(现值)计算数学期望;
(2) 用利率的数学期望计算累积值(现值).

显然这两种算法的计算结果通常是不同的,即使是只有 1 年的投资也可以看出

$$E\left(\frac{1}{1+i}\right) \geq \frac{1}{1+E(i)}.$$

事实上,如果记 r 满足

$$E\left(\frac{1}{1+i}\right) = \frac{1}{1+r},$$

则由概率论中的 Jensen 不等式知

$$r \leq E(i).$$

因此,在讨论货币的价值时,必须指明是采用哪种计算方式.

例 8.1 现有 10 年期的单位货币投资,年实利率 i 为随机变量,且 i 的分布为 $\Pr(i=7\%) = \Pr(i=8\%) = \Pr(i=9\%) = 1/3$.

(1) 用利率 i 的数学期望计算 10 年底的终值;
(2) 对 10 年底的终值计算数学期望.

解 (1) 首先,有 $E(i) = 0.08$. 以 $E(i)$ 为年利率计算的 10 年底的终值为

$$(1+0.08)^{10} = 2.15892.$$

(2) 用随机利率计算的 10 年底的终值为 $(1+i)^{10}$,它的数学期

望为

$$\mathrm{E}[(1+i)^{10}] = \frac{1}{3}[(1+7\%)^{10} + (1+8\%)^{10}$$
$$+ (1+9\%)^{10}] = 2.16448.$$

反解其收益率为 $(2.16448)^{0.1} - 1 = 8.03\%$.

显然,以上的两个结果不相同.自然,在现值计算中也会出现同样的现象.这种不一致是由于利率的随机性造成的.

8.1.2 独立条件下的随机利率

这部分考虑本节最开始列出的方法(2).这里假设 $\{i_t; t=1,2,\cdots,n\}$ 是独立同分布的随机变量序列,且记 $\mathrm{E}(i_t) = i$. 下面分别对零息票债券和年金讨论在这种利率假设下的现值和终值的相关计算.

1. n 期零息票债券的情形

从前面的分析可以发现,在利率是随机变量的情形,任何现金流的现值与终值会有不同的表现,不像确定利率情形,只需要简单的运算就可以将二者联系起来.所以,下面分别对终值函数和现值函数进行讨论.

1) 终值的计算

考虑当前的 1 个货币单位在 n 时刻的终值:

$$a(n) = \prod_{t=1}^{n}(1+i_t). \tag{8.1.1}$$

显然,$a(n)$ 为随机变量.由独立性假设,$a(n)$ 的数学期望和方差分别为

$$\mathrm{E}[a(n)] = \prod_{t=1}^{n}\mathrm{E}[(1+i_t)] = (1+i)^n, \tag{8.1.2}$$

$$\mathrm{D}[a(n)] = (1+2i+i^2+s^2)^n - (1+i)^{2n}$$
$$= (1+j)^n - (1+i)^{2n}, \tag{8.1.3}$$

其中 $s^2 = \mathrm{D}(i_t)$, $j = 2i + i^2 + s^2$.

2) 现值的计算

在一般情况下,有

$$\mathrm{E}\left(\frac{1}{1+i_t}\right) \neq \frac{1}{1+\mathrm{E}(i_t)},$$

所以,在这部分,定义 r 为满足以下条件的实数(由 i_t 的同分布性可以保证 r 与 t 无关):

$$E\left(\frac{1}{1+i_t}\right) = \frac{1}{1+r}. \tag{8.1.4}$$

显然,有 $E(i_t) = i \neq r$.

同样考虑 n 期标准零息票债券的现值:

$$a^{-1}(n) = \left[\prod_{t=1}^{n}(1+i_t)\right]^{-1}. \tag{8.1.5}$$

由前面的独立性假设和式(8.1.4)的定义有

$$E[a^{-1}(n)] = (1+r)^{-n}, \tag{8.1.6}$$

$$D[a^{-1}(n)] = E\{[a^{-1}(n)]^2\} - (1+r)^{-2n}$$
$$= (1+k)^{-n} - (1+r)^{-2n}, \tag{8.1.7}$$

其中

$$(1+k)^{-1} = E[(1+i_t)^{-2}]. \tag{8.1.8}$$

综上所述,在随机利率情况下,终值计算比现值计算要简单一些.

例 8.2 已知 $1+i_t$ 是独立的,共同分布为对数正态分布,即 $\ln(1+i_t) \sim N(\mu,\sigma^2)$. 试讨论这种随机利率条件下 1 个货币单位投资的 n 时刻终值和 n 期标准零息票债券的现值的各种计算.

解 由式(8.1.1)有

$$\ln a(n) = \sum_{t=1}^{n} \ln(1+i_t) \sim N(n\mu, n\sigma^2),$$

进而有

$$E[a(n)] = \exp\left(n\mu + \frac{1}{2}n\sigma^2\right),$$

$$D[a(n)] = \exp(2n\mu + n\sigma^2)[\exp(n\sigma^2) - 1].$$

又由 $\ln(1+i_t) \sim N(\mu,\sigma^2)$,自然有

$$-\ln(1+i_t) \sim N(-\mu,\sigma^2),$$

所以由(8.1.5)式有

$$\ln[a^{-1}(n)] = -\sum_{t=1}^{n} \ln(1+i_t) \sim N(-n\mu, n\sigma^2),$$

进而有

$$E[a^{-1}(n)] = \exp\left(-n\mu + \frac{1}{2}n\sigma^2\right).$$

$$D[a^{-1}(n)] = e^{-4n\mu} D[a(n)]$$

另外,当 $n=1$ 时,有

$$E(i_t) = e^{\mu + \frac{\sigma^2}{2}} - 1,$$

进而由式(8.1.4)的定义有

$$r = e^{\mu - \frac{\sigma^2}{2}} - 1.$$

所以,从这里也同样有 $E(i_t) > r$.

对一般的 n,经过简单的计算,有

$$E[a^{-1}(n)] E[a(n)] = e^{n\sigma^2} > 1.$$

这表明,在这种随机利率情形下,标准零息票债券现值的数学期望与当前 1 个货币单位投资的终值的数学期望的乘积大于 1.

2. n 期年金的情形

1) 标准期初年金终值的情形

由于 t $(0 \leqslant t < n)$ 时刻的 1 个货币单位在 n 时刻的终值为 $\prod_{s=t+1}^{n}(1+i_s)$,所以标准期初年金的终值(仍延用前面第二章的符号)为

$$\ddot{s}_{\overline{n}|} = \sum_{t=0}^{n-1} \prod_{s=t+1}^{n}(1+i_s), \tag{8.1.9}$$

进而有如下的数学期望和方差:

$$E(\ddot{s}_{\overline{n}|}) = \sum_{t=1}^{n}(1+i)^t = \ddot{s}_{\overline{n}|i}, \tag{8.1.10}$$

$$D(\ddot{s}_{\overline{n}|}) = \frac{m_2^s + m_1^s}{m_2^s - m_1^s} \ddot{s}_{\overline{n}|j} - \frac{2m_2^s}{m_2^s - m_1^s} \ddot{s}_{\overline{n}|i} - (\ddot{s}_{\overline{n}|i})^2, \tag{8.1.11}$$

其中

$$\begin{aligned} m_1^s &= E[(1+i_t)] = 1+i, \\ m_2^s &= E[(1+i_t)^2] = 1+j. \end{aligned} \tag{8.1.12}$$

这里 j 的定义与式(8.1.3)相同.

2) 标准期末年金现值的计算

同样地,可以考虑标准期末年金的情形.易得到标准期末年金的

现值为
$$a_{\overline{n}|} = \sum_{t=1}^{n} \prod_{s=1}^{t} (1+i_s)^{-1}, \qquad (8.1.13)$$
进而有如下的数学期望和方差：
$$E(a_{\overline{n}|}) = a_{\overline{n}|r}, \qquad (8.1.14)$$
$$D(a_{\overline{n}|}) = \frac{m_2^a + m_1^a}{m_2^a - m_1^a} a_{\overline{n}|k} - \frac{2m_2^a}{m_2^a - m_1^a} a_{\overline{n}|r} - (a_{\overline{n}|r})^2, \qquad (8.1.15)$$

其中
$$\begin{aligned} m_1^a &= E[(1+i_t)^{-1}] = (1+r)^{-1}, \\ m_2^a &= E[(1+i_t)^{-2}] = (1+k)^{-1}. \end{aligned} \qquad (8.1.16)$$

例 8.3 假设 $i_t(t=1,2,3)$ 服从 $(7\%,9\%)$ 上的均匀分布,且相互独立.计算：

(1) i_t 的均值和方差；

(2) 单位投资在第 3 年底终值的均值和标准差；

(3) 连续 3 年每年初单位投资在第 3 年底终值的均值和标准差.

解 (1) $E(i_t)=0.08$, $D(i_t)=\dfrac{(0.09-0.07)^2}{12}=\dfrac{0.0001}{3}$.

(2) 单位投资在第 3 年底的终值为
$$a(3) = (1+i_1)(1+i_2)(1+i_3),$$
其均值、方差及标准差依次分别为
$$\begin{aligned} E[a(3)] &= (1+0.08)^3 = 1.2597, \\ D[a(3)] &= (1+0.16+0.0064+0.0001/3)^3 \\ &\quad - (1+0.08)^6 = 0.00013605, \\ sd &= 0.01166. \end{aligned}$$

(3) 这相当于计算标准期初年金终值的均值和标准差.由式 (8.1.10),(8.1.11) 和 (8.1.12) 有
$$E(\ddot{s}_{\overline{3}|}) = \ddot{s}_{\overline{3}|0.08} = 3.5061,$$
$$m_1^s = 1+i = 1.08, \quad m_2^s = 1+j = 1.166433,$$
$$D(\ddot{s}_{\overline{3}|}) = 0.0005603, \quad sd = 0.0237.$$

例 8.4 已知 $i_t \sim U(i-\varepsilon, i+\varepsilon)$, $\varepsilon>0$. 给出 i 与 r 的关系,其中

r 满足 $\dfrac{1}{1+r} = \mathrm{E}\left(\dfrac{1}{1+i_t}\right)$.

解 因为
$$\mathrm{E}\left(\frac{1}{1+i_t}\right) = \int_{i-\varepsilon}^{i+\varepsilon} \frac{1}{1+x} \cdot \frac{1}{2\varepsilon} \mathrm{d}x = \frac{1}{2\varepsilon} \ln\left(\frac{1+i+\varepsilon}{1+i-\varepsilon}\right) = \frac{1}{1+r},$$

所以
$$r = \frac{2\varepsilon}{\ln\left(\dfrac{1+i+\varepsilon}{1+i-\varepsilon}\right)} - 1.$$

例 8.5 设随机变量 $1+i_t(t=1,2,\cdots,5)$ 服从对数正态分布 lognormal(0.06,0.01),且相互独立.计算以下随机变量的均值和标准差:

(1) $a(5)$; (2) $\ddot{s}_{\overline{5}|}$; (3) $a^{-1}(5)$; (4) $a_{\overline{5}|}$.

解 首先计算 $1+i_t$ 的均值和方差:
$$\mathrm{E}(1+i_t) = \mathrm{e}^{0.06+0.005} = 1.067159,$$
$$\mathrm{D}(1+i_t) = \mathrm{e}^{0.12+0.01}(\mathrm{e}^{0.01}-1) = 0.011445.$$

经计算得关于四个随机变量的结果如表 8-1 所示.

表 8-1 关于四个随机变量的计算结果

随机变量	$a(5)$	$\ddot{s}_{\overline{5}|}$	$a^{-1}(5)$	$a_{\overline{5}|}$
均值	1.38403	6.10230	0.75957	4.25230
标准差	0.31339	0.93900	0.17190	0.61910

例 8.6 设 $1+i_t(t=1,2,3)$ 服从对数正态分布并相互独立,且 $\mathrm{E}(i_t)=0.08, \sigma^2=0.0001$.计算单位投资在第 3 年底终值的置信度为 95% 的置信区间.

解 由于对数正态分布的均值为
$$\mu = \ln(1+0.08) - \frac{1}{2} \times 0.0001 = 0.076911,$$

因此 $\ln a(3)$ 的均值和方差分别为
$$\widetilde{\mu} = 3 \times 0.076911 = 0.230883, \quad \widetilde{\sigma}^2 = 3 \times 0.0001 = 0.0003.$$

于是 $\ln a(3)$ 的置信度为 95% 的置信区间为
$$\widetilde{\mu} \pm 1.96\widetilde{\sigma} = 0.230733 \pm 1.96(0.0003)^{1/2}$$
$$\Longleftrightarrow (0.196885, 0.264781),$$

进而得 $a(3)$ 的置信度为 95% 的置信区间为 $(1.259523, 1.303146)$.

8.1.3 不独立的远期利率模型

这部分考虑不同时期的利率是不独立的且相关的,这种假定应该比前面的讨论更为合理、符合现实. 例如：在利率上升时期,如果某一年的年利率高于长期利率的平均值,那么,下一年的年利率高于长期平均值的可能性要大于低于长期平均值的可能性. 在年利率具有相依性的条件下,模型和计算都复杂许多. 从统计学的角度看,若年利率之间不是独立的,采用的模型一般为**时间序列模型**. 这里,主要介绍几种最简单的模型.

1. 一阶差分模型

这里假设各年的短期利率水平是按比例变化的. 若用 i 表示长期平均的利率水平,则随机利率的一阶差分方程可表示为

$$i_t - i = k(i_{t-1} - i) \quad (t = 1, 2, \cdots), \tag{8.1.17}$$

其中 k ($0 \leqslant k \leqslant 1$) 表示各年的短期利率与长期利率偏差的变动比例.

2. 一阶自回归模型

这里,在假设各年的短期利率水平是按比例变化的同时,再增加一些随机的扰动因素,而且每年的利率只与上一年的利率有关. 若用 $\delta_t = \ln(1+i_t)$ ($t=1,2,\cdots$) 表示第 t 年的利息力水平,并且满足

$$E(\delta_t) = \delta \quad (t = 1, 2, \cdots) \tag{8.1.18}$$

(其中 δ 为常数,称为长期平均的利息力),则随机利息力 δ_t 的一阶自回归模型(简称 AR(1) 模型)为

$$\delta_t - \delta = k(\delta_{t-1} - \delta) + e(t) \quad (t = 1, 2, \cdots), \tag{8.1.19}$$

其中 $e(t)$ ($t=1,2,\cdots$) 是独立同分布的随机变量序列,共同分布为 $N(0, \sigma^2)$；k 表示利息力的自相关程度.

在 $|k| < 1$ 的条件下, δ_t 的方差为

$$D(\delta_t) = \frac{\sigma^2}{1-k^2}, \tag{8.1.20}$$

δ_s 和 δ_t 的协方差为

$$\mathrm{Cov}(\delta_s, \delta_t) = k^{t-s} \frac{\sigma^2}{1-k^2} \quad (s < t). \tag{8.1.21}$$

3. 二阶自回归模型

这里假设当前的利息力水平与前两年的利息力水平都有关系，随机利息力 δ_t 的二阶自回归模型(简称 AR(2) 模型)为

$$\delta_t - \delta = k_1(\delta_{t-1} - \delta) + k_2(\delta_{t-2} - \delta) + e(t) \quad (t = 1, 2, \cdots), \tag{8.1.22}$$

其中 $e(t)(t=1,2,\cdots)$ 是独立同分布的随机变量序列，共同分布为 $N(0,\sigma^2)$；k_1 和 k_2 分别表示一阶和二阶自相关程度.

如果 k_1 和 k_2 满足条件

$$k_1 + k_2 < 1, \quad k_2 - k_1 < 1, \quad -1 < k_2 < 1,$$

则有 δ_t 的方差为

$$D(\delta_t) = \frac{1-k_2}{1+k_2} \cdot \frac{\sigma^2}{(1-k_2)^2 - k_1^2}, \tag{8.1.23}$$

δ_s 和 δ_t 的协方差为

$$\text{Cov}(\delta_s, \delta_t) = \text{Var}(\delta_t)[\tau g_1^{t-s} + (1-\tau)g_2^{t-s}] \quad (s < t), \tag{8.1.24}$$

其中

$$\tau = \frac{g_1(1-g_2^2)}{(g_1-g_2)(1+g_1g_2)}, \quad 1 - k_1 g_i - k_2 g_i^2 = 0 \quad (i=1,2).$$

例 8.7 已知长期平均利率为 6%，前一年的利率为 9%. 分别用 $k = 20\%$ 和 $k = 80\%$ 比较以一阶差分模型(8.1.17)估计的今后 3 年的年利率.

解 经过简单的计算，结果见表 8-2.

表 8-2 计算结果

$k=20\%$			$k=80\%$		
i_1	i_2	i_3	i_1	i_2	i_3
0.066	0.0612	0.06024	0.084	0.0792	0.07536

因为前一年的利率远高于长期平均水平，所以今后 3 年的利率都在逐渐下降向长期平均收敛，k 越小收敛得越快.

例 8.8 已知 $\delta_t(t=1,2,\cdots)$ 服从 AR(1) 过程，且其均值为 0.09，方差为 0.003，相邻年利率的协方差为 0.002. 若 δ_4 的估计值

为 7.5%,试给出 δ_3 的实际值.

解 由式(8.1.20)和(8.1.21)知利息力的自相关水平为
$$k = 0.002/0.003 = 2/3.$$
如果分别用 δ_t^A 和 δ_t^E 代表实际值和估计值,则有
$$\delta_4^E = \delta + k(\delta_3^A - \delta), \quad 即 \quad 0.075 = 0.09 + \frac{2}{3}(\delta_3^A - 0.09).$$
于是 $\delta_3^A = 0.0675$.

例 8.9 已知 $\delta_t(t=1,2,\cdots)$ 服从 AR(2) 过程,且其均值为 0.08,另有如表 8-3 的数据. 计算 δ_5 的估计值.

表 8-3 例 8.9 的数据表

t	1	2	3	4
δ_t^A(实际值)	0.100	0.110	0.090	0.095
δ_t^E(估计值)	0.086	0.094	0.102	0.092

解 对于 $t=3$ 和 $t=4$,有
$$0.102 = 0.08 + k_1(0.11 - 0.08) + k_2(0.10 - 0.08),$$
$$0.092 = 0.08 + k_1(0.09 - 0.08) + k_2(0.11 - 0.08),$$
即 $\quad 0.022 = 0.03k_1 + 0.02k_2, \quad 0.012 = 0.01k_1 + 0.03k_2.$
解得 $k_1 = 0.6$, $k_2 = 0.2$. 因此有
$$\delta_5^E = 0.08 + 0.6(0.095 - 0.08) + 0.2(0.09 - 0.08) = 0.091.$$

8.1.4 离散时间单因子利率模型

离散时间单因子利率模型中最典型的是所谓的**二叉树模型**. 在这个模型假定下,下一个时间区间的短期利率是以当前的短期利率为基础的,并且只有上升或下跌两种情形,具体可用图 8-1 表示. 图 8-1 中 p_t 表示 t 时刻利率上升的概率,r_t 表示 t 时刻的短期利率,r_{t+1}^u 表示下一年上升后的短期利率,r_{t+1}^d 表示下一年下降后的短期利率,r_{t+2}^{uu} 表示连续两年上升后的短期利率,r_{t+2}^{ud} 表示下一年上升再下一年下降后的短期利率,r_{t+2}^{du} 表示下一年下降再下一年上升后的短期利率,r_{t+2}^{dd} 表示连续两年下降后的短期利率.

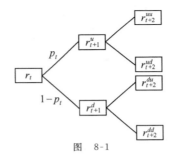

图 8-1

通常将图 8-1 中从最左边到右边最后一层的任一路线称为**利率轨道**. 因为所有的利率轨道会形成一个树的形状, 所以有时也称二叉树模型为**格子点模型**.

二叉树模型中最具代表性的是 Ho-lee 模型(见文献[11]). 这种模型对上述分叉模型又有进一步的简化:

$$r_{t+1}^u = r_t(1+\gamma), \quad r_{t+1}^d = r_t(1+\gamma)^{-1}, \quad p_t = p,$$

其中 γ ($0<\gamma<1$) 表示利率上升的比例, 因此

$$r_{t+2}^{uu} = r_t(1+\gamma)^2, \quad r_{t+2}^{ud} = r_{t+2}^{du} = r_t, \quad r_{t+2}^{dd} = r_t(1+\gamma)^{-2}.$$

Ho-lee 模型对于利率衍生产品的定价非常有意义.

下面用一个 3 年期的二叉树模型的数值例子说明二叉树利率的情形.

取 $r_1=5.00\%$, $\gamma=0.25$. 经过简单的计算, 可生成如图 8-2 所示的利率情形.

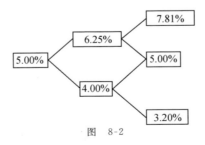

图 8-2

如果再假设每期利率上升和下降的概率都是 0.5, 那么这样的利率模型形成的 3 年利率的轨道及每条轨道的概率如表 8-4 所示.

表 8-4 利率的轨道及每条轨道的概率

利率轨道	概 率	当前的年利率/%	明年的远期年利率/%	后年的远期年利率/%
1	0.5×0.5	5.00	6.25	7.81
2	0.5×(1−0.5)	5.00	6.25	5.00
3	(1−0.5)×0.5	5.00	4.00	5.00
4	(1−0.5)×(1−0.5)	5.00	4.00	3.20

如果现有面值 100 元的 2 年期零息票债券,则按照表 8-4 其价格为

$$0.5\left[\frac{100}{(1+6.25\%)(1+5\%)}\right]元$$
$$+0.5\left[\frac{100}{(1+4\%)(1+5\%)}\right]元 = 90.61 元.$$

如果现有面值 100 元的 3 年期零息票债券,则按照表 8-4 其价格为

$$0.5\times 0.5\left[\frac{100}{(1+7.81\%)(1+6.25\%)(1+5\%)}\right]元$$
$$+0.5\times 0.5\left[\frac{100}{(1+5\%)(1+6.25\%)(1+5\%)}\right]元$$
$$+0.5\times 0.5\left[\frac{100}{(1+5\%)(1+4\%)(1+5\%)}\right]元$$
$$+0.5\times 0.5\left[\frac{100}{(1+3.2\%)(1+4\%)(1+5\%)}\right]元$$
$$= 86.12 元.$$

通过上面的计算,读者也可以体会到:事实上,在现实中也可以利用从市场中观察到的不同期限的零息票债券的价格反推出上述利率轨道.同样地,采用以上类似的计算方法,还可以计算依赖于利率轨道的各种衍生金融产品(例如利率互换或期权)的价格.

8.1.5 连续时间单因子利率模型

连续时间单因子利率模型是描述连续利息力随时间变化的随机模型,其基本思想是:利率的变化由两个部分组成:一是利率随时

间推移在整体水平上的变化,这一部分的时间性很强;二是因随机误差的干扰而造成的利率的随机变化,这一部分对模型本身的依赖较强. 若用随机过程的语言表述这种模型,一般用扩散过程来表示.

最基本的连续时间单因子利率模型是由 Cox, Ingersoll 和 Ross 在 1981 年和 1985 年(见文献[12])的两篇文章中提出的模型(单因子情形):

$$dr(t) = k[\theta - r(t)]dt + \sigma\sqrt{r(t)}dZ_1(t) \quad (t \geqslant 0), \tag{8.1.25}$$

其中 $\theta > 0$,表示短期利率的长期平均水平的中心位置或平衡点,k 则表示当前利率与中心位置的偏离程度,σ^2 表示将利率方差用利率水平标准化后得到的利率随机误差水平,$Z_1(t)$ 是标准 Wiener 过程或称布朗运动过程.

由式(8.1.25)可得:已知时刻 t 的利率水平 $r(t)$,则时刻 s ($s > t$) 的利率水平 $r(s)$ 的预测值(数学期望)为

$$r(t)e^{-k(s-t)} + \theta[1 - e^{-k(s-t)}], \tag{8.1.26}$$

即 $r(s)$ 的预测值是对当前利率与平均利率水平的加权平均;时刻 s 的利率水平 $r(s)$ 的方差为

$$r(t)\frac{\sigma^2}{k}[e^{-k(s-t)} - e^{-2k(s-t)}] + \theta\frac{\sigma^2}{2k}[1 - e^{-k(s-t)}]^2. \tag{8.1.27}$$

最常见的基于市场化利率建立的利率模型是所谓的 HJM 模型,源自 D. C. Heath, R. A. Jarrow 和 A. Morton 于 1992 年发表的文章(见文献[13]),他们提出的瞬时远期利率的扩散过程如下:

$$df(t,T) = \alpha(t,T)dt + \sigma(t,T)dZ_d(t) \quad (t \geqslant 0), \tag{8.1.28}$$

其中 $f(t,T)$ 表示 t ($t < T$) 时刻的未来 $T-t$ 时刻的瞬时连续远期利率,$\alpha(t,T)$ 和 $\sigma(t,T)$ 分别是取值于实数域和 d 维实值空间的随机过程,$Z_d(t)$ 表示 d 维标准布朗运动. 对于(8.1.28)式的远期利率模型,根据无套利的原则,可以给出其参数过程应该满足的基本条件(一维情形,$d=1$):

$$\alpha(t,T) = \sigma(t,T)\int_t^T \sigma(t,s)ds \quad (t \in [0,T]). \tag{8.1.29}$$

这个简洁的结论表明：在无套利条件下，远期利率的变化趋势与波动率之间存在一种内在的结构．

§8.2　资本资产定价模型

大多数金融资产都具有一定的风险，也就是说，资产的未来收益是不确定的．所以，这些资产的价格应该既反映未来的收益水平，也反映其中包含的风险．一般情况下，在金融风险分析中是以方差或标准差来表示风险的．从常识上看，风险大的资产其收益也应该相应地较高．这一点也可以从现实情况中得到证实．表 8-5 列出了美国在 1926—1985 年期间各种主要证券的平均名义收益率、实际收益率和风险报酬（与短期国债的平均实际收益率之差）以及收益率的标准差（资料来源于文献[1]）．可以发现，平均收益率越大，平均收益率的标准差也越大．

表 8-5　各种证券名义收益率与实际收益率比较

证券类型	平均名义收益率/%	平均实际收益率/%	平均风险报酬/%	收益率标准差/%
普通股票	12.0	8.8	8.4	21.2
公司债券	5.1	2.1	1.7	8.3
短期国债	3.5	0.4	0.0	3.4

在 1965 年前后由威廉·夏普（William Sharpe）、约翰·林特纳（John Lintner）和简·莫辛（Jan Mossin）分别独立地提出了反映金融资产的收益与风险关系的资本资产定价模型（简称 CAPM）．资本资产定价模型的一个基本出发点是：区分两种不同类型的风险．第一类是**非系统风险**，或者称**个体风险**，它反映了资产市场价格的实际波动，可以通过分散化的投资组合将这种风险在组合内部消化；第二类是**系统风险**，或者称**市场风险**，它表示整个市场的价格波动趋势，这种风险是不能通过分散化的投资组合将其消化的．CAPM 通过构造所谓的市场组合来考虑系统风险．

CAPM 是现代金融学的奠基石，它是基于一些基本的假设并由均衡条件得到的．这里不详细叙述 CAPM 理论，只是给出这个理论的结论:市场中每种证券的期望收益率等于无风险利率再加上所谓的市场组合的期望收益率超过无风险利率部分的一定比例.它的主要作用是:

(1) 对可能的市场投资机会估算可接受的回报率(价格);

(2) 对未上市交易的资产进行风险评估.

1. CAPM

CAPM 是对一组风险资产的均衡预期回报率给出预测,其背景如下:

(1) 通过推导可以得到由可交易资产构成的**市场组合**,这个组合的回报率为 r_p;

(2) 第 k 种资产的收益率为 r_k;

(3) 无风险利率为 r_f.

CAPM 的具体公式即 CAPM 公式为

$$E(r_k) = r_f + \beta_k [E(r_p) - r_f], \tag{8.2.1}$$

其中 $\beta_k = \dfrac{\mathrm{Cov}(r_k, r_p)}{\mathrm{D}(r_p)}$(称为第 k 种资产的系统风险系数,简称 β 系数)表示第 k 种资产与市场组合回报的相关程度,$\beta_k > 0$ 表示正相关;$\beta_k < 0$ 表示负相关;$\beta_k \approx 0$ 表示不相关.

CAPM 主要用于普通股票分析,同时也可以推广到其他金融产品.

2. CAPM 的应用

这里考虑对一般的 1 年期投资应用 CAPM 理论进行分析. 以 W 表示投资在年底的终值,用 r_k 表示投资收益率,现值记为 V,则三者的关系可以表示为

$$W = V(1 + r_k),$$

其中 W 和 r_k 为随机变量,V 为确定的量. 上式两边取数学期望后有

$$V = \frac{E(W)}{1 + E(r_k)}. \tag{8.2.2}$$

若相同的投资本金 V,以无风险利率 r_f 计算的投资终值为 W_f,则与式(8.2.2)类似,有

$$V = \frac{W_f}{1 + r_f}. \tag{8.2.3}$$

如果记 $r=E(r_k)$，$\mu_p=E(r_p)$，$\sigma_p^2=D(r_p)$，则由 CAPM 公式有

$$\frac{E(W)}{V} = 1 + r_f + \frac{Cov(r_k, r_p)}{D(r_p)}(\mu_p - r_f). \quad (8.2.4)$$

又由 $W=V(1+r_k)$ 有 $r_k=\frac{W}{V}-1$，所以

$$\frac{E(W)}{V} = 1 + r_f + \frac{Cov\left(\frac{W}{V}-1, r_p\right)}{D(r_p)}(\mu_p - r_f)$$

$$= 1 + r_f + \frac{Cov\left(\frac{W}{V}, r_p\right)}{D(r_p)}(\mu_p - r_f)$$

$$= 1 + r_f + \frac{1}{V} \cdot \frac{Cov(W, r_p)}{D(r_p)}(\mu_p - r_f). \quad (8.2.5)$$

记 $\lambda = \frac{\mu_p - r_f}{D(r_p)}$，称之为**风险的市场价格**. λ 只与市场组合的收益 r_p 有关，与每种资产的收益 r_k 无关. 将式(8.2.5)适当整理后有

$$V = \frac{E(W) - \lambda Cov(W, r_p)}{1 + r_f}, \quad (8.2.6)$$

即

$$W_f = E(W) - \lambda Cov(W, r_p). \quad (8.2.7)$$

式(8.2.7)表示：任何有风险的投资的平均收益与无风险投资的收益的差与风险的市场价格成比例，而且与该风险投资与市场资产组合的回报率的协方差成比例.

例 8.10 某种普通股票的当前价格为 50 元，一年后可分红利 2 元. 在过去的一年中该股票的 β_k 值为 1.5，无风险利率为 5.4%，市场风险收益率服从表 8-5. 计算该股票在一年后的期望价格.

解 根据公式(8.2.1)有

$$E(r_k) = 0.054 + 1.5 \times (8.8\% - 5.4\%) = 0.105.$$

设 P 为所求价格，则有

$$50\ \text{元} = (2\ \text{元} + P)/(1 + 0.105), \quad 即 \quad P = 53.25\ \text{元}.$$

这里不仅给出了该股票的预期收益率，而且预测了其价格（未来的资产价值）.

§8.3 期权定价模型

期权是其拥有者具有的某种未来权益(在将来的某个时刻以事先预定的价格买卖某种金融产品)的凭证.期权也可以是一种投资行为的选择权,它一般是以衍生金融产品的方式出现的,它赋予其拥有者一种权力(不是必须的义务):在将来某个日期以事先商定的价格买进或卖出某种合同约定的金融产品.但是,从广义上讲,金融期权也可以指金融产品中含有的任何选择权.一般称期权中规定的金融产品为期权的**标的资产**,并称对标的资产的商定价格为**协议价**或**定约价**.

根据交易的买卖类型可以将期权分为两种:**买入期权**(也称**看涨期权**),指可以在指定日期以协议价格买入一定量的金融产品;**卖出期权**(也称**看跌期权**),指可以在指定日期以协议价格卖出一定量的金融产品.所以,当投资者认为某种金融产品的价格将要上涨时,就可以购买这种金融产品的买入期权,或者是出售这种金融产品的卖出期权;相反地,如果认为价格将要下跌,则采取相反的操作.另外,按期权约定的交易时间,期权又分为:**欧式期权**,指期权的执行日期是事先指定的期权;**美式期权**,指可以在某个指定日期之前的任何日期执行的期权.

最初的期权标的资产只允许为普遍股票,但是目前的期权市场的标的资产可以是很多金融产品,如债券和其他证券等,甚至可以交易某些非实物的指数,如远期利率和远期汇率等.

一般情况下,买卖期权有两种动机:一种情况是出于投机赚取最大利润的想法,因为标的资产价格的波动将导致期权获得更大收益的机会.当然,同时也面临产生更大损失的风险.例如:对某种证券买入期权的协议价为 45 元,如果市场到期的交易价格为 50 元,那么这个买入期权至少值 5 元;如果市场到期的交易价格增为 55 元(比前面的价格上升 10%),那么这个买入期权至少值 10 元(比前面的期权价值上升 100%).也就是说,期权价值的涨幅将远远大于证券本身价格的涨幅,因而可能有更大的收益.这种作用称为**杠杆原**

理.另一种情况是出于套期保值和减少投资风险的考虑.因为期权的使用不是必须的,所以期权作为投资策略的一个部分,在套期保值和减少投资风险方面有更大的选择余地.

所谓的期权定价就是对这种选择权本身进行定价.如果这种选择权是可以独立交易的,那么这个价格则是非常有现实意义的.即使这种选择权不是单独交易的(可能是含在产品中的,如可转换债券中的转换权力),通过定价也可以对这部分的价值有一定的了解,以便更好地掌握产品的价值变化情况.

任何金融产品的价格都是由该产品所产生的现金流决定的.期权产品的现金流是建立在标的资产的价格或价值的基础上的,下面具体以股票的欧式看涨期权为例:

股票 A 的当前价格为每股 10 元,投资者认为该股票在今后一段时间(1 周,1 个月,1 个季度,半年或 1 年)可能会上涨,但是又不愿冒风险(直接大量购买该股票),可以选择买入该股票的看涨期权,考虑执行价格为每股 11 元.这里假定投资期为 1 个月,则股票 A 的这个看涨期权表示:若 1 个月后股票 A 的价格高过 11 元,则期权持有人将执行该期权,且由此发生的现金流为股票 A 的实际价格 -11 元;若 1 个月后股票 A 的价格没有超过 11 元,则期权持有人将自动放弃该期权,且由此发生的现金流为 0 元.所以,此时该看涨期权的价值如图 8-3 所示.

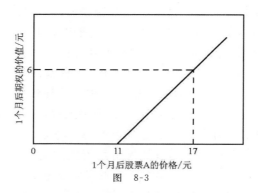

图 8-3

从定义看,期权本身的价格(在期权合同交易时的价格)应该由以下几个方面决定：期权的标的资产的价格，一般用 S 表示其当前价格；期权合同对这种金融产品指定的未来执行价格，称**执行价**，一般用 E 表示；期权合同的有效期限，一般用 T 表示.

如果用 S_T 表示期权的标的资产在 T 时刻的市场价格，用 C 表示欧式看涨期权的价格，用 P 表示欧式看跌期权的价格，那么，看涨期权和看跌期权在 T 时刻的价值或现金流为

$$\max\{0, S_T - E\} \quad \text{和} \quad \max\{0, E - S_T\},$$

期权价格为

$$C = v^T \mathrm{E}(\max\{0, S_T - E\}), \tag{8.3.1}$$

$$P = v^T \mathrm{E}(\max\{0, E - S_T\}), \tag{8.3.2}$$

其中 v 是无风险利率的贴现因子，数学期望是用给定的概率分布进行计算的. 另外，有以下恒等式：

$$P + S = C + v^T E. \tag{8.3.3}$$

一般称式(8.3.3)为**平价等式**. 它表明：股票、买入期权、卖出期权和无息票国债四者中的任意三个可以决定第四个的价格. 如果当前市场中的各种价格不满足式(8.3.3)，则可能存在套利机会. 一个运行良好的金融市场应该努力消除这种套利机会，或者至少应该尽量缩短其持续的时间，而期权是一种重要的保持市场公平价格的手段和工具. 下面介绍两种简单的期权定价计算方法.

1. 二项模型

二项模型的基本思想是：在期权合同的有效期内，标的资产的价格将经过有限次的波动，达到最终的价格 S_T. 这里考虑一种特殊的价格波动分布——**随机游动**.

将时间段 $(0, T)$ 等分为 m 段：$0 = t_0 < t_1 < \cdots < t_m = T$，设从时刻 t_j 到时刻 t_{j+1} ($j = 0, 1, 2, \cdots, m-1$) 价格以概率 p 上涨至时刻 t_j 价格的 $1+k$ 倍，或者以概率 $1-p$ 下跌至时刻 t_j 价格的 $(1+k)^{-1}$ 倍 ($k > 0$)，则资产的最终价格 S_T 将服从如下的二项分布(请读者证明)：

$$\Pr(S_T = S(1+k)^{m-2t}) = \mathrm{C}_m^t p^{m-t}(1-p)^t \quad (t = 0, 1, \cdots, m),$$

其中 $S = S_0$. 在上述假定下，若再假定在此期间的无风险年利率为 i，则欧式买入期权的价格公式为

$$C = \frac{1}{(1+i)^T} \sum_{t=0}^{m} C_m^t p^{m-t}(1-p)^t \max\{0, S(1+k)^{m-2t} - E\}.$$

(8.3.4)

这个公式非常直观,但是这里的假设前提很多,而且结果对这些假设的依赖性也是很强的.

在公式(8.3.4)的推导中,除了市场可以得到的当前价格 S 和期权合约本身可以确定的执行价格 E 和 T 之外,其他需要事先取定的量有:

(1) 时间区间的等分方式: $0=t_0<t_1<\cdots<t_m=T$ 和个数 m;

(2) p 和 k 两个量,而 k 的一个常用的公式是

$$k = e^{\sigma\sqrt{h}} - 1,$$

(8.3.5)

其中的 σ 表示价格的波动水平,h 表示每个时间区间(如果为等分方式)的长度,即 $T=mh$;

(3) 无风险利率 i.

2. 布莱克-舒尔斯(Black-Scholes)公式

在期权定价模型中最著名的是布莱克-舒尔斯模型. 假设期权合同中标的资产的价格模型是

$$S_T = S e^{R_T},$$

其中的 R_T 表示标的资产的累积连续复合收益率. 布莱克-舒尔斯模型假设 R_T 服从正态分布 $N(\mu T, \sigma^2 T)$,于是欧式买入期权的定价公式为

$$C = S \cdot N(d_1) - e^{-\delta T} \cdot E \cdot N(d_2),$$

(8.3.6)

其中

$$d_1 = \frac{\ln \frac{S}{E} + \left(\delta + \frac{1}{2}\sigma^2\right)T}{\sigma\sqrt{T}},$$

$$d_2 = \frac{\ln \frac{S}{E} + \left(\delta - \frac{1}{2}\sigma^2\right)T}{\sigma\sqrt{T}};$$

(8.3.7)

$N(\cdot)$ ——标准正态分布的分布函数;

δ ——无风险的连续利息力;

σ —— 期权合同中标的资产连续收益率的标准差.

同样地,有欧式卖出期权的定价公式为
$$P = e^{-\delta T} \cdot E \cdot N(-d_2) - S \cdot N(-d_1). \qquad (8.3.8)$$
符号的含义与式(8.3.6)相同. 公式(8.3.6)和(8.3.8)统称为**布莱克-舒尔斯公式**.

在某些情况下,布莱克-舒尔斯公式不一定适用,例如这些情况:执行价格与当前价格相差很远;期权合同中标的资产的价格波动的幅度很大,价格与市场平均价格偏离很远,即 σ 很大;合同期限长,即 T 很大.

可以证明,在一定的条件下,当 $h \to 0$(即 m 充分大)时,式(8.3.4)的极限结果就是式(8.3.6). 也就是说,随机游动模型的极限为布莱克-舒尔斯公式.

例 8.11 设有 1 年期欧式股票期权:当前股票价格为 90 元/股,期权合同中 1 年后的执行价格为 100 元/股. 已知无风险利率为 10%,股票的连续收益率标准差为 0.3. 试分别用布莱克-舒尔斯公式和随机游动模型计算买入期权和卖出期权的价格.

解 (1) 利用布莱克-舒尔斯公式计算. 因为
$$d_1 = \frac{\ln(90/100) + (0.1 + 0.09/2) \times 1}{0.3 \times 1} = 0.132,$$
$$d_2 = \frac{\ln(90/100) + (0.1 - 0.09/2) \times 1}{0.3 \times 1} = -0.168,$$
$$N(0.132) = 0.5525, \quad N(-0.168) = 0.4333,$$
所以
$$C = (90 \times 0.5525 - e^{-0.1 \times 1} \times 100 \times 0.4333) \text{元} = 10.52 \text{元};$$
$$P = (10.52 + e^{-0.1 \times 1} \times 100 - 90) \text{元} = 11.00 \text{元}.$$

(2) 利用随机游动模型计算. 这里 $T=1$,取 $m=4$,$h=0.25$,有
$$k = e^{0.3 \times \sqrt{0.25}} - 1 = 0.16183.$$
如果假定在第一个季度末($t=0.25$)股票价格现值的数学期望与最初价格相同(无套利假定),则有
$$90(1+k)p + 90(1+k)^{-1}(1-p)$$
$$= 90e^{0.1 \times 0.25} = 92.278,$$

进而得 $p=0.5466$. 因此,由二项模型,1 年后该股票可能有 5 种价格:

$90(1+k)^4$ 元 $=163.988$ 元, $\quad 90(1+k)^2$ 元 $=121.486$ 元, $\quad 90$ 元,
$90(1+k)^{-2}$ 元 $=66.674$ 元, $\quad 90(1+k)^{-4}$ 元 $=49.394$ 元.

其中的前两种价格超过了期权的执行价格 100 元,所以将执行买入期权合同. 上述 5 种价格的取值的概率分别为 $(0.5466)^4$, $4(0.5466)^3(1-0.5466)$, $6(0.5466)^2(1-0.5466)^2$, $4\times 0.5466\times(1-0.5466)^3$, $(1-0.5466)^4$, 则买入期权的价格为

$$C = e^{-0.1}[(0.5466)^4(163.988-100)+4(0.5466)^3 \\ \times(1-0.5466)(121.486-100)] \text{元} = 10.93 \text{元},$$

进而卖出期权的价格为

$$P = (10.93 + e^{-0.1\times 1}\times 100 - 90) \text{元} = 11.41 \text{元}.$$

练 习 题

§8.1 随机利率基本模型

1. 现有 1000 元的 3 年期投资,其中第 1 年实利率为 8%,第 2,3 年的实利率以等可能比前一年高或低 1%. 计算:

(1) 每年的利率均值和标准差;

(2) 该投资在第 3 年底终值的均值,标准差和可能的最大、最小值;

(3) 用每年的利率均值计算该投资在第 3 年底的终值.

2. 设随机利率 i_t 如例 8.1 所设的 i. 计算:

(1) 满足条件 $E\left(\dfrac{1}{1+i_t}\right)=\dfrac{1}{1+r}$ 的利率 r;

(2) 满足条件 $E\left(\dfrac{1}{(1+i_t)^2}\right)=\dfrac{1}{1+k}$ 的常数 k;

(3) 第 3 年底单位投资的当前现值的均值和标准差;

(4) 连续 3 年标准期末年金的当前现值的均值和标准差.

3. 设 $1+i_t$ 服从对数正态分布 lognormal$(0.06, 0.0001)$. 计算以下随机变量的均值和标准差:

(1) $a(10)$; (2) $s_{\overline{10}|}$; (3) $a^{-1}(10)$; (4) $a_{\overline{10}|}$.

4. 由例 8.9 给出的数据估计 $\delta_t (t=6,7,8)$.

5. 在例 8.9 的 AR(2) 模型中,假设误差服从分布 $N(0,\sigma^2)$,而且总体方差等于样本方差. 估计 σ^2.

6. 在例 8.9 的 AR(2) 模型中,假设 $\sigma^2=0.0002$. 计算 $D(\delta_t)$ 和 $Cov(\delta_t,\delta_{t+2})$.

7. 已知 δ_t 是服从正态分布的 AR(1) 过程,另有如表 8-6 的数据.

表 8-6 第 7 题的数据表

Z	1	2	3
δ_Z^A(实际值)	0.100	0.105	0.095
δ_Z^E(估计值)	0.104	0.096	0.100

(1) 估计 δ_4 的值; (2) 若 $D(\delta_t)=0.0001$,计算 $Cov(\delta_3,\delta_6)$.

8. 某投资基金在过去的一年中实利率收入为 6%,随后两年的年收益率可能为以下三个模型之一:

$$0.02+k(i_{t-1}-0.06);$$
$$0.06+k(i_{t-1}-0.06);$$
$$0.10+k(i_{t-1}-0.06).$$

证明:

$$E[a(2)] = (1.06)^2 + k\frac{0.0032}{3};$$

$$D[a(2)] = \frac{0.02158336+0.02157312k+0.01079168k^2}{9}.$$

§8.2 资本资产定价模型

9. 用表 8-5 计算以下证券的风险的市场价格:普通股票、公司债券和短期国债.

10. 在例 8.10 中,如果假定这是一种高于平均市场风险的股票,计算原例中所求价格的增量.

11. 在例 8.10 中,如果用 CAPM 的利率计算现值以及内在的实际年红利增长比例,且假定实际的无风险利率为 3%,计算年度红利增长比例高出年通货膨胀率的部分.

12. 某企业希望用 CAPM 评估两个项目 A 和 B. 已知项目 A 为正常风险：$\beta=1$；项目 B 为高风险：$\beta=2$. 又两个项目每年底的回报相同，无风险利率均为 5%，市场风险溢价均为 7%. 如果要将两个项目组合为一个项目，计算这种组合项目的 β 值.

13. 已知股票 A 的风险程度系数 $\beta=0.5$，预期回报率为 7%；股票 B 的风险程度系数 $\beta=1.5$，预期回报率为 15%. 计算：

（1）无风险利率；

（2）股票 A 的系统性风险部分标准差与股票 B 的系统性风险部分标准差之比.

14. 某投资计划在第 1 年底收回 110 元，在第 2 年底收回 121 元. 已知其无风险利率为 5%，市场风险溢价为 10%，且 $\beta=0.5$.

（1）以风险调整利率计算现值；

（2）试计算等价的每年底收回的确定金额.

§8.3 期权定价模型

15. 对欧式买入期权应用布莱克-舒尔斯公式计算以下特殊情形的极限价格：

（1）$S=0$；　　　（2）$\dfrac{S}{E}$ 非常大；　　　（3）$E=0$；

（4）$\dfrac{E}{S}$ 非常大；　　（5）$T=0$；　　　（6）T 非常大.

16. 为了说明布莱克-舒尔斯公式的灵敏程度，对例 8.11 按以下要求分别改变参数，同时固定其他参数，然后计算价格：

（1）$S=80$；　　（2）$S=100$；　　（3）$\delta=0.05$；

（4）$\delta=0.15$；　（5）$\sigma=0.15$；　（6）$\sigma=0.45$；

（7）$T=0.5$；　　（8）$T=1.5$.

17. 证券 A 是面额 100 元的 2 年期公司债券，其年息率为 10%，实际收益率为 10%；债券 B 与 A 的情况相同，只是可以在第 1 年底以 102 元兑现. 如果无风险利率为 9%，债券的波动按照表 8-5 给出，试用布莱克-舒尔斯公式计算债券 B 的价格.

18. 已知某种股票当前每股价格为 100 元,1 年后每股价值为 90 元或 110 元. 又当前这种股票的 1 年期欧式买入期权的执行价格为 100 元,无风险利率为 6%.

(1) 利用无套利条件计算 1 年后价格为 110 元的概率;

(2) 在无套利条件下计算这个期权的价格.

19. 如果在第 18 题中,第 2 年的价格变动与第 1 年的概率分布相同,其他条件不变,计算 2 年期欧式买入期权的价格.

20. 在例 8.11 的第二部分中,如果考虑 $m=8$,计算相应的 k,p 和 C,并比较两种计算结果.

附录 利率函数表

这里列出利率 i 为 0.5%,1%,1.5%,2%,2.5%,3%,3.5%,4%,4.5%, 5%,6%,7%,8%,9%,10%,12% 时,函数 $v^n,(1+i)^n,a_{\overline{n}|},s_{\overline{n}|},1/s_{\overline{n}|},i^{(2)},i^{(4)},i^{(12)},d^{(2)},d^{(4)},d^{(12)},\delta$ 等的值.

附表 1 利率 i 为 0.5%~4%(间隔 0.5%)时的利率函数表

复利函数	函数值							
i	0.005000	0.010000	0.015000	0.020000	0.025000	0.030000	0.035000	0.040000
$i^{(2)}$	0.004994	0.009975	0.014944	0.019901	0.024846	0.029778	0.034699	0.039608
$i^{(4)}$	0.004991	0.009963	0.014916	0.019852	0.024769	0.029668	0.034550	0.039414
$i^{(12)}$	0.004989	0.009954	0.014898	0.019819	0.024718	0.029595	0.034451	0.039285
δ	0.004988	0.009950	0.014889	0.019803	0.024693	0.029559	0.034401	0.039221
d	0.004975	0.009901	0.014778	0.019608	0.024390	0.029126	0.033816	0.038462
$d^{(2)}$	0.004981	0.009926	0.014833	0.019705	0.024541	0.029341	0.034107	0.038839
$d^{(4)}$	0.004984	0.009938	0.014861	0.019754	0.024617	0.029450	0.034254	0.039029
$d^{(12)}$	0.004987	0.009946	0.014879	0.019786	0.024667	0.029522	0.034352	0.039157
v	0.995025	0.990099	0.985222	0.980392	0.975610	0.970874	0.966184	0.961538
$v^{1/2}$	0.997509	0.995037	0.992583	0.990148	0.987730	0.985329	0.982946	0.980581
$v^{1/4}$	0.998754	0.997516	0.996285	0.995062	0.993846	0.992638	0.991437	0.990243
$v^{1/12}$	0.999584	0.999171	0.998760	0.998351	0.997944	0.997540	0.997137	0.996737
$1+i$	1.005000	1.010000	1.015000	1.020000	1.025000	1.030000	1.035000	1.040000
$(1+i)^{1/2}$	1.002497	1.004988	1.007472	1.009950	1.012423	1.01489	1.017349	1.019804
$(1+i)^{1/4}$	1.001248	1.002491	1.003729	1.004963	1.006192	1.00742	1.008637	1.009853
$(1+i)^{1/12}$	1.000416	1.000830	1.001241	1.001652	1.002060	1.00247	1.002871	1.003274
$i/i^{(2)}$	1.001248	1.002494	1.003736	1.004975	1.006211	1.00744	1.008675	1.009902
$i/i^{(4)}$	1.001873	1.003742	1.005608	1.007469	1.009327	1.01118	1.013031	1.014877
$i/i^{(12)}$	1.002290	1.004575	1.006857	1.009134	1.011407	1.01368	1.015942	1.018204
$i/d^{(2)}$	1.003748	1.007494	1.011236	1.014975	1.018711	1.02244	1.026175	1.029902
$i/d^{(4)}$	1.003123	1.006242	1.009358	1.012469	1.015577	1.01868	1.021781	1.024877
$i/d^{(12)}$	1.002706	1.005408	1.008107	1.010801	1.013491	1.01618	1.018859	1.021537
i/δ	1.002498	1.004992	1.007481	1.009967	1.012449	1.01493	1.017400	1.019869

附表 2 利率 i 为 4.5%,5%,6%,7%,8%,9%,10%,12%时的利率函数表

复利函数	函数值							
i	0.045000	0.050000	0.060000	0.070000	0.080000	0.090000	0.100000	0.120000
$i^{(2)}$	0.044505	0.049390	0.059126	0.068816	0.078461	0.088061	0.097618	0.116601
$i^{(4)}$	0.044260	0.049089	0.058695	0.068234	0.077706	0.087113	0.096455	0.114949
$i^{(12)}$	0.044098	0.048889	0.058411	0.067850	0.077208	0.086488	0.095690	0.113866
δ	0.044017	0.048790	0.058269	0.067659	0.076961	0.086178	0.095310	0.113329
d	0.043062	0.047619	0.056604	0.065421	0.074074	0.082569	0.090909	0.107143
$d^{(2)}$	0.043536	0.048200	0.057428	0.066527	0.075499	0.084347	0.093075	0.110178
$d^{(4)}$	0.043776	0.048494	0.057847	0.067090	0.076225	0.085256	0.094184	0.111738
$d^{(12)}$	0.043936	0.048691	0.058128	0.067468	0.076715	0.085869	0.094933	0.112795
v	0.956938	0.952381	0.943396	0.934579	0.925926	0.917431	0.909091	0.892857
$v^{1/2}$	0.978232	0.975900	0.971286	0.966736	0.962250	0.957826	0.953463	0.944911
$v^{1/4}$	0.989056	0.987877	0.985538	0.983228	0.980944	0.978686	0.976454	0.972065
$v^{1/12}$	0.996339	0.995942	0.995156	0.994378	0.993607	0.992844	0.992089	0.990600
$1+i$	1.045000	1.050000	1.060000	1.070000	1.080000	1.090000	1.100000	1.120000
$(1+i)^{1/2}$	1.022252	1.024695	1.029563	1.034408	1.039230	1.044031	1.048809	1.058301
$(1+i)^{1/4}$	1.011065	1.012272	1.014674	1.017059	1.019427	1.021778	1.024114	1.028737
$(1+i)^{1/12}$	1.003675	1.004074	1.004868	1.005654	1.006434	1.007207	1.007974	1.009489
$i/i^{(2)}$	1.011126	1.012348	1.014782	1.017204	1.019615	1.022015	1.024404	1.029150
$i/i^{(4)}$	1.016720	1.018559	1.022227	1.025880	1.029519	1.033144	1.036756	1.043938
$i/i^{(12)}$	1.020461	1.022715	1.027211	1.031691	1.036157	1.040608	1.045045	1.053875
$i/d^{(2)}$	1.033626	1.037348	1.044782	1.052204	1.059615	1.067015	1.074404	1.089150
$i/d^{(4)}$	1.027970	1.031059	1.037227	1.043380	1.049519	1.055644	1.061756	1.073938
$i/d^{(12)}$	1.024211	1.026881	1.032211	1.037525	1.042824	1.048108	1.053378	1.063875
i/δ	1.022335	1.024797	1.029709	1.034605	1.039487	1.044354	1.049206	1.058867

附表3 利率 i 为 0.5% 时的利率函数表

n	v^n	$(1+i)^n$	$a_{\overline{n}|}$	$s_{\overline{n}|}$	$1/s_{\overline{n}|}$
1	0.99502	1.00500	0.99502	1.00000	1.00000
2	0.99007	1.01003	1.98510	2.00500	0.49875
3	0.98515	1.01508	2.97025	3.01502	0.33167
4	0.98025	1.02015	3.95050	4.03010	0.24813
5	0.97537	1.02525	4.92587	5.05025	0.19801
6	0.97052	1.03038	5.89638	6.07550	0.16460
7	0.96569	1.03553	6.86207	7.10588	0.14073
8	0.96089	1.04071	7.82296	8.14141	0.12283
9	0.95610	1.04591	8.77906	9.18212	0.10891
10	0.95135	1.05114	9.73041	10.22803	0.09777
11	0.94661	1.05640	10.67703	11.27917	0.08866
12	0.94191	1.06168	11.61893	12.33556	0.08107
13	0.93722	1.06699	12.55615	13.39724	0.07464
14	0.93256	1.07232	13.48871	14.46423	0.06914
15	0.92792	1.07768	14.41662	15.53655	0.06436
16	0.92330	1.08307	15.33993	16.61423	0.06019
17	0.91871	1.08849	16.25863	17.69730	0.05651
18	0.91414	1.09393	17.17277	18.78579	0.05323
19	0.90959	1.09940	18.08236	19.87972	0.05030
20	0.90506	1.10490	18.98742	20.97912	0.04767
21	0.90056	1.11042	19.88798	22.08401	0.04528
22	0.89608	1.11597	20.78406	23.19443	0.04311
23	0.89162	1.12155	21.67568	24.31040	0.04113
24	0.88719	1.12716	22.56287	25.43196	0.03932
25	0.88277	1.13280	23.44564	26.55912	0.03765

(续表)

n	v^n	$(1+i)^n$	$a_{\overline{n}\rceil}$	$s_{\overline{n}\rceil}$	$1/s_{\overline{n}\rceil}$
26	0.87838	1.13846	24.32402	27.69191	0.03611
27	0.87401	1.14415	25.19803	28.83037	0.03469
28	0.86966	1.14987	26.06769	29.97452	0.03336
29	0.86533	1.15562	26.93302	31.12439	0.03213
30	0.86103	1.16140	27.79405	32.28002	0.03098
31	0.85675	1.16721	28.65080	33.44142	0.02990
32	0.85248	1.17304	29.50328	34.60862	0.02889
33	0.84824	1.17891	30.35153	35.78167	0.02795
34	0.84402	1.18480	31.19555	36.96058	0.02706
35	0.83982	1.19073	32.03537	38.14538	0.02622
36	0.83564	1.19668	32.87102	39.33610	0.02542
37	0.83149	1.20266	33.70250	40.53279	0.02467
38	0.82735	1.20868	34.52985	41.73545	0.02396
39	0.82323	1.21472	35.35309	42.94413	0.02329
40	0.81914	1.22079	36.17223	44.15885	0.02265
41	0.81506	1.22690	36.98729	45.37964	0.02204
42	0.81101	1.23303	37.79830	46.60654	0.02146
43	0.80697	1.23920	38.60527	47.83957	0.02090
44	0.80296	1.24539	39.40823	49.07877	0.02038
45	0.79896	1.25162	40.20720	50.32416	0.01987
46	0.79499	1.25788	41.00219	51.57578	0.01939
47	0.79103	1.26417	41.79322	52.83366	0.01893
48	0.78710	1.27049	42.58032	54.09783	0.01849
49	0.78318	1.27684	43.36350	55.36832	0.01806
50	0.77929	1.28323	44.14279	56.64516	0.01765

附表 4 利率 i 为 1% 时的利率函数表

n	v^n	$(1+i)^n$	$a_{\overline{n}|}$	$s_{\overline{n}|}$	$1/s_{\overline{n}|}$
1	0.99010	1.01000	0.99010	1.00000	1.00000
2	0.98030	1.02010	1.97040	2.01000	0.49751
3	0.97059	1.03030	2.94099	3.03010	0.33002
4	0.96098	1.04060	3.90197	4.06040	0.24628
5	0.95147	1.05101	4.85343	5.10101	0.19604
6	0.94205	1.06152	5.79548	6.15202	0.16255
7	0.93272	1.07214	6.72819	7.21354	0.13863
8	0.92348	1.08286	7.65168	8.28567	0.12069
9	0.91434	1.09369	8.56602	9.36853	0.10674
10	0.90529	1.10462	9.47130	10.46221	0.09558
11	0.89632	1.11567	10.36763	11.56683	0.08645
12	0.88745	1.12683	11.25508	12.68250	0.07885
13	0.87866	1.13809	12.13374	13.80933	0.07241
14	0.86996	1.14947	13.00370	14.94742	0.06690
15	0.86135	1.16097	13.86505	16.09690	0.06212
16	0.85282	1.17258	14.71787	17.25786	0.05794
17	0.84438	1.18430	15.56225	18.43044	0.05426
18	0.83602	1.19615	16.39827	19.61475	0.05098
19	0.82774	1.20811	17.22601	20.81090	0.04805
20	0.81954	1.22019	18.04555	22.01900	0.04542
21	0.81143	1.23239	18.85698	23.23919	0.04303
22	0.80340	1.24472	19.66038	24.47159	0.04086
23	0.79544	1.25716	20.45582	25.71630	0.03889
24	0.78757	1.26973	21.24339	26.97346	0.03707
25	0.77977	1.28243	22.02316	28.24320	0.03541

(续表)

n	v^n	$(1+i)^n$	$a_{\overline{n}\rceil}$	$s_{\overline{n}\rceil}$	$1/s_{\overline{n}\rceil}$
26	0.77205	1.29526	22.79520	29.52563	0.03387
27	0.76440	1.30821	23.55961	30.82089	0.03245
28	0.75684	1.32129	24.31644	32.12910	0.03112
29	0.74934	1.33450	25.06579	33.45039	0.02990
30	0.74192	1.34785	25.80771	34.78489	0.02875
31	0.73458	1.36133	26.54229	36.13274	0.02768
32	0.72730	1.37494	27.26959	37.49407	0.02667
33	0.72010	1.38869	27.98969	38.86901	0.02573
34	0.71297	1.40258	28.70267	40.25770	0.02484
35	0.70591	1.41660	29.40858	41.66028	0.02400
36	0.69892	1.43077	30.10751	43.07688	0.02321
37	0.69200	1.44508	30.79951	44.50765	0.02247
38	0.68515	1.45953	31.48466	45.95272	0.02176
39	0.67837	1.47412	32.16303	47.41225	0.02109
40	0.67165	1.48886	32.83469	48.88637	0.02046
41	0.66500	1.50375	33.49969	50.37524	0.01985
42	0.65842	1.51879	34.15811	51.87899	0.01928
43	0.65190	1.53398	34.81001	53.39778	0.01873
44	0.64545	1.54932	35.45545	54.93176	0.01820
45	0.63905	1.56481	36.09451	56.48107	0.01771
46	0.63273	1.58046	36.72724	58.04589	0.01723
47	0.62646	1.59626	37.35370	59.62634	0.01677
48	0.62026	1.61223	37.97396	61.22261	0.01633
49	0.61412	1.62835	38.58808	62.83483	0.01591
50	0.60804	1.64463	39.19612	64.46318	0.01551

附表 5　利率 i 为 1.5% 时的利率函数表

n	v^n	$(1+i)^n$	$a_{\overline{n}|}$	$s_{\overline{n}|}$	$1/s_{\overline{n}|}$
1	0.98522	1.01500	0.98522	1.00000	1.00000
2	0.97066	1.03023	1.95588	2.01500	0.49628
3	0.95632	1.04568	2.91220	3.04522	0.32838
4	0.94218	1.06136	3.85438	4.09090	0.24444
5	0.92826	1.07728	4.78264	5.15227	0.19409
6	0.91454	1.09344	5.69719	6.22955	0.16053
7	0.90103	1.10984	6.59821	7.32299	0.13656
8	0.88771	1.12649	7.48593	8.43284	0.11858
9	0.87459	1.14339	8.36052	9.55933	0.10461
10	0.86167	1.16054	9.22218	10.70272	0.09343
11	0.84893	1.17795	10.07112	11.86326	0.08429
12	0.83639	1.19562	10.90751	13.04121	0.07668
13	0.82403	1.21355	11.73153	14.23683	0.07024
14	0.81185	1.23176	12.54338	15.45038	0.06472
15	0.79985	1.25023	13.34323	16.68214	0.05994
16	0.78803	1.26899	14.13126	17.93237	0.05577
17	0.77639	1.28802	14.90765	19.20136	0.05208
18	0.76491	1.30734	15.67256	20.48938	0.04881
19	0.75361	1.32695	16.42617	21.79672	0.04588
20	0.74247	1.34686	17.16864	23.12367	0.04325
21	0.73150	1.36706	17.90014	24.47052	0.04087
22	0.72069	1.38756	18.62082	25.83758	0.03870
23	0.71004	1.40838	19.33086	27.22514	0.03673
24	0.69954	1.42950	20.03041	28.63352	0.03492
25	0.68921	1.45095	20.71961	30.06302	0.03326

（续表）

n	v^n	$(1+i)^n$	$a_{\overline{n}\rceil}$	$s_{\overline{n}\rceil}$	$1/s_{\overline{n}\rceil}$
26	0.67902	1.47271	21.39863	31.51397	0.03173
27	0.66899	1.49480	22.06762	32.98668	0.03032
28	0.65910	1.51722	22.72672	34.48148	0.02900
29	0.64936	1.53998	23.37608	35.99870	0.02778
30	0.63976	1.56308	24.01584	37.53868	0.02664
31	0.63031	1.58653	24.64615	39.10176	0.02557
32	0.62099	1.61032	25.26714	40.68829	0.02458
33	0.61182	1.63448	25.87895	42.29861	0.02364
34	0.60277	1.65900	26.48173	43.93309	0.02276
35	0.59387	1.68388	27.07559	45.59209	0.02193
36	0.58509	1.70914	27.66068	47.27597	0.02115
37	0.57644	1.73478	28.23713	48.98511	0.02041
38	0.56792	1.76080	28.80505	50.71989	0.01972
39	0.55953	1.78721	29.36458	52.48068	0.01905
40	0.55126	1.81402	29.91585	54.26789	0.01843
41	0.54312	1.84123	30.45896	56.08191	0.01783
42	0.53509	1.86885	30.99405	57.92314	0.01726
43	0.52718	1.89688	31.52123	59.79199	0.01672
44	0.51939	1.92533	32.04062	61.68887	0.01621
45	0.51171	1.95421	32.55234	63.61420	0.01572
46	0.50415	1.98353	33.05649	65.56841	0.01525
47	0.49670	2.01328	33.55319	67.55194	0.01480
48	0.48936	2.04348	34.04255	69.56522	0.01437
49	0.48213	2.07413	34.52468	71.60870	0.01396
50	0.47500	2.10524	34.99969	73.68283	0.01357

附表 6　利率 i 为 2% 时的利率函数表

n	v^n	$(1+i)^n$	$a_{\overline{n}|}$	$s_{\overline{n}|}$	$1/s_{\overline{n}|}$
1	0.98039	1.02000	0.98039	1.00000	1.00000
2	0.96117	1.04040	1.94156	2.02000	0.49505
3	0.94232	1.06121	2.88388	3.06040	0.32675
4	0.92385	1.08243	3.80773	4.12161	0.24262
5	0.90573	1.10408	4.71346	5.20404	0.19216
6	0.88797	1.12616	5.60143	6.30812	0.15853
7	0.87056	1.14869	6.47199	7.43428	0.13451
8	0.85349	1.17166	7.32548	8.58297	0.11651
9	0.83676	1.19509	8.16224	9.75463	0.10252
10	0.82035	1.21899	8.98259	10.94972	0.09133
11	0.80426	1.24337	9.78685	12.16872	0.08218
12	0.78849	1.26824	10.57534	13.41209	0.07456
13	0.77303	1.29361	11.34837	14.68033	0.06812
14	0.75788	1.31948	12.10625	15.97394	0.06260
15	0.74301	1.34587	12.84926	17.29342	0.05783
16	0.72845	1.37279	13.57771	18.63929	0.05365
17	0.71416	1.40024	14.29187	20.01207	0.04997
18	0.70016	1.42825	14.99203	21.41231	0.04670
19	0.68643	1.45681	15.67846	22.84056	0.04378
20	0.67297	1.48595	16.35143	24.29737	0.04116
21	0.65978	1.51567	17.01121	25.78332	0.03878
22	0.64684	1.54598	17.65805	27.29898	0.03663
23	0.63416	1.57690	18.29220	28.84496	0.03467
24	0.62172	1.60844	18.91393	30.42186	0.03287
25	0.60953	1.64061	19.52346	32.03030	0.03122

(续表)

n	v^n	$(1+i)^n$	$a_{\overline{n}\rceil}$	$s_{\overline{n}\rceil}$	$1/s_{\overline{n}\rceil}$
26	0.59758	1.67342	20.12104	33.67091	0.02970
27	0.58586	1.70689	20.70690	35.34432	0.02829
28	0.57437	1.74102	21.28127	37.05121	0.02699
29	0.56311	1.77584	21.84438	38.79223	0.02578
30	0.55207	1.81136	22.39646	40.56808	0.02465
31	0.54125	1.84759	22.93770	42.37944	0.02360
32	0.53063	1.88454	23.46833	44.22703	0.02261
33	0.52023	1.92223	23.98856	46.11157	0.02169
34	0.51003	1.96068	24.49859	48.03380	0.02082
35	0.50003	1.99989	24.99862	49.99448	0.02000
36	0.49022	2.03989	25.48884	51.99437	0.01923
37	0.48061	2.08069	25.96945	54.03425	0.01851
38	0.47119	2.12230	26.44064	56.11494	0.01782
39	0.46195	2.16474	26.90259	58.23724	0.01717
40	0.45289	2.20804	27.35548	60.40198	0.01656
41	0.44401	2.25220	27.79949	62.61002	0.01597
42	0.43530	2.29724	28.23479	64.86222	0.01542
43	0.42677	2.34319	28.66156	67.15947	0.01489
44	0.41840	2.39005	29.07996	69.50266	0.01439
45	0.41020	2.43785	29.49016	71.89271	0.01391
46	0.40215	2.48661	29.89231	74.33056	0.01345
47	0.39427	2.53634	30.28658	76.81718	0.01302
48	0.38654	2.58707	30.67312	79.35352	0.01260
49	0.37896	2.63881	31.05208	81.94059	0.01220
50	0.37153	2.69159	31.42361	84.57940	0.01182

附表 7　利率 i 为 2.5% 时的利率函数表

n	v^n	$(1+i)^n$	$a_{\overline{n}|}$	$s_{\overline{n}|}$	$1/s_{\overline{n}|}$
1	0.97561	1.02500	0.97561	1.00000	1.00000
2	0.95181	1.05063	1.92742	2.02500	0.49383
3	0.92860	1.07689	2.85602	3.07563	0.32514
4	0.90595	1.10381	3.76197	4.15252	0.24082
5	0.88385	1.13141	4.64583	5.25633	0.19025
6	0.86230	1.15969	5.50813	6.38774	0.15655
7	0.84127	1.18869	6.34939	7.54743	0.13250
8	0.82075	1.21840	7.17014	8.73612	0.11447
9	0.80073	1.24886	7.97087	9.95452	0.10046
10	0.78120	1.28008	8.75206	11.20338	0.08926
11	0.76214	1.31209	9.51421	12.48347	0.08011
12	0.74356	1.34489	10.25776	13.79555	0.07249
13	0.72542	1.37851	10.98318	15.14044	0.06605
14	0.70773	1.41297	11.69091	16.51895	0.06054
15	0.69047	1.44830	12.38138	17.93193	0.05577
16	0.67362	1.48451	13.05500	19.38022	0.05160
17	0.65720	1.52162	13.71220	20.86473	0.04793
18	0.64117	1.55966	14.35336	22.38635	0.04467
19	0.62553	1.59865	14.97889	23.94601	0.04176
20	0.61027	1.63862	15.58916	25.54466	0.03915
21	0.59539	1.67958	16.18455	27.18327	0.03679
22	0.58086	1.72157	16.76541	28.86286	0.03465
23	0.56670	1.76461	17.33211	30.58443	0.03270
24	0.55288	1.80873	17.88499	32.34904	0.03091
25	0.53939	1.85394	18.42438	34.15776	0.02928

(续表)

n	v^n	$(1+i)^n$	$a_{\overline{n}|}$	$s_{\overline{n}|}$	$1/s_{\overline{n}|}$
26	0.52623	1.90029	18.95061	36.01171	0.02777
27	0.51340	1.94780	19.46401	37.91200	0.02638
28	0.50088	1.99650	19.96489	39.85980	0.02509
29	0.48866	2.04641	20.45355	41.85630	0.02389
30	0.47674	2.09757	20.93029	43.90270	0.02278
31	0.46511	2.15001	21.39541	46.00027	0.02174
32	0.45377	2.20376	21.84918	48.15028	0.02077
33	0.44270	2.25885	22.29188	50.35403	0.01986
34	0.43191	2.31532	22.72379	52.61289	0.01901
35	0.42137	2.37321	23.14516	54.92821	0.01821
36	0.41109	2.43254	23.55625	57.30141	0.01745
37	0.40107	2.49335	23.95732	59.73395	0.01674
38	0.39128	2.55568	24.34860	62.22730	0.01607
39	0.38174	2.61957	24.73034	64.78298	0.01544
40	0.37243	2.68506	25.10278	67.40255	0.01484
41	0.36335	2.75219	25.46612	70.08762	0.01427
42	0.35448	2.82100	25.82061	72.83981	0.01373
43	0.34584	2.89152	26.16645	75.66080	0.01322
44	0.33740	2.96381	26.50385	78.55232	0.01273
45	0.32917	3.03790	26.83302	81.51613	0.01227
46	0.32115	3.11385	27.15417	84.55403	0.01183
47	0.31331	3.19170	27.46748	87.66789	0.01141
48	0.30567	3.27149	27.77315	90.85958	0.01101
49	0.29822	3.35328	28.07137	94.13107	0.01062
50	0.29094	3.43711	28.36231	97.48435	0.01026

附表 8　利率 i 为 3% 时的利率函数表

n	v^n	$(1+i)^n$	$a_{\overline{n}\rceil}$	$s_{\overline{n}\rceil}$	$1/s_{\overline{n}\rceil}$
1	0.97087	1.03000	0.97087	1.00000	1.00000
2	0.94260	1.06090	1.91347	2.03000	0.49261
3	0.91514	1.09273	2.82861	3.09090	0.32353
4	0.88849	1.12551	3.71710	4.18363	0.23903
5	0.86261	1.15927	4.57971	5.30914	0.18835
6	0.83748	1.19405	5.41719	6.46841	0.15460
7	0.81309	1.22987	6.23028	7.66246	0.13051
8	0.78941	1.26677	7.01969	8.89234	0.11246
9	0.76642	1.30477	7.78611	10.15911	0.09843
10	0.74409	1.34392	8.53020	11.46388	0.08723
11	0.72242	1.38423	9.25262	12.80780	0.07808
12	0.70138	1.42576	9.95400	14.19203	0.07046
13	0.68095	1.46853	10.63496	15.61779	0.06403
14	0.66112	1.51259	11.29607	17.08632	0.05853
15	0.64186	1.55797	11.93794	18.59891	0.05377
16	0.62317	1.60471	12.56110	20.15688	0.04961
17	0.60502	1.65285	13.16612	21.76159	0.04595
18	0.58739	1.70243	13.75351	23.41444	0.04271
19	0.57029	1.75351	14.32380	25.11687	0.03981
20	0.55368	1.80611	14.87747	26.87037	0.03722
21	0.53755	1.86029	15.41502	28.67649	0.03487
22	0.52189	1.91610	15.93692	30.53678	0.03275
23	0.50669	1.97359	16.44361	32.45288	0.03081
24	0.49193	2.03279	16.93554	34.42647	0.02905
25	0.47761	2.09378	17.41315	36.45926	0.02743

(续表)

n	v^n	$(1+i)^n$	$a_{\overline{n}|}$	$s_{\overline{n}|}$	$1/s_{\overline{n}|}$
26	0.46369	2.15659	17.87684	38.55304	0.02594
27	0.45019	2.22129	18.32703	40.70963	0.02456
28	0.43708	2.28793	18.76411	42.93092	0.02329
29	0.42435	2.35657	19.18845	45.21885	0.02211
30	0.41199	2.42726	19.60044	47.57542	0.02102
31	0.39999	2.50008	20.00043	50.00268	0.02000
32	0.38834	2.57508	20.38877	52.50276	0.01905
33	0.37703	2.65234	20.76579	55.07784	0.01816
34	0.36604	2.73191	21.13184	57.73018	0.01732
35	0.35538	2.81386	21.48722	60.46208	0.01654
36	0.34503	2.89828	21.83225	63.27594	0.01580
37	0.33498	2.98523	22.16724	66.17422	0.01511
38	0.32523	3.07478	22.49246	69.15945	0.01446
39	0.31575	3.16703	22.80822	72.23423	0.01384
40	0.30656	3.26204	23.11477	75.40126	0.01326
41	0.29763	3.35990	23.41240	78.66330	0.01271
42	0.28896	3.46070	23.70136	82.02320	0.01219
43	0.28054	3.56452	23.98190	85.48389	0.01170
44	0.27237	3.67145	24.25427	89.04841	0.01123
45	0.26444	3.78160	24.51871	92.71986	0.01079
46	0.25674	3.89504	24.77545	96.50146	0.01036
47	0.24926	4.01190	25.02471	100.39650	0.00996
48	0.24200	4.13225	25.26671	104.40840	0.00958
49	0.23495	4.25622	25.50166	108.54065	0.00921
50	0.22811	4.38391	25.72976	112.79687	0.00887

附表 9　利率 i 为 3.5% 时的利率函数表

n	v^n	$(1+i)^n$	$a_{\overline{n}|}$	$s_{\overline{n}|}$	$1/s_{\overline{n}|}$
1	0.96618	1.03500	0.96618	1.00000	1.00000
2	0.93351	1.07123	1.89969	2.03500	0.49140
3	0.90194	1.10872	2.80164	3.10622	0.32193
4	0.87144	1.14752	3.67308	4.21494	0.23725
5	0.84197	1.18769	4.51505	5.36247	0.18648
6	0.81350	1.22926	5.32855	6.55015	0.15267
7	0.78599	1.27228	6.11454	7.77941	0.12854
8	0.75941	1.31681	6.87396	9.05169	0.11048
9	0.73373	1.36290	7.60769	10.36850	0.09645
10	0.70892	1.41060	8.31661	11.73139	0.08524
11	0.68495	1.45997	9.00155	13.14199	0.07609
12	0.66178	1.51107	9.66333	14.60196	0.06848
13	0.63940	1.56396	10.30274	16.11303	0.06206
14	0.61778	1.61869	10.92052	17.67699	0.05657
15	0.59689	1.67535	11.51741	19.29568	0.05183
16	0.57671	1.73399	12.09412	20.97103	0.04768
17	0.55720	1.79468	12.65132	22.70502	0.04404
18	0.53836	1.85749	13.18968	24.49969	0.04082
19	0.52016	1.92250	13.70984	26.35718	0.03794
20	0.50257	1.98979	14.21240	28.27968	0.03536
21	0.48557	2.05943	14.69797	30.26947	0.03304
22	0.46915	2.13151	15.16712	32.32890	0.03093
23	0.45329	2.20611	15.62041	34.46041	0.02902
24	0.43796	2.28333	16.05837	36.66653	0.02727
25	0.42315	2.36324	16.48151	38.94986	0.02567

（续表）

n	v^n	$(1+i)^n$	$a_{\overline{n}\rceil}$	$s_{\overline{n}\rceil}$	$1/s_{\overline{n}\rceil}$
26	0.40884	2.44596	16.89035	41.31310	0.02421
27	0.39501	2.53157	17.28536	43.75906	0.02285
28	0.38165	2.62017	17.66702	46.29063	0.02160
29	0.36875	2.71188	18.03577	48.91080	0.02045
30	0.35628	2.80679	18.39205	51.62268	0.01937
31	0.34423	2.90503	18.73628	54.42947	0.01837
32	0.33259	3.00671	19.06887	57.33450	0.01744
33	0.32134	3.11194	19.39021	60.34121	0.01657
34	0.31048	3.22086	19.70068	63.45315	0.01576
35	0.29998	3.33359	20.00066	66.67401	0.01500
36	0.28983	3.45027	20.29049	70.00760	0.01428
37	0.28003	3.57103	20.57053	73.45787	0.01361
38	0.27056	3.69601	20.84109	77.02889	0.01298
39	0.26141	3.82537	21.10250	80.72491	0.01239
40	0.25257	3.95926	21.35507	84.55028	0.01183
41	0.24403	4.09783	21.59910	88.50954	0.01130
42	0.23578	4.24126	21.83488	92.60737	0.01080
43	0.22781	4.38970	22.06269	96.84863	0.01033
44	0.22010	4.54334	22.28279	101.23833	0.00988
45	0.21266	4.70236	22.49545	105.78167	0.00945
46	0.20547	4.86694	22.70092	110.48403	0.00905
47	0.19852	5.03728	22.89944	115.35097	0.00867
48	0.19181	5.21359	23.09124	120.38826	0.00831
49	0.18532	5.39606	23.27656	125.60185	0.00796
50	0.17905	5.58493	23.45562	130.99791	0.00763

附表 10　利率 i 为 4% 时的利率函数表

n	v^n	$(1+i)^n$	$a_{\overline{n}|}$	$s_{\overline{n}|}$	$1/s_{\overline{n}|}$
1	0.96154	1.04000	0.96154	1.00000	1.00000
2	0.92456	1.08160	1.88609	2.04000	0.49020
3	0.88900	1.12486	2.77509	3.12160	0.32035
4	0.85480	1.16986	3.62990	4.24646	0.23549
5	0.82193	1.21665	4.45182	5.41632	0.18463
6	0.79031	1.26532	5.24214	6.63298	0.15076
7	0.75992	1.31593	6.00205	7.89829	0.12661
8	0.73069	1.36857	6.73274	9.21423	0.10853
9	0.70259	1.42331	7.43533	10.58280	0.09449
10	0.67556	1.48024	8.11090	12.00611	0.08329
11	0.64958	1.53945	8.76048	13.48635	0.07415
12	0.62460	1.60103	9.38507	15.02581	0.06655
13	0.60057	1.66507	9.98565	16.62684	0.06014
14	0.57748	1.73168	10.56312	18.29191	0.05467
15	0.55526	1.80094	11.11839	20.02359	0.04994
16	0.53391	1.87298	11.65230	21.82453	0.04582
17	0.51337	1.94790	12.16567	23.69751	0.04220
18	0.49363	2.02582	12.65930	25.64541	0.03899
19	0.47464	2.10685	13.13394	27.67123	0.03614
20	0.45639	2.19112	13.59033	29.77808	0.03358
21	0.43883	2.27877	14.02916	31.96920	0.03128
22	0.42196	2.36992	14.45112	34.24797	0.02920
23	0.40573	2.46472	14.85684	36.61789	0.02731
24	0.39012	2.56330	15.24696	39.08260	0.02559
25	0.37512	2.66584	15.62208	41.64591	0.02401

(续表)

n	v^n	$(1+i)^n$	$a_{\overline{n}|}$	$s_{\overline{n}|}$	$1/s_{\overline{n}|}$
26	0.36069	2.77247	15.98277	44.31174	0.02257
27	0.34682	2.88337	16.32959	47.08421	0.02124
28	0.33348	2.99870	16.66306	49.96758	0.02001
29	0.32065	3.11865	16.98371	52.96629	0.01888
30	0.30832	3.24340	17.29203	56.08494	0.01783
31	0.29646	3.37313	17.58849	59.32834	0.01686
32	0.28506	3.50806	17.87355	62.70147	0.01595
33	0.27409	3.64838	18.14765	66.20953	0.01510
34	0.26355	3.79432	18.41120	69.85791	0.01431
35	0.25342	3.94609	18.66461	73.65222	0.01358
36	0.24367	4.10393	18.90828	77.59831	0.01289
37	0.23430	4.26809	19.14258	81.70225	0.01224
38	0.22529	4.43881	19.36786	85.97034	0.01163
39	0.21662	4.61637	19.58448	90.40915	0.01106
40	0.20829	4.80102	19.79277	95.02552	0.01052
41	0.20028	4.99306	19.99305	99.82654	0.01002
42	0.19257	5.19278	20.18563	104.81960	0.00954
43	0.18517	5.40050	20.37079	110.01238	0.00909
44	0.17805	5.61652	20.54884	115.41288	0.00866
45	0.17120	5.84118	20.72004	121.02939	0.00826
46	0.16461	6.07482	20.88465	126.87057	0.00788
47	0.15828	6.31782	21.04294	132.94539	0.00752
48	0.15219	6.57053	21.19513	139.26321	0.00718
49	0.14634	6.83335	21.34147	145.83373	0.00686
50	0.14071	7.10668	21.48218	152.66708	0.00655

附表 11 利率 i 为 **4.5%** 时的利率函数表

n	v^n	$(1+i)^n$	$a_{\overline{n}|}$	$s_{\overline{n}|}$	$1/s_{\overline{n}|}$
1	0.95694	1.04500	0.95694	1.00000	1.00000
2	0.91573	1.09203	1.87267	2.04500	0.48900
3	0.87630	1.14117	2.74896	3.13703	0.31877
4	0.83856	1.19252	3.58753	4.27819	0.23374
5	0.80245	1.24618	4.38998	5.47071	0.18279
6	0.76790	1.30226	5.15787	6.71689	0.14888
7	0.73483	1.36086	5.89270	8.01915	0.12470
8	0.70319	1.42210	6.59589	9.38001	0.10661
9	0.67290	1.48610	7.26879	10.80211	0.09257
10	0.64393	1.55297	7.91272	12.28821	0.08138
11	0.61620	1.62285	8.52892	13.84118	0.07225
12	0.58966	1.69588	9.11858	15.46403	0.06467
13	0.56427	1.77220	9.68285	17.15991	0.05828
14	0.53997	1.85194	10.22283	18.93211	0.05282
15	0.51672	1.93528	10.73955	20.78405	0.04811
16	0.49447	2.02237	11.23402	22.71934	0.04402
17	0.47318	2.11338	11.70719	24.74171	0.04042
18	0.45280	2.20848	12.15999	26.85508	0.03724
19	0.43330	2.30786	12.59329	29.06356	0.03441
20	0.41464	2.41171	13.00794	31.37142	0.03188
21	0.39679	2.52024	13.40472	33.78314	0.02960
22	0.37970	2.63365	13.78442	36.30338	0.02755
23	0.36335	2.75217	14.14777	38.93703	0.02568
24	0.34770	2.87601	14.49548	41.68920	0.02399
25	0.33273	3.00543	14.82821	44.56521	0.02244

（续表）

n	v^n	$(1+i)^n$	$a_{\overline{n}|}$	$s_{\overline{n}|}$	$1/s_{\overline{n}|}$
26	0.31840	3.14068	15.14661	47.57064	0.02102
27	0.30469	3.28201	15.45130	50.71132	0.01972
28	0.29157	3.42970	15.74287	53.99333	0.01852
29	0.27902	3.58404	16.02189	57.42303	0.01741
30	0.26700	3.74532	16.28889	61.00707	0.01639
31	0.25550	3.91386	16.54439	64.75239	0.01544
32	0.24450	4.08998	16.78889	68.66625	0.01456
33	0.23397	4.27403	17.02286	72.75623	0.01374
34	0.22390	4.46636	17.24676	77.03026	0.01298
35	0.21425	4.66735	17.46101	81.49662	0.01227
36	0.20503	4.87738	17.66604	86.16397	0.01161
37	0.19620	5.09686	17.86224	91.04134	0.01098
38	0.18775	5.32622	18.04999	96.13820	0.01040
39	0.17967	5.56590	18.22966	101.46442	0.00986
40	0.17193	5.81636	18.40158	107.03032	0.00934
41	0.16453	6.07810	18.56611	112.84669	0.00886
42	0.15744	6.35162	18.72355	118.92479	0.00841
43	0.15066	6.63744	18.87421	125.27640	0.00798
44	0.14417	6.93612	19.01838	131.91384	0.00758
45	0.13796	7.24825	19.15635	138.84997	0.00720
46	0.13202	7.57442	19.28837	146.09821	0.00684
47	0.12634	7.91527	19.41471	153.67263	0.00651
48	0.12090	8.27146	19.53561	161.58790	0.00619
49	0.11569	8.64367	19.65130	169.85936	0.00589
50	0.11071	9.03264	19.76201	178.50303	0.00560

附表 12　利率 i 为 5% 时的利率函数表

n	v^n	$(1+i)^n$	$a_{\overline{n}|}$	$s_{\overline{n}|}$	$1/s_{\overline{n}|}$
1	0.95238	1.05000	0.95238	1.00000	1.00000
2	0.90703	1.10250	1.85941	2.05000	0.48780
3	0.86384	1.15763	2.72325	3.15250	0.31721
4	0.82270	1.21551	3.54595	4.31013	0.23201
5	0.78353	1.27628	4.32948	5.52563	0.18097
6	0.74622	1.34010	5.07569	6.80191	0.14702
7	0.71068	1.40710	5.78637	8.14201	0.12282
8	0.67684	1.47746	6.46321	9.54911	0.10472
9	0.64461	1.55133	7.10782	11.02656	0.09069
10	0.61391	1.62889	7.72173	12.57789	0.07950
11	0.58468	1.71034	8.30641	14.20679	0.07039
12	0.55684	1.79586	8.86325	15.91713	0.06283
13	0.53032	1.88565	9.39357	17.71298	0.05646
14	0.50507	1.97993	9.89864	19.59863	0.05102
15	0.48102	2.07893	10.37966	21.57856	0.04634
16	0.45811	2.18287	10.83777	23.65749	0.04227
17	0.43630	2.29202	11.27407	25.84037	0.03870
18	0.41552	2.40662	11.68959	28.13238	0.03555
19	0.39573	2.52695	12.08532	30.53900	0.03275
20	0.37689	2.65330	12.46221	33.06595	0.03024
21	0.35894	2.78596	12.82115	35.71925	0.02800
22	0.34185	2.92526	13.16300	38.50521	0.02597
23	0.32557	3.07152	13.48857	41.43048	0.02414
24	0.31007	3.22510	13.79864	44.50200	0.02247
25	0.29530	3.38635	14.09394	47.72710	0.02095

(续表)

n	v^n	$(1+i)^n$	$a_{\overline{n}|}$	$s_{\overline{n}|}$	$1/s_{\overline{n}|}$
26	0.28124	3.55567	14.37519	51.11345	0.01956
27	0.26785	3.73346	14.64303	54.66913	0.01829
28	0.25509	3.92013	14.89813	58.40258	0.01712
29	0.24295	4.11614	15.14107	62.32271	0.01605
30	0.23138	4.32194	15.37245	66.43885	0.01505
31	0.22036	4.53804	15.59281	70.76079	0.01413
32	0.20987	4.76494	15.80268	75.29883	0.01328
33	0.19987	5.00319	16.00255	80.06377	0.01249
34	0.19035	5.25335	16.19290	85.06696	0.01176
35	0.18129	5.51602	16.37419	90.32031	0.01107
36	0.17266	5.79182	16.54685	95.83632	0.01043
37	0.16444	6.08141	16.71129	101.62814	0.00984
38	0.15661	6.38548	16.86789	107.70955	0.00928
39	0.14915	6.70475	17.01704	114.09502	0.00876
40	0.14205	7.03999	17.15909	120.79977	0.00828
41	0.13528	7.39199	17.29437	127.83976	0.00782
42	0.12884	7.76159	17.42321	135.23175	0.00739
43	0.12270	8.14967	17.54591	142.99334	0.00699
44	0.11686	8.55715	17.66277	151.14301	0.00662
45	0.11130	8.98501	17.77407	159.70016	0.00626
46	0.10600	9.43426	17.88007	168.68516	0.00593
47	0.10095	9.90597	17.98102	178.11942	0.00561
48	0.09614	10.40127	18.07716	188.02539	0.00532
49	0.09156	10.92133	18.16872	198.42666	0.00504
50	0.08720	11.46740	18.25593	209.34800	0.00478

附表 13 利率 i 为 6% 时的利率函数表

n	v^n	$(1+i)^n$	$a_{\overline{n}\rceil}$	$s_{\overline{n}\rceil}$	$1/s_{\overline{n}\rceil}$
1	0.94340	1.06000	0.94340	1.00000	1.00000
2	0.89000	1.12360	1.83339	2.06000	0.48544
3	0.83962	1.19102	2.67301	3.18360	0.31411
4	0.79209	1.26248	3.46511	4.37462	0.22859
5	0.74726	1.33823	4.21236	5.63709	0.17740
6	0.70496	1.41852	4.91732	6.97532	0.14336
7	0.66506	1.50363	5.58238	8.39384	0.11914
8	0.62741	1.59385	6.20979	9.89747	0.10104
9	0.59190	1.68948	6.80169	11.49132	0.08702
10	0.55839	1.79085	7.36009	13.18079	0.07587
11	0.52679	1.89830	7.88687	14.97164	0.06679
12	0.49697	2.01220	8.38384	16.86994	0.05928
13	0.46884	2.13293	8.85268	18.88214	0.05296
14	0.44230	2.26090	9.29498	21.01507	0.04758
15	0.41727	2.39656	9.71225	23.27597	0.04296
16	0.39365	2.54035	10.10590	25.67253	0.03895
17	0.37136	2.69277	10.47726	28.21288	0.03544
18	0.35034	2.85434	10.82760	30.90565	0.03236
19	0.33051	3.02560	11.15812	33.75999	0.02962
20	0.31180	3.20714	11.46992	36.78559	0.02718
21	0.29416	3.39956	11.76408	39.99273	0.02500
22	0.27751	3.60354	12.04158	43.39229	0.02305
23	0.26180	3.81975	12.30338	46.99583	0.02128
24	0.24698	4.04893	12.55036	50.81558	0.01968
25	0.23300	4.29187	12.78336	54.86451	0.01823

(续表)

n	v^n	$(1+i)^n$	$a_{\overline{n}|}$	$s_{\overline{n}|}$	$1/s_{\overline{n}|}$
26	0.21981	4.54938	13.00317	59.15638	0.01690
27	0.20737	4.82235	13.21053	63.70577	0.01570
28	0.19563	5.11169	13.40616	68.52811	0.01459
29	0.18456	5.41839	13.59072	73.63980	0.01358
30	0.17411	5.74349	13.76483	79.05819	0.01265
31	0.16425	6.08810	13.92909	84.80168	0.01179
32	0.15496	6.45339	14.08404	90.88978	0.01100
33	0.14619	6.84059	14.23023	97.34316	0.01027
34	0.13791	7.25103	14.36814	104.18375	0.00960
35	0.13011	7.68609	14.49825	111.43478	0.00897
36	0.12274	8.14725	14.62099	119.12087	0.00839
37	0.11579	8.63609	14.73678	127.26812	0.00786
38	0.10924	9.15425	14.84602	135.90421	0.00736
39	0.10306	9.70351	14.94907	145.05846	0.00689
40	0.09722	10.28572	15.04630	154.76197	0.00646
41	0.09172	10.90286	15.13802	165.04768	0.00606
42	0.08653	11.55703	15.22454	175.95054	0.00568
43	0.08163	12.25045	15.30617	187.50758	0.00533
44	0.07701	12.98548	15.38318	199.75803	0.00501
45	0.07265	13.76461	15.45583	212.74351	0.00470
46	0.06854	14.59049	15.52437	226.50812	0.00441
47	0.06466	15.46592	15.58903	241.09861	0.00415
48	0.06100	16.39387	15.65003	256.56453	0.00390
49	0.05755	17.37750	15.70757	272.95840	0.00366
50	0.05429	18.42015	15.76186	290.33590	0.00344

附表 14　利率 i 为 7% 时的利率函数表

n	v^n	$(1+i)^n$	$a_{\overline{n}|}$	$s_{\overline{n}|}$	$1/s_{\overline{n}|}$
1	0.93458	1.07000	0.93458	1.00000	1.00000
2	0.87344	1.14490	1.80802	2.07000	0.48309
3	0.81630	1.22504	2.62432	3.21490	0.31105
4	0.76290	1.31080	3.38721	4.43994	0.22523
5	0.71299	1.40255	4.10020	5.75074	0.17389
6	0.66634	1.50073	4.76654	7.15329	0.13980
7	0.62275	1.60578	5.38929	8.65402	0.11555
8	0.58201	1.71819	5.97130	10.25980	0.09747
9	0.54393	1.83846	6.51523	11.97799	0.08349
10	0.50835	1.96715	7.02358	13.81645	0.07238
11	0.47509	2.10485	7.49867	15.78360	0.06336
12	0.44401	2.25219	7.94269	17.88845	0.05590
13	0.41496	2.40985	8.35765	20.14064	0.04965
14	0.38782	2.57853	8.74547	22.55049	0.04434
15	0.36245	2.75903	9.10791	25.12902	0.03979
16	0.33873	2.95216	9.44665	27.88805	0.03586
17	0.31657	3.15882	9.76322	30.84022	0.03243
18	0.29586	3.37993	10.05909	33.99903	0.02941
19	0.27651	3.61653	10.33560	37.37896	0.02675
20	0.25842	3.86968	10.59401	40.99549	0.02439
21	0.24151	4.14056	10.83553	44.86518	0.02229
22	0.22571	4.43040	11.06124	49.00574	0.02041
23	0.21095	4.74053	11.27219	53.43614	0.01871
24	0.19715	5.07237	11.46933	58.17667	0.01719
25	0.18425	5.42743	11.65358	63.24904	0.01581

(续表)

n	v^n	$(1+i)^n$	$a_{\overline{n}|}$	$s_{\overline{n}|}$	$1/s_{\overline{n}|}$
26	0.17220	5.80735	11.82578	68.67647	0.01456
27	0.16093	6.21387	11.98671	74.48382	0.01343
28	0.15040	6.64884	12.13711	80.69769	0.01239
29	0.14056	7.11426	12.27767	87.34653	0.01145
30	0.13137	7.61226	12.40904	94.46079	0.01059
31	0.12277	8.14511	12.53181	102.07304	0.00980
32	0.11474	8.71527	12.64656	110.21815	0.00907
33	0.10723	9.32534	12.75379	118.93343	0.00841
34	0.10022	9.97811	12.85401	128.25876	0.00780
35	0.09366	10.67658	12.94767	138.23688	0.00723
36	0.08754	11.42394	13.03521	148.91346	0.00672
37	0.08181	12.22362	13.11702	160.33740	0.00624
38	0.07646	13.07927	13.19347	172.56102	0.00580
39	0.07146	13.99482	13.26493	185.64029	0.00539
40	0.06678	14.97446	13.33171	199.63511	0.00501
41	0.06241	16.02267	13.39412	214.60957	0.00466
42	0.05833	17.14426	13.45245	230.63224	0.00434
43	0.05451	18.34435	13.50696	247.77650	0.00404
44	0.05095	19.62846	13.55791	266.12085	0.00376
45	0.04761	21.00245	13.60552	285.74931	0.00350
46	0.04450	22.47262	13.65002	306.75176	0.00326
47	0.04159	24.04571	13.69161	329.22439	0.00304
48	0.03887	25.72891	13.73047	353.27009	0.00283
49	0.03632	27.52993	13.76680	378.99900	0.00264
50	0.03395	29.45703	13.80075	406.52893	0.00246

附表 15　利率 i 为 8% 时的利率函数表

n	v^n	$(1+i)^n$	$a_{\overline{n}|}$	$s_{\overline{n}|}$	$1/s_{\overline{n}|}$
1	0.92593	1.08000	0.92593	1.00000	1.00000
2	0.85734	1.16640	1.78326	2.08000	0.48077
3	0.79383	1.25971	2.57710	3.24640	0.30803
4	0.73503	1.36049	3.31213	4.50611	0.22192
5	0.68058	1.46933	3.99271	5.86660	0.17046
6	0.63017	1.58687	4.62288	7.33593	0.13632
7	0.58349	1.71382	5.20637	8.92280	0.11207
8	0.54027	1.85093	5.74664	10.63663	0.09401
9	0.50025	1.99900	6.24689	12.48756	0.08008
10	0.46319	2.15892	6.71008	14.48656	0.06903
11	0.42888	2.33164	7.13896	16.64549	0.06008
12	0.39711	2.51817	7.53608	18.97713	0.05270
13	0.36770	2.71962	7.90378	21.49530	0.04652
14	0.34046	2.93719	8.24424	24.21492	0.04130
15	0.31524	3.17217	8.55948	27.15211	0.03683
16	0.29189	3.42594	8.85137	30.32428	0.03298
17	0.27027	3.70002	9.12164	33.75023	0.02963
18	0.25025	3.99602	9.37189	37.45024	0.02670
19	0.23171	4.31570	9.60360	41.44626	0.02413
20	0.21455	4.66096	9.81815	45.76196	0.02185
21	0.19866	5.03383	10.01680	50.42292	0.01983
22	0.18394	5.43654	10.20074	55.45676	0.01803
23	0.17032	5.87146	10.37106	60.89330	0.01642
24	0.15770	6.34118	10.52876	66.76476	0.01498
25	0.14602	6.84848	10.67478	73.10594	0.01368

(续表)

n	v^n	$(1+i)^n$	$a_{\overline{n}|}$	$s_{\overline{n}|}$	$1/s_{\overline{n}|}$
26	0.13520	7.39635	10.80998	79.95442	0.01251
27	0.12519	7.98806	10.93516	87.35077	0.01145
28	0.11591	8.62711	11.05108	95.33883	0.01049
29	0.10733	9.31727	11.15841	103.96594	0.00962
30	0.09938	10.06266	11.25778	113.28321	0.00883
31	0.09202	10.86767	11.34980	123.34587	0.00811
32	0.08520	11.73708	11.43500	134.21354	0.00745
33	0.07889	12.67605	11.51389	145.95062	0.00685
34	0.07305	13.69013	11.58693	158.62667	0.00630
35	0.06763	14.78534	11.65457	172.31680	0.00580
36	0.06262	15.96817	11.71719	187.10215	0.00534
37	0.05799	17.24563	11.77518	203.07032	0.00492
38	0.05369	18.62528	11.82887	220.31595	0.00454
39	0.04971	20.11530	11.87858	238.94122	0.00419
40	0.04603	21.72452	11.92461	259.05652	0.00386
41	0.04262	23.46248	11.96723	280.78104	0.00356
42	0.03946	25.33948	12.00670	304.24352	0.00329
43	0.03654	27.36664	12.04324	329.58301	0.00303
44	0.03383	29.55597	12.07707	356.94965	0.00280
45	0.03133	31.92045	12.10840	386.50562	0.00259
46	0.02901	34.47409	12.13741	418.42607	0.00239
47	0.02686	37.23201	12.16427	452.90015	0.00221
48	0.02487	40.21057	12.18914	490.13216	0.00204
49	0.02303	43.42742	12.21216	530.34274	0.00189
50	0.02132	46.90161	12.23348	573.77016	0.00174

附表16　利率 i 为 9% 时的利率函数表

n	v^n	$(1+i)^n$	$a_{\overline{n}|}$	$s_{\overline{n}|}$	$1/s_{\overline{n}|}$
1	0.91743	1.09000	0.91743	1.00000	1.00000
2	0.84168	1.18810	1.75911	2.09000	0.47847
3	0.77218	1.29503	2.53129	3.27810	0.30505
4	0.70843	1.41158	3.23972	4.57313	0.21867
5	0.64993	1.53862	3.88965	5.98471	0.16709
6	0.59627	1.67710	4.48592	7.52333	0.13292
7	0.54703	1.82804	5.03295	9.20043	0.10869
8	0.50187	1.99256	5.53482	11.02847	0.09067
9	0.46043	2.17189	5.99525	13.02104	0.07680
10	0.42241	2.36736	6.41766	15.19293	0.06582
11	0.38753	2.58043	6.80519	17.56029	0.05695
12	0.35553	2.81266	7.16073	20.14072	0.04965
13	0.32618	3.06580	7.48690	22.95338	0.04357
14	0.29925	3.34173	7.78615	26.01919	0.03843
15	0.27454	3.64248	8.06069	29.36092	0.03406
16	0.25187	3.97031	8.31256	33.00340	0.03030
17	0.23107	4.32763	8.54363	36.97370	0.02705
18	0.21199	4.71712	8.75563	41.30134	0.02421
19	0.19449	5.14166	8.95011	46.01846	0.02173
20	0.17843	5.60441	9.12855	51.16012	0.01955
21	0.16370	6.10881	9.29224	56.76453	0.01762
22	0.15018	6.65860	9.44243	62.87334	0.01590
23	0.13778	7.25787	9.58021	69.53194	0.01438
24	0.12640	7.91108	9.70661	76.78981	0.01302
25	0.11597	8.62308	9.82258	84.70090	0.01181

(续表)

n	v^n	$(1+i)^n$	$a_{\overline{n}|}$	$s_{\overline{n}|}$	$1/s_{\overline{n}|}$
26	0.10639	9.39916	9.92897	93.32398	0.01072
27	0.09761	10.24508	10.02658	102.72313	0.00973
28	0.08955	11.16714	10.11613	112.96822	0.00885
29	0.08215	12.17218	10.19828	124.13536	0.00806
30	0.07537	13.26768	10.27365	136.30754	0.00734
31	0.06915	14.46177	10.34280	149.57522	0.00669
32	0.06344	15.76333	10.40624	164.03699	0.00610
33	0.05820	17.18203	10.46444	179.80032	0.00556
34	0.05339	18.72841	10.51784	196.98234	0.00508
35	0.04899	20.41397	10.56682	215.71075	0.00464
36	0.04494	22.25123	10.61176	236.12472	0.00424
37	0.04123	24.25384	10.65299	258.37595	0.00387
38	0.03783	26.43668	10.69082	282.62978	0.00354
39	0.03470	28.81598	10.72552	309.06646	0.00324
40	0.03184	31.40942	10.75736	337.88245	0.00296
41	0.02921	34.23627	10.78657	369.29187	0.00271
42	0.02680	37.31753	10.81337	403.52813	0.00248
43	0.02458	40.67611	10.83795	440.84566	0.00227
44	0.02255	44.33696	10.86051	481.52177	0.00208
45	0.02069	48.32729	10.88120	525.85873	0.00190
46	0.01898	52.67674	10.90018	574.18602	0.00174
47	0.01742	57.41765	10.91760	626.86276	0.00160
48	0.01598	62.58524	10.93358	684.28041	0.00146
49	0.01466	68.21791	10.94823	746.86565	0.00134
50	0.01345	74.35752	10.96168	815.08356	0.00123

附表 17　利率 i 为 10% 时的利率函数表

n	v^n	$(1+i)^n$	$a_{\overline{n}|}$	$s_{\overline{n}|}$	$1/s_{\overline{n}|}$
1	0.90909	1.10000	0.90909	1.00000	1.00000
2	0.82645	1.21000	1.73554	2.10000	0.47619
3	0.75131	1.33100	2.48685	3.31000	0.30211
4	0.68301	1.46410	3.16987	4.64100	0.21547
5	0.62092	1.61051	3.79079	6.10510	0.16380
6	0.56447	1.77156	4.35526	7.71561	0.12961
7	0.51316	1.94872	4.86842	9.48717	0.10541
8	0.46651	2.14359	5.33493	11.43589	0.08744
9	0.42410	2.35795	5.75902	13.57948	0.07364
10	0.38554	2.59374	6.14457	15.93742	0.06275
11	0.35049	2.85312	6.49506	18.53117	0.05396
12	0.31863	3.13843	6.81369	21.38428	0.04676
13	0.28966	3.45227	7.10336	24.52271	0.04078
14	0.26333	3.79750	7.36669	27.97498	0.03575
15	0.23939	4.17725	7.60608	31.77248	0.03147
16	0.21763	4.59497	7.82371	35.94973	0.02782
17	0.19784	5.05447	8.02155	40.54470	0.02466
18	0.17986	5.55992	8.20141	45.59917	0.02193
19	0.16351	6.11591	8.36492	51.15909	0.01955
20	0.14864	6.72750	8.51356	57.27500	0.01746
21	0.13513	7.40025	8.64869	64.00250	0.01562
22	0.12285	8.14027	8.77154	71.40275	0.01401
23	0.11168	8.95430	8.88322	79.54302	0.01257
24	0.10153	9.84973	8.98474	88.49733	0.01130
25	0.09230	10.83471	9.07704	98.34706	0.01017

(续表)

n	v^n	$(1+i)^n$	$a_{\overline{n}|}$	$s_{\overline{n}|}$	$1/s_{\overline{n}|}$
26	0.08391	11.91818	9.16095	109.18177	0.00916
27	0.07628	13.10999	9.23722	121.09994	0.00826
28	0.06934	14.42099	9.30657	134.20994	0.00745
29	0.06304	15.86309	9.36961	148.63093	0.00673
30	0.05731	17.44940	9.42691	164.49402	0.00608
31	0.05210	19.19434	9.47901	181.94342	0.00550
32	0.04736	21.11378	9.52638	201.13777	0.00497
33	0.04306	23.22515	9.56943	222.25154	0.00450
34	0.03914	25.54767	9.60857	245.47670	0.00407
35	0.03558	28.10244	9.64416	271.02437	0.00369
36	0.03235	30.91268	9.67651	299.12681	0.00334
37	0.02941	34.00395	9.70592	330.03949	0.00303
38	0.02673	37.40434	9.73265	364.04343	0.00275
39	0.02430	41.14478	9.75696	401.44778	0.00249
40	0.02209	45.25926	9.77905	442.59256	0.00226
41	0.02009	49.78518	9.79914	487.85181	0.00205
42	0.01826	54.76370	9.81740	537.63699	0.00186
43	0.01660	60.24007	9.83400	592.40069	0.00169
44	0.01509	66.26408	9.84909	652.64076	0.00153
45	0.01372	72.89048	9.86281	718.90484	0.00139
46	0.01247	80.17953	9.87528	791.79532	0.00126
47	0.01134	88.19749	9.88662	871.97485	0.00115
48	0.01031	97.01723	9.89693	960.17234	0.00104
49	0.00937	106.71896	9.90630	1057.18957	0.00095
50	0.00852	117.39085	9.91481	1163.90853	0.00086

附表 18　利率 i 为 12% 时的利率函数表

n	v^n	$(1+i)^n$	$a_{\overline{n}|}$	$s_{\overline{n}|}$	$1/s_{\overline{n}|}$
1	0.89286	1.12000	0.89286	1.00000	1.00000
2	0.79719	1.25440	1.69005	2.12000	0.47170
3	0.71178	1.40493	2.40183	3.37440	0.29635
4	0.63552	1.57352	3.03735	4.77933	0.20923
5	0.56743	1.76234	3.60478	6.35285	0.15741
6	0.50663	1.97382	4.11141	8.11519	0.12323
7	0.45235	2.21068	4.56376	10.08901	0.09912
8	0.40388	2.47596	4.96764	12.29969	0.08130
9	0.36061	2.77308	5.32825	14.77566	0.06768
10	0.32197	3.10585	5.65022	17.54874	0.05698
11	0.28748	3.47855	5.93770	20.65458	0.04842
12	0.25668	3.89598	6.19437	24.13313	0.04144
13	0.22917	4.36349	6.42355	28.02911	0.03568
14	0.20462	4.88711	6.62817	32.39260	0.03087
15	0.18270	5.47357	6.81086	37.27971	0.02682
16	0.16312	6.13039	6.97399	42.75328	0.02339
17	0.14564	6.86604	7.11963	48.88367	0.02046
18	0.13004	7.68997	7.24967	55.74971	0.01794
19	0.11611	8.61276	7.36578	63.43968	0.01576
20	0.10367	9.64629	7.46944	72.05244	0.01388
21	0.09256	10.80385	7.56200	81.69874	0.01224
22	0.08264	12.10031	7.64465	92.50258	0.01081
23	0.07379	13.55235	7.71843	104.60289	0.00956
24	0.06588	15.17863	7.78432	118.15524	0.00846
25	0.05882	17.00006	7.84314	133.33387	0.00750

（续表）

n	v^n	$(1+i)^n$	$a_{\overline{n}|}$	$s_{\overline{n}|}$	$1/s_{\overline{n}|}$
26	0.05252	19.04007	7.89566	150.33393	0.00665
27	0.04689	21.32488	7.94255	169.37401	0.00590
28	0.04187	23.88387	7.98442	190.69889	0.00524
29	0.03738	26.74993	8.02181	214.58275	0.00466
30	0.03338	29.95992	8.05518	241.33268	0.00414
31	0.02980	33.55511	8.08499	271.29261	0.00369
32	0.02661	37.58173	8.11159	304.84772	0.00328
33	0.02376	42.09153	8.13535	342.42945	0.00292
34	0.02121	47.14252	8.15656	384.52098	0.00260
35	0.01894	52.79962	8.17550	431.66350	0.00232
36	0.01691	59.13557	8.19241	484.46312	0.00206
37	0.01510	66.23184	8.20751	543.59869	0.00184
38	0.01348	74.17966	8.22099	609.83053	0.00164
39	0.01204	83.08122	8.23303	684.01020	0.00146
40	0.01075	93.05097	8.24378	767.09142	0.00130
41	0.00960	104.21709	8.25337	860.14239	0.00116
42	0.00857	116.72314	8.26194	964.35948	0.00104
43	0.00765	130.72991	8.26959	1081.08262	0.00092
44	0.00683	146.41750	8.27642	1211.81253	0.00083
45	0.00610	163.98760	8.28252	1358.23003	0.00074
46	0.00544	183.66612	8.28796	1522.21764	0.00066
47	0.00486	205.70605	8.29282	1705.88375	0.00059
48	0.00434	230.39078	8.29716	1911.58980	0.00052
49	0.00388	258.03767	8.30104	2141.98058	0.00047
50	0.00346	289.00219	8.30450	2400.01825	0.00042

练习题答案与提示

第 一 章

2. 由定义有

$$I_{t,n} = A_n - A_t = \sum_{r=t+1}^{n} I_r = \sum_{r=1}^{n} I_r - \sum_{r=1}^{t} I_r.$$

(1) $\sum_{r=1}^{n} r - \sum_{r=1}^{t} r = \dfrac{n(n+1)}{2} - \dfrac{t(t+1)}{2}$;

(2) $\sum_{r=1}^{n} 2^r - \sum_{r=1}^{t} 2^r = \dfrac{2(1-2^n)}{1-2} - \dfrac{2(1-2^t)}{1-2} = 2(2^n - 2^t)$
$= 2^{n+1} - 2^{t+1}.$

3. 依题意有

$$\begin{cases} a(0) = b = 1 \\ a(3) = a \cdot 3^2 + b = \dfrac{172}{100} \end{cases} \Rightarrow \begin{cases} b = 1, \\ a = 0.08. \end{cases}$$

于是所求的终值为

$$100 \cdot \dfrac{a(10)}{a(5)} \text{元} = 100 \left(\dfrac{8+1}{2+1} \right) \text{元} = 300 \text{元}.$$

9. 根据题意有价值方程

$$(1+i)^2 = 1 + \dfrac{264}{600}.$$

解得 $i = 20\%$,于是所求的终值为

$$2000(1+20\%)^3 \text{元} = 3456 \text{元}.$$

14. 已知 $d_5 = \dfrac{a(5) - a(4)}{a(5)}$.

(1) 当单利率为 10% 时,有

$$d_5 = \dfrac{1.5 - 1.4}{1.5} = \dfrac{1}{15};$$

（2）当单贴现率为 10% 时，有 $d_5 = \dfrac{\dfrac{1}{0.5} - \dfrac{1}{0.6}}{\dfrac{1}{0.5}} = \dfrac{1}{6}$.

17. 由于
$$\left(1 + \dfrac{i^{(m)}}{m}\right)\left(1 - \dfrac{d^{(m)}}{m}\right) = 1,$$
因此 $\quad m = \dfrac{i^{(m)} d^{(m)}}{i^{(m)} - d^{(m)}} \approx 8.0033$.

18. 由题设知
$$a_A(t) = 1 + 0.1t, \quad a_B(t) = \dfrac{1}{1 - 0.05t},$$
于是
$$\delta_A(t) = \dfrac{a_A'(t)}{a_A(t)} = \dfrac{0.1}{1 + 0.1t}, \quad \delta_B(t) = \dfrac{a_B'(t)}{a_B(t)} = \dfrac{0.05}{1 - 0.05t}.$$
又由 $\delta_A(t) = \delta_B(t)$，得 $t = 5$.

31. 因第 2 期利息收入为 $(1+j) \cdot j = j + j^2$，第 1 期利息收入为 j，故
$$(j + j^2) - j = j^2.$$
实际背景解释：复利条件下，第 1 计息期的利息 j 在第 2 计息期产生的利息为 j^2.

32. 根据题意有
$$15(1+i) + 13.65 = 28(1+i).$$
解得 $i = 5\%$，故年利率为 $(1+5\%)^2 - 1 = 10.25\%$.

34. 已知 $1+i = e^\delta$，$1-d = e^{-\delta}$，故由 $1+i^* = e^{2\delta}$ 得 $i^* = i^2 + 2i$；由 $1-d^* = e^{-2\delta}$ 得 $d^* = 2d - d^2$. 所以
$$\dfrac{i^*}{i} = i + 2 = 1 + e^\delta, \quad \dfrac{d^*}{d} = 2 - d = 1 + e^{-\delta}.$$

37. （1）设所求的价值为 P_1，则
$$P_1[1 + (1-t)i] = 1 \Longrightarrow P_1 = \dfrac{1}{1 + (1-t)i};$$
（2）设所求的价值为 P_2，则
$$P_2(1+i)^{1-t} = 1 \Longrightarrow P_2 = \dfrac{1}{(1+i)^{1-t}};$$

(3) 设所求的价值为 P_3，在 0 时刻的价值为 X，则

$$X(1+i) = 1, \quad P_3 = X(1+ti) \Longrightarrow P_3 = \frac{1+ti}{1+i}.$$

因为 $1+ti > (1+i)^t$，$0 < t < 1$，所以 $P_1 < P_2 < P_3$.

40. 由题意有价值方程

$$P\left(1+\frac{i}{2}\right) = 100 \times 1000 \text{ 元}.$$

(1) 将 $i = 10\%$ 代入上述方程得 $P = 95238.10$ 元；

(2) $\dfrac{\mathrm{d}P}{\mathrm{d}i} = -\dfrac{\frac{1}{2} \times 10^5}{\left(1+\frac{i}{2}\right)^2} = -\dfrac{2 \times 10^5}{(i+2)^2}$；

(3) 当名利率上升 1% 时，$\mathrm{d}P = -\dfrac{2 \times 10^5}{(10\%+2)^2} \times 1\% = -453.51$；

当名利率下降 1% 时，$\mathrm{d}P = 453.51$.

第 二 章

1. 价值方程为

$$1000\, s_{\overline{20}|0.07} \text{ 元} + X s_{\overline{10}|0.07} = 5 \times 10^4 \text{ 元},$$

而 $s_{\overline{20}|0.07} = 40.99549$，$s_{\overline{10}|0.07} = 13.81645$，故 $X = 651.72$ 元.

2. 设所求为 A，则有价值方程

$$A + 250\, a_{\overline{48}|0.015} \text{ 元} = 10^4 \text{ 元} \quad \left(\text{因}\ \frac{0.18}{12} = 0.015\right).$$

而 $250\, a_{\overline{48}|0.015} = 250 \times 34.04255 = 8510.63841$，故

$$A = 1489.36 \text{ 元}.$$

5. 由于 $a_{\overline{7}|} = \dfrac{1-v^7}{i}$，$a_{\overline{11}|} = \dfrac{1-v^{11}}{i}$，$a_{\overline{18}|} = \dfrac{1-v^{18}}{i}$，故

$$a_{\overline{7}|}\, a_{\overline{11}|} = \frac{1 - v^7 - v^{11} + v^{18}}{i^2}$$

$$= \frac{1}{i}\left(\frac{1-v^7}{i} + \frac{1-v^{11}}{i} - \frac{1-v^{18}}{i}\right)$$

$$= \frac{1}{i}\left(a_{\overline{7}|} + a_{\overline{11}|} - a_{\overline{18}|}\right).$$

所以
$$i = \frac{a_{\overline{7}|} + a_{\overline{11}|} - a_{\overline{18}|}}{a_{\overline{7}|} a_{\overline{11}|}} = 6\%.$$

另外,由 $a_{\overline{7}|} + v^7 a_{\overline{11}|} = \dfrac{1 - v^7 + v^7 - v^{18}}{i} = a_{\overline{18}|}$ 有

$$(1+i)^7 = \frac{a_{\overline{11}|}}{a_{\overline{18}|} - a_{\overline{7}|}} \Longrightarrow i = 6\%$$

或
$$(1+i)^{11} = \frac{a_{\overline{7}|}}{a_{\overline{18}|} - a_{\overline{11}|}} \Longrightarrow i = 6\%.$$

10. (1) $\ddot{a}_{\overline{n}|} = \dfrac{(1-v^n)(1+i)}{i} = \dfrac{1-v^n}{i} + 1 - v^n = a_{\overline{n}|} + 1 - v^n;$

(2) $\ddot{s}_{\overline{n}|} = \dfrac{[(1+i)^n - 1](1+i)}{i} = \dfrac{(1+i)^n - 1}{i} + (1+i)^n - 1$
$= s_{\overline{n}|} - 1 + (1+i)^n.$

12. 已知 $6\%/4 = 1.5\%$,共 47 次,故在 1991 年 12 月 7 日年金的终值为
$$L = 100 s_{\overline{47}|0.015} \text{元} = 6755.19 \text{元}.$$

(1) 在 1979 年 9 月 7 日年金的现值为
$$L(1+0.015)^{-49} = 3256.88 \text{元};$$

(2) 在 1992 年 6 月 7 日年金的终值为
$$L(1+0.015)^2 = 6959.37 \text{元}.$$

20. 设年金额为 X,则
$$\frac{1}{3} X s_{\overline{n}|} = x \frac{1}{i}, \quad 即 \quad \frac{1}{3} \cdot \frac{(1+i)^n - 1}{i} = \frac{1}{i}.$$

于是 $(1+i)^n - 1 = 3,$ 即 $(1+i)^n = 4.$

27. 由题意有
$10000[(1+0.04)^{10} - 1]$
$= K(1+0.05)(1+0.04)^6 + K(1+0.05)(1+0.04)^5$
$\quad + K(1+0.04)^4 + K(1+0.04)^3,$

解得
$$K = \frac{10000(1.04^{10} - 1)}{1.04^3(1 + 1.04 + 1.04^2 + 1.04^3)} \text{元} = 979.93 \text{元}.$$

28. 依题意有价值方程

$$P = \frac{X}{(1+i)^{1/2}} + \frac{2X a_{\overline{4}|i}}{(1+i)^{1/2}} + \frac{2X a_{\overline{5}|j}}{(1+i)^4 (1+i)^{1/2}}.$$

解得

$$X = \frac{P}{2 a_{\overline{4}|i}(1+i)^{1/2} + 2 a_{\overline{5}|j}(1+i)^{-9/2} + (1+i)^{-1/2}}.$$

39. $\bar{a}_{\overline{n}|} = \int_0^n a^{-1}(t)\,dt = \int_0^n e^{-\int_0^t \delta_s\,ds}\,dt = \int_0^n e^{-\int_0^t \frac{1}{1+s}\,ds}\,dt$

$\qquad = \int_0^n e^{-\ln(1+t)}\,dt = \int_0^n \frac{1}{1+t}\,dt = \ln(1+t)\Big|_0^n = \ln(1+n).$

40. 由于

$$\int_0^1 v^t\,dt = \int_0^1 e^{-\delta t}\,dt = -\frac{1}{\delta}e^{-\delta t}\Big|_0^1 = -\frac{1}{\delta}(e^{-\delta} - 1) = \frac{1 - e^{-\delta}}{\delta},$$

故 $e^{-\delta t} = \dfrac{1 - e^{-\delta}}{\delta}$. 因此

$$-\delta t = \ln\frac{1 - e^{-\delta}}{\delta} = \ln\frac{e^\delta - 1}{\delta e^\delta} = \ln(e^\delta - 1) - \ln\delta - \delta,$$

进而

$$t = \frac{\delta + \ln\delta - \ln(e^\delta - 1)}{\delta} = 1 + \frac{1}{\delta}\ln\delta - \frac{1}{\delta}\ln(e^\delta - 1)$$

$$= 1 + \frac{1}{\delta}\ln\delta - \frac{1}{\delta}\ln i = 1 + \frac{1}{\delta}\ln\frac{\delta}{i},$$

这里 δ 为常数利息力,i 为同期的利率.

44. $25\,a_{\overline{25}|} + 3(Da)_{\overline{25}|}.$

45. 已知 $\dfrac{1}{2} \times 16\% = 8\%$. 又由 $800 - 350 = 50(n-1)$ 得 $n = 10$,于是所求为

$$300\,a_{\overline{10}|0.08} + 50(Da)_{\overline{10}|0.08} = 300A + 50\,\frac{n - A}{i}$$

$$= 300A + \frac{50}{0.08}(10 - A)$$

$$= 300A + 6250 - 625A$$

$$= 6250 - 325A.$$

48. 由题意有
$$R = 100m^2 \text{ 元} = 100 \cdot 4^2 \text{ 元} = 1600 \text{ 元}.$$
又 $1600(I^{(4)}\ddot{a})_{\overline{1}|}^{(4)}$ 元为该年金在每年初的现值,故所求为
$$1600(I^{(4)}\ddot{a})_{\overline{1}|}^{(4)} \ddot{a}_{\overline{10}|} \text{ 元}.$$

49. 所求现值为
$$\left[1 + \frac{1.03}{1.08^{1/2}} + \left(\frac{1.03}{1.08^{1/2}}\right)^2 + \cdots\right] \text{元}$$
$$= \frac{1}{1 - \frac{1.03}{1.08^{1/2}}} \text{元} = 112.59 \text{ 元}.$$

54. $\delta_i = \ln(1+i)$, $\delta_k = \ln(1+k)$, 所求年金的现值为
$$\int_0^{+\infty} (1+k)^t (1+i)^{-t} dt = \int_0^{+\infty} \left(\frac{1+k}{1+i}\right)^t dt$$
$$= \frac{1}{\ln\frac{1+i}{1+k}} \int_0^{+\infty} \ln\frac{1+i}{1+k} e^{-\ln\frac{1+i}{1+k} \cdot t} dt$$
$$= \frac{1}{\ln\frac{1+i}{1+k}} \left(-e^{-\ln\frac{1+i}{1+k}\cdot t} \Big|_0^{+\infty}\right)$$
$$= \frac{1}{\ln(1+i) - \ln(1+k)}.$$

57. 设永久年金 A 和 B 的现值分别为 A 和 B, 则
$$A = p\frac{1}{i}, \quad B = q\left(\frac{1}{i} + \frac{1}{i^2}\right).$$

(1) 由 $A - B = p\frac{1}{i} - q\frac{1}{i} - q\frac{1}{i^2} = 0$ 有
$$(p-q)i - q = 0,$$
故当 $p > q$ 时, $i = \frac{q}{p-q}$.

(2) $A - B = -q\left(\frac{1}{i^2} - \frac{1}{i} \cdot \frac{p-q}{q}\right)$

$$= -q\left[\left(\frac{1}{i}-\frac{p-q}{2q}\right)^2 - \frac{(p-q)^2}{4q^2}\right]$$

$$= -q\left(\frac{1}{i}-\frac{p-q}{2q}\right)^2 + \frac{(p-q)^2}{4q}.$$

可见上式有极大值,且此时 $i=\dfrac{2q}{p-q}$, $p>q$.

60. 设乙的股票出售价格为 X,则由题意有价值方程

$$0.4\,s_{\overline{10}|0.06} + 2\,\text{元} = 0.8\,a_{\overline{n-10}|0.06}\,\text{元} + X \cdot 1.06^{-(n-10)},$$

于是

$$X = (0.4\,s_{\overline{10}|0.06} + 2 - 0.8\,a_{\overline{n-10}|0.06})1.06^{n-10}\,\text{元}.$$

(1) 当 $n=15$ 时,

$$X = (0.4\,s_{\overline{10}|0.06} + 2 - 0.8\,a_{\overline{5}|0.06})1.06^5\,\text{元}$$
$$= 5.22\,\text{元};$$

(2) 当 $n=20$ 时,

$$X = (0.4\,s_{\overline{10}|0.06} + 2 - 0.8\,a_{\overline{10}|0.06})1.06^{10}\,\text{元}$$
$$= 2.48\,\text{元}.$$

66. 由 $A = \dfrac{(1+i)^n - 1}{i}$, $B = \dfrac{(1+i)^{n+1} - 1}{i}$ 得

$$(1+i)^n = 1 + Ai,\quad B - A = (1+i)^n,$$

从而 $B = A + 1 + Ai$,于是

$$i = \frac{B-A-1}{A} = \frac{B-1}{A} - 1.$$

所以

$$n = \frac{\ln(1+Ai)}{\ln(1+i)} = \frac{\ln(B-A)}{\ln\dfrac{B-1}{A}} = \frac{\ln(B-A)}{\ln(B-1)-\ln A}.$$

69. (1) 因为 $(Ia)_{\overline{n}|i} = \dfrac{\ddot{a}_{\overline{n}|} - nv^n}{i}$, $(Da)_{\overline{n}|i} = \dfrac{n - a_{\overline{n}|}}{i}$,所以

$$(Ia)_{\overline{n}|i} + (Da)_{\overline{n}|i} = \frac{\ddot{a}_{\overline{n}|} - nv^n + n - a_{\overline{n}|}}{i} = \frac{1 - nv^n + n - v^n}{i}$$

$$= \frac{(n+1)(1-v^n)}{i} = (n+1)\,a_{\overline{n}|}.$$

实际解释：n 期标准递增期末年金与 n 期标准递减期末年金之和为 $n+1$ 份固定标准期末年金.

(2) 因为 $(Is)_{\overline{n}|i} = \dfrac{\ddot{s}_{\overline{n}|}}{i}$，所以

$$i(Is)_{\overline{n}|i} + (n+1) = \ddot{s}_{\overline{n}|} - n + n + 1 = 1 + \ddot{s}_{\overline{n}|} = s_{\overline{n+1}|}.$$

第 三 章

3. 因为
$$P(i) = [4000v + 5500v^3 - (7000 + 1000v^2)] \text{元},$$
所以
$$P(0.09) = \left[\dfrac{4000}{1.09} + \dfrac{5500}{1.09^3} - \left(7000 + \dfrac{1000}{1.09^2}\right)\right]\text{元}$$
$$= 75.05 \text{ 元},$$
$$P(0.1) = [3636.3636 + 4132.2314 - (7000 + 826.4463)]\text{元}$$
$$= -57.85 \text{ 元}.$$

6. 依题意有价值方程
$$1000\, s_{\overline{20}|0.05} = 10^4(1+i)^{20}.$$
解得
$$i = \left[\dfrac{(1+0.05)^{20}-1}{10 \times 0.05}\right]^{1/20} - 1 = 6.162\%.$$

7. 设购买价格为 P，依题意有价值方程
$$P(1+0.04)^5 = (5000 + 40 \times 1.03^3 + 80 \times 1.03^2$$
$$+ 120 \times 1.03 + 160)\text{元}$$
$$= (5000 + 43.7091 + 84.872 + 123.6 + 160)\text{元}$$
$$= 5412.18 \text{ 元},$$

解得 $P = 4448.42$ 元.

10. 由题意有价值方程
$$10(1+i)^{10} + 0.15\, s_{\overline{10}|i} = 26(1-8\%).$$
解得 $i \approx 8.07\%$.

11. (1) 利率为 15% 的净现值为

$$18000\, a_{\overline{6}|0.15}\,\text{元} - 50000\,\text{元}$$
$$= 18000\, \frac{1-(1.15)^{-6}}{0.15}\,\text{元} - 50000\,\text{元}$$
$$= 68120.688\,\text{元} - 50000\,\text{元} = 18120.69\,\text{元};$$

(2) 由收益率 i 满足 $18000\, a_{\overline{6}|i} = 50000$, 求得 $i = 27.70\%$.

14. 依题意所求余额为

$$\left[1000(1+4\%) + 200\left(1+4\%\times\frac{3}{4}\right) - 300\left(1+4\%\times\frac{1}{4}\right)\right]\text{元}$$
$$= (1040 + 206 - 303)\,\text{元} = 943\,\text{元}.$$

15. 在考虑复利的前提下有
$$(1+{}_t i_0)(1+{}_{1-t}i_t) = 1+i.$$

(1) 由 ${}_{1-t}i_t = (1-t)i$ 得
$${}_t i_0 = \frac{(1+i)-1-(1-t)i}{1+(1-t)i} = \frac{ti}{1+(1-t)i};$$

(2) 由 ${}_t i_0 = ti$ 得
$${}_{1-t}i_t = \frac{(1+i)-1-ti}{1+ti} = \frac{(1-t)i}{1+ti}.$$

18. 按投资年方法计算: 由于
$$1+i_1^5 = (1.08 + 0.005\times 1)^{1.05} = 1.08943,$$
$$1+i_2^5 = (1.08 + 0.005\times 2)^{1.05} = 1.0947,$$
$$1+i_3^5 = (1.08 + 0.005\times 3)^{1.05} = 1.09998,$$

因此
$$(1+i_1^5)(1+i_2^5)(1+i_3^5) = 1.311835 = (1+i)^3,$$
进而得 $i = 9.46949\%$.

19. (1) 利用资本加权计算: 已知公式
$$B = A + C + I, \quad i = \frac{I}{A + \sum_t C_t(1+t)}.$$

由 $B = 10\,\text{元} + 10\times\dfrac{1}{0.8}\,\text{元} = 22.5\,\text{元}$, $A = 10\,\text{元}$, $C = 10\,\text{元}$, 得 $I = 2.5\,\text{元}$, 于是
$$i = \frac{2.5}{10 + \dfrac{1}{2}\times 10} = \frac{2.5}{15} = \frac{1}{6} = 16.67\%.$$

(2) 利用时间加权计算：
$$i = \frac{0.8}{1} \times \frac{1}{0.8} - 1 \Longrightarrow i = 0.$$

23. $B_0 = C_0 = 1000$，
$B_1 = B_0(1+r) + C_1 = 1150 + 2000 = 3150$，
$B_2 = B_1(1+r) + C_2 = 3150 \times 1.15 - 4000 = -377.5$，
$B_3 = B_2(1+f) + C_3 = -377.5 \times 1.1 + 3000 = 2584.75$，
$B_4 = B_3(1+r) + C_4 = 2972.4625 - 4000 = -1027.5375$，
$B_5 = B_4(1+f) + C_5 = -1130.29125 + 5000 = 3869.70875.$

25. 提示　净现值比较 $\Longrightarrow$ 等价：
$$-900 \times (1+0.1)^{-1} + 800 = -18.182,$$
$$-1120 \times (1+0.1)^{-1} + 1000 = -18.182.$$

26. $W_{10} = F_{10} = (F_9 - W_9) \times 1.05 = 1.05\left(1 - \frac{1}{\ddot{a}_{\overline{2}|0.03}}\right)F_9$
$= 1.05^2\left(1 - \frac{1}{\ddot{a}_{\overline{2}|0.03}}\right)\left(1 - \frac{1}{\ddot{a}_{\overline{3}|0.03}}\right)F_8$
$= 1.05^6 \times 1.04^4 \times \frac{a_{\overline{1}|0.03}}{\ddot{a}_{\overline{2}|0.03}} \times \frac{a_{\overline{2}|0.03}}{\ddot{a}_{\overline{3}|0.03}} \times \cdots \times \frac{a_{\overline{9}|0.03}}{\ddot{a}_{\overline{10}|0.03}} \times F_0$
$= \frac{1.05^6 \times 1.04^4}{1.03^8} \times \frac{a_{\overline{1}|0.03}}{\ddot{a}_{\overline{10}|0.03}} \times F_0 = \frac{1.05^6 \times 1.04^4}{s_{\overline{10}|0.03}} F_0.$

29. 根据题意所求收益率为
$$\left(\frac{1060}{1000} \times \frac{1415}{1310} \times \frac{1290}{1265} \times \frac{1570}{1540}\right)^{1/2} - 1 = 9.10247\%.$$

第 四 章

2. 已知 $n = \frac{10000}{2000} = 5$，故所求的未结贷款余额为
$$(1+i)^5 \times 10^4 \text{元} - 2000 s_{\overline{5}|0.12} \text{元} = 4917.72 \text{元}.$$

7. 设原计划每次的还款额为 R，调整后的每次还款额为 X，则依题意有
$$2 \times 10^4 \text{元} = R a_{\overline{20}|i}, \quad R a_{\overline{15}|i}(1+i)^2 = X a_{\overline{13}|i}.$$

于是
$$X = \frac{a_{\overline{15}|i}}{a_{\overline{13}|i}}(1+i)^2 R = \frac{2 \times 10^4}{a_{\overline{20}|i}} \times \frac{a_{\overline{15}|i}}{a_{\overline{13}|i}} \times (1+i)^2 \text{ 元}.$$

12. 依题意年还款额 R 满足
$$10^4 \text{ 元} = R a_{\overline{20}|0.1}, \quad B_{10} = R a_{\overline{10}|0.1},$$
于是第 11 次还款中的利息量为
$$iB_{10} = i a_{\overline{10}|0.1} \frac{10^4}{a_{\overline{20}|0.1}} \text{ 元} = i \frac{1-v^{10}}{1-v^{20}} 10^4 \text{ 元}$$
$$= i \frac{10^4}{1+v^{10}} \text{ 元} = \frac{10^3}{1+v^{10}} \text{ 元}.$$

17. 额外偿还的第 8 次的本金是 $B = 1 \cdot a_{\overline{13}|i}$ 元, 节约了
$$I = iB = (1-v^{13}) \text{ 元}.$$

21. 由于
$$B_{k-1} = L(1+i)^{k-1} - R s_{\overline{k-1}|i},$$
所以
$$I_k = iB_{k-1} = iL(1+i)^{k-1} - R[(1+i)^{k-1} - 1]$$
$$= (iL - R)(1+i)^{k-1} + R = R - (R - iL)(1+i)^{k-1}.$$
而 $P_k = (R-iL)(1+i)^{k-1}$, 故由 $P_k = 4I_k$ 有
$$(1+i)^{k-1} = \frac{4R}{5(R-iL)},$$
即
$$(k-1)\ln(1+i) = \ln \frac{4 \times 1000}{5(1000 - 2.5\% \times 15000)}$$
$$= \ln \frac{4000}{3125} = \ln \frac{32}{25},$$

进而得 $k = 1 + \frac{\ln 1.28}{\ln 1.025} \approx 11.$

24. 由 $a_{\overline{120}|0.0075} \geqslant a_{\overline{120}|0.01}(1+K\%)$ 得
$$K \leqslant 100 \left(\frac{a_{\overline{120}|0.0075}}{a_{\overline{120}|0.01}} - 1 \right)$$
$$= 100 \left[\frac{1 \times (1 - 1.0075^{-120})}{0.75 \times (1 - 1.01^{-120})} - 1 \right]$$

$$= 100\left(\frac{4}{3} \times \frac{0.59206269502}{0.69700522031} - 1\right)$$
$$= 13.258395.$$

27. 由 $K\ddot{s}_{\overline{10}|0.07} = 10^4$ 元得 $K = 676.43$ 元.

29. 由于
$$1000 - 12000 \times \frac{12\%}{2} = 280, \quad 1000 - 12000 \times \frac{10\%}{2} = 400,$$

因此所求的差额为
$$(280 \times s_{\overline{10}|0.04} \times 1.04^{10} + 400 s_{\overline{10}|0.04} - 12000) \text{元}$$
$$= (9778.59486 - 12000) \text{元} = -2221.41 \text{元}.$$

31. 依题意有价值方程
$$(36000 - i400000) s_{\overline{31}|0.03} = 400000.$$

解得
$$i = \frac{36000 - \dfrac{400000}{s_{\overline{31}|0.03}}}{400000} = 0.09 - \frac{1}{s_{\overline{31}|0.03}} = 0.07000107 \approx 7\%.$$

39. 根据题意有
$$\begin{cases} 5190.72(1+i) - 5084.68 = K, \\ 5084.68(1+i) - 4973.66 = K, \end{cases}$$

于是 $106.04(1+i) - 111.02 = 0$, 即
$$1 + i = \frac{111.02}{106.04}, \quad \text{亦即} \quad i = 4.69634\%,$$

进而得 $K = 349.81$ 元.

41. A,B,C 三人继承的遗产金额分别为
$$125000 \times 5 \text{元} = 6.25 \times 10^5 \text{元},$$
$$75000 \times 5 \text{元} = 3.75 \times 10^5 \text{元},$$
$$(10^6 + 8 \times 10^5 + \cdots + 2 \times 10^5) \times 5\% \text{元}$$
$$= 30 \times 10^5 \times 5\% \text{元} = 1.5 \times 10^5 \text{元},$$

于是所求的比为 $6.25 : 3.75 : 1.5 = 25 : 15 : 6$.

45. 设偿债基金每次的存款为 R,根据题意有价值方程
$$R s_{\overline{20}|0.035} = 5000(1 + 0.025)^{40} \text{元}.$$

解得 $R = 474.73$ 元.

47. 由 $L = iL(Ia)_{\overline{10}|}$ 有
$$(Ia)_{\overline{10}|} = 1/i = a_{\overline{\infty}|}.$$

50. 该贷款的出让价格 S 由本金和利息 D 两部分组成：
$$S = 100\, a_{\overline{10}|0.05} + D = 772.1735 + D,$$
其中
$$D = 1000 \times 3\% v + 900 \times 3\% v^2 + \cdots + 100 \times 3\% v^{10},$$
$$= \frac{30v - 33v^2 + 3v^{12}}{(1-v)^2} = \frac{30(1+i) - 33 + 3v^{10}}{i^2}.$$

56. 提示 $\bar{a}_{\overline{n}|}(1+i)^t = \int_0^n e^{\delta(t-s)}\, ds = \int_0^t e^{\delta(t-s)}\, ds + \int_t^n e^{\delta(t-s)}\, ds$
$$= \int_0^t e^{\delta(t-s)}\, ds + \int_0^{n-t} e^{-\delta s}\, ds = \bar{s}_{\overline{t}|} + \bar{a}_{\overline{n-t}|}.$$

57. $B_k = \int_k^n t v^{t-k}\, dt = \int_0^n t v^{t-k}\, dt - \int_0^k t(1+i)^{k-t}\, dt$
$$= (1+i)^k (\bar{I}\bar{a})_{\overline{n}|} - (\bar{I}\bar{s})_{\overline{k}|};$$
或者 $B_k = \int_k^n t v^{t-k}\, dt = \int_0^{n-k} (t+k) v^t\, dt = (\bar{I}\bar{a})_{\overline{n-k}|} + k\, \bar{a}_{\overline{n-k}|}.$

第 五 章

6. 已知 $i = 5\%, g = 4\%$. 第一种债券的价格为
$$P_1 = [4\, a_{\overline{10}|0.05} + 100(1+0.05)^{-10}]\, 元$$
$$= (80 + 20 \times 1.05^{-10})\, 元,$$
于是
$$\frac{P_1}{100\, 元} - 1 = -7.721\%.$$

这表明，第一种债券价格约下降 7.7%.

第二种债券的价格为
$$P_2 = [4\, a_{\overline{20}|0.05} + 100(1+0.05)^{-20}]\, 元$$
$$= (80 + 20 \times 1.05^{-20})\, 元,$$
于是
$$\frac{P_2}{100\, 元} - 1 = -12.4622\%.$$

这表明，第二种债券价格约下降 12.5%.

7. 第一种债券的价格为
$$P_1 = [50\, a_{\overline{n}|0.04} + 1000(1+0.04)^{-n}]\ \text{元}$$
$$= [1250 - 250(1+0.04)^{-n}]\ \text{元},$$

第二种债券的价格为
$$P_2 = [25\, a_{\overline{n}|0.04} + 1000(1+0.04)^{-n}]\ \text{元}$$
$$= [625 + 375(1+0.04)^{-n}]\ \text{元},$$

于是 $\quad P_2 = \dfrac{1250\ \text{元} - P_1}{250} \times 375 + 625\ \text{元} = 794.83\ \text{元}.$

11. 依题意有
$$P = (10^3 v^{2n} + 60\, a_{\overline{2n}|i})\ \text{元} = (1200 - 200 v^{2n})\ \text{元},$$
$$P + 50\ \text{元} = (10^3 v^{4n} + 60\, a_{\overline{4n}|i})\ \text{元} = (1200 - 200 v^{4n})\ \text{元},$$

于是 $4v^{4n} - 4v^{2n} + 1 = 0$,即 $v^{2n} = \dfrac{1}{2}$,进而求得 $P = 1100\ \text{元}$.

12. 由题意有
$$p = 0.5 i\, a_{\overline{n}|i} = 0.5(1 - v^n),$$

于是新债券的价格为
$$P = 1 - 0.25 i\, a_{\overline{n}|i} = 1 - 0.25(1 - v^n) = 1 - 0.5 p.$$

14. 由于 $g < i$, $i = 4.5\%$, $C(i-g)v^2 = 8\ \text{元}$,所以所求累积额的总和为
$$C(i-g)(v^{20} + \cdots + v^{13}) = \dfrac{8}{v^2} v^{12}\, a_{\overline{8}|}\ \text{元}$$
$$= \dfrac{1600}{9}(v^{10} - v^{18})\ \text{元} = 33.98\ \text{元}.$$

18. (1) 用理论法计算:
$$B^f = 87.53779(1+5\%)^{1/3}\ \text{元} = 88.97\ \text{元},$$
$$F_{rk} = 4 \times \dfrac{1.05^{1/3} - 1}{i}\ \text{元} = 1.31\ \text{元},$$
$$B^m = B_t(1+i)^k - 4 \times \dfrac{1.05^{1/3} - 1}{i}\ \text{元} = 87.66\ \text{元};$$

(2) 用实用法计算:

$$B^f = 87.53779\left(1+\frac{1}{3}\times 5\%\right)\text{元} = 89.00\text{元},$$

$$F_{rk} = 4\times\frac{1}{3}\text{元} = 1.33\text{元},$$

$$B^m = (88.99675-1.333)\text{元} = 87.66\text{元};$$

(3) 用半理论法计算：

$$B^f = 88.98\text{元}, \quad F_{rk} = 1.33\text{元}, \quad B^m = 87.65\text{元}.$$

19. 设半年实际收益率为 i，则根据题意有价值方程

$$\frac{110-100}{100} = (5\%-i)\,a_{\overline{24}|i}.$$

解得 $i=4.356\%$，进而所求名收益率为 $i^{(2)}=8.712\%$.

20. 设半年实际收益率为 i，则根据题意有价值方程

$$110(1+i)^{24} = 100\times 5\%\,s_{\overline{24}|0.035} + 100$$

$$= \frac{500}{3.5}(1.035^{24}-1) + 100.$$

解得 $i=4.020993\%$，进而所求名收益率为 $i^{(2)}=8.041987\%$.

21. 设半年实际收益率为 i，则依题意有

$$P_1 = 45\,a_{\overline{40}|i} + 500v^{40}, \quad P_2 = 30\,a_{\overline{40}|i} + 1000v^{40},$$
$$P_1 - 500 = 2(1000-P_2).$$

于是

$$2500 = P_1 + 2P_2 = 105\,a_{\overline{40}|i} + 2500v^{40},$$

即

$$\left(\frac{105}{i}-2500\right)(1-v^{40}) = 0.$$

解得 $i=4.2\%$，进而 $i^{(2)}=8.4\%$.

26. 该债券的认购价格为

$$P = (20\,a_{\overline{40}|0.015} + 1000v^{40})\text{元}$$

$$= [1000(0.02-0.015)a_{\overline{40}|0.015} + 1000]\text{元}$$

$$= \frac{5}{0.015}(1-1.015^{-40})\text{元} + 1000\text{元} = 1146.58\text{元}.$$

设第 5 年底的赎回值为 X，依题意有价值方程

$$P(1+0.015)^{20} = 20\,s_{\overline{20}|0.015}\text{元} + X.$$

解得

$$X = P \times 1.015^{20} - \frac{20}{0.015}(1.015^{20} - 1) \, 元$$

$$= \left(P - \frac{2000 \, 元}{1.5}\right) \times 1.015^{20} + \frac{2000}{1.5} \, 元 = 1085.84 \, 元.$$

27. 已知 $r = 2\%$, $g = \dfrac{20 \, 元}{C}$, 则依题意有

当 $n = 8, 10, 12$ 时, $g_1 = \dfrac{20}{1050} = 0.019$, 于是

$$P_1 = 1050[1 + (g_1 - 0.025) a_{\overline{12}|0.025}] \, 元 = 985.38 \, 元;$$

当 $n = 14, 16, 18$ 时, $g_2 = \dfrac{20}{1025} = 0.0195$, 于是

$$P_2 = 1025[1 + (g_2 - 0.025) a_{\overline{18}|0.025}] \, 元 = 944.08 \, 元;$$

当 $n = 20$ 时,

$$P_3 = 1000[1 + (0.02 - 0.025) a_{\overline{20}|0.025}] \, 元 = 922.05 \, 元.$$

所以, 投资者可接受的最高认购价格为 922.05 元.

28. 设发行价格为 P, 则由题意有

$$P = 30 \, a_{\overline{10}|0.035} \, 元 + 1000 v^{10} \, 元,$$
$$1000 \, 元 = 30 \, a_{\overline{10}|0.035} \, 元 + (1000 \, 元 + X) v^{10},$$
$$P = 30 \, a_{\overline{20}|0.035} \, 元 + (1000 \, 元 + X) v^{20}.$$

于是有方程

$$30 \frac{v^{10} - v^{20}}{0.035} \, 元 + (1000 \, 元 + X) v^{20} - 1000 v^{10} \, 元 = 0 \, 元,$$

即 $\dfrac{3000}{3.5}[(1+i)^{10} - 1] \, 元 + 1000 \, 元 + X - 1000(1+i)^{10} \, 元 = 0 \, 元.$

解得

$$X = \left(1000 - \frac{3000}{3.5}\right)(1+i)^{10} \, 元 + \left(\frac{3000}{3.5} - 1000\right) 元$$

$$= \left(1000 - \frac{3000}{3.5}\right)(1.035^{10} - 1) \, 元$$

$$= 58.66 \, 元.$$

30. 由于

$$g = \frac{500}{500} \times 0.06 = 0.06,$$

$$K = 500(v^6 + \cdots + v^{25}) \text{元} = 500v^6 \frac{1-v^{20}}{1-v} \text{元}$$

$$= 2643.13 \text{元},$$

$$C = 10000 \text{元},$$

所以 $\qquad P = K + \dfrac{g}{i}(C-K) = 7057.25 \text{元}.$

39. 设每年平均分红为 X，则由题意有

$$[10v + 10(1+5\%)v^2 + \cdots] \text{元}$$

$$= 10v \frac{1}{1-\dfrac{1.05}{1.12}} \text{元} = \frac{1}{0.12} X,$$

即 $\qquad 10 \dfrac{1}{1.12-1.05} \text{元} = \dfrac{X}{0.12}.$

解得 $X = \dfrac{120}{7} \text{元} = 17.14 \text{元}.$

42. (1) $(10^3 \times 900 + 10^4 \times 115) \text{元} = 2050 \times 10^3 \text{元}$；

(2) $(10^6 + 10^6) \text{元} = 2 \times 10^6 \text{元}$；

(3) $(10^6 + 10^4 \times 115) \text{元} = 2150 \times 10^3 \text{元}$；

(4) $[(40 a_{\overline{15}|0.05} + 10^3 v^{15}) 10^3 + 1.2 \times 10^6] \text{元}$

$$= (2 \times 10^6 + 0.2 \times v^{15} \times 10^6) \text{元}$$

$$= 2096203.42 \text{元}.$$

46. 提示 考虑面值为 1 的债券. 由于

$$P = 6\% a_{\overline{5}|0.04} + v^5 = 1.5 - 0.5v^5,$$

$$P = 5\% a_{\overline{n}|0.04} + v^n = 1.25 - 0.25v^n,$$

所以

$\qquad 1.25 - 0.25v^n = 1.5 - 0.5v^5,$ 即 $5 - v^n = 6 - 2v^5,$

进而求得

$$n = -\frac{\ln(2 \times 1.04^{-5} - 1)}{\ln 1.04} = 11.22578.$$

第 六 章

5. (1) 利用美国计息法计算：
$$[8000(1+3\%)-2000]元 = 6240元,$$
$$[6240(1+6\%)-4000]元 = 2614.4元,$$
$$X = 2614.4(1+3\%)元 = 2692.83元.$$

(2) 利用商人计息法计算：
$$X = [8000(1+12\%)-2000(1+9\%)-4000(1+3\%)]元$$
$$= 2660元.$$

9. 设前 5 年的月偿还额为 R，由题意有
$$[10^6(1+7.5\%)^4 + 5\times10^5(1+7.5\%)^3 + 5\times10^5(1+7.5\%)^2]元$$
$$= R\,a_{\overline{60}|0.01} + 2R\,a_{\overline{300}|0.01}v^{60} = R(a_{\overline{60}|0.01} + 2a_{\overline{300}|0.01}v^{60})$$
$$= 100R(1-v^{60}+2v^{60}-2v^{360}) = 100R(1+v^{60}-2v^{360}),$$

化简得
$$149.4816237519R = 2534430.08元.$$

解出 $R = 16954.79$ 元，于是第 12 次偿还的金额为
$$\frac{R}{(1.01)^{12}} = 15047元.$$

11. 利息调整后，还款期限不变，调整还款额. 第 24 次还款后未结余额为
$$\frac{1000\,a_{\overline{27}|0.03}}{a_{\overline{27}|0.035}}\,a_{\overline{16}|0.035}元 = 12822.94元.$$

15. (1) $\left(1200 - 4\times\dfrac{1308}{12}\right)元 = (1200-436)元 = 764元$；

(2) $(12-4)\dfrac{1308}{12}元 = 872元$；

(3) $\dfrac{8}{12}\times 1200元 = 800元$；

(4) $\left(\dfrac{8}{12}\times 1308 - 108\,\dfrac{s_8}{s_{12}}\right)元 = \left(\dfrac{8}{12}\times 1308 - 108\times\dfrac{8\times 9}{12\times 13}\right)元$
$$= (872-49.85)元 = 822.15元.$$

20. (1) 利用偿债基金法计算：公式为

$$D_t = \frac{A-S}{s_{\overline{n}|j}}(1+j)^{t-1}.$$

依题意有

$$1000 \text{ 元} = D_3 = \frac{A}{s_{\overline{10}|0.05}}(1+0.05)^2,$$

于是

$$A = 11408.52 \text{ 元} = 1000 \times \frac{s_{\overline{10}|0.05}}{1.05^2} \text{ 元},$$

$$D_9 = \frac{A}{s_{\overline{10}|0.05}}(1+0.05)^8 = D_3 \times 1.05^6 = 1340.10 \text{ 元}.$$

(2) 利用直线法计算：公式为

$$D_t = \frac{A-S}{n}.$$

依题意有

$$D_3 = \frac{A}{10} = 1000 \text{ 元},$$

于是

$$A = 10^4 \text{ 元}, \quad D_9 = D_3 = 1000 \text{ 元}.$$

(3) 利用年限总和折旧法计算：公式为

$$D_t = \frac{n-t+1}{s_n}(A-S).$$

依题意有

$$1000 \text{ 元} = D_3 = \frac{10-3+1}{\frac{10 \times 11}{2}}A,$$

于是 $A = \frac{110}{6} \times 1000 \text{ 元} = 6875 \text{ 元}$. 又由公式有

$$\frac{D_9}{D_3} = \frac{10-9+1}{10-3+1},$$

进而得 $D_9 = \frac{2}{8}D_3 = 250 \text{ 元}$.

(4) 余额递减法不适用. 事实上，由 $S=0$ 元有 $d = 1 - \left(\frac{S}{A}\right)^{1/n} =$

1，即 $1-d=0$，所以不适用.

22. $B_{10} = A - \dfrac{A-S}{s_{\overline{15}|0.05}} s_{\overline{10}|0.05}$

$= 15000 \text{ 元} - 13000 \times \dfrac{1.05^{10}-1}{1.05^{15}-1} \text{ 元} = 7422.45 \text{ 元}$，

$B_{12} = B_{10} - \dfrac{2}{5}(B_{10}-S) = \dfrac{3}{5}B_{10} + \dfrac{2}{5}S = 5253.47 \text{ 元}.$

24. 由于

$$BVSL_t = \left(1-\dfrac{t}{n}\right)A + \dfrac{t}{n}S,$$

$$BVSD_t = S + \dfrac{S_{n-t}}{S_n}(A-S),$$

所以

$$BVSL_t - BVSD_t = (A-S) - (A-S)\left(\dfrac{t}{n} + \dfrac{S_{n-t}}{S_n}\right)$$

$$= (A-S)\left[1 - \dfrac{t}{n} - \dfrac{(n-t)(n-t+1)}{n(n+1)}\right]$$

$$= -\dfrac{A-S}{n(n+1)}(t^2 - nt).$$

可见，当 $t = \dfrac{n}{2} = \dfrac{100}{2} = 50$ 时，$BVSL_t - BVSD_t$ 达到最大.

27. 已知 $A = 10^4$ 元，$S = 10^3$ 元，$M = 500$ 元，$i = 5\%$，$n = 10$.

(1) $H = Ai + \dfrac{A-S}{s_{\overline{n}|i}} + M$

$= 10^4 \times 5\% \text{ 元} + \dfrac{9 \times 10^3}{\dfrac{1.05^{10}-1}{5\%}} \text{ 元} + 500 \text{ 元}$

$= 1715.54 \text{ 元}$；

(2) $K = \dfrac{H}{i} = 34310.82 \text{ 元}.$

30. 已知 $A = 1000$ 元，$S = 50$ 元，$i = 5\%$，$n_1 = 10$，$n_2 = 15$. 由于

$$Ai + \dfrac{A-S}{s_{\overline{n_1}|i}} + M_1 = Ai + \dfrac{A-S}{s_{\overline{n_2}|i}} + M_2,$$

所以

$$M_2 - M_1 = (A-S)\left(\frac{1}{s_{\overline{n_1}|i}} - \frac{1}{s_{\overline{n_2}|i}}\right) = 31.75 \text{ 元}.$$

第 七 章

1. 设最初投入资本为 X.

(1) $A = X \dfrac{1.08^{10}}{1.05^{10}}$;

(2) $B = X \left(\dfrac{1.08}{1.05}\right)^{10}$;

(3) 所求的比为 $A : B = 1 : 1$.

6. 依题意所求的现值数学期望为

$$80\, a_{\overline{10}|0.12} \text{ 元} + 1000 \times 98\% v^{10} \text{ 元}$$

$$= \left[\frac{8000}{12} + \left(980 - \frac{8000}{12}\right) \times 1.12^{-10}\right] \text{元}$$

$$= 767.55 \text{ 元}.$$

7. 首先考虑 0-1 变量 I：

$$P(I=1) = 90\% = 1 - P(I=0),$$

$$\mathrm{E}(I) = 0.9, \quad \mathrm{D}(I) = pq = 0.09.$$

设投资收益现值为 X，则 $X = 1000vI$. 于是

(1) $\mathrm{E}(X) = 1000v\mathrm{E}(I) = \dfrac{1000}{1.025} \times 0.9 = 878$;

(2) $\mathrm{D}(X) = 1000^2 v^2 \mathrm{D}(I)$,

$\mathrm{sd} = 1000v\sqrt{\mathrm{D}(I)} = \dfrac{1000}{1.025} \times 0.3 = 293$;

(3) $\left(\dfrac{1000}{878} - 1\right) - 2.5\% = 11.40\%$.

10. 根据题意，原现值 X_1 满足：

$$\mathrm{E}(X_1) = Rv \times 0.99 + \cdots + Rv^{15} \times 0.99^{15}$$

$$= R \frac{1 - \left(\dfrac{0.99}{1.12}\right)^{15}}{1 - \dfrac{0.99}{1.12}} \times \frac{0.99}{1.12} = 1.5 \times 10^5.$$

(1) 新的现值期望为

$$E(X_2) = R \frac{1 - \left(\frac{0.98}{1.12}\right)^{15}}{1 - \frac{0.98}{1.12}} \times \frac{0.98}{1.12} = 141500;$$

(2) 新的现值期望为

$$E(X_3) = R \frac{1 - \left(\frac{0.98}{1.14}\right)^{15}}{1 - \frac{0.98}{1.14}} \times \frac{0.98}{1.14} = 128300.$$

15. 根据题意有

$$6 \sum_{t=1}^{6} (1+i_t)^{-t} + 100(1+i_6)^{-6} = 90,$$

$$12 \sum_{t=1}^{6} (1+i_t)^{-t} + 100(1+i_6)^{-6} = 115,$$

于是有

$$(1+i_6)^{-6} = 2 \times 90 - 115 = 65.$$

化简得

$$(1+i_6) = \left(\frac{100}{65}\right)^{1/6},$$

进而得 $i_6 = 7.44\%$.

26. 由于

$$P(i) = [35000 \times 1.08^5 (1+i)^{-5} + 50000 \times \frac{0.08}{i}$$
$$- 85000 \times 1.08^{10} \times (1+i)^{-10}] 元,$$

$P(8\%) = 0$ 元,

$$P'(i) = [-5 \times 35000 \times 1.08^5 (1+i)^{-6} - 50000 \times 0.08 \times i^{-2}$$
$$+ 10 \times 85000 \times 1.08^{10} (1+i)^{-11}] 元,$$

$$P'(8\%) = \left(-5 \times 35000 \times \frac{1}{1.08} - \frac{50000}{0.08} + \frac{10 \times 85000}{1.08}\right) 元$$
$$= 0 \text{ 元},$$

$$P''(i) = [30 \times 35000(1.08)^5 \times (1+i)^{-7} + 2 \times 50000 \times 0.08 \times i^{-3}$$
$$- 11 \times 10 \times 85000(1.08)^{10}(1+i)^{-12}] 元,$$

$P''(8\%) > 0$ 元,

所以该方案是最优的投资方案.

27. 依题意,负债现值为
$$PVL(i) = 10^4 \, a_{\overline{5}|i} \text{ 元}, \quad PVL(10\%) = 37908 \text{ 元},$$
所以有
$$PVL'(i) = 10^4 \left[-\frac{1}{(1+i)^2} - \frac{2}{(1+i)^3} - \cdots - \frac{5}{(1+i)^6} \right] \text{元}$$
$$= -10^4 \times \frac{1}{1+i} (Ia)_{\overline{5}|i} \text{ 元},$$
$$PVL''(i) = 10^4 \left[\frac{2}{(1+i)^3} + \frac{6}{(1+i)^4} + \frac{12}{(1+i)^5} + \frac{20}{(1+i)^6} + \frac{30}{(1+i)^7} \right] \text{元}.$$

设三种债券持有额分别为 X, Y, Z,则资产现值为
$$PVA(i) = X(1+10\%)(1+i)^{-1} + Y(1+10\%)^3(1+i)^{-3}$$
$$+ Z(1+10\%)^5(1+i)^{-5},$$
$$PVA(10\%) = X + Y + Z,$$
所以有
$$PVA'(i) = -X \cdot 1.1(1+i)^{-2} - 3Y \cdot 1.1^3(1+i)^{-4}$$
$$- 5Z1.1^5(1+i)^{-6},$$
$$PVA'(10\%) = -\frac{X}{1.1} - \frac{3Y}{1.1} - \frac{5Z}{1.1},$$
$$PVA''(i) = 2X \cdot 1.1(1+i)^{-3} + 12Y \cdot 1.1^3(1+i)^{-5}$$
$$+ 30Z \cdot 1.1^5(1+i)^{-7},$$
$$PVA''(10\%) = \frac{2X}{1.1^2} + \frac{12Y}{1.1^2} + \frac{30Z}{1.1^2}.$$

应用免疫技术:
$$\begin{cases} PVL(10\%) = PVA(10\%), \\ PVL'(10\%) = PVA'(10\%), \\ PVL''(10\%) < PVA''(10\%), \end{cases}$$
$$\Rightarrow \begin{cases} X + Y + Z = 37908 \text{ 元}, & (1) \\ -\frac{X}{1.1} - \frac{3Y}{1.1} - \frac{5Z}{1.1} = -10^4 \cdot \frac{1}{1.1} (Ia)_{\overline{5}|0.01} \text{ 元}, & (2) \\ PVA''(10\%) > PVL''(10\%). & (3) \end{cases}$$

当 $X=Y=Z=12636$ 元时,

$$X+3Y+5Z = 113724 \text{ 元} \neq 10^4 (Ia)_{\overline{5}|0.1} \text{ 元} = 106526 \text{ 元},$$

所以三种债券的投资额均为 12636 元,不是最优的投资方案.

如果取 $Z=9624$ 元,则由式(1)和(2)得到

$$X = 13223 \text{ 元}, \quad Y = 15061 \text{ 元}.$$

所以 $X=13223$ 元,$Y=15061$ 元,$Z=9624$ 元为更优的策略.

名词索引

这里按汉语拼音顺序给出常用的名词(凡以外文字母或数字开始的词组均归入 A 类),对部分名词标注了对应的英文,并给出所有名词所在的章节号.

A

72 算法	1.2
CIR 模型	8.1
m 换算名利率	1.1
Macaulay 久期(duration)	7.2
Makeham 公式	5.2
n 期标准递增期末年金	2.3
n 期标准递减期末年金	2.3
n 期标准期末年金	2.1
n 期标准期初年金	2.1
p 换算名贴现率	1.1
PSA 模式(Public Securities Association)	6.2

B

半理论法(semi-theoretical method)	5.2
保证金(margin)	6.4
本金(principal)	1.1
本息分离债券(Separate Trading of Registered Interest and Principal of Securities,STRIPS)	7.2
比较日(comparison date)	1.2
比例变化年金	2.2
标的资产(underlying asset)	6.4
标准 PSA 模式	6.1
波动率(volatility)	7.2

剥离抵押贷款证券(stripped mortgage-backed securities)   6.1

布莱克-舒尔斯(Black-Scholes)公式   7.2

C

参与优先股票(participating preferred stock)   5.1

残值(salvage value)   6.2

长期国库券(Treasury bonds)   5.1

偿债基金(sinking fund)   4.2

偿债基金法或复利方法   6.2

诚实贷款法案(Truth in Lending Act)   6.1

D

担保抵押贷款证券(collateralized mortgage obligation, CMO)   6.1

单利(simple interest)   1.1

单利率(simple interest rate)   1.1

单月提前偿付率(single monthly mortality, SMM)   6.1

到期期限(maturity)   5.1

到期日(maturity date)   5.1

到期收益率(yield rate)   5.2

等价时间法(method equated time)   1.2

递减年金(decreasing annuity)   2.3

递延年金(deferred annuity)   2.1

递增年金(increasing annuity)   2.3

抵押贷款转递证券(mortgage pass-through)   6.1

抵押债券(mortgage bond)   5.1

抵押支持债券(mortgage backed securities, MBS)   6.1

短期国库券(Treasury bills)   5.1

兑现日(redemption date)   5.1

兑现值(redemption value)   5.2

E

二叉树模型(binomial branching model)   8.1

二阶自回归模型   8.1

二项模型(binomial model)   8.3

F

发行人(issuer)	5.1
非系统风险(unsystematic risk)	8.2
分红	5.1
风险的市场价格(market price of risk)	8.2
风险溢价(risk premium)	7.1
复利(compound interest)	1.1

G

杠杆原理(leverage)	8.3
格子点模型(lattice model)	8.1
广义变化年金	2.3
广义的偿债基金表	4.3
广义的摊还表	4.3
广义年金	2.2
固定比率法(constant ratio method)	6.1
固定收益证券(fixed income securities)	5.1

H

回溯法(retrospective method)	3.1

J

基本公式(basic formula)	5.2
即期利率(spot rates)	7.2
记名债券(registered bond)	5.1
基值(base amount)	5.2
基值公式(base amount formula)	5.2
价值方程(equation of value)	1.2
交割价格(delivery price)	6.4
交割日(delivery date)	6.4
结算日(settlement date)	6.1
净价(clean price)	5.2
精确利息算法(exact simple or compound interest)	1.2

净融资项目(pure financing project)	3.3
精算方法(actuarial method)	6.1
净投资项目(pure investment project)	3.3
净现值(net present value，NPV)	3.1
净现值方法(net present value methods)	3.3
绝对匹配(absolute matching 或 dedication)	7.3
久期(duration)	7.2

K

开口信贷	6.1
看跌期权(put option)	8.3
看涨期权(call option)	8.3
可调利率抵押贷款(adjustable rate mortgage，ARM)	6.1
可调债券(adjustment bond)	5.1
可转换优先股(convertible preferred stock)	5.1
可转换债券(convertible bond)	5.1
空头债券(bearer bond)	5.1

L

垃圾债券(junk bond)	5.1
累积函数(accumulation function)	1.1
累积优先股票(cumulative preferred stock)	5.1
累积债券(accumulated bonds)	5.1
理论法(theoretical method)	5.2
利率(interest rate)	1.1
利率的期限结构(term structure of interest rates)	7.2
利息(interest)	1.1
利息力(force of interest)	1.1
利息力函数(function of interest)	1.1
理性预期理论(expectations theory)	7.2
零息债券(zero-coupon bond)	5.1
连续年金	2.2
连续变化年金	2.3
流动性偏好理论(liquidity preference theory)	7.2

M

卖出期权(put option)	8.3
买空(long transaction)	6.4
卖空(short sale)	6.4
买入期权(call option)	8.3
美国计息法(United States Rule)	6.1
美式期权	8.3
免疫技术(immunization)	7.3
面值(face amount)	5.2
名义利率(nominal rate of interest)	7.1
名义价值(par value)	5.2

N

内部回报率(internal return rate)	3.1
年百分率(annual percentage rate,APR)	6.1
年限总和折旧法(sum of the years' digits method)	6.2

O

欧式期权	8.3

P

牌价(quoted price)	5.2
平价(flat price)	5.2
平价等式(put-call parity)	8.3
平价债券(flat bond)	5.2
普通利息算法(ordinary simple or compound interest)	1.2

Q

期初年金(annuity-due)	2.1
期货(future)	6.4
期末年金(annuity-immediate)	2.1
期限(term)	5.1
券商算法(bond salesman's method)	5.3

R

融资费用(finance charge)	6.1

S

商人计息法(Merchant's Rule)	6.1
升水(premium)	5.2
市场价值(market value)	5.2
市场资产组合(market portfolio)	8.2
始发手续费(origination fee)	6.1
时间加权法(time-weighted rates of interest)	3.2
实际利率(real rate of interest)	7.1
实利率(effective interest rate)	1.1
实贴现率(effective discount rate)	1.1
实用方法(practical method)	5.2
收入债券(income bond)	5.1
收益率(yield rate)	3.1
收益率方法(interest preference rate)	3.3
收益率曲线(yield curves)	7.2
随机游动(random walk)	8.3

T

摊还表(amortization)	4.1
套利(arbitrage)	6.4
套期保值(hedging)	6.4
贴水(discount)	5.2
贴现函数(discount function)	1.1
贴现率(discount rate)	1.1
贴现因子(discount factor)	1.1
贴现现金流分析(discounted cash flow,DCF)	3.1
通货膨胀(inflation)	7.2
通货膨胀风险报酬理论(inflation premium theory)	7.2
统一公债(British consols)	5.1
投资组合方法	3.2

投资年方法   3.2
凸值(convexity)   7.3

W

未定年金(contingent annuity)   2
未结贷款余额(outstanding balance)   4.1
未结投资价值(outstanding value)   3.1
无记名债券(unregistered bond)   5.1

X

息率(coupon rate)   5.2
息票(coupon)   5.2
息票债券(coupon bond)   5.1
系列债券(serial bond)   5.1
系统风险(system risk)   8.2
现值(present value, PV)   1.1
现值的预期结果(expectation present value, EPV)   7.1
项目回报率   3.3
项目融资率   3.3
信用债券(debenture bond)   5.1
修正息率(mortified coupon rate)   5.2
修正久期(modified duration)   7.2

Y

一阶差分自回归模型   8.1
一阶自回归模型   8.1
溢价差(premium)   5.2
溢价摊还(premium amortization)   5.2
溢价债券(premium bond)   5.2
溢价折价公式(premium/discount formula)   5.2
银行家利息法则算法(Banker's Rule)   1.2
应计息票(accrued coupon)   5.2
永久年金(perpetuity)   2.1
优先股票(prefer stock)   5.1

余额递减法（declining balance method） 6.2
预期法（prospective method） 3.1
远期合约（forward） 6.4
远期利率（forward rates） 7.2
有条件的提前偿付率（conditional prepayment rate，CPR） 6.1
有效久期（effective duration） 7.2

Z

早赎债券（callable bond） 5.1
债券（bond） 5.1
账面价值（book value） 6.2
直接比率法（direct ratio method） 6.1
直线法（straight line method） 6.2
执行价（exercise price） 8.3
折价债券（discount bond） 5.2
折旧费（depreciation charge） 6.2
资本化成本 6.3
资本加权法（dollar-weighted rates or money-weighted rate） 3.2
资本资产定价模型（capital asset pricing model，CAPM） 8.2
资本预算 3.3
资产支持证券（asset backed security，ABS） 6.1
中期国库券（Treasury notes） 5.1
终值（accumulation value，AV） 1.2
总量函数（amount function） 1.1
最大收益法 6.1
最小收益法 6.1

符 号 索 引

这里给出若干常用的利息符号,并按照出现的先后次序给出本书中的通用符号、相应含义,以及所在的节号,以方便查阅. 书中有特殊说明者除外.

第 一 章

$A(t)$	原始投资经过时间 t 后的价值	1.1
I_{t_1,t_2}	$A(t)$ 在时间 $[t_1,t_2]$ 内的变化量	1.1
$a(t)$	1 个货币单位的原始本金在 t 时刻的累积值	1.1
i_n	第 n 个时段的实利率	1.1
$a^{-1}(t)$	t 时刻的 1 个货币单位在 0 时刻的价值	1.1
d_n	第 n 个时段的贴现率	1.1
v	$v=(1+i)^{-1}$	1.1
$i^{(m)}$	意味着每个换算期内的实际利率为 $\dfrac{i^{(m)}}{m}$	1.1
$d^{(p)}$	意味着每个换算期内的实际贴现率为 $\dfrac{d^{(p)}}{p}$	1.1
δ_t	$\delta_t=\dfrac{a'(t)}{a(t)}$	1.1
δ	δ_t 为常数的情形	1.1

第 二 章

$a_{\overline{n}|i}$	n 期标准期末年金的现值	2.1
$s_{\overline{n}|i}$	n 期标准期末年金的终值	2.1
$\ddot{a}_{\overline{n}|i}$	n 期标准期初年金的现值	2.1
$\ddot{s}_{\overline{n}|}$	n 期标准期初年金的终值	2.1
$a_{\overline{\infty}|i}$	标准永久期末年金的现值	2.1

$a_{\overline{n}|}^{(m)}$	具体含义参考本书	2.2
$s_{\overline{n}|}^{(m)}$	具体含义参考本书	2.2
$\ddot{a}_{\overline{n}|}^{(m)}$	具体含义参考本书	2.2
$\ddot{s}_{\overline{n}|}^{(m)}$	具体含义参考本书	2.2
$a_{\overline{\infty}|}^{(m)}$	利率周期为 1 年,每月末支付 $\frac{1}{m}$ 的一系列永久现金流的现值之和	2.2
$\ddot{a}_{\overline{\infty}|}^{(m)}$	利率周期为 1 年,每月初支付 $\frac{1}{m}$ 的一系列永久现金流的现值之和	2.2
$\overline{a}_{\overline{n}|}$	具体定义参考本书	2.2
$\overline{s}_{\overline{n}|}$	具体定义参考本书	2.2
$(Ia)_{\overline{n}|}$	n 期标准递增期末年金的现值	2.3
$(Is)_{\overline{n}|}$	n 期标准递增期末年金的终值	2.3
$(Da)_{\overline{n}|}$	n 期标准递减期末年金的现值	2.3
$(Ds)_{\overline{n}|}$	n 期标准递减期末年金的终值	2.3
$(Ia)_{\overline{n}|}^{(m)}$	具体含义参考本书	2.3
$(I^{(m)}a)_{\overline{n}|}^{(m)}$	具体含义参考本书	2.3
$(\overline{Ia})_{\overline{n}|}$	具体含义参考本书	2.3

第 三 章

B_t	t 时刻的未结投资价值	3.1
f	项目融资率	3.3
B_t^r	回溯法计算的 t 时刻的未结投资价值	3.1
B_t^p	预期法计算的 t 时刻的未结投资价值	3.1

第 四 章

R	每期的贷款还款额	4.1
I_t	第 t 期还款中的利息量	4.1
P_t	第 t 期还款中的本金量	4.1
$a_{\overline{n}|i\&j}$	标准期末年金还款方式,共计 n 次,同时以利率 j 累积偿债基金,这种情况下的原始贷款额	4.2

第 五 章

P	债券的价格	5.2

F	债券的名义价值或面值	5.2
C	债券的兑现值	5.2
r	息率	5.2
g	$g=\dfrac{Fr}{C}$ 修正息率	5.2
K	兑现值以收益率计算的现值	5.2
G	$Gi=Fr$	5.2
BV_k	k 时刻(第 k 次息票支付后)的账面价值	5.2
B_{t+k}^f	债券转手时的实际交易价格	5.2
B_{t+k}^m	债券交易时的市场报价,是针对债券面值形成的债券市场价格	5.2

第 六 章

APR	用简单的百分比数字表示消费者所支付的平均贷款成本	6.1
L	贷款金额	6.1
K	融资费用	6.1
R	分期付款金额	6.1
Q	必须摊入 APR 中的贷款费用	6.1
L^*	由诚实贷款法案确定的实际融资金额	6.1
$i^{\max}$	最大收益法计算得到的利率	6.1
$i^{\min}$	最小收益法计算得到的利率	6.1
i^{cr}	固定比率法计算得到的利率	6.1
i^{dr}	直接比率法计算得到的利率	6.1
$\hat{B}_t$	实际偿还(可能有提前偿还)后第 t 个月底的未结本金余额	6.1
Q_t	$Q_t=\dfrac{\hat{B}_t}{B_t}$ 表示在原计划 B_t 的条件下,第 t 个月底的剩余未偿还率	6.1
SMM_t	$\text{SMM}_t=1-\dfrac{Q_t}{Q_{t-1}}$	6.1
CPR_t	各个年度的提前偿付模式,形式上很像是一种年贴现率	6.1

A	资产的初始价值	6.2
S	资产的残值	6.2
D_t	从 $t-1$ 时刻到 t 时刻的折旧费	6.2

第七章

i'	实际利率	7.1
i	名义利率	7.1
r	通货膨胀率	7.1
i_t	即期利率	7.2
f_t	远期利率	7.2
$\bar{t}$	等价时间	7.2
$\bar{d}$	Macaulay 久期	7.2
$\bar{v}$	修正久期 $\bar{v}=-\dfrac{P'(i)}{P(i)}$，其中 $P(i)$ 为价格	7.2
$\bar{c}$	凸值 $\bar{c}=\dfrac{P''(i)}{P(i)}$	7.3

参 考 文 献

[1] Kellison S G. The Theory of Interest. 2nd ed. Burr Ridge: Richard D Irwin, INC, 1991.
[2] 路透. 债券市场导论. 北京：北京大学出版社, 2001.
[3] Kellison S G. 利息理论. 尚汉冀, 译. 上海：上海科学技术出版社, 1995.
[4] Fabozzi F J. The Handbook of Fixed Income Securities. 6th ed. New York: McGraw-Hill, 2000.
[5] Panjer H ed. Financial Economics: With Applications to Investments, Insurance and Pensions. Schaumburg, IL: Actuarial Foundation, 1998.
[6] Waggoner D. Spline Methods for Extracting Interest Rate Curves from Coupon Bond Prices. Federal Reserve Bank of Atlanta, 1997 (November): 1-23.
[7] Nelson C and Seigel A. Parsimonious Modeling of Yield Curves. The Journal of Business, 1987, 6: 473-489.
[8] Bank for International Settlement. Zero-Coupon Yield Curve: Technical Documentation, 1999.
[9] Ferguson R E. Duration, Proceedings of the Casualty Actuarial Society, 1983, 70: 265-288.
[10] Tilley J A. The Matching of Assets and Liabilities. Transactions of the Society of Actuaries. 1980, 32: 263-300.
[11] Ho Thomas S Y, Sang-bin Lee. The Term Structure Movements and Pricing Interest Rate Contingent Claims. Journal of Finance, 1986, 41: 1011-1029.
[12] Cox J C, Ingersoll J E and Ross S A. A Theory of the Term Structure of Interest Rates. Econometrica, 1985, 53: 385-407.
[13] Heath D C, Jarrow R A, Morton A. Bond pricing and the term structure of interest rates: a new methodology for contingent claim valuation. Econometrica, 1992, 60: 77-105.